陕西理工学院汉水文化省级重点学科暨陕西（高校）
哲学社会科学重点研究基地汉水文化研究中心资助研究成果
陕西省教育厅重点科学研究计划—社科重点项目
"汉中地方文献整理与研究"（15JZ017）结项成果
陕西理工大学学术著作出版基金资助出版
陕西理工大学人文学院汉水文化研究中心资助出版

汉中地方文献整理与研究

张显锋　周卫妮　著

科学出版社

北京

内 容 简 介

本书以汉中地方文献作为研究对象，以"汉中地方文献编年"编制为基础，系统考察和梳理了从春秋时代至2019年年底汉中地方文献及方志文献演化、发展的历史脉络，各历史时期所呈现出的文化特征；对五十余部汉中珍贵地方文献，进行了多学科角度的深度解读和地方文献案例型研究；结合汉中地域社会文化基础设施建设现状，并充分考虑了基于面向未来发展的必要性与实施的可行性，创制了与之相关的文创方案十余个，解决了一系列汉中社会文化基础设施建设"可以做什么？"和"为什么可以这样做？"的基本问题，并结合汉中地方文献与地域历史文化予以了方案性呈现，旨在地方文献学应用研究领域展开有价值的探索性研究。

本书适合从事文献学、历史学、方志学、图书馆学研究的专家学者及爱好者参考、阅读。

图书在版编目（CIP）数据

汉中地方文献整理与研究 / 张显锋，周卫妮著. —北京：科学出版社，2021.10

ISBN 978-7-03-069923-7

Ⅰ.①汉… Ⅱ.①张…②周… Ⅲ.①地方文献–研究–汉中 Ⅳ.①K294.13

中国版本图书馆CIP数据核字（2021）第197095号

责任编辑：郝莎莎 / 责任校对：邹慧卿
责任印制：张　伟 / 封面设计：张　放 / 封面题字：冯岁平

科学出版社 出版
北京东黄城根北街16号
邮政编码：100717
http://www.sciencep.com

北京厚诚则铭印刷科技有限公司 印刷
科学出版社发行　各地新华书店经销

*

2021年10月第 一 版　开本：787×1092　1/16
2021年10月第一次印刷　印张：21 3/4
字数：510 000

定价：188.00元
（如有印装质量问题，我社负责调换）

目 录

绪论 …………………………………………………………………………（1）

第一章　汉中区域之自然与人文概述 ……………………………………（11）

　第一节　汉中自然地理概述 ………………………………………………（11）

　　一、汉中自然地理的空间结构 …………………………………………（12）

　　二、秦岭 …………………………………………………………………（13）

　　三、大巴山 ………………………………………………………………（14）

　　四、汉江 …………………………………………………………………（14）

　　五、汉中盆地 ……………………………………………………………（16）

　第二节　汉中人文历史述略 ………………………………………………（17）

　　一、几块石头磨过 ………………………………………………………（18）

　　二、青铜耀天汉 …………………………………………………………（19）

　　三、《诗经》"二南"之发生 ……………………………………………（21）

　　四、汉中人口规模的历史演变 …………………………………………（22）

　　五、汉中行政建制的历史变迁 …………………………………………（25）

　　六、汉中地域文化类分 …………………………………………………（29）

第二章　汉中地方文献的历史分期及形成的社会历史文化机理 ………（30）

　第一节　汉中地方文献探源 ………………………………………………（30）

　　一、《诗经》渊源及其价值分析 ………………………………………（31）

　　二、活态的《诗经》文化 ………………………………………………（31）

　　三、汉中地方文献源头：《诗经·大雅·旱麓》 ……………………（33）

　第二节　汉中地方文献生成的社会历史文化机理分析 …………………（34）

　　一、中华传统文化、国家文献与汉中地方文献 ………………………（35）

　　二、汉中自然地理空间与汉中地方文献 ………………………………（35）

三、历史名人与汉中地方文献 …………………………………………（37）
　　四、重大历史事件与汉中地方文献 ……………………………………（38）
　　五、历史文化遗存与汉中地方文献 ……………………………………（38）
　　六、文化商旅与汉中地方文献 …………………………………………（39）
　　七、宗教文化与汉中地方文献 …………………………………………（40）
　　八、封建职官制度与汉中地方文献 ……………………………………（41）
　　九、民国报刊与汉中地方文献 …………………………………………（42）
　　十、红色文化与汉中地方文献 …………………………………………（43）
　　十一、汉中地方文献的责任者分析 ……………………………………（44）
　　十二、汉中地方文献的"簇类"现象 …………………………………（44）
　第三节　汉中地方文献历史分期 …………………………………………（45）
　　一、第一期——西周至北周时期 ………………………………………（45）
　　二、第二期——隋唐至清末 ……………………………………………（46）
　　三、第三期——民国时期 ………………………………………………（47）
　　四、第四期——1949年中华人民共和国成立至今 ……………………（48）
　　五、总结 …………………………………………………………………（50）

第三章　汉中方志文化流变考述……………………………………（51）

　第一节　汉中方志文化的起源与成熟标志 ………………………………（51）
　　一、汉中方志的起源 ……………………………………………………（51）
　　二、汉中方志文化走向成熟之标志 ……………………………………（53）
　第二节　隋唐以后各个历史时期汉中方志文化 …………………………（55）
　　一、隋、唐、宋、金、元时期汉中方志发展 …………………………（56）
　　二、明、清时期之汉中方志 ……………………………………………（59）
　　三、民国时期汉中方志文化概览 ………………………………………（65）
　　四、当代汉中方志文化概览 ……………………………………………（74）
　第三节　汉中方志文化之历史总结 ………………………………………（80）
　　一、方志文献之科学价值 ………………………………………………（80）
　　二、汉中方志文化历史之总结 …………………………………………（82）

第四章　汉中地方文献重要篇目解读与研究………………………（85）

　春秋时代之《诗经·大雅·旱麓》 ………………………………………（85）
　祝龟之《汉中耆旧传》 ……………………………………………………（87）
　常璩之《华阳国志》 ………………………………………………………（88）

郦道元《水经注》之"沔水"篇	（89）
甄鸾及其系列数学著述	（91）
岳震川之《赐葛堂文集》	（94）
严如熤之系列著述	（95）
童颜舒之《禹贡通释》《灜源堂诗集》	（101）
罗秀书之《褒谷古迹辑略》	（103）
周炳垣之《汉南杂咏》	（104）
陈才芳之《思痛录》	（105）
赵亚曾、黄汲清之《秦岭山及四川之地质研究》	（106）
安汉之《西北垦殖论》《西北农业考察》	（108）
黎锦熙之《方志今议》	（110）
城固县教育局之《陕西城固县教育概况》	（112）
魏席儒之《陕西省第六区经济建设五年计划》	（115）
黎琴南之《全县经济调查报告书》	（117）
王德基、陈恩凤、薛贻源、刘培桐之《汉中盆地地理考察报告》	（119）
李承三、林超等之《嘉陵江流域地理考察报告》	（123）
中国科学院地理研究所、水利部长江委员会汉江工作队之《汉江流域地理调查报告》	（128）
史念海之《汉中历史地理》	（130）
李星之《诗踪别证》	（131）
陕西省考古研究所、陕西省安康水电站库考古队之《陕南考古报告集》	（133）
陈显远之《汉中碑石》	（134）
黄宝生之《陕南文化概览》	（135）
郭荣章之《石门石刻大全》《中国早期秦蜀古道考述》	（136）
〔意大利〕南怀谦之《世纪回眸：意大利神父南怀谦清末民初中国写真》	（139）
曹玮之《汉中出土商代青铜器》	（142）
镇巴县文化馆之《镇巴民歌总汇》	（144）
冯岁平之《发现汉中》《宁强县大鱼洞墨书题记》	（145）
陈良学之《明清川陕大移民》	（148）
鲁西奇之《汉中三堰：明清时期汉中地区的堰渠水利与社会变迁》	（149）
刘清河主编之《汉水文化史》	（150）

胡仪元之《汉水流域生态补偿研究》《流域生态补偿模式核算标准与分配模型研究：以汉江水源地生态补偿为例》 …………………（152）
孙启祥之《文化汉中》《蜀道三国史研究》 ………………………（155）
谭平、梅冬盛主编之《镇巴史话》 …………………………………（158）
吴敏霞之《秦岭碑刻经眼录》《秦岭碑刻的田野调查与价值研究》 ……（159）
刘昌安之《〈诗经〉"二南"研究》 …………………………………（161）

第五章 基于汉中地方文献文化创意的探索性研究 …………………（163）

第一节 地方文献价值如何"萃取"与"活化" ……………………（164）
一、研究心得：聆听历史的回音 ……………………………………（164）
二、蓄势待发：我们对汉中社会文化基础设施建设现状的观察 ……（168）
三、文化创意是地方文献"活化"的核心技术路径 …………………（169）

第二节 基于汉中地方文献的系列文化创意方案 …………………（170）
汉中青铜文化广场文化创意方案 ……………………………………（171）
"汉中对"主题雕塑文化创意方案 …………………………………（174）
甄鸾纪念馆文化创意方案 ……………………………………………（177）
城固南乐堡复建文化创意方案 ………………………………………（181）
严如熤纪念馆文化创意方案 …………………………………………（183）
汉中舆图景观文创方案 ………………………………………………（186）
何日章石门历险纪念 …………………………………………………（188）
西北联大汉中办学纪念园文创方案 …………………………………（190）
"山高水长"雕塑小品文化创意方案——黎锦熙与陈迪光纪念 ……（196）
汉中盆地地理考察纪念文化创意方案 ………………………………（198）
汉中市城区引水入城文化创意方案 …………………………………（201）

第三节 社会文化基础设施建设与汉中全域旅游 …………………（207）
一、资源禀赋与汉中全域旅游 ………………………………………（207）
二、汉中历史名人塑像 ………………………………………………（208）
三、汉中市全域旅游问题探讨 ………………………………………（218）
四、汉中社会事业发展的其他战略问题 ……………………………（221）

第四节 构建地域文化自信 …………………………………………（222）
一、文化自信，新时代的国家战略 …………………………………（222）
二、文化自信与地域文化自信 ………………………………………（224）
三、构建地域文化自信 ………………………………………………（226）

参考书目 ………………………………………………………………（229）

附录一　调研手记 ……………………………………………………（238）

附录二　汉中地方文献编年 …………………………………………（281）

后记 ……………………………………………………………………（333）

绪　　论

地方文献是地域文化之精华和地方性知识体系之载体，存世且能够被发现的地方文献是地域历史文化研究的基础性资源依托。

文化之地域性特征既是社会历史文化生成的基础与规律，也是地方文献发生学的前提与必然，地域历史的进程及其相互交融共生，逐步形成国家大历史及其文化传统，我国各地域山河各异、风俗不同、环境径庭、语言迥异、气象有别等，正因为如此，文化的地域性特质才愈发显著。一般意义上而言，地域历史发轫远远早于国家大历史，地域文化萌生与形成也早于国家文化的最初形成，地方文献亦早于国家文献而形成。深入的地域历史文化研究，必然有助于当代国家历史文化的升华。悠悠万世，代际湮没，要廓清地域历史的脉络、事实与规律，需要依托地域性考古材料与地方文献，诚如贾三强先生所言："历史上的文明，文物只是一端，而文献则构成另外一端。无文物则不赌其容，无文献则不知其故。文物为体，文献则为神，着此一睛，则飞龙在天。"[①]地下文物的获取须运用现代考古技术与方法，其阶段性成果经文献化后，则可以丰富地方文献的种类，科学地揭示地域文化。而对地方文献的系统性搜集、整理与研究则是一项基础性工作，综合考古发掘成果与地方文献研究成果的方法，即20世纪初王国维提出与倡导的"二重证据法"，不仅是国史研究的基本范式，而且这一范式在地域文化历史研究中，具有同样的方法论意义与价值。

1. 地方文献乃人类文化遗产的有机组成

文献作为人类社会的客观存在，在现代已经被视为人类文明的文化遗产，这是全球共识。文献遗产是人类文化遗产的重要组成部分，是"社会记忆"系统性的见证。1992年联合国教科文组织倡议并牵头组织实施的"世界记忆工程"（Memory of the World）项目，旨在提高人们对文献遗产的重要性和保藏必要性的认识，从此"记忆"成为档案馆界、图书馆界、博物馆界继"信息"与"知识"之后的又一个重要范畴，世界各国都将文献遗产作为文化遗产的重要组成部分予以重视。2002年联合国教科

---

① 贾三强：《陕西古代文献研究·代前言》（第1辑），北京：商务印书馆，2016年，第2页。

文组织发布《保护文献遗产通用指南》（General Guidelines to Safeguard Documentary Heritage），确立了文献遗产价值的评价标准，即历史证据价值、审美价值、族群或精神价值、科学价值和社会价值，这些价值维度，地方文献全部具备。

毫无疑问，地方文献是指在特定地域生成、产生的文本，是记录特定地域地方性知识的物质载体。地方文献概念的形成与提出，在于其有别于历史典籍与体现国家意志的国家文献的特点，同时地方文献也是文化地域性的表征，它与国家文献共同构成一个国家的文献资源整体。地方文献与国家文献有着深层的内在联系与知识体系的互动关系，一般意义上，地方文献是国家文献形成的源头活水，也存在某一部地方文献既是地域性知识体系的凝结，也具有国家文化的价值属性，如蜀道文献等。地方文献具备地域文化的历史证据价值、审美价值、族群或精神价值、科学价值和社会价值的多元价值维度，是人类文献遗产的重要有机构成部分。

2. 地方文献与地域文化自信

2016年7月1日，习近平总书记在庆祝中国共产党成立95周年大会上发表的重要讲话指出："全党要坚定道路自信、理论自信、制度自信，最根本的还有一个文化自信……文化自信，是更基础、更广泛、更深厚的自信。"[①]在我们迈入新时代的今天和中华民族伟大复兴的征程中，坚守道路自信、理论自信、制度自信与文化自信为当代中国的主旋律，其中道路自信、理论自信、制度自信为国家顶层设计，而文化自信在中国具有广泛的地域性社会基础，即我国各地域应通过对地域文化的深入挖掘，夯实地域文化自信基础，服务于国家文化自信战略，各地域在此方面大有作为，并可以此助推、促进各地域社会事业的可持续发展。

通过对地方文献的系统搜集、整理与深入研究，再结合地域性考古材料，充分发掘与有效利用其历史证据、审美、精神、科学及社会价值，梳理并廓清地域历史文脉与人文精神，"萃取"地域文化特质、精神与魂魄，是建立地域文化自信的必由之路，亦是地方文献价值核心之所在。

3. 地方文献研究的新视野："地方性知识"理论

以文献为主体的知识世界，在科学哲学家卡尔·波普尔（Karl Popper，1902—1994）的"三个世界"理论创建领域，被认为是一个相对独立的世界领域——"世界3"，即"客观知识世界"，他感叹道："人类的知识现象无疑是我们宇宙中最伟大的奇迹。"[②]发轫于古希腊文明的近现代科学技术所形成的科学知识体系，由于其强大

---

① 习近平：《论中国共产党历史》，北京：中央文献出版社，2021年，第125、126页。
② 〔英〕卡尔·波普尔著，舒炜光等译：《客观的知识：一个进化论的研究·前言》，上海：上海译文出版社，1987年，第1页。

的工具性价值,一直居于客观知识世界的强势地位,其犹如一匹脱缰的野马,在引领人类社会发展的历史进程中,负面效应逐渐显现,诸如生态问题、种族歧视、文化霸权、社会观念、社会危机等,为此,东西方学人及不同学派共同思考人类知识现象,催生了各个"知识论"学派的形成,如科学哲学、科学知识社会学、科学技术学等,在这一思考与探索过程中,一种新的知识观念与理论方法应运而生,即知识的地方性问题。

美国著名阐释派文化人类学家克利福德·吉尔兹(Clifford Geertz)率先提出"地方性知识"这一概念,20世纪80年代初,他的标志性论著《地方性知识:阐释人类学论文集》出版,"他实际上较有创见意义的贡献更在于他关于地方性知识的倡导和深度描写的实施"[1],"以敏锐的洞察力和理性的思辨为人类知识的研究带来了全新的视野和不同寻常的反思"[2],打开了又一全新的"知识论"探索领域。"地方性知识"理论在正面消减与平衡西方科学知识的霸权地位方面无疑具有一定价值,更为地方性知识的话语权提升提供了全新的理论视野与维度,这一功效在近四五十年来已经得以显现。地方文献为某一特定地域各个历史时期形成的文献,在历史演进过程中产生地域的显性知识层累,逐步形成特定地域的地方性知识体系,以及地域文化吸收与扩散的痕迹,因而,地方文献及其所承载的知识体系是典型的地方性知识。地方性知识理论不仅为地方文献研究提供了重要理论方法,而且深入的地方文献收集、整理与研究,能为地方性知识研究提供丰富而鲜活的地方性知识案例、话语及材料。可喜的是,我国从事地方文献研究的一些学者在研究工作中已经开始关注并运用地方性知识理论,如刘雪平[3]、阿不来提·托合提[4]等。

我国历史悠久,地域辽阔,中华文明一直赓续至今,而在中华大地,多民族集聚,各类地域文化形态多元,相互杂糅且各具特色,文化包容性为其他文明形态难望其项背,尤其各类国家文献与地方文献共同形成的文献传统与优势,是我们确立与构建文化自信的宝贵源泉,即中国拥有丰富的地方性知识宝藏,它们具有重要的开发与利用价值,如中国气象科学研究院张德二教授,多年从方志、正史、笔记等文献中查找灾变性的地方性知识条目,在中国大陆历史气候变迁规律、特征,高分辨历史气候序列和气候图复原及古环境演变等方面取得系列重大研究成果,如她对我国历史时期

---

[1] 〔美〕吉尔兹(Geertz C.)著,王海龙、张家瑄译:《地方性知识:阐释人类学论文集·导读一》,北京:中央编译出版社,2000年,第19页。

[2] 蒙本曼:《知识地方性与地方性知识》,北京:中国社会科学出版社,2016年,第43页。

[3] 刘雪平:《地方性知识视野下的图书馆地方文献研究》,《河南图书馆学刊》2015年第8期。

[4] 阿不来提·托合提:《结合区域文化和地方性知识理论,构建地方文献理论的根基和框架》,《中国图书馆学会年会论文集(2015年卷)》,北京:国家图书馆出版社,2015年,第283页。

沙尘暴（雨土）的系统考察研究①，这也从一个侧面揭示了地方文献所蕴含的科学价值。地方性知识理论不仅有助于为当下我国地方文献研究提供重要的理论参照与借鉴价值，还将在中国地方文献学理论建构领域产生深远影响。

4. 我国地方文献研究之历史考察

地方文献是特定地域在长期历史进程中形成的包括地域方志文献在内的所有文献，但方志文献的编纂、研究一直较为兴盛，故历史时期，较有价值的地方文献研究成果大多侧重于方志实践与理论发展领域，方志文献以外的地方文献整理与研究则显得相对较为薄弱，各地域形成、刊印的地方文献书目时有出现，但具有独特学术价值的地方文献研究成果则寥若晨星。地方文献研究大致始于民国初年，以梁启超先生《中国近三百年学术史》的出版为标志，之后，我国著名图书馆学家杜定友、刘国钧于地方文献工作、整理与研究，以及地方文献学之奠基皆具开创之功，杜定友先生较早提出了地方文献的概念并予以厘定，刘国钧先生提出了"西北地方文献"②的概念与文献资源建设理念，还对地方文献工作方法从理论层面予以了高屋建瓴的阐述，影响深远。

民国时期，我国地方文献整理与研究也出现了一些有价值的成果，如蒙启鹏所编《广西近代经籍志》（1934）、广西统计局编《广西省著述目录》（1934）、郑允明著《西藏图籍录再补》（1935）、孙殿起所编《贩书偶记》（1936）与《贩书偶记续编》（1980）、方树梅所著《明清滇人著述书目》（1944）、张维骧所编《清代毗陵书目》（1944）等，尤其需要提及的是，民国中期由宋联奎先生主持编辑的"关中丛书"搜集整理了陕西从汉唐至民国时期陕籍名家著述，以及有关陕西人文历史、地理、文化等外方人士的代表性著作，总计五十余种，由当时的陕西通志馆刊印，颇具影响。

20世纪80年代后，我国地方文献整理与研究在我国各地域逐渐兴起，四十多年来，陆续出版了一批地方文献整理与研究成果，如洪焕椿编著《浙江地方志考录》（1958）与《浙江地方志考》（1984）、陈桥驿著《绍兴地方文献考录》（1983）、吉林省图书馆编《东北地方文献联合目录》（1983）、康恒基编《贵州省地方文献目录》（1984）、江西省社会科学院情报资料研究所编《江西地方文献索引》（1985）、福建师范大学图书馆古籍组编《福建地方文献及闽人著述综录》（1986）、甘肃省图书馆编《西北地方文献索引（1905—1949）》（1986）、黑龙江省图书馆所编《黑龙江省地方文献目录》（1986）、首都图书馆北京地方文献部

---

① 张德二：《历史时期"雨土"现象剖析》，《科学通报》1982年第5期。
② 刘国钧：《国立西北图书馆筹备计划书》，《社会教育季刊（重庆）》1943年第3期。

编《北京地方文献报刊资料索引历史部分》（1988）、李正德主撰《陕西著述志》（1996）、顾玉清主编《河北省公共图书馆馆藏河北地方文献提要目录》（2000）、李友仁主编《云南地方文献概说》（2005）、吕鸿编著的《处州文化与地方文献》（2010）、郑维国所编《苍南地方文献要览》（2002）、林天蔚编著《地方文献论集》（2002）与《地方文献研究与分论》（2006）、曾赤敏与桂红主编《佛山市图书馆地方文献联合目录》（2004）、陈耀华主编《溪上遗闻集录》（2005）、张利主编《中国西部地区地方文献资源论稿》（2007）、何卜吉主编《海南地方文献书目提要》（2008）、赵任飞主编《绍兴图书馆馆藏古籍地方文献书目提要》（2009）、林久贵编《湖北地方古文献研究》（2009）、刘瑛与张丽玲著《甘肃省图书馆——西北地方文献述略》（2010）、湖南图书馆编《湖南古旧地方文献书目》（2012）、江庆柏主编《江苏地方文献书目》（2013）、蓝勇主编《稀见重庆地方文献汇点》（2014）、宋天云主编《临夏地方文献目录提要》（2014）、黄洁清著《舟山地方文献研究》（2017）、贾三强主编之系列《陕西古代文献集成》等，各地域的省、县持续联动，在地方文献搜集、书目索引编制、整理研究等方面做了大量的基础性工作，成果丰硕，其中20世纪90年代初陆续付梓的由吴坚、苗普生等主编的"中国西北文献丛书"，堪称浩大之地方文献工程，它与八十多年前刘国钧先生的学术倡导不无渊源，收录文献甚丰，包括不少难得地方文献，实属厚重。2006年8月，湖南省启动的《湖湘文库》编撰工作，被列为湖南省和全国"十一五"出版规划重点出版项目，十多年来在抢救、挖掘、整理、出版湖南省地方文献方面成效斐然。这为各类图书馆重视地方文献工作，以及构建地方文献学奠定了良好的基础，如金沛霖主编的《图书馆地方文献工作》（2000）、冯晴君所著《现代图书馆地方文献工作理论与实践》（2008）、赵大志编著《地方文献建设研究》（2012）、康丽娜编著《新形势下图书馆地方文献工作》（2018）等对于图书馆地方文献工作有了系统的理论指导，尤其是近年来每届中国图书馆学会年会设置了"地方文献研究分会场"，有效地引导与促进了地方文献研究工作的深入。在地方文献学建构方面，林天蔚的《地方文献研究与分论》（2006）、张利主编《中国西部地区地方文献资源论稿》（2007）与骆伟所著《地方文献学概论》（2008）等建树不凡。

5. 汉中地方文献概要及研究现状

汉中地处秦巴山地之间，受地理条件约束，历史时期的文化氛围及地方文献生成，从量的角度看，虽逊于关中地区与四川盆地等社会经济文化繁盛地区，但独特的区位优势及地理空间结构，使其成为我国南北文化碰撞、交融、杂糅与转换的轴心，这里"语音杂秦蜀，风气兼南北"，为"五方杂厝"之境，自先秦时代以降，地方文献不时生成，与文化繁盛地域相较，量虽算不上特丰，但一直持续出现，尤以汉代与清中期最为鼎盛,民国时代,由于赈灾、实业考察、地理地质科学考察以及水利灌溉设施建设、现代公路修筑、西北联大汉中办学等重大事件在此发生,地方文献种类较多,如赵亚曾与黄汲清所著《秦岭山与四川地质之研究》、何庆云的《陕西实业考察记》、王德基等所著《汉中盆地地理考察报告》、城固县教育局所编《陕西城固县教育概况》、魏席儒所编《陕西第六区经济建设五年计划》与黎锦熙所撰《方志今议》等皆具不菲的学术与地域文化价值,这一时期,各类报刊对汉中的研究与报道更是不胜枚举,累积了丰富的汉中地方文献资料。

汉中地方文献整理与研究则起步于20世纪80年代,李星之《诗踪别证》首开汉水流域文化研究之先河;郭鹏、宋文富等先生在汉中方志编撰与旧志整理方面贡献很大,孙启祥先生为本土难得之"官员型"学者,一直醉心于汉中本土历史文化研究与稀有方志的寻访与整理工作,并在两汉三国文化及陆游研究领域成果不凡;冯岁平先生以通过文献"发现汉中"为己任,尤其注重田野考察,从民间搜集、发现了不少难得的地方文献,从生成之历史文化背景、地域文化价值、版刻等角度进行多维度的逐一分析及深入研究,近年来还从民间获取了自清康熙至光绪年间的多份珍贵档案文献,一一进行除尘、消毒、拼接、裱糊、整理与研究,贡献尤巨。汉中还有不少地方文献收藏爱好者,如卢慧杰、熊黎明、田金等,均多方收集积累汉中地方文献;更让人感动的是,张汉兴先生罹患癌症,但他对文化、文献有着天然的意趣与爱好,拖着病躯,犹如一只勤劳的蜜蜂,义务穿梭于汉中本土学者之间,"传授花粉",传递地方文献资料信息,促进学者之间建立联系,加强沟通与交流,获益者众。

置身于汉中盆地的陕西理工大学为本区域唯一一所地方性本科院校,该校图书馆十年前就规划和启动了地方文献收集、整理与研究工作,安排专人从事该项工作,已经建立起地方文献特藏书库;该校汉水文化研究中心为陕西省省级重点学科、陕西(高校)哲学社会科学重点研究基地,也是该校重要的地域文化学术研究平台,自组建以来,一直以促进和组织汉水流域文化研究为己任,先后支持校内外多位学者整理、出版地方文献多部。近年来,图书馆与该中心建立了良好的地方文献工作协作关系,共同策划与实施了"汉水流域地方文献整理丛书"的搜集、整理与制作工作,现已制作地方文献五十余种。目前,汉中地方文献整理与研究已经呈现出良好的格局与发展态势,生机勃勃,前景大有可期。

6. 我们对地方文献整理与研究的观察及思考

综合以上各个层面的地方文献整理与研究学术史的考察与回顾,我们在研究过程中形成了一些思考。

其一,历史时期,综合性的地方文献研究较为薄弱,但方志文献研究却持续发展,实践与理论研究成果已达相当高度,这反映了地方文献研究的非均衡性状况。

其二，传统地方文献整理与研究中，自然科学技术类文献往往被忽视，甚至被视而不见，这一现象于十多年前最早被沙日娜与张利[①]、邬卫华[②]等当代学者观察到，这种状况在当代还有着相当的表现，这一局面应该有所改观，完整意义上的地方文献应囊括人文社科类地方文献和自然科学、工程技术类地方文献，注重对自然科学、工程技术类地方文献的搜集、整理与研究，应该成为今后各地域地方文献研究的一项重要工作领域，予以重视和弥补。

其三，以"通史"编撰为方向的地域史研究已成为当代中国各地域的文化工程，并陆续展开，如广西《桂林通史》、甘肃《庆阳通史》与《天水通史》、广东《深圳通史》、陕西《西安通史》、江苏《苏州通史》等地域通史已经出版，《汉中通史》编撰工作业已启动，这一系列地域性文化工程不仅有助于仔细梳理地域历史的文脉，还将在树立地域文化自信与社会事业可持续发展方面影响深远，意义重大，不仅如此，这还是当代中国史学研究与发展的一道亮丽风景。地域性通史修撰不同于国史编修，除深入挖掘与紧扣本地域历史文脉外，还应注重中国大历史与明代中期以后以"西学东渐"为主体的世界历史进程在地域本土所留下的历史印迹，这也是地方文献研究应该重点关注的重要方面及其探赜索隐的重要方法与研究路径，地方文献研究工作与地域史研究密切相关，这是当代地方文献整理与研究工作的价值意义及学术功用。

其四，地方文献是特定地域面向未来发展的战略性资源，亟待开发利用，但截至现在，地方文献应用研究极为薄弱，积极加强地方文献应用研究，充分挖掘、开发、利用地方文献资源，"萃取"地方文献价值，直接服务地域社会文化建设事业，"古为今用"，在新时代的今天打造地域文化的社会文化基础设施建设，实现地域文化再创造，将是地方文献研究的重要方向之一，基于地方文献文化创意的应用性研究为其重要的适宜技术路径。

其五，我们在地方文献研究的前期调研阶段，注意到陕南的地方文献工作极为薄弱，各文献收藏单位与个体藏书者的地方文献工作基本处于原始状态，相互之间缺乏交流与沟通，许多有价值的地方文献呈散布状态，甚至蒙尘，规模小而散乱，缺乏规模效应与较高集成度，这对地方文献的查找与充分利用造成了不小的困难，让我们深感在地方文献整理与研究的薄弱区域，搜集、整理工作及地方文献中心库藏建设仍为基础性工作，任重道远，亟待加强，"基础不牢，地动山摇"。

其六，地方文献研究中，更需要在诸如《诗经》、《山海经》、《竹书纪年》、

---

① 沙日娜、张利：《西部民族地区自然科学文献资源特征》，《云南民族大学学报（哲学社会科学版）》2008年第2期。

② 邬卫华：《自然科学地方文献论析》，《图书情报工作》2009年第13期。

"诸子"、"二十四史"、《水经注》、《舆地纪胜》、《玉海》、《文献通考》、《太平寰宇记》、《永乐大典》（存世本）、"四库全书"、"一统志"、"唐诗宋词"及历代诗文集等国家文献典籍中，梳理出与地域历史文化相关联的史料文本内容，按照科学方法，严谨甄别相关文献材料，使之互为参照、补充与印证，廓清地方文献与国家文献的内在联系与知识迁移的互动关系。

其七，历史时期各地域的地方文献出现了不同程度的散佚，但不能因此就忽略散佚文献的历史存在，在不少存世典籍文献中还保留着一些散佚文献的"只言片语"，这些"片羽吉光"也是具有相关地域历史文化价值的。

其八，随着当代信息化、数字化、数据库与云计算等技术的发展，近年来，我国相关单位研制并推出了多种大型数据库，一方面，资料检索与查找更为便捷，效率更高；另一方面，尤其是民国时期图书与报刊数据库为各地域民国史的研究提供了全新的资料浏览、检索与获取"窗口"，这一时期报刊的出现，致使地方文献形态发生革命性变化，资料的丰富性是民国以前所不能比拟的，这一时期，以"西学东渐"为主体的世界历史进程对我国及各地域社会文化生态的质的作用愈发显著，中国的科学文化事业与现代学科体系更是在这一时期艰难起步并完成奠基的，直接促进了中国现代化的转型发展，故当代地方文献搜集、整理与研究已经具备了越来越好的技术条件与文献资源环境。

其九，地方文献研究以及中国地方文献学的构建是一个重要的学术与学科建设发展方向，但截至目前，研究基础还相当薄弱，在当代学科群中，还是一门弱势学科门类，其建设与发展任重道远；地方文献学在今天看来，应该是一个综合性较强，需要以多学科视野与交叉学科为路径，也需要各成熟的强势学科诸如历史学、文献学、方志学、文化学、社会学、科技史、民俗学、历史地理学等的助力与推动，尤其要重视地方性知识理论与方法。

7. 本书的逻辑结构与讨论内容

本书以当代行政区划汉中市及各县（区）历史时期形成的地方文献为研究对象，各章节内容如下。

第一章"汉中区域之自然与人文概述"。从自然地理视角分析了汉中之自然环境与空间构成——这是汉中人文环境的构成基础，简要探讨了汉中区域地理构成之秦岭、大巴山、汉中盆地与汉江河谷地貌等的地质形成及空间结构；还从石器时代、青铜文化、《诗经》渊源以及汉中人口发展及历史时期的行政建制等人文视角，勾勒了汉中区域人文文化与历史演进的大致脉络，以此廓清汉中地方文献持续生成的自然环境与人文背景渊源。

第二章"汉中地方文献的历史分期及形成的社会历史文化机理"。为了从纵向角度研究汉中地方文献,探源工作尤为重要,通过分析研究,我们确立了《诗经·大雅·旱麓》为汉中地方文献出现之源头,以此为基础,结合中国大历史分期与地方文献生成规律,基本厘定了汉中地方文献的历史分期问题,分别为西周至北周、隋唐至清末、民国与当代四个大的历史阶段,探讨和总结了这四个历史阶段汉中地方文献生成所具备的阶段性特征与发展规律。地方文献生成有着多元的社会文化因素,内含规律性的社会文化机理,可对这些因素与文化机理诸如国家文献、地域行政建制、自然地理环境、历史名人、重大历史事件、文化商旅及宗教文化等与地方文献生成之间的关系予以深度分析与揭示。

第三章"汉中方志文化流变考述"。方志文献为各地域地方文献的重要有机构成部分,也是独具价值的文化形态,故我们在研究汉中地方文献时,须对汉中方志文献与方志文化设立专章予以系统梳理与研究。汉中方志文献之源头为东汉末年祝龟之《汉中耆旧传》,它开启了汉中方志文化之演进历程,晋代常璩《华阳国志》之《汉中志》则标志着汉中方志文化成熟。东汉末年至隋代前为汉中方志文化的第一期,隋唐至宋元为第二期,明清为第三期,民国时代为第四期,当代为第五期,这五个发展时期各具特点,该章予以了总结与阐发,发现汉中方志文献及其各阶段文化形态与中国方志文化脉络完全吻合,也具有自身的地域性特征,尤其在民国时期,以汉中城固为代表的方志实践与理论创建,以及其所呈现出来的方志文化生态与成果,在全国范围内有着突出的地位与不可或缺的文化影响。

第四章"汉中地方文献重要篇目解读与研究"。本章选取了自周代的《诗经·大雅·旱麓》至当代的各个历史时期五十余部具有重要地域文化价值、学术价值与文献价值的汉中地方文献,结合各文献编撰者生活时代、学术履历、文献内容与结构、所述地域文化材料、地域文化价值、学术与科学价值,予以文献学、历史地理学、地域文化学等多学科、多知识维度的单体文献深度分析与解读,以各地方文献生成的历史时序为序排列,未分节。

第五章"基于汉中地方文献文化创意的探索性研究"。地方文献为地域文化之精华,具有通过深入研究进行文化萃取的地方性知识价值。在研究后期,我们发现了地方文献的开发、应用价值,即关注与思考地域社会事业可持续发展,在地方文献中萃取"活性"的地方性知识,能够"活化"看似零碎、散乱、"死"的地方文献,并为当代社会所利用。我们在总结研究过程中生发了一些思考,如汉中地域于中国大一统历史所发挥出的独特地缘与地域文化价值,汉中地域与中国大历史的互动关系等。基于此,我们依托汉中地方文献的深入研究,以文化创意为技术路径,以汉中构建全域旅游体系为主体的社会事业发展态势,针对汉中社会文化基础设施建设,创制了"汉中青铜文化广场""'汉中对'文化主题雕塑""甄鸾纪念馆""西北联大汉中办学纪念园""汉中城区引水入城"等十余个文化创意方案,冀以将地方文献学导向应用于研究领域。我们展开了一系列的探索性研究，因为学科建设及其理论研究只有作用于社会发展，其价值才能够得以彰显，也才会引起社会的关注，如此才能加快学科建设步伐和地方文献学理论研究的深入，毕竟"学以致用"乃中国重要的学术传统。

本书末为附录部分，附录一为"调研手记"，是我们早期在汉中各县（区）从事地方文献调研过程中所做工作及亲身感受等的客观记录，调研工作为本书的研究与写作奠定了较好的基础；附录二为"汉中地方文献编年"，为我们在研究过程中搜集、整理并严格按照汉中地方文献生成的时间先后顺序排列，时间为从汉中地方文献发生的源头至2019年年底，这一工作从纵向勾勒了汉中跨越两千多年的地方文献的动态轨迹与文化脉线，对我们研究和探讨汉中地方文献历史分期等一系列基本问题大有裨益。

近五年来，此项研究工作让我们深切感受到地方文献工作的文化价值与学术意义：其一，地方文献收集、整理是研究工作的基础，各地市应建设规范的地方文献保藏中心，这项基础性工作须进一步加强；其二，地方文献收集应持开放态度，凡具有文献形制的地方文献宜应收尽收；其三，该项工作当以当代的地市级区域展开为宜，单一县域范围内文献量较少，不利于研究工作的深入展开，而以省或大的区域展开研究，将不利于复杂研究局面把控与深入挖掘；其四，只有各地市级地方文献研究工作达到一定的成熟度，区域之间的比较研究才成为可能，只有如此，中国地方文献学的构建才能获得坚实的基础；其五，地方文献研究不可为学术而学术，研究者需要关注相应区域社会事业发展态势，关注社会现实，以社会需要为引领，学术研究才能获得生机；其六，目前，地方文献研究人才严重不足，我国的图书馆学、文献学等高层次教育组织机构应加大对高层次地方文献人才的教育培养。

第一章　汉中区域之自然与人文概述

陕西汉中位于中国版图之核心区域，长江最大支流汉江（又称汉水）上游，有着优越的自然环境和具有自身特点的人文历史环境。汉中区域内的自然地貌主体为秦巴山地，汉江为秦岭与大巴山的天然分界，在秦岭与巴山之间为长达百余千米的汉中盆地。汉中盆地自然条件优越，水利灌溉发达，为汉中人口分布的密集区域和社会历史文化的核心汇聚地，历史时期之汉中府城为陕南重镇。以汉中为中心的秦蜀栈道广泛分布于秦岭与大巴山，它既是汉中通往外界的联系孔道，更是中原地区与西南地区交通联系的枢纽。纵观中国历史，汉中区域在中国大一统的历史进程中具有重大区域性地缘的"权重"价值。依据当代考古发掘，汉中盆地还是中华民族的摇篮之一，早在旧石器时代就有早期人类在这里活动。文化是人类活动留下的精神印痕，地方文献则是地域性人类文明的核心成果。

地方文献是某一地域人类精神生活与精神品质的凝练与人文文化的结果。"一方水土养一方人"，人的生活和人文活动必须依托一定的地理空间，并拥有基于相应的自然环境而获得的一定的生存条件及资源保障，只有这样人的文化活动才能顺利展开。

地方文献的生成，则必须基于特定地理空间的人类活动，只有群体的人类活动，才能构成地方文献的生成基础与前提。中国是一个人口大国，历史上多次出现人口的流动与大规模迁移，在某一地域要想找到原住民，恐怕只有通过考古发掘才能获取相关信息。历史上，汉中也在人口迁入与迁出的双向进程中呈现出动态性的人口构成与演变格局，而人口的迁移本身就是一个文化互动与衍生的过程。我们考察地方文献的生成，须关注特定地理空间的自然地理背景与基于人地关系的历史人文背景。

第一节　汉中自然地理概述

在中国宏大的地理版图中，汉中位于其腹地的汉水上游，秦岭山地、汉中盆地与大巴山地天然衔接而浑然一体，共同构成汉中的自然地理空间背景。

一、汉中自然地理的空间结构

汉中位于我国地理版图中心，北面的大秦岭与南面的大巴山地，以及由于地质陷落与汉江冲刷堆积而成的汉中盆地，共同构成了汉中地域的地理空间结构，使之为一相对独立、完整的地理单元，以此为基础形成的人文历史文化也具有自身的独特禀赋。

汉中的地理空间结构，为亿万年来地质演化之结果。数亿万年前，这里曾是一片汪洋，梁山石燕的发现与黎坪中华龙山地质奇观就是秦巴地域曾为沧海的科学证据。"殆至三迭纪末期，华南一带，产生强烈的地壳活动现象，此运动我国名曰淮阳或金子运动，大巴山地台区，由此时起，海水退去，又复隆起为陆，巴山褶曲构造肇始于此时。"[1]地质运动与演进是一定区域地质、地形与地貌呈现的前提与基础，"地形为地质之外貌，地质为地形之骨干"[2]，现代秦巴山地及汉中盆地地形地貌的基本轮廓，乃为中生代燕山运动所奠定并形成的地质骨架，山川大势基本定型。新生代的喜马拉雅运动使秦岭主脊急剧上升，秦岭山体北仰南俯，形成了北坡短促陡峻、南坡缓长之地貌形态，此种地质地貌特点，对于秦岭南坡的河流与川谷的走向、流程与水量，以及气候都产生了很大的影响。在后期的地质运动过程及河流的切割与冲蚀作用下，秦岭与巴山之间形成断陷，再在河流水系的冲刷与堆积作用下，汉中盆地平原地貌逐渐形成，"汉中断陷盆地第四系沉积厚度一般400米左右。由于中更新世后，盆地北部随北侧断裂同向差异掀斜上升，致使西部、西南部拗陷较深，最大厚度大于900米"[3]。秦岭、汉中盆地与大巴山共同作用，形成了汉中自然地理区域性的独特空间结构。

抗日战争期间，中国地理科学研究所派出地理考察队对汉中盆地及秦巴山地进行了详尽的地理科学考察，《汉中盆地地理考察报告》依照汉中地形差异，提出了各地形区域的分类：①秦岭、大巴山山岳区，②山麓区，③丘陵区，④波状地区，⑤阶地平原区，⑥泛滥平原区，共六大地形地貌区域。该著的"第三篇"还对汉中的地理区域进行了科学划分：①盆地中心区以及本区之泛滥平原副区、阶地平原副区、波状地副区、湑水谷口副区，②丘陵过渡区及其花岗岩丘陵副区、石灰岩丘陵副区、山麓丘陵副区，③边缘山地区及其秦岭南坡副区、巴山北坡副区，④西乡坝子。这一科学文献对汉中地形、地理的分类方法，对于我们把握汉中自然地理空间结构具有重大启示意义。

---

[1] 霍世诚、郁士元、张耀麟等：《汉中梁山地质》，《西北大学学报（自然科学版）》1957年第1期。

[2] 王德基、陈恩凤、薛贻源等：《汉中盆地地理考察报告》，《地理专刊》（第三号），1946年，第1页。

[3] 郭鹏：《汉中地区志》（第一册），西安：三秦出版社，2005年，第60页。

自然地理空间是人类繁衍生息、社会实践及文化创造的基础，为人类提供赖以生存的自然资源，并深远地影响与制约着人类活动，特定区域的自然地理空间对地域文化的产生、演进、嬗变以及与其他区域的一系列交流活动也会产生重要影响，这种影响甚至还会对区域内社会群体的风土习俗、精神品格与思维方式留下较为恒定的深深印痕。这是我们探讨汉中自然地理空间结构的理论意义与文化价值。

二、秦　岭

秦岭，为中国名山，古曰"南山"或"终南山"，横亘于汉中盆地北面，南北山体厚度达100—150千米，在汉中区域境内东西绵延达220千米，由于特殊的山体构造，秦岭北仰南倾，南坡跨度较长，河流川谷多呈南北纵向分布，入汇汉江。雄浑的秦岭山体内，峰海连绵，巍峨苍茫，海拔一般为1500—2000米，最高峰为太白山，雄踞于秦岭群峰之上，峰顶之拔仙台海拔为3771.2米。

秦岭之于中国，为中国版图南北重要气候之分野与南北地理分界线，中国大陆板块的自然格局深受其影响，被誉为"中华龙脉"，它的绵延走向、雄浑气势、自然资源、水脉贯通都与国家命运息息相关。秦岭还将动物区系界分为古北界和东阳界，即秦岭北坡的动物多为北方物种，南坡则为南方物种，正是秦岭南北山体存在的显著的地貌、气候与植被等自然因素差异，造就了动植物资源的复杂性与多样性。依据动植物学家多年来的调查统计，在秦岭有3400余种种子植物，140余种兽类和338种鸟类资源[①]，共同维系着一个生态巨系统。秦岭体量巨硕，分布区域广泛，更由于冷暖空气常交汇于此，秦岭山地雨量丰沛，植被茂盛，水资源丰富，被誉为我国的"中央水库"，"陕西秦岭地区有70%多的面积属于长江流域，有近30%的面积属于黄河流域；其中以汉江水系的范围最广，占陕西秦岭地区总面积的60%多"[②]。自然，秦岭之于汉中之重要性就不言而喻了。

历史时期，秦岭被誉为"天下之大阻"，南北跨度大，山川险要，沟壑纵横，这些河川自然成为翻越秦岭、沟通关中之孔道，正是这种地理地貌形制，孕育了中国交通史上的奇迹——栈道。栈道广泛分布于秦巴山地，其精华部分就集中于汉中地区，汉中被誉为"栈道之乡"，可谓名副其实。

[①] 中共陕西省委宣传部、陕西电视台、陕西省人民政府新闻办公室：《大秦岭》，西安：陕西人民出版社，2010年，第139页。

[②] 刘胤汉：《秦岭水文地理》，西安：陕西人民出版社，1983年，第6页。

三、大 巴 山

汉中盆地及汉水河谷南侧,为陡峭绵延的大巴山西段的米仓山系,宛如一道天然屏障,呈东西走向,耸立昂峙,一般海拔为1500—2000米,为陕西省汉中市与四川省、汉水流域与嘉陵江流域之界山,其最高峰为镇巴境内的箭杆山,海拔为2534米。"大巴山北坡之水成岩有砂岩、石灰岩与页岩,中以石灰岩最为坚硬,页岩最软,凡悬崖陡壁之处,必为石灰岩层,大巴山中以石灰岩层占主要部分,故喀斯特地形,亦极普遍。"①近年来在米仓山系宁强—南郑—西乡—镇巴一带,发现的重要地质奇观——"汉中天坑群",全部集中分布于汉中境内各县,主要分布在宁强县禅家岩镇、南郑县小南海镇、西乡县骆家坝镇、镇巴县三元镇四个区域。其中,南郑和镇巴天坑群最为密集,分别达到23处和19处;单体规模最大的天坑为镇巴三元圈子崖天坑,口径最大处520米,最大深度320米。2016年10月底,陕西组织国内外地质专家学者,多次对汉中天坑群进行了基础地质、水文地质、景观地质等多方面的实地科学探险与考察,以及考察成果的科学研究与论证,一致认为其原始性、典型性、稀有性、完整性等资源禀赋优异,具备科学研究、科考探险、旅游观光等多重价值,达到了世界级地质遗迹标准,被誉为21世纪之地理大发现,在国内外及科学界引起了重大反响。大巴山人口分布与密度较之于秦岭相对稠密,历史时期,大巴山匪患难绝,寨堡遍布,与这种地质地貌环境不无关联。

大巴山北坡水系呈东西排列,自南向北流淌,注入汉水与汉中盆地,但河程大多较之于秦岭为短。大巴山动植物资源也颇为丰富。

四、汉 江

水与水系为大自然的系统构成,《管子·水地篇》云:"水者,地之血气,如筋脉之流通者也。"②对于人的生存与人类文明而言,水为基础性必备条件,早期先民逐水而居,人类早期文明大多孕育和成熟于大河流域。今天的汉中所辖行政区划范围,位于汉江上游及秦巴山地,汉中盆地作为人类文明的重要发祥地之一,便得益于汉江及其水系的滋养。石器时代,汉中早期人类大多集聚于紧邻汉江的二级阶地上及其支流河畔,如汉中梁山龙岗寺和壻水河沿岸一带。商周时期,汉中先民主要聚集于湑水河畔及其与汉江交汇附近的汉江两岸,该地为汉中青铜时代最大集聚地。秦汉以降,

---

① 王德基、陈恩凤、薛贻源等:《汉中盆地地理考察报告》,《地理专刊》(第三号),1946年。
② 郭沫若、闻一多、许维遹:《管子集校》,北京:科学出版社,1956年,第680页。

历代修筑的汉中府城亦是紧邻汉水，为陕南地区最重要的政治、军事、经济、文化中心，各县县城均分布于汉水各支流河畔。更由于汉中的盆地地貌与汉水水系，秦汉以后，汉中盆地水利灌溉体系逐渐形成，孕育了汉中的农业经济。不仅如此，汉江自西向东的河道走向，为汉中提供了舟楫之便，汉中境内的栈道交通几乎全为南北纵向分布，汉江水道直达武汉汇入长江，为汉中社会经济资源的输入或输出，以及地域文化交流，提供了难得的东西大通道，也正因为如此，早期的汉中郡（府）所辖之地境远比现在宏阔；甚至在解放战争时期的1948年6月，中共中央及中央军委为实施"开辟陕南根据地"之战略决策，临时设立了一个副省级行政区，下辖南郑直辖市，以及安康、商洛、两郧四个分区，即陕南区，所辖地域与早期的汉中郡（府）大体相当，直至1952年2月陕南区行政建置撤销①。

"嶓冢导漾，东流为汉"，汉江发源于宁强嶓冢山，"漾水出自山南，古人视之汉之正源，吾人当称为北源……嶓冢有二：一在秦州；一在宁强，自来汉源之说纷纭，纠葛不解，作者认为前者系地文时期之汉源，后者当属禹贡时代所指之汉源也"②，是长江之最大支流，自西向东流，流经陕西、河南、湖北三省，在武汉汇入长江，全长1577千米。汉水自源头至湖北钟祥为典型的河谷地貌，这种地貌与秦岭、大巴山的地质活动与形成不无关系，"汉水流域从震旦前纪到近代，各时期的地层都有露头，尤以古生代变质岩系的分布为最广，其次为新生代第三纪的红色岩系和第四纪的疏松沉积物，中生代地层面积最小，主要为侏罗纪棕色粗砂岩与页岩及三叠纪页岩与石灰岩。古生代及其以前的地层主要分布在上游，构成秦岭、大巴山和武当山等崇山峻岭。新生代和中生代地层大多分布在山间盆地、地堑及下游低洼地区……故汉水河谷的上游基本上是由变质岩和火成岩所组成"③。汉水作为秦岭与大巴山的天然分界，汇集了秦岭南坡与大巴山北坡的水系流量，形成了汉水流域的广大区域，东西流向，天然地形成了汉水上游与东部地区沟通和发生文化交流与经济活动的命脉性大通道，并与广布于秦巴山地的栈道交通体系形成互补，山川河流奠定了汉中对外之交通格局。

汉水源头的问题是一个谜团重重但又极富历史文化探源价值的话题之一。目前，汉水发源于宁强嶓冢山为大多数人所接受，但如果从现代河源说理论来看，尤以流程计，秦岭太白山应该是汉水的正源，民国时期赵亚曾、黄汲清所著《秦岭山及四川之地质研究》最早提出这一观点："若以本流中之最长支流发源之地为本流发源之地，

---

① 汉中市档案馆：《陕南区（图片集）·简介》，自印本，2018年，第3页。
② 李承三、周廷儒、郭令智等：《嘉陵江流域地理考察报告·上卷·地形》，《地理专刊》（第一号），1946年，第17页。
③ 沈玉昌：《汉水河谷的地貌及其发育史》，《地理学报》1956年第4期。

则吾以为汉水之源出太白山,盖太白河即褒水者实汉水系中之最长河流也。"①该书还对相关历史性争议问题予以阐发。同时代学者吕翕声也是认同赵亚曾之理论观点的②,这仅为其一。《禹贡》有云:"嶓冢导漾,东流为汉。""嶓冢"即嶓冢山,但嶓冢山之地理位置亦有两说,一曰位于今天的宁强县,另一说法则是位于甘肃西和县境内。在现代学术语境中,并存着"西汉水""古汉水"之范畴,且赵亚曾、黄汲清经过科学考察提出:"以为在远古以前,汉水与嘉陵江上游本为一体。"③当代学者周宏伟通过研究提出了自己的观点:"西汉初年(前186)的武都道大地震,其震中约在今陕西略阳、宁强一带。武都道大地震造成今陕西宁强汉江中源汉嘉分水岭一带发生巨大的山体滑坡(崩塌)。"④即汉初以前,今嘉陵江上游诸水本是古汉水的上游,特大地震出现巨大的河流袭夺,导致汉水流程大为缩短,汉水源头亦发生重大地理变迁,这一研究成果对于研究汉水与嘉陵江水系的历史变迁,以及对"西汉水""古汉水"概念的理解与把握都具有启发意义。这也是今后服务"南水北调"国家战略,实施"引嘉济汉"水利工程的重要历史依据。故将宁强嶓冢山确立为汉水之正源,也是有问题的。

五、汉中盆地

汉中盆地为新生代断陷性盆地,并由多个地质时期逐渐演化与河流裹挟泥沙堆积而形成,是汉水上游面积最大,地势较为开阔、平坦的山间盆地。汉中盆地东西狭长,北高南低,汉水偏南穿境而过,西起勉县武侯镇,东抵洋县龙亭铺大龙河口,长达126千米,南北宽5—30千米,沿褒河出口至米仓山麓,直线距离达30余千米。

《汉中盆地地理考察报告》在"序言"部分对汉中盆地这一科学概念,从狭义与广义两个维度,予以了自然地理学理论的总结与阐发⑤,我们所探讨的汉中盆地为其狭义定义的地理空间范围与地貌特点。《汉中盆地地理考察报告图集》所绘"图二八:汉中盆地地形区"图,较为准确地勾勒了汉中盆地与秦巴山地接触边沿的不规则轮廓,一目了然。盆地北部与秦岭山麓接壤部分为典型的波状地形,波状地域以下至汉

---

① 赵亚曾、黄汲清:《秦岭山及四川之地质研究》,实业部直辖地质调查所、国立北平研究院地质研究所印行,《地质专报》甲种第九号,1931年,第10、11页。
② 吕翕声:《汉水源于太白山》,《地理教育》1937年第2卷第5期。
③ 赵亚曾、黄汲清:《秦岭山及四川之地质研究》,实业部直辖地质调查所、国立北平研究院地质研究所印行,《地质专报》甲种第九号,1931年,第11页。
④ 周宏伟:《汉初武都大地震与汉水上游的水系变迁》,《历史研究》2010年第4期。
⑤ 王德基、陈恩凤、薛贻源等:《汉中盆地地理考察报告·序言》,《地理专刊(第三号)》,1946年,第1页。

江河道为台地地貌，东西平整，从北至南依次降低，《汉江流域地理调查报告》对汉中盆地汉江以北的台地地貌进行了科学总结与分类①，汉江南岸为大小不等的冲积平原连缀而成，较为狭长。

汉中盆地北依秦岭，南眺巴山，汉水中流，呈大山水之地貌与景观格局，为汉水中上游谷地之"天府"，自然气候条件优越，受秦岭与大巴山之拱卫，冬无严寒，夏无酷暑，土质膏沃，物产富饶，虽"汉江不田"，但利用秦巴水系而构建起的盆地水利灌溉体系历史悠久，为典型的传统农业生产区域，被誉为"西北小江南"。

秦岭与大巴山虽对汉中盆地形成了巨大的阻隔，甚至还有"天狱"之称，但盆地内人口密度最大，不仅如此，这里还是人类的摇篮圣地之一，早在旧石器与新石器时代，就有早期人类的活动足迹与地下遗存。商周时期青铜器的出土，表明汉中早期文明的灿烂，以及与三星堆、中原文化形态的关联。这片土地还是《诗经》文化的原发地之一，地域文明与地方文化由此发轫。尤其是在秦厉公二十六年（前451）"左庶长城南郑"这一历史节点以后，随着国家行政制度在汉中确立，汉中地域文明程度迈向了一个崭新的历史发展高度，三千年以来，汉中一直是陕南的政治、经济、军事、文化重镇和沟通大西南与中原地区的枢纽，其地缘格局、社会经济发展及地域文化累积，都优于安康与商洛，这一优势还将继续保持，故此汉中盆地有着"汉家发祥地，中华聚宝盆"之美誉。

综上所述，历史时期的汉中地域，有着独特的自然地理空间环境与自然山水格局，此境的人类活动有着几百万年的历史，地域人类文化活动也达上万年，这里的历代先民充分利用这一自然地理环境与自然物产资源，繁衍生息，生产劳动，并与中华文明相融、相伴、互动，多民族集聚，五方杂处，民情风土多元。多地域文明在汉中地域东西交汇、南北杂糅，其独特之地缘环境在中国大一统历史演进过程中扮演着特殊且不容忽视的历史作用，由此也铸就了自身的地域文化特色。

第二节　汉中人文历史述略

自然地理空间为人类人文历史演进之舞台，人的活动只有融入并作用于特定自然环境，人文活动才能发生并展开，同时也受自然环境之约束，形成地域性文明衍生的自身规律。汉中盆地及周边曾经闪烁着早期人类生命的篝火，汉中之人文历史也是从"几块石头磨过"人猿相揖别开始的。

---

① 中国科学院地理研究所、水利部长江水利委员会汉江工作队：《汉江流域地理调查报告》，北京：科学出版社，1957年，第24、25页。

一、几块石头磨过

　　1930年前后，赵亚曾、黄汲清曾深入秦岭、大巴山及紧邻汉水的梁山等地对汉中盆地的古地质展开科学考察与研究；20世纪40年代初，国立西北联合大学（以下简称西北联大）何士骥、陆懋德教授开始关注梁山龙岗寺的旧石器遗存，陆懋德撰有《汉中区的史前文化》一文，分别刊发于1943年的《说文月刊》及《西北学术》等学术刊物上，他还在当时的国立西北大学做了主旨学术演讲，介绍这一科学发现，掀开了汉中古人类文化遗存的第一层神秘面纱；此后，20世纪50年代至今的分阶段的科学考察与考古发掘工作陆续展开，其重要发掘遗址为西乡县李家村、何家湾及南郑梁山龙岗寺考古发掘点，出土了大量的旧石器时代与新石器时代的石器千余件，年代在距今120万年以上，其他"见诸报道的旧石器地点还有盆地西部的勉县温泉、胡家渡、杨家湾和赤土岭，东部城固县的陈丁与地坝河，洋县的倪家大坝沟、八龙、杨家庄和金水等"①。由此获得了汉中盆地是中华民族的重要发祥地这一立论的实物性证据。自此以降，上古、夏商周，以至秦汉，汉中人类活动演变的阶段性历史呈现渐渐清晰。

　　汉中盆地古人类遗址的发现与出土器物，有力地证明了汉中古人类存在并散布于汉中盆地及各周边，呈点状分布。这些石器包括砍砸器、石球、手斧、手镐、刮削器、碾谷盘（棒）、杵，还有骨镞等，还发现陶平底碗、圈足碗、三足罐、三足瓮、尖底罐等一批生活用具，以及方形房子、灰坑等居住遗址，在龙岗寺遗址还发现了数量较多的动物遗骸。通过这些出土器物，我们不难想象汉中古人类鲜活的日常生活图景。

　　汉中盆地的科学考古与发掘工作，不仅开启汉中人文历史之源，更具人文科学的世界意义。1988年10月，美国俄勒冈大学著名考古学教授迈尔·阿金斯在考察了龙岗遗址后评价道："此地的发现对于我们理解远东特别是中国古代人类生活是非常重要的。旧石器时代的标本说明人们自非常古老的年代以来就生活于此地。多种多样、高质量、具有重要意义的新石器时代的标本则说明7000年以前中国文化已经达到了一个很高的水平。"随后他在龙岗遗址的留言簿上写道："我从这里看到了中国文化的根源。"②

　　不仅如此，1995年以来，陕西省考古研究所（今陕西省考古研究院）、中国科学院古脊椎动物与古人类研究所、南京大学地理与海洋科学学院等研究机构的科研人员，一直在汉水流域及秦巴山地进行田野考察，寻访古人类文明遗址。2017年后，他

---

① 王社江、鹿化煜：《秦岭南麓汉水上游旧石器考古研究现状与契机》，《人类学报》2014年第8期。

② 余忠平：《龙岗流韵：南郑文化遗产研究》，西安：西北大学出版社，2010年，第23页。

们将目光聚焦在了汉中市西面的梁山,"开展了以探寻更新世洞穴遗址为导向的调查,重点调查了汉中南郑区龙岗寺旧石器遗址所在地的梁山及其周边地区,在南郑区梁山镇南寨村附近新发现疥疙洞遗址"①。经过仅两年时间的抢救性考古发掘,在27平方米的发掘面内,发现人类活动面、石器加工点、火塘遗迹等,出土人类化石、石制品、烧骨,以及鹿科、牛科等动物化石等,达万余件,还对其遗址文化层展开了系统的科学研究,此重大考古成果于2019年12月初正式发布。这项考古研究成果表明,该遗址保留了距今10万—1.5万年的人类活动遗存,这批人类化石"具有典型的早期现代人特征,是中国南北过渡地带秦岭地区首次发掘出土的早期现代人化石,为研究秦岭地区晚更新世晚期的人类体质特征、现代人在中国境内的扩散与时空分布提供了十分关键的材料"②。这为中国乃至东亚地区早期现代人演化自本土古人群假说提供了重要的考古学证据。这也再次印证了美国俄勒冈大学著名考古学教授迈尔·阿金斯对汉中于古人类文明演化的判断。

二、青铜耀天汉

青铜时代是一个光彩夺目的时代,开启了人类文明新时期,于人类文明,这不仅仅是工具材料的进步,器物技术水平的跃升,更为重要的是凝结了人类的审美意识、神性崇拜及权力象征,人类精神意识及其文化力量开始凸显。汉中人文历史也历经了这一重要历史时期。

历史时期,汉中青铜器因自然灾害在湑水河畔多地偶尔现身,其中,《水经注·沔水上》载:"元嘉六年,大水破坟,坟崩,出铜不可称计。"③"铜"即青铜器。这则史料在明嘉靖版与清康熙版《城固县志》之《祥异篇》均得到确认与载录,《洋县志·金石卷》中亦载有发现青铜器的多条史料。20世纪50年代,考古界关注到了汉中青铜器,并展开了初步的研究;但直到20世纪90年代以前,多为不经意的偶然发现,当地老百姓都不知其所以然。直到西北大学赵丛苍先生发现城固宝山古人类文化遗址后,其神秘面纱才被完全掀开,并克服了以前青铜器发现信息记录不完整,出土地点及微观环境遭受严重破坏的困难而进入科学考古发掘新阶段,"这一地区位于

---

① 陕西省考古研究院、中国科学院古脊椎动物与古人类研究所、南京大学地理与海洋科学学院等:《陕西南郑疥疙洞旧石器洞穴遗址发掘获重要成果》,《中国文物报》2019年12月6日第8版。
② 陕西省考古研究院、中国科学院古脊椎动物与古人类研究所、南京大学地理与海洋科学学院等:《陕西南郑疥疙洞旧石器洞穴遗址发掘获重要成果》,《中国文物报》2019年12月6日第8版。
③ 王国维校,袁英光、刘寅生整理标点:《水经注校》,上海:上海人民出版社,1984年,第885、886页。

城固与洋县的交界处,所以有学者将这里出土的青铜器称之为城洋青铜器群"[1]。实际上除城固、洋县外,褒谷口外及勉县境内,也有不同时期的青铜器被发现,但无疑湑水河畔则是汉中青铜器的富集区。就在2016年6月28日,汉中市南郑县河道中发现一件青铜甬钟,这件青铜甬钟通高37.5、最大口径21.5、壁厚0.8厘米,重约6.5千克,为南郑县圣水镇几名工人在对汉江河段青龙滩大桥进行石墩加固维修时在河道中发现的,被陕西省考古研究院商周考古研究室主任岳连建等专家初步考证为西周中期的青铜甬钟,专家认为,汉中地区首次发现的这件青铜甬钟,或将改写周王朝历史上的直接统治疆域,证明西周时期周王朝直辖的政治疆域可能包括汉中[2],同期人民网也报道了这一重要发现。由此可以推断,汉中青铜器考古发掘远未结束,尚需加强。

目前,汉中出土青铜器700余件,年代大多集中于商周,是这一历史时期汉中人文历史的重要物证,并多类存在,涵盖了容器、仪仗器、兵器、生活用具等。以器形观之与比较研究,其人形面具与兽形面具与三星堆颇为相似,亚伐方罍则与中原类似青铜器在年代、器形、体量及"亚伐"铭文等诸多方面有着同一性的文化渊源,由此推断,汉中盆地地域虽受秦岭大巴山的阻隔,但这里的确是中原地域与西南地区文化沟通联系及融合交汇之地。与此同时,"城固铜器群有自己的分布范围,绝大部分是当地铸造,其时代虽属商代,其文化内涵虽有不少商文化因素,但其主要成分却具有浓厚的地方色彩"[3]。李伯谦先生所谓的"地方色彩",即汉中地域特色,在城洋青铜器中,"三角援双首蜈蚣戈"的纹饰可谓独一无二,截至目前,在中国尚未发现纹饰与之相同或相似的戈类青铜器件,这件器物也是汉中青铜器具有汉中地域特色的重要证据性材料。

近二十年来青铜器的陆续发掘与出土,揭开了汉中青铜文化的神秘面纱,揭示了汉中人文历史所经历的一个重要历史时期,并使之逐渐清晰起来,让汉中地域文化及人文精神的厚重与灿烂得以证明与精彩呈现。汉中青铜器,代表着那一时期汉中社会文明所达到的高度甚至超乎我们今天的想象,包括人口规模、生活图景、工业文明、手工工艺、冶炼技术、艺术创造与精神气质等,给我们留下了广阔的想象、思考与研究空间。

---

[1] 赵丛苍:《城固洋县铜器群综合研究》,《文博》1996年第4期。
[2] 韩宏:《罕见西周青铜甬钟惊现陕西南郑:周王朝直辖疆域可能包括汉中》,http://www.cssn.cn/zgs/zgs_jl/201607/t20160726_3135969.shtml。
[3] 李伯谦:《城洋铜器群与早期蜀文化》,《考古与文物》1983年第2期。

三、《诗经》"二南"之发生

　　文字的发生、创制与使用，绝对是人类文化史上的重大事件和人类文明的分水岭。关于中国汉字的起源，存在多种文化维度的解读与阐发，诸如"结绳说""八卦说""河图说""仓颉造字说"等，其中尤以"仓颉造字"神话传说揭示了文字始创带给人类文化精神层面的震撼与人类文明的巨大分野，"仓颉廿八字，镌勒万仞间，鸾凤互轩翥，蛟螭相纽盘闻道"①，从此终止结绳，石破天惊，"昔者仓颉作书，而天雨粟，鬼夜哭"②。汉中境内存在着上古时期的文字痕迹，即"嶓冢禹碑"，"昔禹治水，绩用攸成，勒石以记其盛……嶓冢有石，志汉源也"③。该碑共书八字，至今难以辨识。"碑原在沔县西南嶓冢山腰洞中，不为人知。清时，当地官员李棣生寻找多次才得此碑，后仿原拓刻于学宫。原碑仅存八字，'文化大革命'中被人破坏，现存宁强县烈金坝嶓冢山上，只存两个半字。"④此碑为神话传说时代大禹治水时期在汉中留下的文化痕迹，虽然其字难以辨识，其意难解，但这应该是汉中最早的符号文字无疑，在中国汉字早期创制阶段，汉中没有缺位，于汉中历史文化甚幸。中国被确认并可识读的文字为殷商之甲骨文，这是被公认的成熟文字，自此中国文化开启了繁盛之途，为文化积累与信息跨时空传播提供必要性前提，有了文字，便形成记录，文献产生才成为可能，文献的形成与出现只是时间的早晚问题。

　　《诗经》为中国古代最重要的文化典籍，形成于西周之时，我们今天读到并受其文化滋养，无疑得益于文字的记载与跨越千年的文献传承。《诗经》不仅仅是文学经典，还承载了中国上古时期的多学科的历史文化信息，具有丰富的胚胎型历史文化价值养分，历代都奉其为经典。三百零五篇之《诗经》，大部分源于民间采集，涉及地域广泛，且现在保留下来的篇章极有可能是那个时代存在的很少一部分，因为孔子进行了删减，保留下了他认为有价值的三百零五篇。有幸，汉中及汉水流域也是《诗经》之发生地域之一，自20世纪80年代初，汉中本土学者就开启了《诗经》与汉中历史文化渊源的研究，其标志是李星先生主撰的《诗踪别证》，该书颇具现代学术的原创价值。他的学生，现陕西理工大学文学院刘昌安教授不仅是当年《诗踪别证》的重要研究与撰述者，在此基础之上，刘教授苦心研究，集三十余年之功力，著述了《〈诗经〉"二南"研究》，将这一研究领域推向了崭新的高度。李星与刘昌安等的

---

① 武善树：《陕西金石志》（卷一），西安：三秦出版社，2016年，第4页。
② （汉）刘安撰，杨有礼注说：《淮南子·本经训》，开封：河南大学出版社，2010年，第312页。
③ 武善树：《陕西金石志》（卷一），西安：三秦出版社，2016年，第6、7页。
④ 李慧：《陕西石刻文献目录集存》，西安：三秦出版社，1990年，第1页。

研究成果表明，《诗经》中"二南"（《周南》与《召南》）发生的地域就是包括汉中的汉水流域。近年来，我们通过文献考释及综合性研究，基本认定《诗经·大雅·旱麓》产生于汉中，并将其确定为汉中地方文献之宝贵源头，汉中文献由此发生，这是一个光辉的起点。

《诗经》为中华文化的重要源头，这是我们探源上古中国绕不开且至关重要的经典文献，梁启超先生对其评价甚高，非常认可该文献的"古代史料或史料之尺度"。《诗经》之"二南"与汉水流域及汉中有着深厚的历史文化渊源，汉中不缺位于《诗经》文化，是汉中历史文化的荣耀，从更大的时间尺度来看，汉中之青铜时代灿烂文明与之应该有着文明演进的历史文化渊源，并在大尺度的时间线性流动中完成文化形态之转型性发展与嬗变，具有地域性文化的鲜明特征。经典永流传，今天《诗经》文化的活态传承，在汉中就是以镇巴民歌为代表的陕南民歌，当代著名作曲家赵季平先生对此深受震撼。

四、汉中人口规模的历史演变

人是自然环境的产物，自然环境为人类的生存、繁衍提供资源保障，人类活动作用于自然界，文化便发生。故我们在考察地方文献与基于此的地域文化时，对于特定地域人口的变迁不可不予以关注，因为人口之多寡与文化之兴衰有着内在的联系。汉中地域，尤以汉中盆地自然条件优越，物产富饶，具有较强的人口承载能力。

从旧石器时代开始，汉中盆地就有人类活动，新石器时代人口总体上应该有所发展，但人口数不可考。商周青铜时代，我们从大量出土青铜器不难看出，这一时期汉中人口规模总量应该不小，且大多集中于湑水河畔，这一时期湑水河畔应该是汉中盆地最重要的经济文化中心，青铜工业颇为发达，但人口数亦不可考。从旧石器时代至商周时期，汉中人口应该为本土人，但从战国时代以后，伴随着大规模的战争及国家统一的历史进程，大规模的人口迁移活动出现，之后的各个历史时期，汉中人口的输出与输入交替并存，人口输入与输出在客观上有助于促进地域文化之间的交流与融合。

第一次大规模人口输入汉中，有据可考的应该是与"郑人南奔"事件有关，"南郑"之名也由此而固；刘邦率军进驻汉中致使当时汉中盆地人口激增，汉高祖二年六月"关中大饥，米斛万钱，人相食。令民就食蜀汉"①。饥民翻越秦岭，其中主要流民大都就食于汉中。"西汉元和二年，汉中人口约18万，比秦末增加三万……东汉初年汉中人口下降至4万以下……顺帝永和五年，汉中郡有居民267402人。"②建安二十

---

① （汉）班固撰，（唐）颜师古注：《汉书》（卷一），北京：中华书局，1962年，第38页。
② 郭鹏：《汉中地区志》（第一册），西安：三秦出版社，2005年，第290页。

（215），曹操征伐张鲁，取汉中，在汉中与蜀汉军队对峙，蜀军挫其锋锐，曹操深感汉中为"鸡肋"，在不得不撤退时，"拔汉中民数万户以实长安及三辅"①，与刘备抢夺人口资源，这应该是汉中人口第一次大规模输出。

从三国至隋朝建立之前，中国北方陷入严重的社会混乱，割据政权林立，战乱频仍，汉中必受其影响，这一历史时期，汉中人口输出与输入较之以前更为频繁，人口虽然增减不一，但战争带给汉中人口的影响是巨大的，人口亦时有流入，如晋建兴元年，"秦州人邓定等两千余家，饥饿流入汉中，保于成固……时逆贼王如余党李运、杨武等，自襄阳将三千余家人入汉中，光遣参军晋邈率众于黄金距之。邈受运重贿，劝光纳运。光从邈言，使居成固"②。鄂西移民主要借助汉江水道进入并在汉中城固定居了下来，从这则史料看，当时外来移民主要聚居于城固县境内。至隋朝统一中国前夕，"南朝宋时汉中人口至少在5万人以上"③。唐初轻徭薄赋，社会经济恢复较快，这也有利于人口增长。"唐武德八年（625），汉中境内户10116，口50548……百年之后，到唐玄宗天宝元年（742），汉中户增至63563，口增至253090；汉中自'安史之乱'后，……当时汉中地区人口为10余万。"④

北宋时期，因茶马贸易，汉中经济颇为繁荣，经济带动了汉中人口的增长，"到元丰初年，仅汉中地区人口就增加到13万户，如果以每户三人测算，汉中地区人口当在40万左右，为汉唐以来最高数值"⑤。南宋吴泳在《汉中行》中写道："汉中在昔称梁州，地腴壤沃人烟稠。"⑥描绘了南宋抗金前夕汉中的真实社会图景。但南宋偏安后，蒙古大军铁蹄的践踏导致汉中人口锐减，"至崇宁元年（1102），汉中有户124283，口252680……绍兴三十二年（1162），汉中人口降至215558，比崇宁元年少4万多人"⑦。南宋末年汉中之社会图景为："天高日薄炊烟冷，村落萧条往来绝。"⑧与吴泳所观有着天壤之别，由此可见汉中人口降速之遽。元代，汉中人口增幅缓慢。

明代初年，汉中人口稀少，"南郑只有5868人……到洪武二十六年（1393），汉中人口达326974人……弘治四年（1491），汉中人口降至2877148……明神宗万历六年（1578），汉中人口上升到该朝的最高点——327741人"⑨。人口数量起伏与明

---

① （晋）陈寿撰，（刘宋）裴松之注：《三国志》，北京：中华书局，1959年，第472页。
② （唐）房玄龄等：《晋书》（卷五十七），北京：中华书局，1974年，第1564、1565页。
③ 郭鹏：《汉中地区志》（第一册），西安：三秦出版社，2005年，第291页。
④ 郭鹏：《汉中地区志》（第一册），西安：三秦出版社，2005年，第291、292页。
⑤ 陈良学：《明清大移民与川陕开发》，西安：陕西人民出版社，2015年，第13页。
⑥ 何玉红：《南宋川陕边防行政运行体制研究》，上海：上海古籍出版社，2012年，第325页。
⑦ 郭鹏：《汉中地区志》（第一册），西安：三秦出版社，2005年，第292页。
⑧ 许吟雪、许孟青：《宋代蜀诗辑存》，成都：四川大学出版社，2000年，第173页。
⑨ 郭鹏：《汉中地区志》（第一册），西安：三秦出版社，2005年，第293页。

朝的社会治理较好有关，人口增量与明代开启的移民有着直接的关系，明朝政府实施的移民政策使相当一部分流民来到川陕鄂一带的秦巴山区，可朝廷对秦巴山区实行"禁山"，政策的矛盾激起了民变，更由于秦巴山区自然地形复杂，山大沟深，石灰岩洞穴密布，难以清剿，农民起义在川陕鄂一带不时发生，逐步演变为动摇明清统治基础的重大社会治理隐患。清朝建立后，随着大量移民涌入汉中，形成了"十家九户客，百年土著无"①的汉中人口构成格局，这在汉中人口的历史演变中，为值得我们注意的人口文化现象，这说明并非土著人口完全消失，而是人口大幅度增加导致土著居民占比大大降低。清代汉中人口数量有起伏，但大幅增加是趋势，"顺治十八年（1661）之汉中人口为96016人，康熙五十年（1711）汉中人口为123106人，雍正十二年（1734）为132089人，乾隆二十九年（1764）为1027955人，六十年（1795）为1484802人，道光二十九年（1849）为2064933人，光绪元年（1875）为1613278人，宣统三年（1911）为1716053人"②。清道光年间达到汉中第一个人口峰值。咸丰年间，因太平军袭扰汉中，围城荼毒，居民人口损失较大，"溃围之日，士农工商，不满一万。放生之余，男妇老幼，仅止三千"③。其状甚惨，致使人口峰值出现下滑。另外，明朝开始的移民及政策矛盾，虽然难挡秦巴山地之移民大潮，但给社会治理带来很大麻烦与成本，嘉庆年间严如熤主政汉中后，"在汉中十余年不调，得成其镇抚南山之功。宣宗每论疆吏才，必首及之"④。在川陕鄂三省接壤之广大地区实行"剿抚并重"之策，收功甚著。清代大量流民涌入，不仅改变了汉中人口格局，而且对于促进秦巴山区开发与经济发展发挥了巨大作用，清中期汉中秦巴地区冶铁业、造纸业、酿酒业等小作坊密布，为中华人民共和国成立初学术界确认的具有资本主义萌芽的重要社会经济区域之一，改变了汉中秦巴山区的经济与社会格局，但也导致秦巴山区自然生态环境遭受了严重破坏。

民国时期的汉中，"民国十二年（1923），汉中人口为123.5万人"⑤，1930年前后，汉中全境发生灾荒，易子而食之惨状时有发生，由于赈灾不力，加之匪患猖獗，自然人口减少数额不小。抗日战争爆发后，民国政府各重要军政机关、平津地区流亡学生及大量沦陷区的灾民流入汉中，除部分难民进入黎坪垦区参与农垦外，其他大部分留在汉中盆地之南郑及周边各县。"根据民国三十年之调查，六县人口共约一百零三万人……且抗战后，自平津晋豫迁入本区之最高学府，几集于城固一县，就人口之

---

① 杨起超：《陕西省汉中地区地理志》，西安：陕西人民出版社，1993年，第347页。
② 郭鹏：《汉中地区志》（第一册），西安：三秦出版社，2005年，第293页。
③ （清）周炳垣撰，熊黎明整理：《纪乱词》，自印本，2014年，第8页。
④ 赵尔巽等撰，许凯等标点：《清史稿》（卷三百六十一），长春：吉林人民出版社，1995年，第8822页。
⑤ 郭鹏：《汉中地区志》（第一册），西安：三秦出版社，2005年，第294页。

素质言，亦略胜一等，城固之文风，原已盛冠全区，今则凌驾其他各县。"①民国历史较为短暂，但社会激荡云涌，尤其抗战爆发后，汉中远离战区前线，为一重要之战略大后方，有条件吸纳人口，西北联大汉中八年办学，不仅为本地区输入了人口，对汉中文化教育及社会事业贡献良多，于汉中人口素质提高影响深远。"1949年12月，汉中解放时，汉中人口为188.12万人。"②

据《汉中年鉴·2018》之"2017·汉中数字"载，截至2017年年底，汉中全市总人口为381.85万人③。

汉中自百万年前的石器时代，就有人类活动，但纯粹汉中原住民，应该只存在于石器时代，进入青铜时代后，随着人类跨区域活动的展开，秦岭之险阻已经挡不住人类的脚步，区域内外人口既有输入也有输出，仅为规模大小有别而已。汉中人口数量演变的历史也是中华文明史的区域性反映，二者之间具有紧密联系的同构与内在规律，人口数量之增减与历史发展进程相关联，大时间跨度的考察使我们能感悟汉中特定区域之历史变迁与地域文化的历史脉搏，在与自然斗争、大一统历程中，历经战争、灾荒、瘟疫、匪患等，却生生不息，汉中人民之坚韧，以及由此获得的区域文化自信是有迹可考的。汉中人口历史演变也融入了文化，有的还体现并凝结为本土地名之称谓，"考本区自古即为军事战争之地，汉季蜀魏纷争，诸葛武侯北伐中原，即以汉中为其策源地；迨后各代，亦变乱相承，如明宪宗时遭刘千斤之乱，人烟衰灭之后，移入人民更众，每武装聚民屯垦，盖防垦民之逃亡也。是故盆地聚落以营为名者，似与武装移屯有关"④。是故，带"营"字的地名在汉中广泛分布。

五、汉中行政建制的历史变迁

行政建制为人类社会文明的产物，是国家政权对地方进行有效管理而进行统治、治理的层级性管理组织与机构，是国家权力在地方的直接体现。始于秦代的郡县制对以后中国各个历史时期的行政建制产生了深远影响。行政建制于地域文化及地方文献等的发展，具有不可估量的影响力，这在汉中地域有着显著的体现，如汉中在元代以前隶属于蜀国，之后划归陕西，因其区域地缘在国家政权中的"权重"价值中的占比很重，甚至影响到国家大一统历史，我们在地方文献与地域历史文化梳理过程中发

---

① 王德基、陈恩凤、薛贻源等：《汉中盆地地理考察报告》，《地理专刊》（第三号），1946，第66、69页。
② 郭鹏：《汉中地区志》（第一册），西安：三秦出版社，2005年，第294页。
③ 汉中市地方志办公室：《汉中年鉴·2018》，西安：陕西人民出版社，2018年，第1页。
④ 王德基、陈恩凤、薛贻源等：《汉中盆地地理考察报告》，《地理专刊》（第三号），1946年，第81、82页。

现,《华阳国志》将《汉中志》位列第二,可见汉中于蜀国之地位。宋代郭允蹈所撰《蜀鉴》以汉中开篇并蕴含了大量的汉中人文历史,但清代张澍编辑之《蜀典》则基本不涉及汉中,这与汉中行政建制之变化不无关系。

秦朝统一之前,各地域分布着大大小小的由部落发展起来,在一定地域具有一定实力与影响力并具有国家政权组织雏形的方国,"方国产生于夏朝,发展于商朝,兴盛于周朝"①。随着历史的演进,方国数量在大幅度减少,这源于方国之间的征伐及势力扩大后的合并,春秋末仅为百余各方国与十多个大国,这可以看作中国完成统一前的统一进程与历史发展大势。这一时期,汉水上游的汉中境内存在着多个方国,如褒国、丙国、酉国、骆国、丹国、犁国、巴国等,汉中方国还参与了周武王伐纣的战争,尤以"褒国"给汉中留下的人文印痕最深,代表汉中地域名称的最早的字就是"褒"字,更以"褒姒"经《诗经》而发扬光大,褒国流经的河流至今名为"褒河",沿该河之秦蜀栈道被命名为"褒斜道","褒"字是早于"南郑""汉中"等最古之称谓。夏商周时代所谓的"国"存在于中原地区的大"方国",处于中国国家政权组织的演化阶段,这一大的历史时期,汉中"《禹贡》梁州之地,春秋时为蜀地,战国初属秦,后为楚地,楚衰,又属于秦"②。最早在汉中设郡之行政建制非秦国,而是楚国,但经过秦楚丹阳之战后,汉中为秦所控,《史记·秦本纪》载:"(秦惠文王后)十三年,庶长章击楚于丹阳,虏其将屈匄,斩首八万;又攻楚汉中,取地六百里,置汉中郡。"③"(秦昭襄王)十三年,任鄙为汉中守……十九年,任鄙卒。二十年,王之汉中。"④即任鄙为最早的汉中郡守之一,由此汉中成了国家统一政权下具有地方政权组织建制的地域。地方行政建制的确立,不仅仅在于社会管控,而且对于地域的社会经济发展,乃至教育、人才培植及文化事业的繁盛与发展具有深远的历史意义。

伴随着波澜壮阔的中国历史进程,汉中的行政建制发生了复杂的政权更替与历史性演进。西汉建立,"汉承秦制",汉中郡续存,汉高帝改梁州为益州;东汉建安六年(201),张鲁割据汉中,改汉中郡为汉宁郡,自任太守,建安二十年(215),魏王曹操灭张鲁政权,复称汉中郡;建安二十四年(219)春,刘备攻入汉中,自立为"汉中王",仍设汉中郡,任命魏延为汉中太守。西晋泰始三年(267),分益州北部为梁州,领汉中、巴西、巴东、涪陵、梓潼、新都、广汉等广阔地域,治于南郑;南北朝时期,汉中先后隶属刘宋、萧齐、北魏、萧梁、西魏、北周等政权。

---

① 刘清河:《汉水文化史》,西安:陕西人民出版社,2013年,第113页。
② (清)顾祖禹:《读史方舆纪要》,北京:中华书局,1955年,第2433页。
③ (汉)司马迁:《史记》(卷五),北京:中华书局,1959年,第207页。
④ (汉)司马迁:《史记》(卷五),北京:中华书局,1959年,第212页。

北魏时期，在现在的略阳县境还存在一个以氐族为主体的少数民族地方性割据政权，即武兴国，原为仇池国杨氏子孙杨文度建立的国家，刘宋泰豫元年（472），封杨文度为武都王；北魏孝文帝也以他为武都镇将。"武兴国，本仇池。……文德弟文度立，以弟文洪为白水太守，屯武兴，宋世以为武都王。武兴之国自于此矣……本有十万户，世世分减。其大姓有苻氏、姜氏。言语与中国同。"①2010年8月，在位于略阳县城西十余里，国道309线北侧的横现河镇毛坝村一处基建工地发现两块碑石，由于为施工偶然挖掘所获，碑石有严重损坏，所幸《姜太妃墓志》受损不大，但另一通《杨文弘墓志》泐损严重，后经文物主管部门抢救，两通残破碑石得以保存。"《杨文弘墓志》、《姜太妃墓志》的出土，证明永安陵即武兴氐杨氏的皇家陵园，在略阳县西十余里的横现河镇毛坝村藩家湾……武兴国处于氐人杨氏政权的衰落期，其偏居武兴一隅，在南北朝的夹缝中，依靠寄附延续了80多年，从《姜太妃墓志》可以看出其生存的艰辛。"②这是武兴国历史存在的宝贵实物证据，史料价值巨大。

隋朝初期，郡废州存，汉中境内置梁州、洋州、兴州，后改为汉川郡、洋川郡、顺政郡；大业初，废州，置汉中郡，领县八，分别为南郑、褒内、城固、西乡、河池、西城、安康、顺政；隋炀帝时更名为汉川郡，郡治于南郑。唐武德元年（618），改汉川郡为梁州总管府，辖梁州、洋州、兴州和集州，并于现在之宁强境内设立三泉县，唐代隶属利州；唐开元二十一年（733），汉中地区所属为山南西道，辖汉中、绵阳、广元、南充、达州及甘肃陇南；唐兴元元年（784），升梁州为兴元府，领南郑、褒城、城固、金牛、三泉等县，府治设于南郑。五代十国时期，汉中隶属前蜀与后蜀，政权机构与唐后期大体相同。

北宋汉中属利州路经略安抚使司管辖，利州路辖汉中、广元、南充、达州等广大区域，治所设于南郑。南宋绍兴十四年（1144），利州分东、西两路，东路治设兴元（今汉中），西路治设兴州（今略阳），南宋时期，汉中所辖地域为抗金前线，蒙古大军在秦岭一线遭受重挫，这为汉中地域在元代划归陕西省，以及影响中国大一统历史进程埋下了历史性伏笔。

现宁强县为唐代在其境内设立的三泉县，最初隶属利州之广元，后隶属兴元府。更为重要的是，北宋乾德五年（967），朝廷直辖三泉县（今宁强县），"太祖皇帝立极之初，西蜀未下，益州三泉县令间道驰骑赍贺表，率先至阙下。上大喜。平蜀后，诏令三泉县不隶州郡，遇贺庆，许发表章直达榻前。至今甲令，每于诸州军监下注云'三泉县同'，是矣"③，开中央政府直辖一县之先河，"利州路有三泉县，唐隶兴元

---

① （唐）姚思廉：《梁书》，北京：中华书局，1973年，第816、817页。
② 蔡副全：《新发现武兴国主杨文弘与姜太妃夫妇墓志考》，《考古与文物》2014年第2期。
③ （宋）王明清：《挥尘录》，北京：中华书局，1961年，第35页。

府。皇朝乾德五年，以县直隶京师，至道二年，建为大安军，三年，废军为县。而县之直隶京师如故也，直隶二字始见于此"①。这主要源于其所处地理位置为秦蜀要冲及中原王朝中央政府削弱与有效控制蜀境封建割据之战略要地。三泉县治故址位于现宁强县唐渡乡嘉陵江村的擂鼓台。

元朝建立，完成了中国旷古未有的大一统，"在统一的过程中，因军事政治行动的需要，而在各地设置行中书省"②。元至元十七年（1280），全国设行省六，陕西四川行省为其一，即陕西四川合并设立。至元二十三年（1286），分陕西四川行省为陕西、四川二省，由此汉中从四川逐渐剥离，划归陕西省，陕西行省兴元路总管府依然设在南郑（今汉台），兴元路领南郑、褒城、城固、西乡四县，以及凤州、洋州、金州三③，而当时的沔县、略阳县及大安县（今宁强）则隶属四川行省广元路。"秦岭以南的汉中地区被划归陕西行省，使四川盆地的北向门户洞开，无险可守。这种以北制南、各省北向门户洞开和人为实行形格势禁的政策，在汉地诸行省表现最为突出，从而使行省官失去了扼险而守、割据称雄的地理条件，朝廷就比较容易控制了。"④汉中隶属陕西的行政格局一直存续至今，元代及明代汉中行政区划的陆续变更，对汉中以及中国大一统之历史进程的影响极为深远。

明洪武三年（1370）五月，改兴元路为兴元府，次月再次更名为汉中府，隶陕西布政司。领南郑、褒城、城固、洋、西乡、凤、沔、略阳县八及羌州，"宁羌州，本宁羌卫。洪武三十年九月，以沔县之大安地置。成化二十一年六月置州，属府"⑤。自此，现在汉中行政区域内各县完全脱离蜀地控制，全部隶属于陕西。清代陕西汉中府治于南郑（今汉台区），清初所辖县域同明，乾隆二十九年（1764）添设留坝厅（今留坝县），嘉庆七年（1802）析西乡县南24地添设定远厅（今镇巴县），道光五年（1825）添设佛坪厅（今佛坪县），今天汉中市所属县域行政区划格局由此奠定。民国初，废厅为县，各县境大多沿袭清后期之县名，仅将原定远厅更名为镇巴县，1942年，将宁羌县更名为宁强县。1961年将历史时期汉中所属之凤县划归宝鸡专区所辖。

历史时期，汉中府下辖境内各厅、县。各行政层级所在地必定是所属境内的政治、经济、军事、文化、教育等之中心与重心，具有"磁场"效应，为一切资源的汇聚地，建城池、设衙署、兴市场、设书院、办官学等，更是一培育及吸纳人才的中心之地，如镇巴历史赓续有缺，很长时期隶属于西乡县，社会文化一派荒芜，清嘉庆七

---

① （清）钱大昕：《十驾斋养新录》，上海：上海书店出版社，1983年，第237、238页。
② 《中华文化通志》编委会编，周振鹤撰：《中华文化通志·地方行政制度志》，上海：上海人民出版社，1998年，第123页。
③ （明）宋濂等：《元史·地理志三》，北京：中华书局，1976年，第1427页。
④ 李治安：《元代行省制度》，北京：中华书局，2011年，第938页。
⑤ （清）张廷玉等：《明史·地理志三》，北京：中华书局，1974年，第1000页。

年（1802），析西乡县南二十四地设置定远厅，最初严如熤等几任同知结合当时境况、建城池、剿匪患、兴农耕，草创定远厅；第八任定远厅同知马允刚则以教化黎民、移易风俗为己任，定远厅社会文化事业基础设施建设在马允刚任内，他建东岳庙、先农坛、关帝庙、桓侯庙等庙宇十多座，在任期间，他"毁淫祠"以除邪祟，正教化而易心性，社会风气为之一变，基本形成了封建时代社会教化的文化基础设施体系性格局，业绩斐然；他还筹建班城书院，设定远厅学，开定远厅官学之先河，请置儒学训导署，崇尚并推行儒家正统教育；政事闲暇之余，定期亲赴厅学，开坛训导，为诸生讲学，捐刻唐诗明文及国初时艺授读；供给寒士津贴，儆惰赏勤，立教甚严，严慈如父，其弟子对他则恭肃敬仰有加。再如城固县之行政建制一直存续，且紧邻汉中府城，历史文化积累丰富，重教兴文，人才辈出，如邓先、张骞、杨王孙、李郃、李固、张凤翮、高士鹏、张叔亮、龙文、龚逢春、陈光尧、赵文艺等，"据府、县志载，自明建文四年（1402）至清光绪二十九年（1903），本县举人196人，其中武举13人；进士51人，其中武进1人"[①]。

不仅如此，历史时期的封建职官制度致使汉中历代府县官员大多来自外方，为其他地域文化因子的重要携带者，对于促进地域文化之间的交融起到了不容忽视的重要作用，并为汉中地方文献的编撰与形成做出了不可估量的重大贡献，如安邑张良知、辽阳滕天绶、溆浦严如熤、沁阳史左、娄县王穆、善化贺仲瑊、固始蒋湘南、平江余修凤等，尤其在汉中方志编纂方面，贡献至巨；再如北周汉中郡守甄鸾还将中国古典数学文化融入了汉中地域文化。

六、汉中地域文化类分

汉中人文历史自旧石器时代计，已达十万年以上；以青铜文化发轫，距今也有三千多年。在这漫长的历史时期，汉中地域文化经过积淀与演化，呈现出多元地域文化类别与形态，大体可类分如下：石器文化、栈道文化、《诗经》文化、青铜文化、两汉三国文化、水利灌溉文化、摩崖石刻文化、茶文化、中国古典数学文化、移民文化、方志文化、寨堡文化、民居建筑文化、民歌文化、教育文化、科技文化、曲艺文化等，这些文化形态均有相应的地方文献支撑。

---

① 城固县地方志编纂委员会：《城固县志》，北京：中国大百科全书出版社，1994年，第805页。

第二章 汉中地方文献的历史分期及形成的社会历史文化机理

地方文献是地域文化的精华与结晶。地域文化是地方文献形成的不竭源泉，地方文献打上了地域文化的深深烙印，并被赋予地域文化的个性特质。

我们在整理与研究汉中地方文献的工作中，以汉中地方文献探源为基础，以纵向的历史跨度为视野，提出了汉中地方文献的历史分期，以及各个历史时期所具有的文化特征。同时，地域文化与基于此的地方文献的形成、发展不可避免地受着国家历史进程与文化传统的左右、影响与熏染，但地域在特定历史条件下，为国家历史进程中重要的地理空间平台，因而地域文化与国家文化是相互交织、相互影响的关系，这是我们在考察地域文化、地方文献与国家历史进程时不得不尊重的历史辩证法，以此，旨在探寻与揭示汉中地方文献生成的社会历史文化机理，所谓机理，即基于一定数量地方文献及与之相关的具有一定历史逻辑链的地方文献所反映的相关历史事实的分析，从而揭示地方文献历时性、阶段性演进，以及深层次的内在历史逻辑与发生学的意义。这在探寻与发现地方文献生成的规律、促进当代地方文献学研究进一步走向深入，具有一般性普遍意义。

第一节 汉中地方文献探源

成书于春秋战国时期的《山海经》《禹贡》《竹书纪年》等文献中虽有关于汉中的文字记载，但大多为知识片段，不具备文献单元的属性，文献单元起码应为独立的篇章。但《诗经》就不一样了，它是我国最早的一部诗歌总集，收集了西周初年至春秋中叶各地域（主要分布于黄河、汉江流域）、各诸侯国长达六百余年的民歌及歌赋，它是可考的中华文化的最早典籍，自成书后就被奉为经典，为"五经"之一。而且《诗经》虽汇辑于春秋，但各诗篇产生的年代则可远远上溯。由此推断，《诗经》应该为黄河中下游流域及汉江流域各地域地方文献的源头。

一、《诗经》渊源及其价值分析

关于《诗经》辑录成集的问题,学术界存在各式各样的理论探讨和推断,如周朝史官民间采集说等,但在《史记·孔子世家》中有这样的记述:"古者诗三千余篇,及至孔子,去其重,取可施于礼义,上采契后稷,中述殷周之盛,至幽厉之缺,始于衽席……三百五篇,孔子皆弦歌之,以求合《韶》《武》《雅》《颂》之音。礼乐自此可得而述,以备王道,成六艺。"① 综合各种成因说,可得如下结论,其一,在广大地域收集几千首民歌、歌赋,非一人可为之,而朝廷采诗官征集、民间上呈后二者汇集才使《诗经》诞生成为可能;其二,大思想家孔子对其进行删减、整理应该不容置疑,这与孔子所处时代、其思想追求以及其重礼乐的志趣相吻合,孔子所进行的工作无疑就是文献整理工作;其三,如果正如史籍所载,孔子仅以一人之好恶,将三千余篇删减为仅存三百余篇,不能不说是中华文化的遗憾。

在中国学术史上,《诗经》是侧重于作为文学典籍被深入研究和传承,但《诗经》所蕴含的历史文化信息远远不止于文学,而是涵盖了历史学、地理学、历史地理学、植物学、动物学乃至环境生态学等多个学科领域,梁启超先生对于《诗经》的文献价值予以了高度的肯定:"《诗经》为古籍中最纯粹可信之书,绝不发生真伪问题,故但考其年代已足……现存先秦古籍,真赝杂糅,几乎无一书无问题。其精金美玉字字可信可宝者,《诗经》其首也。故其书于文学价值外尚有一重要价值焉:曰可以为古代史料或史料尺度。"② 广泛收集于民间并汇辑而成的《诗经》是中国出现最早、影响最巨的经典典籍之一,不仅具有文学及史料价值,也有助于我们通过阅读,体悟那一历史时期先民们的精神世界、思想意识、社会文化行为、群体文化心理结构以及艺术世界的价值取向。

二、活态的《诗经》文化

20世纪80年代初,汉中师范学院著名学者李星先生带领学生沿汉水流域一线进行田野考察,通过历代文献考释解读《诗经》的相关篇章,结合当时汉中的出土文物资料,着重研究了《诗经》部分篇章与汉中的地域文化联系,开启了汉水文化在远古文明的探寻之路。"在历年的教学中,我们对《诗经》中的'周南''召南'和'雅''颂'的有关篇章进行了研讨,并结合我们身临其境的汉水流域,把它们同

---

① (汉)司马迁:《史记》(卷四十七),北京:中华书局,1959年,第1936、1937页。
② 梁启超:《要籍题解及其读法》,长沙:岳麓书社,2010年,第71、81页。

《诗经》中的上述部分进行了对照和综合性研究,认识到运用《诗经》这部宝贵典籍,来对包括汉中在内的汉水流域的商周时代的历史文化进行研究,有一定科学价值。"[①]该著从诸如历代文献对"二南"的几种解释、《诗经》中记载的人物和历史传说与汉水流域之关系、《诗经》中描写的汉水、《诗经》对汉中及汉水流域山川地势的描写、《诗经》中写的草木虫鱼鸟兽与汉水流域之关系、汉水古方国探考等方面进行了专题性深入研究,是以汉水上游为研究重点并涉及全汉水流域的系统性研究的早期著作之一,限于当年条件,《诗踪别证》虽未正式出版,但其学术原创价值不容低估。

2007年《镇巴民歌总汇》正式出版,该著汇集了陕南镇巴四千余首民歌,著名作曲家赵季平先生为该书作序,他写道:"这本'民歌总汇'是我省目前所展示的一部最集中、最原始、最完整地搜集一个区域内原生态民歌的大书、奇书和经典之作……众所周知,《诗经》的采集和流传到底经过了多少岁月和沧桑,我们无法想象,但它集举国之力而建立庞大采集机制是有史可考的……从艺术手法看,《诗经》有赋、比、兴,这里也有;从内容上看,《诗经》有风、雅、颂,这里不缺。"[②]显然,赵季平先生在《镇巴民歌总汇》中读出了《诗经》的味道,体悟出了二者之间的历时性隐含与文化基因的传承。无独有偶,陕西另一位文化学者陈非先生,花费五年时间,走遍了陕南各乡村,收获"行万里路,读万卷书"的成果,著有《我有南山君未识:陕南民歌之旅》一书,该书勾勒了陕南民歌与《诗经》的直接联系与文化渊源:"在陕西省文化厅组织编写的一套《第一批陕西非物质文化遗产图录》的目录上,我欣喜地看到有这样的记录:我国古代最早的诗歌总集《诗经》中的《周南》和《召南》部分,其中二十五首歌谣的流传地在汉水上游安康、商洛、汉中一带。"[③]陈非先生在此的表述是不完整的,汉水上游的安康、商洛、汉中一带不仅仅是《诗经》之《周南》和《召南》部分篇章的流传地,更是其创作产生的重要原生地之一,"汉南,三秦盛郡也。昔周召之化,先及江汉,删诗者,以二南为十五国风之首,明乎风物之醇美,莫盛于此也"[④],这标志着汉中方志文献对《诗经》"二南"产生于汉水上游流域的认同与确证。

---

① 李星:《诗踪别证》,汉中师范学院印,1985年,第2页。
② 镇巴县文化馆:《镇巴民歌总汇》,西安:陕西人民出版社,2007年,第1、2页。
③ 陈非:《我有南山君未识:陕南民歌之旅》,西安:陕西师范大学出版总社,2015年,第6页。
④ (清)史左:《康熙版西乡县志·卷首叙》,清康熙二十二年刻本。

三、汉中地方文献源头：《诗经·大雅·旱麓》

《诗踪别证》中对《诗经·大雅·旱麓》篇的解读引起了我们的关注。《旱麓》为《诗经·大雅》中的一首，"旱，山名也。麓，山足也。济济，众多也。《笺》云：旱山之足，林木茂盛者，得山云雨之润泽也。喻周邦之民独丰乐者，被其君德教。"①又据《汉书·地理志》载："南郑，旱山，池水所出，东北入汉。"②清代著名经学家马瑞辰在考证《诗经·大雅·旱麓》的渊源过程中，确认了以上文献材料中旱山（今汉山）所处地理空间位置，他还引述《明一统志》的相关文献材料，明确提出"是旱为山名之证"③的学术观点。与马瑞辰同时代的另一位经学大家陈奂，对《诗经·大雅·旱麓》做了更繁复的考证，也提出了旱山（今汉山）位于"今陕西汉中府附郭南郑县"④的学术论断。除《民国汉南续修郡志》引述以上部分材料及《周地图记》《舆地纪胜》《太平寰宇记》等文献材料以证明中国古代典籍中的"旱山"地处本邑外，这一学术观点在当代也被普遍认可，如段木干主编的《中外地名大辞典》，对"旱山"的词条释义为："在陕西省南郑县西南。《诗大雅》'瞻彼旱麓，榛楛济济'谓此。"⑤复旦大学历史地理研究所编辑的《中国历史地名辞典》对"旱山"的词条释义为："在今陕西南郑县南，《诗经·大雅·旱麓》：'瞻彼旱麓'即此。"⑥这一学术观点在历代本地方志编撰实践中也进一步得以确认："乾隆年间，南郑县令王行检在《南郑县志》序中写道：南郑，古褒国地。周初，被文王德化。《旱麓》之篇发咏《大雅》，由来尚矣。"⑦故《诗经·大雅·旱麓》中的"旱"即指旱山，今名为汉山，位于汉中市的汉江南岸。

中华人民共和国成立以后，汉中文物考古工作渐次展开，尤其是大量商代青铜器的出土，表明汉中盆地在商代就已经具备了相当高的文明程度，加之良好的自然生存条件，人口规模也应该不算小，这为《诗经》篇章原生于此奠定了坚实的社会文化基础。文献内容不仅仅反映着创作的历史时代信息，更具有地理空间的领域感，通过

---

① （汉）毛亨传，郑玄笺，（唐）孔颖达疏，梁运华整理：《毛诗正义》，济南：山东画报出版社，2004年，第1121页。

② （汉）班固：《汉书》，北京：中华书局，1964年，第1596页。

③ （清）马瑞辰撰，陈金生点校：《毛诗传笺通释》，北京：中华书局，1989年，第829页。

④ （清）陈奂：《诗毛氏传疏》（卷二十三），清道光二十七年陈氏扫叶山庄刻本。

⑤ 段木干：《中外地名大辞典》，台北：人文出版社有限公司，1981年，第1482页。

⑥ 复旦大学历史地理研究所：《中国历史地名辞典》，南昌：江西教育出版社，1986年，第411页。

⑦ 《南郑县志》编纂委员会：《南郑县志》，北京：中国人民公安大学出版社，1990年，第730页。

历史文献考证而获得清晰的地理标识，我们可以认定，《诗经·大雅·旱麓》的创作原生地就在陕南汉中南郑县，该首诗歌描写的是南奔至汉中的郑民祭拜旱山（今汉山）的场景，由此可知，郑人具有山神崇拜的习俗与文化传统；该诗还凝结了郑人或该历史时期的汉中先民们，对福禄文化的美好愿望与祈祷；尤其是"鸢飞戾天，鱼跃于渊"的经典之句更具有文化的多维度解读空间与宏阔的艺术价值取向。截至目前，汉中发掘工作中尚未发现带有文字材料的甲骨或简帛材料，虽然学术界有"二南"发源于汉江流域的学术观点，但其地理空间信息模糊而宽泛，是否可以纳入汉中地方文献探讨与研究的范畴，尚有待于进一步考证与研究，因而我们认为，仅《诗经·大雅·旱麓》可以被确立为汉中地方文献的源头。

结合《诗经》产生的时代与地域分布的广阔，再结合对中国存世经典典籍的文献内容与地理空间分布观之，黄河中下游流域、汉江流域与长江中下游流域的各地域地方文献的源头就是《诗经》！这就意味着，上述所及地域，如果要探寻地方文献之源头，可在《诗经》篇章中寻找与该地域相联系的上古时期的文化信息，并进行相应的考述与论证。

第二节　汉中地方文献生成的社会历史文化机理分析

在地方文献搜集、整理与研究工作中，应深入考察地域文化与国家文化、地方文献与国家文献、地域文化与地方文献、人文社科类地方文献与自然科学技术类地方文献这几组矛盾运动关系，从而深入探寻并把握地方文献生成的内在规律。

地方文献是地域文化的结晶，它的生成背后包含着繁复的社会历史文化因素，在宏观上受中华文化传统、国家政治制度嬗变、战争、灾变、重大历史事件等因素的外在影响；在中观层面包括特定地域的自然地理空间与环境、资源禀赋、历史人物、物产、交通格局、人口变迁、过境商旅、历史时期的职官制度、地名沿革、生产生活方式、地域文化心理、历史文化遗存、地方文献责任者（编、撰、纂、校、注、著及责任者籍贯等）等历史文化因素，这些因素具有内外因的共同作用属性；在微观层面又包括民风民俗、方言、民居建筑式样、生产生活工具、民歌歌谣等，这些因素可视作地方文献生成的内因。影响地方文献的诸多宏观、中观与微观因素不是孤立存在的，而是互为关联、相互缠绕、彼此作用，共同构成地方文献生成的地域社会历史文化生态及地方文献生成的社会历史文化机理。对于同一文化现象或具有丰富历史文化意蕴的对象，我们还可以对相关地方文献的"簇类"现象进行观察与总结。对地方文献生成的社会历史文化机理进行分析，于地方文献工作开展，文献搜集整理，以及地方文献研究工作的开展，具有一定的理论与实践指导意义。

一、中华传统文化、国家文献与汉中地方文献

中华传统文化是中华民族在漫长的历史演进过程中积淀形成的文化传统,这些文化信息便固着在了大量的历史经典文献即国家文献中,如《诗经》《山海经》《水经注》《竹书纪年》《禹贡》《华阳国志》《一统志》《读史方舆纪要》与"二十四史"等中蕴藏着大量的有关汉中的历史文化信息与知识片段,需要进行仔细梳理与汇辑,这是汉中地方文献整理与研究不容忽视的基础性工作。田孟礼与张西虎编著的《天汉集史》就系统梳理了《史记》《汉书》《后汉书》《三国志》中有关汉中的历史资料。前有论述,汉中及陕南是《诗经》的原生地,由此可以看出汉中地域文化与中国早期文明有着水乳交融的内在联系,本邑在西周时期原生的民谣、辞赋由于进入国家文献层级而得以保存与传世。与此同时,中国方志文化在汉中地方文献各个历史阶段的发展过程中得以完整呈现,尤其是第一期中,东汉时期本邑人氏祝龟所撰《汉中耆旧传》等,象征着汉中方志文化的早期自觉,即东汉时期为汉中方志文化形成与方志文献出现的时期,与中国方志文化出现的大的历史时期基本吻合。

二、汉中自然地理空间与汉中地方文献

汉中境内的秦岭、巴山地形崎岖陡峻,林海莽莽,人烟稀少,在清中期,农民起义、山匪横行,直接威胁到了清政府的统治基础。湖南溆浦人严如熤在廷试中提出对策,受到嘉庆皇帝的赏识,他先后担任旬阳县令、定远厅同知与汉中府知府,他在陕南任职期间相继著述的《三省山内风土杂识》《三省边防备览》具有方志、军事、区域社会经济文化等多重学术价值,尤其是其《三省边防备览》,在中华人民共和国成立初期钱宏先生所著《鸦片战争以前中国若干手工业部门中的资本主义萌芽》一书中为探讨中国封建社会时期资本主义萌芽的重要引述文献,并提出了"汉中一带的冶铁业、木材业和造纸业中的手工工场,既然都归拥有巨额资本的手工业资本家所有,而同时又雇佣着大量的以出卖劳动力为生雇佣工人。那么,就完全可以断定这些手工工场是属于资本主义性质的了"[①]的学术论断,即汉中的秦巴山地为我国封建时代晚期出现的资本主义萌芽重要区域之一。抗日战争期间,中国地理研究所组织科学家考察团队,对汉中盆地进行了为期大半年的科学考察活动,《汉中盆地地理考察报告》在前言中开宗明义地指出:"本所成立后,即有分区实地考察之计划,尤以富有地理

---

① 钱宏:《鸦片战争以前中国若干手工业部门中的资本主义萌芽》,上海:上海人民出版社,1955年,第29页。

意义之自然区域最为适合，期于区域地理有所阐发。陕西南部秦岭巴山之间，汉水上游之汉中盆地，四面环山，众流归汉，既为山区居民经营活动之中心，又为沟通四川与西北之枢纽，诚为研究区域地理之良好园地。"①该报告还从植被、物产、交通、地理位置等角度严密论证了汉中秦巴区域的过渡性特征，对微观地理名称进行了自然地理与人文地理的科学分析与阐发，被誉为我国区域地理考察与研究的经典著作。汉中盆地地势低平，为一重要农业生产区域，自汉代以后，汉中盆地的灌溉水利设施自成系统，当代知名学者鲁西奇通过对汉中灌溉水利文化的遗存碑刻的系统梳理，完成了《汉中三堰：明清时期汉中地区的堰渠水利与社会变迁》的重要学术著述，等等。更由于汉中特殊的地理地貌形态，汉中境内栈道密布，分别为翻越秦岭之褒斜道、故道、傥骆道、子午道，以及翻越巴山之金牛道、米仓道、荔枝道，构成关中及中原地区与大西南相连接并交汇于汉中府城的交通枢纽和分布于秦巴山地的栈道交通网络。栈道作为一类独特的交通基础设施存在，千百年来，不少脚踏栈道、途经汉中的文人骚客留下了大量的栈道摩崖石刻与灿烂诗篇，为汉中地域一道亮丽的地域人文文化景观。栈道作为一种交通形制的历史遗存，具有重大文化价值，20世纪初，德国著名建筑师恩斯特·柏石曼（Ernst Boerschmann）受德国政府资助，来到中国考察历史建筑，途经留坝张良庙，对其宗教建筑进行了仔细考察，亲自拍摄了多幅珍贵照片②，还对张良庙的平面布局进行了精确测绘。民国时期著名地理学家林超、孙承烈在嘉陵江流域地理考察之际，结合历史文献撰写的《蜀道考》代表了民国时期蜀道研究之最高学术水准；郭荣章先生之《中国早期秦蜀古道考述》为当代研究汉中栈道历史文化遗存的扛鼎之作；由陕西理工大学汉水文化研究中心规划，冯岁平、袁永冰等主编的《中国蜀道文献集成》即将出版；2017年11月，西南大学历史文化学院马强教授作为首席专家领衔申报的"蜀道文献整理与研究"（项目批准号：17ZDA190）项目获2017年度国家社科基金重大招标项目立项资助。汉中栈道（蜀道）研究成为汉中本土及域外学者高度关注的重要研究领域。栈道不仅仅是交通意义上沟通中原与西南的大通道，它还是中华历史文化衍生的大舞台，大军在栈道上活动，南北征伐；隋唐以降，中国大一统格局基本奠定，文人骚客经栈道过境陕南汉中，触景生情，吟诗作赋，徜徉情怀；商旅经栈道完成货物输送，促进社会经济融合发展；朝廷命官经栈道赴任或巡查；各朝士子经此进京赶考以求功名等，故栈道文化历代繁盛，栈道诗篇引人入胜，栈道文献自成一体，熔铸于汉中地域文化之中。

---

① 王德基、陈恩凤、薛贻源等：《汉中盆地地理考察报告》，《地理专刊》（第三号），1946年，第3页。

② 〔德〕柏石曼（Boerschmann），沈弘译：《寻访1906~1909：西人眼中的晚清建筑》，天津：百花文艺出版社，2005年，第67—70页。

三、历史名人与汉中地方文献

张骞乃本邦著名历史人物,在中国历史上被誉为通西域第一人,对于促进中西方文化交流厥功至伟,其开拓精神一直影响着后人。当代著名学者李范文为汉中西乡人,他通过多年研究,编撰完成了《夏汉字典》,在他身上,我们能够感受张骞精神的传世与深远影响。北魏时期中国著名地理学家郦道元所撰《水经注》,为汉水上游流域的汉水、沔水、沮水及旱山留下了珍贵的考据性历史文献资料,弥足珍贵。北周时期的汉中郡守甄鸾,穷毕生精力研究他所在时代以前的中国数学典籍,为《周髀算经》《孙子算经》《数术记遗》等作注或述,"隋以前之算书,往往为鸾所注"①,还著述了《五曹算经》《五经算经》等数学著作,清代著名学者阮元评价他:"鸾好学精思,富于论撰,诚数学之大家矣。"②英国著名科技史大家李约瑟(Joseph Terence Montgomery Needham)这样评述甄鸾:"从某种意义上说,甄鸾是结束这个时期的人,他的活动期间肯定是在北周(560—580年)。"③无疑,甄鸾不仅是中国古代的著名数学家,其数学成就亦具世界影响力,但就是这样一位曾为汉中郡守、数学研究成就丰硕的大家,在严如熤编撰的《续修汉南郡志》以及本邑各种方志文献中无一点只言片语的史料记载。清中期的严如熤不仅是汉中府知府,还是一位学术大家,其著述《三省山内风土杂识》《三省边防备览》《续修汉南郡志》《山南诗选》为汉中留下了一笔丰厚的历史文化资产,直接促进了汉中地域文化的跨越式发展。民国时期,著名学术大师黎锦熙随北平师范大学内迁来到陕南城固县城,"一日,唐君谓我曰:'长为食客,且奈何?',我应之曰'无已,其修志乎!'"④他在筹划续修《城固县志》的过程中完成了《方志今议》,此著为中国方志学传统理论向现代转型发展的标志性著述,就是在今天依然被奉为现代方志理论之学术圭臬。留德博士王德基先生主持了汉中盆地地理考察,他率领科学家团队在1941年前后,在汉中进行了多半年的科学考察。"从哪里来?到哪里去?"这是人类共同面临的哲学式究问,如果站在八十年前的时间节点上,他们完成的《汉中盆地地理考察报告》给予了汉中人民科学的回答。同期任教于西北联大、国立西北大学的陆懋德教授在1937—1943年于汉中工作期间,完成了他的重要史学著作《史学方法大纲》,该著为中国第一部研究史学方法的重要理论著述。其间他还参与了城固张骞墓的清理保护工作,其《汉中各县诸葛武侯

---

① 章嵚:《中华通史》(中),上海:东方出版社,2014年,第158页。
② (清)阮元撰,彭卫国、王原华点校:《畴人传汇编》,扬州:广陵书社,2008年,第117页。
③ 〔英〕李约瑟著,《中国科学技术史》翻译小组译:《中国科学技术史·卷三·数学》,北京:科学出版社,1978年,第71页。
④ 黎锦熙:《方志今议·序》,北京:商务印书馆,1940年,第1页。

遗迹考》《汉中地区的史前文化》等研究成果，于汉中地域历史文化意义重大而深远。本邑人氏安汉，乃民国时期著名农学家，他的著述有《西北农业考察》《西北垦殖论》《黎坪垦区陕境部分初步调查报告》。中国当代著名史学家史念海先生20世纪60年代完成了《汉中历史地理》著述等。

四、重大历史事件与汉中地方文献

汉中地处中国宏大版图的中心区域，在中国广袤疆域里，其区位地理位置颇具军事战略价值，加之这一区域独特的地形地貌，使汉中成为中原地域与西南地区相衔接的枢纽区域，具有过渡性之区位优势，对于封建王朝的统治及国家大一统伟业具有不容忽视的重大影响与地缘"权重"价值，因而许多影响中国历史走向的重大事件就在天汉大地上演，诸如刘邦王汉中、筑坛拜将、汉中策对、火烧栈道、刘备称王、诸葛亮北伐、黄忠定军山刀劈夏侯渊、张鲁建立五斗米教、曹魏南征、南宋抗金、天主教在汉中建立教区与传教、三省边防围剿白莲教、西北联大汉中办学、红四方面军建立川陕革命根据地、红二十五军纵横秦岭等，均发生在两汉三国、唐末、宋末、清中期、民国时期等各个历史时期的天汉大地，这一系列重大历史事件在《史记》《汉书》《后汉书》《三国志》《明史》《清史稿》等国家文献及汉中地方文献中均有记述。民国时期，因抗日战争爆发，平津地区的许多高校与研究机构内迁汉中，在汉中本土组建了西北联大，在本邑持续办学时间长达八年，在办学的过程中，产生了系列汉中地方文献与科学文献，如民国时期之《西北联大校刊》《方志今议》《陕西城固县教育概况》《汉中盆地地理考察报告》等，当代的《西北联大史料汇编》《衔命东来：话说西北联大》《国立西北联合大学档案史料选编》《西北联大故事》《西北联大：抗战烽火中的一段传奇》，以及"西北联大与现代文明丛书"的《热血书生上战场：西北联大与抗日战争》《现代地质学重镇：西北联大与现代地质事业》《现代医学之源：西北联大与现代医学事业》《知识分子何谓：西北联大知识分子群体研究》等，尤其近年来随着西北联大研究的深入，以西北联大在汉中办学为对象展开研究的各类文献将有大的持续增长空间。

五、历史文化遗存与汉中地方文献

汉中及汉水流域是中华民族的重要发祥地之一，西乡的李家村与何家湾、城固的宝山、南郑的梁山等地考古发掘工作，形成了系列的科学考古报告（简报），诸如《陕南考古报告集》《龙岗寺：新石器时代遗址发掘报告》《城固宝山：1998年发掘报告》《城洋青铜器》《汉中出土商代青铜器》等，这一系列文献是我们探讨汉中及汉水流域早期人类文明的重要证据性实物资料。汉中作为中华民族的重要活动舞台之一，伴随着重大历史事件，积淀下了丰富的地域文化遗存，包括石门摩崖、武侯墓祠、张良庙、古汉台、姜太妃墓等，人文文化价值巨大，如褒河在汉中盆地入口处，地形险要，两岸山石巍然壁立，宛如天门，历史上被称为"石门"，"然四塞，栈道千里，无所不通，惟褒斜绾毂其口"①。此处曾经分布着各个历史时期的众多摩崖石刻，尤以《鄐君开通褒斜道摩崖》《石门颂》《石门铭》等为代表的"石门十三品"为巨，乃中国书法艺术的宝库，价值连城，历代文人墨客至此游历，忘我体悟，顶礼膜拜，其中的《石门颂》《石门铭》被宋代《隶释》与清代《隶辨》辑录，清末及以后围绕"石门摩崖"展开研究的系列著述相继面世，诸如《褒谷古迹辑略》《石门碑醳》《石门摩崖刻石研究》《石门汉魏十三品》《汉三颂专辑》《石门十三品》《石门石刻大全》等，这些著述不仅仅具有书法艺术价值，而且对于中国交通史、栈道及古代道路工程等的研究也具有重大学术价值。张良、诸葛孔明乃我们民族智慧之化身，围绕张良与张良庙形成的汉中地方文献包括《张良萧何韩信评传》《紫柏山志图》《张良庙匾联石刻诗文集注》《张良庙 紫柏山风景名胜区志 摄影集》等，围绕诸葛孔明与武侯墓祠形成的汉中地方文献有《诸葛亮》《诸葛亮文译注》《诸葛亮集》《诸侯忠武侯年谱》《诸葛忠武志》《忠武侯祠墓志》等。

六、文化商旅与汉中地方文献

汉中形胜，又为联结巴蜀与关中两大社会经济文化区域的过渡地带，乃必经之地，秦巴山地虽高山耸峻，峡谷幽壑纵横，但"栈道千里，无所不通"，历代都有文人墨客途经并游历汉中，留下了大量与汉中相关的诗篇，如李白写下了壮丽的《蜀道难》、柳宗元的《兴州江运记》、岑参的《陪诸公龙岗寺泛舟》、沈佺期的《夜宿七盘岭》、孙樵的《书褒城驿壁》等，原国务院古籍整理出版规划小组秘书长、中华书局总编傅璇琮先生在为《陆游与汉中》作的序中指出："我在研究唐代文学时注意到，从公元6世纪末叶到公元10世纪的隋唐五代，多数仕宦骚人都与汉中有密切接触和联系，汉中成为研究唐代历史、文学绕不过去的话题。"②南宋乾道八年（1172），陆游来到汉中，投身于抗金战争前线，寓居天汉达八月之久，其间，他创作了大量诗词，多为名篇，不仅具有颇高的文学艺术价值，也具难得之史料价值，历代名家较为重视对其进行深入研究，近年来形成了《陆游与汉中研究》《陆游与汉中》《陆游诗

---

① （汉）司马迁：《史记》（卷一百二十九），北京：中华书局，1959年，第3262页。
② 中国陆游研究会、汉中市陆游学会：《陆游与汉中·序》，上海：上海古籍出版社，2013年，第1页。

踪散论》等系列汉中地方文献。至治元年（1321），日籍僧人雪村友梅被流放巴蜀，途经汉中，留下《闻岩总兵》与《偶作十首》①等诗作篇章，辑于《岷峨集》。明末白耷山人阎尔梅于1659、1660年两次游历汉中，留下了如《登七盘关望汉中》《题张元操别业》等二十多首有关汉中的诗词，辑于《白耷山人集》及《白耷山人诗集编年注》②中。清康熙十一年（1672），王士禛奉命典四川乡试并返回北京，其著《蜀道驿程记》，多有途程之山水考证，尤以汉水源流考证为最详；乾隆年间，广汉张邦伸游历蜀道，留下《云栈纪程》；嘉庆十五年陶澍奉上命与编修史评典四川乡试，留下了《蜀輶日记》，于汉中着墨较丰；清中期学者张星鑑经蜀道赴成都，写下了《游紫柏山记》与《登棋盘岭记》等；清同治年间，德国著名地质学家李希霍芬来中国进行地质考察，足迹遍布大半个中国，1872年年初，他从西安出发穿越秦岭巴山前往成都，其中一月二十一日至二月一日十多天旅经汉中境内，途经凤县、留坝、褒城、沔县、宁羌，沿途所记见闻见于《李希霍芬中国旅行日记》的"从西安府越过秦岭山到成都府"部分，因这趟旅行，李希霍芬还就在汉中盆地境内外建设铁路方面提出了颇具价值的构想："计划盆地东部铁路线之最早者，当推德人李希霍芬（Richthofen）氏于一八七二年旅行秦岭及巴山后，曾论陕南与四川间铁路联系之可能性。"③这应该是最早提出汉中修筑铁路的构想；清光绪二年（1876），日本汉学家、驻华外交官竹添井井经河北、河南、陕西，经过汉中进入四川，顺长江历湖北、江西、江苏而抵上海，游历了大半个中国，著述了《栈云峡雨稿》，著述中于汉中的记述颇为精彩等。

七、宗教文化与汉中地方文献

宗教作为一类文化形态而客观存在，汉中地域文化也存在很深的宗教文化的历史印痕。东汉末年，张鲁以沔县为中心，创立五斗米教，该教为中国道教的重要支脉与派别，他割据汉中，置汉宁郡，"雄据巴、汉垂三十年"④，建安二十年（215）降曹魏。学界认为道教名篇《老子想尔注》为张鲁所著，"五斗米教的第三代传人张鲁以《老子》为底本作《老子想尔注》，以神学注解老子的作品，开创了道教利用道家的新时期"⑤。我们还搜集了一位民国时期道人之《静乐山房日知录》（1936年写本）部

---

① 李盈悦：《雪村友梅及其〈岷峨集〉研究》，四川师范大学硕士论文，2018年，第16页。
② （明）阎尔梅撰，王汝涛、蔡生印编注：《白耷山人诗集编年注》，北京：中国文联出版社，2002年。
③ 王德基、陈恩凤、薛贻源等：《汉中盆地地理考察报告》，《地理专刊》（第三号），1946年，第143页。
④ （晋）陈寿撰，陈乃乾校点：《三国志·张鲁传》，北京：中华书局，1959年，第263页。
⑤ 刘清河：《汉水文化史》，西安：陕西人民出版社，2013年，第270页。

分存稿，其撰述者难考，该文献除记录其宗教活动行迹外，还载录了汉中发生饥荒时的一些见闻，具备一定史料价值。佛教自西魏时期传入汉中后，在民间影响较大，如洋县佛教音乐乐曲繁多，内容非常丰富，在洋县境内智果寺现藏明代善本经书就载有佛教音乐千余首，还在演奏、演唱的佛曲仍有二百余首之多，尤以鼓吹乐曲为盛，在我国佛教音乐领域占据着相当的地位，也是中国西部地区民间音乐颇具特色的代表；不仅如此，各寺庙为播布佛教，不时刊刻、印刷佛教经文、经书，在陕南民间传播。明崇祯时期，天主教传入汉中，"方公德望，当明末清初传教于山西、陕西、甘肃三省，称陕甘总徒……有方爷之称，而教外人竟为之立庙焉"①。方德望（Stephanus Faber，1598—1659）为法籍传教士，天主教司铎，传教过程中他与当时关中大儒泾阳王徵建立了文化联系，口述《杜奥定先生东来渡海苦迹》，辑于林乐昌编校的《王徵全集（卷十）》（2011年版）中；且"在传教的同时，又用阿斯匹林、三道年等药为当地群众治病，此为西医西药传入陕西农村之始"②。无疑汉中各地百姓必受此恩惠，为其立庙祭祀也就不足为怪了。天主教在汉中传教的活动不仅在汉中开启了"西学东渐"之历史，而且客观上这是汉中地域开始步入世界历史进程之开端，域外宗教文化开始融入汉中地域文化，清光绪十一年（1885），"汉中代牧主教区"设立，主教堂设在城固县古路坝村，汉中逐渐成为天主教在中国西部地区传教的一个重要基地。天主教在汉中传播，其负面影响显而易见，本土曾发生过多起教案，但在客观上也逐步将西方先进科学技术文化带了进来，如清末民初意大利传教士南怀谦（Leone Nani，1880—1935）较早将西方摄影技术带到了汉中，他在汉中传教过程中，拍摄了许多反映汉中风土民情、社会变迁的照片，这批照片在20世纪末的90年代才公布于世，《世纪回眸：意大利神父南怀谦清末民初中国写真》与 Lost China: the Photographs of Leone Nani 公开出版，才为人知晓，并在中国文化界、摄影界产生较大反响，为汉中本土留下了一笔丰厚的历史文化资产，弥足珍贵。同时，伊斯兰教、基督教在汉中也产生了深远的宗教文化影响，留下了不少文化痕迹。

八、封建职官制度与汉中地方文献

职官制度源于社会组织与社会秩序管理的需要。中国职官制度在上古时期的夏代开始萌芽，成型于秦代郡县制度确立并在全国范围内推行，唐代以后的科举制度更加促进了地方职官制度的规范与成熟。中国各地方官员为朝廷委派任命，大多非本土人

---

① 〔法〕Leop. Gain. S. J.著，袁承斌、丁汝成译：《方德望神父小传·序言》，上海：上海土山湾印书馆印（上海徐汇圣教杂志丛刊），1935年再版。
② 袁明仁：《三秦历史文化辞典》，西安：陕西人民教育出版社，1992年，第326页。

士，这些官员严格接受了科举制度的磨砺与洗礼，具备相当的文化修养与社会治理能力，为任一方，会自觉与不自觉地将自己出生与成长早期的故土地域文化因子及观念带入宦游之地，并留下一定的文化印痕，注入当地地域文化中，尤以地方名臣更为明显。故中国封建职官制度对于地域文化的交流、互鉴、杂糅，以及地方文献的生成都起到了不可估量的作用，如北周时期汉中郡守甄鸾在汉中开展了中国古典数学研究，《数术记遗》《周髀算经》等的注释工作就是在汉中完成的；明代大儒方孝孺在任汉中府学教授期间，曾为《蜀鉴》作序；尤其需要提及的是，清中期名臣、汉中知府严如熤在任旬阳县县令、定远厅同知和汉中府知府期间，留下了《三省山内风土杂识》《三省边防备览》《乐园文钞》《山南诗选》《汉南续修郡志》等大量著述，文献类型多样，地域文化价值与学术价值兼具，铸就了汉中地域文化的一座高峰；清光绪年间修撰的《定远厅志》结构与体例与同期汉中各县方志有着较大的差异，这主要源于时任定远厅同知余修凤为湖南平江县人，他将湖南《平江县志》的体例与结构用于了《定远厅志》的编修实践；民国时期陕西第六区督查专员魏席儒先生主持并编撰了《陕西第六区经济建设五年计划》等。

九、民国报刊与汉中地方文献

清末民初，伴随着"西学东渐"的历史步伐，报刊作为一类全新的文献形制大量涌现。1931年"九·一八"事变爆发后，汉中区域在国家中的战略地位凸显，1932年由陇海铁路局组织的由多位科学家、实业家与新闻媒体记者参与的考察团展开了陕西实业考察活动，其中陕南考察组考察了汉中多县，形成了何庆云之《陕西实业考察记》与陕西实业考察团编著的《陕西实业考察》两份重要文献，其间主流媒体予以了系列重点报道。从历史纵向视之，陕西实业考察活动叩开了汉中区域迈向现代化的历史门槛。

自此以后，汉中为全国所瞩目，"卢沟桥事件"爆发，汉中成为抗战大后方，尤以西部开发、陕西实业考察、西北联大汉中办学、汉中公路建设、汉中水利设施建设等重大历史事件在汉中密集发生，且汉中作为战略大后方，人口剧增，社会事业空前发展，许多报刊对汉中的新闻报道与涉及汉中的学术研究成果数量激增，这些文献对于研究汉中民国史及复原民国时期汉中发展变化的社会图景具有重大文献价值，值得加以深入挖掘、整理和研究，如《西京日报》《西京日报（南郑版）》《社会日报》《陕西省政府公报》《陕西水利季报》《陕西教育周刊》《陕西教育月刊》《西北联大校刊》《国立西北大学校刊》《国立西北师范学院校刊》《国立西北医学院校刊》《水利月刊》《农业推广通讯》《陕农月报》《工业合作》《西北工合》《申报周刊》《陕行汇刊》《民航空运队半月刊》《城固青年》《旅行杂志》《地理教学》

《西北学术》《西北论衡》等，内容涉及汉中经济、县域或区域经济资源调查、域内古物遗存调查、矿产资源调查、地质地理科学考察，以及农业、林业、水利建设、交通建设、各类教育、其他社会基础设施建设、饥荒灾害、陕南革命斗争、个人旅行游记与观感等，现代报刊的出现，使汉中地方文献生成与汉中方志文化材料累积的格局发生实质性变化，尤其在1930～1946年，各类有关汉中报道的文献量急剧增长，涉及了汉中社会事业的方方面面，消息报道、专题报道与基础研究大量涌现，既有宏观走笔，也不乏颇具汉中地域文化价值的微观刻写。

十、红色文化与汉中地方文献

20世纪20年代初，不少汉中青年才俊在北平、上海、武汉、西安等地求学，深受"五四"爱国运动的影响，诸如刘平衡（又名刘秉钧）、熊文涛、王俊卿、李勉斋、陈加荣、许绥卿等还直接参加了北京的五四运动。1921年7月，中国共产党在上海成立。就在这一时期，旅沪的汉中学子深受马克思主义与中国共产党组织的影响，城固刘秉钧于1923年春正式加入中国共产党，为首位汉中籍共产党员。此后陈俞廷、周彬如、陈锦章、何挺颖、黎琴南、王士志、廖佐民、谢佐民、尚辛友、王述绩、刘甲三等三十余名汉中青年陆续加入中国共产党的党团组织[①]，成立了"汉中旅沪学生会"等组织，在上海创办《汉钟》杂志，宣传革命思想，将马列主义及中国共产党革命活动向汉中传播。1927年春，陈锦章在宁羌大安创建了汉中地区的第一个党的组织，即"中共大安小组"，并一直坚持革命斗争。20世纪30年代，在中共陕南特委的直接领导与组织下，汉中人民进行了艰苦卓绝的革命斗争。1959年前后，汉中各县展开了大规模的革命史史料与资料的采访、征集工作，20世纪80年代后，反映中国共产党领导汉中人民开展革命斗争的史料专辑陆续刊出。

在中国共产党领导中国革命事业的历史进程中，革命火种传播到了天汉大地，陕南的镇巴县是"第二次国内革命战争"时期唯一建立了苏维埃政权的县域，红四方面军的主要活动区域包括了秦岭及川陕交界的大巴山区，党的地方组织与地下工作也在汉中城区及周边展开，红色文化也构成了近代汉中地域文化的有机组成部分，相继产生了武志平的《秦蜀日记》，袁静的《红色交通线》，中共陕西省委党史研究室编辑的《中共陕南特委》《陕南人民抗日第一军》《抗日战争时期中共汉中地区组织及其活动》《川陕革命根据地陕南苏区》，萧凤的《巴山不了情》，林超的《川陕革命根据地历史长编》《川陕革命根据地历史文献选编》《川陕革命根据地历史文献资料

---

① 宋自玉、刘朝汉：《"五四"运动和中共建党初期的汉中》，《汉中师院学报（哲学社会科学版）》1990年第2期。

集成》，唐敦教的《川陕革命根据地斗争史》，刘朝汉的《川陕革命根据地陕南歌谣》，温贤美的《川陕革命根据地英烈传》，中共汉中地委党史资料征集研究办公室的《秦巴正气：汉中地区英烈传》，以及《川陕革命根据地货币图录》《川陕革命根据地石刻标语》《红军在镇巴》《洋县苏区的革命斗争》等系列红色汉中地方文献。

十一、汉中地方文献的责任者分析

历史文献形成的责任方式，包括著、注、校注、编撰、纂、辑、录等，分析历史文献责任方式，有助于我们在分析研究过程中，分析域外文化对本土文化的影响，把握文献生成资料来源的范围与体例组织方式，判断文献内在价值及形成过程。同时，我们还应该关注文献责任者的籍贯信息资料，以区分历史文献的本域责任者与域外责任者，对本域责任者群体的分析，可以揭示本土的文化创造力；对历史文献外方责任者的分析，将有助于揭示国家文化层面与职官制度对地域文化的作用与影响，以及区域文化间的联系与互动方式，如清光绪《定远厅志》的编撰体例与本邑其他方志有着较大的差异性，缘于主持该志编修的余修凤乃湖南平江人氏，他是参考并套用了湖南《平江县志》的编纂体例而编修了《定远厅志》；再如清道光年间先后担任留坝厅司狱与定远厅黎坝巡检的陈庆怡，分别撰述了《留坝厅志略》与《定远厅志稿》，对于官修成书的《留坝厅志》与《定远厅志》颇具史源学价值，此人虽职官层级不高，但他的文化意识、文化创造力与贡献非凡，在《留坝厅志略》与《定远厅志稿》中保留了他创作的多首诗词，可是在《镇巴县志》与《留坝县志》中有关其人籍贯的文字表述出现了南辕北辙的现象，前者认为他是浙江会稽人，后者认为他河北直隶人，经我们考证，陈庆怡的籍贯为浙江会稽（今绍兴）。

十二、汉中地方文献的"簇类"现象

"簇"之本义为聚集、丛凑，即指同类事物或对象的集合，"类"者，别也。在文化现象及地方文献的存世方式方面，"簇类"现象是客观存在的，如石门摩崖石刻的地方文献簇类、汉中系列考古资料的文献簇类、汉中方志文献簇类、严如熤的文献簇类、西北联大汉中办学文献簇类、汉中红色文化文献簇类等。分析地方文献的"簇类"现象，将有助于我们搜集、整理地方文献，在地方文献的研究过程中也应该考虑这一现象，更为重要的是，我们在科学的地方文献分类体系的编研工作中，更不能忽视这一文化现象。地方文献的"簇类"现象不仅在汉中区域内存在，在其他地域也是客观存在的。

第三节　汉中地方文献历史分期

汉中地方文献是指汉中区域内历史时期形成的一切文献的总和，在地域空间上包括汉水上游的秦巴山地与汉中盆地，从行政区域的角度为目前隶属于汉中市的十县一区，这是我们考察、研究的范围、对象与文献文本主体。

从历史的纵向考察汉中地方文献的历史分期，可以帮助我们感知和总结其历时性存在，包括：其一，文本已经失传，但其他典籍存有著录，文本虽然失传，让珍贵历史文化信息损失，但通过著录信息，我们也可以感知地域文化历史；其二，文本以各种方式得以流传、存世，这为我们挖掘地域文化历史文化资源，研究、分析地域文化及其与国家文化的内在联系，以及"萃取"地方文献价值等提供了基础性前提。事物发展的阶段性，为汉中地方文献进行历史分期提供了理论上的依据与可能，"只有通过分期，才能总结不同历史阶段'变'的特点，揭示'变'的规律，探寻'变'的方向"[①]。同时，也有助于把握特定历史时期汉中地方文献发展相对稳定性之特征。

对汉中地方文献的历史分期，须参考中国大历史的历史分期，但更为重要的是须以其文本形态发展的历史脉络进行历史分期考察，因为这是我们考察与研究的主体。为此，我们通过查阅大量典籍，编制了"汉中地方文献编年"（附录二），在此基础上，提出如下分期。

一、第一期——西周至北周时期

这一时期，为汉中地方文献的孕育与发展初期，《诗经·大雅·旱麓》为汉中地方文献的发轫，北周时期的甄鸾的科学著述为第一期的阶段性节点标志，关于甄鸾及其著述，将在后面进行简要论述。这一时期，汉中境内遗留下来了重要的碑刻文献，尤以东汉的《石门颂》与《郙阁颂》、北魏时期的《姜太妃墓志》及《石门铭》为巨，其书法艺术价值已被充分弘扬，但所承载的历史文化信息的解读还很薄弱，如《石门铭》中的"典签"二字是那一时期的重要政治职官制度的重要历史文化信息，《姜太妃墓志》与《杨文弘墓志》则是武兴国存在的价值连城的出土证据材料，具有补充国史的重要史料价值；具有"凿空之功"的张骞乃本邦人氏，其《出关志》和《西域异物记》虽均已遗失，但其开拓进取之精神一直激励着我们民族；这一时期，汉中的方志文化传统处在孕育期，东汉时期祝龟的《汉中耆旧传》及陈述的《益部耆

---

① 肖希明：《"国史"与"图书馆史"融合的历史分期：现当代中国图书馆史分期探讨》，《中国图书馆学报》2015年第3期。

旧传》可视为本邑方志文化的活水源头。这一时期的地方文献量很小，在我们所梳理出的资料线索中，它们大多佚散，但更需要予以高度重视。

二、第二期——隋唐至清末

隋代时间尚短，我们还没有发现这一历史时期的汉中地方文献资料线索。从唐代开始，汉中的地方文献正式步入方志时代，直到清末，方志文献占据了汉中地方文献的主体。"在中国出现的一系列地方志，无论从它们的广度来看，还是从它们的有系统的全面性方面来看，都是任何国家的同类文献所不能比拟的。"[1]在这个意义上，汉中区域文化发展特质与中华传统文化水乳交融，与主流文化形态的文献主体保持了相当的一致性。唐代编有《汉中纪》《兴元旧话》《洋州图经》，其作者均无考，北宋时期李宗谔编《兴元图经》、南宋时期阎苍舒编纂《兴元志》（20卷）、郑郧编纂《洋州古今志》（16卷）等，但俱已失传。汉中得以流传下来的方志文献多为明清时代的文本，截至1911年，汉中区域内各厅、县及原汉中府都编有方志存世流传，无一缺失，除定远厅（今镇巴县）、留坝厅、佛坪厅由于行政建制历史较短而无方志外，其他各县均有多部方志存世。除方志文献外，其他内容著述，如经学、文学、辞赋、谱牒等亦有零星分布，但其数量远远赶不上方志文献。清乾隆以后，汉中学术渐有起色，研究者如沔县严庆云，南郑王德馨，洋县岳震川、童颜舒，城固陈海霖、高建瓴、史兆熊、田种玉、何廷弼，西乡李文敏，宁羌陈才芳，褒城周炳垣等，并形成了一系列颇具影响的学术论著，如《澹园诗咏》《汉中纪闻》《赐葛堂文集》《席门集》《大学通》《大学衍义补辑要》《皇朝经世文选》《苏陆诗选》《禹贡通释》《梦轩文集》《思痛录》《纪乱词》《诗经总论》等。与此同时，清嘉庆年间，溆浦严如熤宦游陕南汉中二十多年，先后担任洵阳知县、定远厅同知、汉中知府，其《三省山内风土杂识》《三省边防备览》不仅具有较高的学术价值，而且方志文化特点也相当明显，他编纂的《汉中府志》被林则徐誉为"四大名志之一"，他搜集整理而成的《山南诗选》也被誉为汉中历史上一部重要的诗歌总集，为汉中地域文化建设做出了卓越之贡献，铸就了汉中地域文化的一座高峰，尤以《三省山内风土杂识》《三省边防备览》为后世历代学者所重视，为探讨资本主义在秦巴地区萌芽之史料性学术著述。清光绪二十二年（1896）刊刻的《诗经总论》为汉中难得的经学文献，著者为汉中本土学者城固瘿生何廷弼，该经学著述在汉中出现，无疑与汉中方志文献对《诗经》文化的确认以及清代中期学术繁盛的社会大背景不无关系，在汉中各县域中，在

---

[1] 〔英〕李约瑟著，《中国科学技术史》翻译小组译：《中国科学技术史·卷五·地学》（第一、二分册），北京：科学出版社，1976年，第44页。

文化传承与教育人才培植方面，城固县为冠。这不仅形成了一批有价值的地方文献，更筑牢了汉中地域的学术文化基础。

三、第三期——民国时期

民国时期尽管历时很短，但在中国历史上是一个不容忽视的特殊时期，这一时期的汉中出现了大量的科技类地方文献，这与"西学东渐"的世界历史进程及其对汉中区域科学与人文、文化发展的影响，表现尤为明显，围绕着秦巴山地与汉中盆地而展开的地质、地理考察活动渐次展开，包括赵亚曾、黄汲清的《秦岭山及四川之地质研究》，侯光炯的《中国北部及西北部之土壤》，林超等著的《嘉陵江流域地理考察报告》等，赋予了汉中地方文献的科学文化意涵与价值，尤其是王德基等著《汉中盆地地理考察报告》是民国时期中国科学家们留给天汉大地的一笔弥足珍贵的科学文化资源，其实事求是的科学精神，以及自然科学与人文社会科学有机结合的探微知著的研究方法，为我们留下了一笔丰厚的科学文化遗产，值得挖掘和充分利用。与此同时，黎锦熙的《方志今议》促进了中国方志理论走向科学化的转型发展，"国中一切旧有新修之方志，关于山川纪述，概无科学之基础与方法；今若犹不改良，殊失修志之现代性"[①]。20世纪30年代末抗日战争爆发后，平津地区高校内迁，在汉中组建了西北联大，后分立发展为国立西北大学、国立西北师范学院、国立西北工行学院、国立西北医学院、国立西北农学院等，他们充分利用汉中自然与人文文化资源，扎根秦巴，艰苦办学，积极开展教学与研究工作，不仅延续了中国高等教育的文脉，而且形成了一批研究文献，于汉中社会历史发展影响深远，如城固县教育局的《陕西城固县教育概况》，李建勋的《战时与战后教育》，黎锦熙的《方志今议》，张伯声的《城固地质志》与《陕西汉中区之前震旦纪地质》，郁士元的《城固地理》与《汉中盆地地质》，殷祖英的《城固县气候志初稿》，郑象铣的《汉中盆地的自然与人生》，黄绍鸣的《南郑商业地理》，彭迪先的《世界经济史纲》，马师儒的《感怀奇遇》，陆懋德的《史学方法大纲》《沔县考古记》《汉中各县诸葛武侯遗迹考》《汉中区的史前文化》，黄文弼的《西汉通西域线路之变迁》与《张骞出使西域线路考》，还有《西北联大校刊》（总十八期）等，西北联大在汉中的办学，不仅为国家培养了大批优秀人才，还历史性地为天汉大地积淀下了丰厚的学术基础与科学文化资源。与西北联大迁移陕南汉中同时，同样命运的国立东北大学迁往四川绵阳的三台县，该校教师孙翰文在陕南做了大量的考察工作，为汉中留下了《陕南考察纪实》《陕南城固地方志》《陕省南郑地理志》《沔县地方小志》《宁羌小志》等系列著述。同期，还产生了安

---

① 黎锦熙：《方志今议》，北京：商务印书馆，1940年，第21页。

汉的《西北垦殖论》与《黎坪垦区陕境部分初步调查报告》、魏席儒的《陕西省第六区（汉中）经济建设五年计划》、黎琴南的《全县经济调查报告书》、李春和的《西乡地理志》、姚效先的《西乡胜迹录》等珍贵地方文献。与此同时，随着中国近代报业的兴盛与学术期刊的发展，更加之民国中后期的抗战期间，汉中区位优势凸显，尤其西部开发、陕西实业考察、西北联大汉中办学、汉中公路建设、汉中水利设施建设等重大历史事件在汉中密集发生，且作为战略大后方，汉中人口剧增，社会事业空前发展，许多报刊对汉中的新闻报道与涉及汉中的学术研究成果数量激增，这些文献对于研究汉中民国史及复原民国时期汉中发展变化的社会图景具有重大文献价值，值得深入予以挖掘、整理和研究，其中《秦报》《汉钟》《西京日报》《西京日报（南郑版）》《社会日报》《陕西省政府公报》《陕西水利季报》《陕西教育周刊》《陕西教育月刊》《西北联大校刊》《国立西北大学校刊》《国立西北师范学院校刊》《国立西北医学院校刊》《水利月刊》《农业推广通讯》《陕农月报》《工业合作》《西北公合》《申报周刊》《陕行汇刊》《民航空运队半月刊》《城固青年》《旅行杂志》《地理教学》《西北学术》《西北论衡》等，内容涉及汉中经济、县域或区域经济资源调查、域内古物遗存调查、矿产资源调查、地质地理科学考察，以及农业、林业、水利建设、交通建设、各类教育、其他社会基础设施建设、饥荒灾害、陕南革命斗争、个人旅行游记与观感等，从历史的纵向观之，现代报刊的出现使汉中地方文献生成的格局发生实质性变化，尤其在1930—1946年，各类有关汉中报道的文献量急剧增长，涉及汉中社会事业的方方面面。

四、第四期——1949年中华人民共和国成立至今

本期的汉中地方文献的发展呈多元化发展格局，1978年以前，文献数量增长速度较为缓慢，但不乏重要文献产生，如中国科学院地理研究所、水利部长江委员会汉江工作队编著《汉江流域地理调查报告》、陕西省博物馆编《太平军汉中战争事实节钞》、黄国璋的《汉中地理志》、陕西师范大学地理系编写的《汉中专区地理志》及《汉江支流：湑水河流域规划及调查报告》、史念海的《汉中历史地理》、严耕望著《唐代交通图考·秦岭仇池卷》等为这一历史阶段重要的地方文献，同期科学的文物考古工作在汉中各地展开，形成了多份相应的考古报告或简报。"文化大革命"时期，除少量经济数据统计资料外，地方文献生成一派荒芜，几乎为零。20世纪80年代初至2019年年底，汉中地方文献生成和汉中地域文化挖掘与累积格局发生质的变化，以中华人民共和国成立后第一轮方志编修为契机，各类地方文献呈几何级数迅猛增长，内部出版物与公开出版物并驾齐驱，尤以各级政协系统编印的"文史资料"累积了大量的地方文化历史挖掘与研究成果，李星、陈显远、郭鹏、宋文富、符文学等本

土学者在县域历史沿革、史料挖掘与考辨、专题性研究等方面做出了大量富有成效的工作。20世纪80年代初，汉中方志编修工作次第展开，1989年《勉县志》正式出版，为本区首部新修县志，2002年《留坝县志》出版，各县新修方志工作告一段落，2005年8月《汉中地区志》出版，标志着汉中市在中华人民共和国成立后第一轮方志编修工作完全结束；同期市县各部门、各系统均编有各类专志，包括地名志、军事志、卫生志、商业志、交通志、水利志、金融志等专志陆续草成，多为油印本或内部印刷；各县政协编印的文史资料也是方志文化的有益补充与资料汇辑，但多为内部印刷；目前正处在第二轮方志的重要编修时期，部分县域方志已陆续出版；与此同时，为配合方志编修工作，珍贵旧志整理工作也在渐次展开，如朱林枫等校注的《续修南郑县志校注》、穆育人等校注的《嘉靖城固县志校注》、郭鹏校勘的《嘉庆汉中府志校勘》与《明清略阳县志校注》、胡瀚等校补的《光绪定远厅志》等相继出版发行，以及谭平、梅冬盛主编的《镇巴史话》等，都是新的历史条件下中国方志文化在本区域的有序传承。针对本区域的科学研究工作，形成了一批具有较高学术价值的科学文献，如刘胤汉编著《秦岭水文地理》、汤英俊等著《汉中盆地晚新生代底层及其哺乳类化石》与《汉江中国乳齿象》、成汉钧主编《大巴山早古生代地层》、鲁西奇著《区域历史地理研究：对象与方法（汉水流域的个案考察）》与《汉中三堰：明清时期汉中地区的堰渠水利与社会变迁》、张建民著《明清长江流域山区资源开发与环境演变：以秦岭-大巴山区为中心》、陈良学著《明清川陕大移民》、胡仪元著《汉水流域生态补偿研究》和《流域生态补偿模式、核算标准与分配模型研究：以汉江水源地生态补偿为例》、殷淑燕等著《历史时期以来汉江上游极端性气候水文事件及其社会影响研究》、林海等著《陕南生态农业发展研究》、董树文著《论大巴山陆内造山带》、吴敏霞等著《秦岭碑刻的田野调查与价值研究》等，让汉中专题性区域研究有了很好的学术文化积淀与科学文化的传承。在汉中地域文化研究方面，近三十年来也取得了一批较丰硕的研究成果，尤其是在汉水流域研究方面，李星主撰的《诗踪别证》首开先河，开启了规范严谨的学术研究路径与方法，还包括陈显远编著《汉中碑石》、黄宝生主编《陕南文化概览》、潘世东著《汉水文化论纲》、郭荣章编著《石门石刻大全》与《中国早期秦蜀古道考述》、《镇巴民歌总汇》编委会编《镇巴民歌总汇》、刘清河等著《汉水文化史》、马强著《汉水上游与蜀道历史地理研究》、徐渊等著《汉中婚俗文化》、巫其祥等著《陕南民俗文化研究》、陈非著《我有南山君未识：陕南民歌之旅》、曹玮主编《汉中出土商代青铜器》、田孟礼著《古褒国与褒姒：兼说褒姒与秦国的诞生》等。其他方面，在绿色循环经济、文学创作、红色文化、陕南民居、城乡规划、谱牒及西北联大研究等领域，也形成了一批有价值的当代汉中地方文献的新的生长点，出现了全新的发展格局。

五、总　　结

　　《诗经·大雅·旱麓》大致诞生于距今三千余年的中华文化上古时期的西周王朝，为汉中地方文献之滥觞，可以视为汉中于此进入了文献时代。自此至北周，为汉中地域文化与区域文明的孕育时期，时间跨度达一千五百余年，有据可查的地方文献生成量极少，且大多以摩崖石刻存世流布，其他部分散佚难考，或只言片语地存在于一些大型典籍文献中，包括《禹贡》《山海经》《水经注》《太平寰宇记》《华阳国志》等。隋唐至清末民初，时间跨度亦长达千余年，汉中地方文献基本是以方志文献为主体，方志文献之外的地方文献量亦不大，多数产生于明清时期，尤以清中期以后，但不乏地域文化价值与思想学术价值兼具的地方文献出现，如《禹贡通释》《赐葛堂文集》《三省边防备览》《席门集》《诗经总论》等，促进了陕南汉中学术思想的升华与发展，并形成了自身的地域文化禀赋与特色。民国时期历时最短，但肇始于明末清初的"西学东渐"思潮给汉中地方文献及地域文化带来了极大影响，在民国时期达到顶峰，更由于报刊的出现，汉中地方文献生成格局发生了质的变化，这时涉及汉中地域的自然科学技术类文献大量涌现，地方文献数量急剧增长，尤其在1932—1946年表现得尤为明显。中华人民共和国成立以后，尤其是"改革开放"四十余年以来，各类汉中地方文献呈几何级数增长的趋势尤为显著。

　　汉中地方文献所呈现出来的地域文化脉络，与中华文化发展脉络紧密相连，相依相存，文献生成与增量趋势大致吻合。不可否认，长达几千年的时间跨度，实际生成的地方文献量应该远比我们目前掌握的要多，更加之汉中为兵家必争之地，历史时期战乱、灾荒不绝，或其他人为原因，一些文献难以长久流传而自然损毁，但也保不准还有少量珍贵地方文献正等待着我们去发现！

第三章 汉中方志文化流变考述

方志文献为地方文献的重要有机构成部分，对地域文化的记录与承载更具特色，具有独特的地域文化价值，在地方文献构成中属于一个特别的类别，亦是地域文化的精华与结晶。

方志文化乃中华传统文化的重要有机构成部分，更是地域文化的核心，作为地方性知识体系的汇集、传承，方志文化对于地域文化的赓续及中华文化的升华具有独特的文化价值。方志文化包括地域舆情资料的收集与整理，按照方志的开放性体例进行编辑辑录，条分缕析，灿然列织，有序传承与利用，是地域人文历史的系统载录，更是地域人文精神的凝结，也具备"一方水土养一方人"的文化自觉。

汉中因地理空间的封闭性，在地域文化生成方面远不及核心文化圈之繁盛，但她地处中华版图腹地，具有独特的战略性地理位置，为勾连东西南北之交通要冲，更是南北文化交融转换之轴心，如果说东汉时期祝龟之《汉中耆旧传》可以视作汉中方志文化的源头，延续至今，也有两千年的历史了，虽然不是每个历史时期都有方志文本面世，且早期之方志文献大多散佚失传，但方志文化的脉络是清晰的，尤其是明清以降，汉中方志文化进入了一个重要的发展时期，府志、县志均不附缺，尤以县志为例，历史上行政区划较为稳定的县域均有多种县志传承，而1949年以前新设厅（县）域如留坝厅、定远厅（今镇巴）等均有方志存世。在此意义上，汉中方志文化也是中国方志文化的重要组成部分并一脉相承。

第一节 汉中方志文化的起源与成熟标志

一、汉中方志的起源

东汉末年，汉中南郑本土学人祝龟所著《汉中耆旧传》虽然不完全具备方志之体例与结构，但这是古代汉中本土学人的第一部专述汉中历史人物与风土的学术著作。"东汉以来，盛行郡国之书，耆旧先贤之作，处处而有，华阳尤盛。如是书所述，汉中祝龟撰《汉中耆旧传》，汉中陈术撰《益部耆旧传》。"①年高德劭者谓之"耆旧"，"传"乃中国早期文献体例之一类，耆旧传即"秦汉郡书之一。早期地方志书一类型，内容为专门记载一定区域内德高望重的先贤事迹……耆旧指年高而有声望之人。耆旧传是秦汉时兴起的一种地方文献，其体例形式与先贤传相近，内容也相仿，仅名称不同而已"②。

《汉中耆旧传》是否载有汉中本土风物、地景等内容，由于该著早已散佚，现已难以结合文本予以考证，"但学术界认为后来的《益部耆旧传》《汉中记》可能即借鉴于是书"③。更为重要的是，四川大学任乃强教授在《华阳国志》的长期研究、校注过程中，通过深入研究与梳理，认为东晋常璩所撰《华阳国志》辑录的史料多源于祝龟的《汉中耆旧传》，如《华阳国志校补图志》在《汉中志》第二部分按文中提到："盖取自祝龟《汉中耆旧传》。龟文夸诞滑稽，每失史实。"④据此，《汉中耆旧传》中应存有汉中成固（今城固）的完成通西域之大业的张骞的列传，不仅如此，郦道元的《水经注》也引用了祝龟《汉中耆旧传》的文献材料，由此可知，祝龟的《汉中耆旧传》在汉中历史文化及中国学术史上具有重大意义，也于《华阳国志》及《水经注》等重要历史文献的形成发挥了重要的作用。该著尤以地域人物传论见长，具有纪人志史之特点和方志文化萌芽之雏形。故祝龟之《汉中耆旧传》应视为汉中方志文化之源头。

清中期经学家、史学家侯康所撰《补后汉书艺文志》卷三著录了祝龟之《汉中耆旧传》，并"康案《仙人唐公房碑》阴有'处士南郑祝龟'，盖未授葭萌长以前之称也"⑤。清末著名藏书家、目录学家姚振宗在其《后汉艺文志》中也著录了祝龟之《汉中耆旧传》。唐祖培任西北联大教授并在陕西城固工作期间，踏访并深入研究《仙人唐公房碑》，还结合历史文献予以考证，在《陕西城固县教育概况》一书中辑录的唐祖培教授所撰《仙人唐君碑校记》一文中亦有所载："处士南郑祝龟，字元灵（见《华阳国志》，世史氏疑即撰书此碑者）。"⑥即唐祖培教授认为《仙人唐公房碑》碑文疑为祝龟所撰。

除祝龟外，汉中早期学者还有陈术，其学术著作也以"耆旧传"著称。陈术，字申伯，汉中人，生卒年不详，东汉末献帝时期人，博学多闻，著述颇多，如《巴蜀耆旧

---

① 刘咸炘：《大家论学·刘咸炘论史学》，上海：上海科学技术文献出版社，2016年，第217页。
② 黄苇：《中国地方志辞典》，合肥：黄山书社，1986年，第470页。
③ 孙启祥等：《文化汉中》，西安：三秦出版社，2014年，第240页。
④ （晋）常璩撰，任乃强校注：《华阳国志校补图志》，上海：上海古籍出版社，1987年，第69页。
⑤ （清）侯康：《补后汉书艺文志》，北京：中华书局，1985年，第62页。
⑥ 城固县教育局：《陕西城固县教育概况》，城固：前驱印刷厂刊印，1940年，第107页。

传》《益部耆旧杂传记》《益部耆旧传》等,多记载蜀汉时期益州王嗣、常播、卫继等忠笃信厚之节义人士,其著述均已失传。陈术不仅是汉中本土诞生的一位学者与文化大家,还是一位出世宦游、政绩卓著之封建官吏,历任新城、魏兴、上庸等郡太守。

汉中方志文化起源时期,魏晋时期《汉中记》《汉水记》《梁州记》也是汉中重要方志文献。《汉中记》"撰人不详,不见著录。佚文既已述及魏正年,又最早为郦道元所引用,当为魏晋时期所作"①。虽已失传,但郦道元之《水经注》的各种校注本中之《沔水注》《漾水注》等篇章都明确显示引述了《汉中记》中的材料,此后,北宋《太平寰宇记》与南宋《舆地纪胜》等也引用了《汉中记》多则文献材料。汉中在古代也称梁州,"案《禹贡》华阳黑水之地,舜置十二牧,则其一也。梁者,言西方金刚之气强梁,故因名焉"②。清代经学家章宗源《隋书经籍志考证》载:"《梁州记》,卷亡,刘澄之撰,不著录。"③陈述之《补南齐书艺文志》中也有类似而结论相同的考证。如同《汉中记》,《梁州记》也多被隋末唐初虞世南之《北堂书钞》、唐代欧阳询之《艺文类聚》、中唐徐坚之《初学记》、北宋史乐之《太平寰宇记》等历代典籍引用。如果说《汉中耆旧传》主列人物,那么《汉中记》《梁州记》,尤其是《汉水记》极有可能主述汉中自然地理与河流水道(汉水及其支流),甚至其方志特性较之《汉中耆旧传》更为显著。

二、汉中方志文化走向成熟之标志

汉中最早且体例完备之方志,当为常璩撰《华阳国志》卷二之《汉中志》与卷十下之《汉中士女》,甚至将之抽出合并就是晋代成型之"汉中专志",这标志着汉中方志文化之成熟。

《华阳国志》,又称《华阳国记》,为东晋常璩所撰。常璩游历多方,广访博咨,大量参考前人著述,严谨取材,横排门类,纵横边腹,统合古今,内容宏富,所著《华阳国志》计十二卷,约十一万字,按照常氏所愿,以达"通古今,表功勋,而后旌贤能"④之文化高标。其目次分别为《巴志》《汉中志》《蜀志》《南中志》《公孙述刘二牧志》《刘先主志》《刘后主志》《大同志》《李特雄期寿势志》《先贤士女总赞》《后贤志》《序志》,时间跨度自远古而止于永和三年,涵盖了巴、汉中、

---

① 刘纬毅:《汉唐方志辑佚》,北京:北京图书馆出版社,1997年,第33页。
② (唐)房玄龄:《晋书》,北京:中华书局,1974年,第436页。
③ (汉)王褒等撰,陈晓捷辑注:《关中佚志辑注》,西安:三秦出版社,2006年,第148页。
④ (晋)常璩撰,任乃强校注:《华阳国志校补图志》,上海:上海古籍出版社,1987年,第723页。

蜀、南中之地理环境要素，民情风物，乡党耆宿，并将地理、历史、人物融为一体，汇于一编，开创了方志综合编纂之先河，故该著被梁启超誉为"为方志之祖，其书有义法，有条贯，卓然著作之林"①。无疑，其中之《汉中志》及《汉中士女》也颇具上述之特点，即为汉中方志文化成熟之标志。

《华阳国志》之《汉中志》，首叙汉中行政建制之渊源，汉水文化之流脉，汉高祖之奠基大汉，汉中之地理大势，张骞"开缘边之地"之功勋；继之以发生于蜀汉时期汉中境内之牧守征伐及降服羌氐，张道陵据汉修政，魏延汉中拒曹，汉中行政区划与历任太守，武都氐羌少数民族之演变等，这里需要说明的是，当时之汉中所辖范围远比今天广袤，包括汉水上中游流域湖北两郡等地。《华阳国志》之《汉中士女》主体记录汉中历史名人、乡党耆宿，如褒中隐士郑子真，不仕之士卫衡，成固（今城固）谋士邓公，博望侯张骞，张骞之孙张猛，成固（今城固）黄老杨王孙，侯吏李郃，刚正不阿之李固，"威惠实亮"之张亮则，"温良博雅"之赵宣，以及"通博荡达"之祝龟等，述汉中名士凡二十五位，皆"焕焕龙宗，振振麟趾，文炳彬蔚，汉之表轨"②。由此可知，两汉时期，汉中文风昌盛，人才辈出，难怪民国时期国立西北大学校长胡庶华先生在给《陕西城固县教育概况》一书的序言中评价城固道："西北为吾国文化之摇篮，而陕西城固乃古文化之奥区。人才蔚起，汉代尤盛。"③

《华阳国志》之《汉中志》与《汉中士女》不仅标志着汉中方志文化的成熟，而且对以后汉中方志文化之发展影响深远，如历代各种版本的《汉中府志》及《沔县志》《南郑县志》《褒城县志》《城固县志》等的编撰及续修，大多依据《华阳国志》提供的文献史料与人物传略材料。在当代，若要深入研究汉中历史文化、汉水文化，我们更是绕不开这部珍贵的文献典籍，它为我们考察两汉三国及魏晋时期的汉中珍存提供了宝贵的第一手的鲜活资料。

不仅如此，《华阳国志》还留下了一个颇值得我们深思和玩味的悬念，即该志所述地域主体在以成都为中心的西南地区，常璩乃东晋时期蜀郡江原（今四川崇庆）人，他在志之中不仅关注汉中，而是将《汉中志》置于《巴志》后，列于《蜀志》《南中志》之前，位序居二，这一文化现象为任乃强先生研究所注意："璩本蜀人，

---

① 梁启超著，夏晓虹、陆胤校：《中国近三百年学术史》，北京：商务印书馆，2011年，第292页。
② （晋）常璩撰，任乃强校注：《华阳国志校补图志》，上海：上海古籍出版社，1987年，第602页。
③ 城固县教育局：《陕西城固县教育概况》，城固：前驱印刷厂刊印，1940年，第1页。

仕于蜀国，何以首列《巴志》，《蜀志》反叙《汉中志》后？"①

《华阳国志》标志着汉中方志文化走向成熟，但另两部典籍也是我们在考察汉中方志文化不容忽视的。其一，为东晋庾仲雍的《汉水记》："庾仲雍《汉水记》，《隋书·经籍志》载为五卷，新、旧《唐书》同。《舆地纪胜》《方舆胜览》等书征引，当其南宋时仍存。《宋史·艺文志》不见著录，或亡于宋元之交。从现存各条目看，此书所记为汉水之流向以及流经各处的地理及相关故事。"②《汉水记》虽已散佚，但五卷本之容量，在当时条件下可称为巨著，为之后郦道元《水经注》之《沔水》篇无疑奠定了坚实的文献基础，在《水经注》中出现多条"庾仲雍曰"的文献征引条目，甚至按照文献生成之时序分析，《汉水记》当为记录汉江（汉水）全流域的地记文献。其二，郦道元之《水经注》："最早以水命名的水志，是北魏郦道元所注的《水经》。"③《水经注》四十卷，志华夏大地水道河流一千多条，尤以《沔水》为标目，分三卷详述汉水流域及其支流之水文体系，涵盖了源出、流向、流经地域、农田、物产、河道变迁、水利设施、地理景观、植被、土壤等，如果将《水经注》之《沔水》抽出，可独立成篇，犹如"汉水志"，其卷二十七之《沔水上》记述了汉水上游区域在北魏时代之前汉中地理山川大势及人文历史与文化遗址，如张鲁之五斗米教、诸葛武侯墓、百姓野祭诸葛孔明、丙穴嘉鱼、石门胜境、汉王筑城、勾连栈道、五丁开关、金塘漆井、李固碑铭、鸡犬升天、张良渠堰、汉水游女及商周青铜偶现等珍贵史料，人文绚烂，天汉璀璨。《水经注》之《沔水》篇引述了《汉水记》《汉中记》《汉中耆旧传》等本土文献材料，虽大多散佚无征，但我们可以通过这些引文材料，窥其稀世之珍与吉光片羽。但《沔水》中下篇错讹不少，其文献质量与价值远不及上篇翔实可靠。

综上所述，汉中方志文化在隋代前就已经日臻走向成熟。

第二节　隋唐以后各个历史时期汉中方志文化

汉中方志文化，发轫于汉末，隋代前逐步走向成熟，隋唐以后至清末为汉中地方文献发展主体阶段，可称为汉中地域文化之方志时代，尤以明清为盛。

---

① （晋）常璩撰，任乃强校注：《华阳国志校补图志·前言》，上海：上海古籍出版社，1987年，第4页。
② 张帆帆：《庾仲雍生平补证及其地记数种考论与辑补》，《中国地方志》2018年第2期。
③ 黄苇：《中国地方志辞典》，合肥：黄山书社，1986年，第364页。

一、隋、唐、宋、金、元时期汉中方志发展

虽然,《华阳国志》之《汉中志》与《汉中士女》代表着汉中方志文化的成熟,但方志编修在明代以前,由于发展方志文化的国家意志不强,要求也不是很明确,大多处于文化自觉的自由式发展阶段,因而在这一大的历史阶段,汉中方志编修在数量上不大,各行政区域内进展也不平衡,有据可考之方志大多集中于汉中府城及周边各县域,且大多散佚无考,我们只能借助其他文化典籍对这一大的历史阶段汉中方志文献引述的材料片段,寻觅方志文化的幽暗线索与方志文化的轮廓。

截至目前,在汉中尚未发现隋代方志文本或相关资料线索。在方志的演进历史中,早期的地记也是方志文献的一种流变类型,魏晋时之《汉中记》《汉水记》《梁州记》也具有地记的特性,较之后世方志文献,此三者主要记载某一地域内之山川、河流、古迹、耆宿、风土,未及政治、经济、军事、艺文等内容,内容比较简约,体例尚不完备。"……可知唐人地记,虽在数量上较两晋和南北朝为少,但记载门类却大有增加,内容亦较为宏富。这说明,地记这一地方志书形式,发展至隋唐,从数量上看已转趋衰落,但因门类有所增加,内容较为宏富,已开始向图经和定型方志转化。所以,地记在魏晋南北朝时期处于全盛时期,而隋唐以后则渐为图经和定型方志所替代。"①

在中国方志文化流变过程中,图经文献体例在唐代有了较大的发展。所谓"图经",北宋方志大家李宗谔在《祥符州县图经》之序文中界定为"图则作绘之名,经则载言之别"②,"图"乃地图,"经"为地图之注释性说明文字,最初的"图经"以图为主、经为辅,唐代之后,逐步以经为主,图为辅。图经乃方志文本演化的一个重要发展阶段。这一发展特性,在汉中方志文化发展过程中也得到了证实,根据汉中方志专家郭鹏先生的研究,"唐代编有《汉中纪》《兴元旧话》《洋州图经》,其作者均无考,俱已失传"③,甚为憾。

宋代是我国社会经济发展的一个重要时期,这一时期的社会文化尤显繁盛,无疑为方志文化发展提供了很好的社会文化环境条件。

北宋方志大家李宗谔,曾修《(祥符兴元府)图经》一部,今已不存。兴元府,即历史时期之汉中郡,也称梁州。唐德宗建中四年(783),太尉朱泚发动叛乱,唐德宗李适避难途经汉中,三个多月后离开汉中返回长安时,下诏"升梁州为兴元府",

---

① 黄苇等:《方志学》,上海:复旦大学出版社,1993年,第132页。
② (宋)王应麟:《玉海》,上海:江苏古籍出版社、上海书店联合出版,1987年,第274页。
③ 郭鹏:《汉中地区历代志乘述略》,《汉中师院学报(哲学社会科学版)》1994年第1期。

宋沿之。宋兴元府属利州路，治汉中。南宋王象之之《舆地碑记目》卷四《兴元府碑记》载："《图经》，李宗谔编。"①还可参见《祥符诸道图经》。

南宋阎苍舒，"淳熙十二年（1185）初，已任利州东路安抚使、知兴元府（今陕西汉中汉台区）。至十六年（1189）十月前，皆在此任"②。他到任后在《谢除安抚表》中感喟道："奎壁文章，增重西清之首；山河锦绣，载临南郑之区。自省屡微，若为报称？"③在此之前，他参与了汉中山河堰水利灌溉工程的修复工作，并作《重修山河堰记》。"阎苍舒《山河堰记》记褒城北山下山河堰于乾道五年、六年时重建始末。《明一统志》卷三五录其于兴元时诗作多篇，则阎苍舒乾道中曾为官兴元，《兴元志》当撰于此时。"④此考证及观点可能有误，阎苍舒乾道年间仅仅是作为王炎、吴拱的幕僚在汉中参与山河堰修复工程，淳熙年间才被任命为兴元知府，且任期长达四年，具备搜集资料编纂《兴元志》的条件，编纂府志可能应在淳熙年间，故顾宏义先生所考之《（乾道）兴元志》应为《（淳熙）兴元志》。另《舆地碑记目》卷四《兴元府碑记》载："《旧志》，阎苍舒序。"⑤阎苍舒所撰《（淳熙）兴元志》二十卷，规模可观，更由于他在汉中宦游多年，有条件深入熟悉汉中历史文化及风土民情，故其志质量应属上乘，《宋史》有著录："阎苍舒《兴元志》，二十卷。"⑥但该志早已散佚，《舆地纪胜》《玉海》等典籍曾引述部分材料。

南宋淳熙年以后，佚名撰《兴元府图经》，散佚。《舆地纪胜》卷一八三《兴元府·府沿革》引《（兴元府）图经序》一则，又《府沿革》《县沿革》《监司沿革》《景物上、下》引《（兴元府）图经》十一则⑦。

佚名撰《汉川志》，散佚。据《太平寰宇记》载，北周置汉川郡，唐初改置梁州，德宗升为兴元府，宋代之《汉川志》乃以汉川之名代称兴元府。《资治通鉴》卷一六五注引录《汉川志》，曰："考《汉川志》，蜀汉分成固县立南乡县，晋改为西乡县，魏废县，仍于丰宁成置丰宁县。"⑧此文献载之南乡县管辖范围与嘉庆七年前西乡县所辖范围相当，县治设于今镇巴县渔渡镇归仁山下；文献所载丰宁县，即陕西西乡县。

---

① （宋）王象之：《舆地碑记目》，北京：中华书局，1985年，第109页。
② 钟振振：《〈全宋词〉阎苍舒小传补正》，《江海学刊》2010年第3期。
③ 傅增湘原辑，吴洪泽补辑：《宋代蜀文辑存校补》（四），重庆：重庆大学出版社，2014年，第1994页。
④ 顾宏义：《宋朝方志考》，上海：上海古籍出版社，2010年，第15页。
⑤ （宋）王象之：《舆地碑记目》，北京：中华书局，1985年，第109页。
⑥ （元）脱脱：《宋史》，北京：中华书局，1977年，第5163页。
⑦ 顾宏义：《宋朝方志考》，上海：上海古籍出版社，2010年，第16页。
⑧ 顾宏义：《宋朝方志考》，上海：上海古籍出版社，2010年，第16页。

宋代佚名撰《(洋州)图经》，散佚。洋州即今之陕西洋县，北宋初年改洋源县为洋州，属利州路。该部图经为多部典籍引录，《舆地纪胜》卷一九〇《洋州·景物下》《仙释》《四六》计四则，其中《四六》条有"境临秦雍，地接金商"。《方舆胜览》卷六八《洋州·形胜》所引乃吕彦珂《怀昌堰》之句，据《旧五代史》，吕氏为五代蜀国人，故此部图经纂修于宋。

宋代郑勋纂《洋州古今志》，十六卷，又称《洋州志》《洋州记》，又因洋州在唐代为洋川郡，宋代人称该志为《洋川志》，《宋史·艺文志三》有著录："郑勋《洋州古今志》十六卷。"①散佚。据刘纬毅等《宋辽金元方志辑佚》考释，《洋州古今志》之结构篇目为《序》《沿革》《形胜》《风俗》《山川》《古迹》《人物》等，以此观之，这是一部体例结构日臻完善的方志文献。郑勋，生卒不详，福建建安人，乾道二年（1166）进士，南宋杨万里在《淳熙荐士录》中对其评价道："持身甚廉，爱民甚力。尝知南雄州宝昌县，殊有治行。"②据此可知，郑勋为良吏，"其官洋州不知何时，而据上述嘉泰癸亥张縯跋郑勋诗，可推知郑勋在洋州之时当在淳熙或稍后"③。在张鹏翼所纂之《洋县志》卷七中，收录了郑勋《游崇法院》诗一首，应该为郑勋履职洋州时所作，但官职不详，县志无载。郑勋之《洋州古今志》虽已失传，但《舆地纪胜》《舆地碑记目》《永乐大典》《明一统志》等多部历史文献引用该志材料。

《(大安军)旧图经》，佚名撰，散佚。《舆地纪胜》卷一九一《大安军》之《小序》云："《新图经》序云《旧图经》乃为敌贼烧毁不存。"该图经疑修于南宋嘉定之前。大安军，北宋至道二年（996）置，治三泉县（今陕西宁强县西北阳平关），第二年废，地居陕、川交通要隘，南宋绍兴三年（1133）复置，利州路辖，元初改为大安州。相较于《(大安军)旧图经》，之后又有《大安军图经》，"当撰成于宁宗后期至理宗初年"④，另据刘纬毅考释，《大安军图经》有《沿革》《形胜》《风俗》《山川》《古迹》等内容，《舆地纪胜》等典籍多引用《大安军图经》《(大安军)旧图经》之文献材料。刘纬毅先生在《宋辽金元方志辑佚》的"前言"中对《大安军图经》的历史文献价值予以了高度评价："再如汉中盆地通至巴蜀之石牛道，《华阳国志》、《水经注》均谓艰险，但栈道的基本数据却无载。《(大安军)图经》则填补了这一空缺。载'东北通秦陇，西南控川蜀。介居两大国之间，冠盖往来之冲。栈道连空，极天下之至险。利州至三泉县桥阁共一万九千三百十八间。

---

① （元）脱脱：《宋史》，北京：中华书局，1977年，第5165页。
② （宋）杨万里：《诚斋集》（四部丛刊集部，卷一一四），上海涵芬楼藏本。
③ 顾宏义：《宋朝方志考》，上海：上海古籍出版社，2010年，第17页。
④ 顾宏义：《宋朝方志考》，上海：上海古籍出版社，2010年，第18页。

护险偏栏共四万七千一百三十四间。'"①据此可知鼎盛时期蜀道之基础结构与建筑规模之宏巨，该材料辑录于《舆地纪胜》《方舆胜览》《俨山外集》等典籍中。

《（兴州）图经》，佚名撰。兴州，为陕西省略阳县旧称，西魏废帝二年（553）改东益州置，隋大业三年（607）改为顺政郡，唐武德元年（618）复为兴州，北宋属利州路，南宋绍兴十四年（1144）分置利州西路治此，开禧三年（1207）改为沔州。《方舆胜览》卷六九《沔州·山川》引录《（兴州）图经》一则，"本志当撰修于改名沔州前"②。

《沔州志》，佚名撰，散佚。沔州，"本兴州，绍兴十四年，为利西路治所。开禧三年，吴曦僭改开德府。曦诛，改沔州"③。所辖为今陕西略阳县。《永乐大典》引述该志材料一则，即《药水岩》。"故本志当撰于开禧三年至端平初年间。"④

目前，尚未发现金元时期汉中方志文献的任何线索，此时期极有可能是一个空档期，分析其原因大致如下：其一，金元时期虽然版图辽阔，但存续时间较短，据统计这一时期方志文化虽然并未断续，但方志文献数量远少于宋代；其二，南宋后，汉中及略阳长期作为抗金前线，战乱频仍，汉中社会极不稳定，尤其是嘉定十二年（1219），金兵连破凤州、兴元府、洋州等，汉中沦陷，绍定四年（1231），元军破汉中，因而金元时期的汉中，兵燹连祸，地方政权几经更迭，社会经济遭受重创，方志文献难以生成。

自隋至元代的几百年间，汉中方志文化之赓续、方志文献之特点与中国方志文化大致相仿，多为"图经"，且大多散佚，一些方志文献史料应被《舆地纪胜》《方舆胜览》《玉海》《永乐大典》等文献典籍引用，而留下"片羽"珍贵之历史线索。近现代学人张国淦、陈光贻、朱士嘉、刘纬毅、顾宏义等颇为重视对这一时期的方志考释、辑佚、调查统计等相关研究工作，他们的研究成果，应该引起我们的重视，需对其进行汲取及应用。

二、明、清时期之汉中方志

（一）明代汉中方志概况

从全国范围视之，金元时期，中国方志文化依然处在一个发展阶段，但方志文献

---

① 刘纬毅、王朝华、郑梅玲等：《宋辽金元方志辑佚·前言》，上海：上海古籍出版社，2011年，第6页。
② 顾宏义：《宋朝方志考》，上海：上海古籍出版社，2010年，第16页。
③ 郭黎安：《宋史地理志汇释》，合肥：安徽教育出版社，2002年，第217页。
④ 顾宏义：《宋朝方志考》，上海：上海古籍出版社，2010年，第19页。

生成数量较少,这一时期一些区域方志文化出现断档,汉中就是一例。中国历史演进至明朝,中国方志文化在宋朝基础上,方志编撰体例、材料取舍及方志理论形成等进行了有序的积累,更趋完善,明朝是中国方志纂修的一个重要定型发展时期,"特别是明代,我国地方志的由元之衰到继续发展和复兴时期,并为清朝地方志的发展,打下了基础"①。这一理论判断与汉中在明清时代之方志文化实践与发展亦相吻合。明清是中国历史上两个持续时间较长且在时间上相衔接的大一统封建王朝,大一统王朝的国家意志促进了中国及各地域方志文化的繁盛,也促进了各地域各类方志编纂的文化自觉,方志文化在清代进入全盛时期。

明代汉中生成的府、州、县方志,经梳理大体如下。

明孝宗弘治时期(1488—1505),褒城贡生龚埙创修《褒城县志》,已佚。

明嘉靖二十三年(1544),汉中知府张良知纂修《汉中府志》。

嘉靖二十五年(1546),举人张栋编修《褒城县志稿》,已佚。

明嘉靖三十一年(1552),略阳知县李遇春撰修《略阳县志》六卷。

明嘉靖四十五年(1566),城固知县杨守正、邑举人胡琏创修《城固县志》六卷。

明嘉靖三十一年(1552),宁羌州知州王齐东创修《宁羌州志》,已佚。

明隆庆五年(1571),洋县知县阎邦宇纂《洋县志》,已佚。

明万历二十五年(1597),知州卢大谟撰《重修宁羌州志》,已佚。

明万历年间(1573—1620),知县万言策创修《沔县志》,已佚。

明神宗万历十二年(1584),知县关廷访编修《西乡县志》,已佚。

明万历二十五年(1597),宁羌州知州卢大谟重修《宁羌州志》,已佚。

明万历三十一年(1603),汉中知府崔应科纂修《汉中府志》,未刻峻,已佚。

计府志两部,州志三部,县志七部,共十二部,存世仅三部,散佚达九部。按照明代汉中的行政区划,除南郑、凤县未修志外,其他各县均有方志编纂活动,覆盖面已经相当可观,且府志与褒城、略阳、宁强方志均为两部。虽大多散佚,但足以说明明代汉中方志编修进入了一个良好的恢复发展期,成效显著。

(二)清代汉中方志概况

清朝在完成国家统一后,大一统之政治格局日趋稳定,社会经济也获得了较快恢复与发展,社会文化发展不仅是历史发展的必然,还是封建王朝在社会文化领域体现国家意志以求封建统治稳固的政治需求,故中国方志文化在清代进入了一个全盛时期。

---

① 彭静中:《中国方志简史》,成都:四川大学出版社,1990年,第268页。

其一，清朝政府十分重视各级行政区域的方志编修，清代之康熙、乾隆、嘉庆时期三次编撰《大清一统志》，为配合这项国家级的文化工程，提前昭告各级政府修纂方志并按时进呈，乾隆时期"下至府州县，虽僻陋荒岨，靡不有志"①，体现国家意志的朝廷诏令为促进方志文化发展与繁荣奠定了坚实的基础。

其二，修志局（馆）陆续在各省建立，官府主持，地方主官出任主修，延聘地方学者、饱学之士担当总纂，组织当地生员采邑调查，专事其事，这使得方志编修有了专职文化机构作为组织保障。

其三，清中期学术繁荣，各类学派互领风骚，如一些学者有意无意地涉足方志文化领域，如顾炎武、钱大昕、戴震、章学诚、洪亮吉、俞樾等。"方志虽大半成于俗吏之手，然其间经名儒精心结撰或参订商榷者亦甚多。"②清中期的陕西也出现了这种文化局面，诸如孙景烈、毕沅、洪亮吉、孙星衍、蒋湘南等硕士名儒，以及严如熤、钱坫、陆耀遹、董佑诚、吴泰来、贺仲瑊等都分别参与了陕西各州、府、县的方志的纂修，确保了陕西方志编修的文化质量。这一时期全国各类志乘质量普遍提升，还奠定了中国方志学基础，其代表为章学诚。"……然其间能认识方志之真价值、说明其真意义者，则莫如章实斋。实斋以清代唯一之史学大师，而不能得所籍手以独撰一史，除著成一精深博大之《文史通义》，及造端太宏未能卒业之《史籍考》外，其创作天才，悉表现于和州、亳州、永清三志及《湖北通志》稿中。'方志学'之成立，实自实斋始也。"③方志学之建立，为后世编撰各类方志确立了基础范式，为中国方志文化从传统走向科学奠定了坚实的史学学科基础。

其四，因为上述三点，清代方志文献在成书数量上，冠居历代之最，"现存全国地方志八千一百多种，其中清代的约五千六百种，占百分之七十"④。

汉中也亦然，在清代步入了方志文化的一个全盛时期，经梳理大体如下。

清顺治十三年（1656），汉中知府冯达道纂修《汉中府志》六卷。

清康熙年间（1662—1722），褒城人许欲鋐修纂《褒城县志稿》。

清康熙二十二年（1683），西乡县知县史左创修《西乡县志》十卷。

清康熙二十八年（1689），汉中知府滕天授主持撰修《汉南郡志》二十四卷。

清康熙三十三年（1694），洋县知县邹溶修《洋县志》八卷。

清康熙五十六年（1717），城固知县王穆修纂《城固县志》十卷。

---

① （清）张松孙：《乾隆蓬溪县志·张颂孙序》，乾隆五十一年刻本。
② 梁启超著，夏晓虹、陆胤校：《中国近三百年学术史》，北京：商务印书馆，2011年，第357页。
③ 梁启超著，夏晓虹、陆胤校：《中国近三百年学术史》，北京：商务印书馆，2011年，第361页。
④ 冯尔康：《清史史料学初稿》，天津：南开大学出版社，1986年，第120页。

清雍正十三年（1735），略阳知县范昉编修《重修略阳县志》二卷。

清乾隆四十二年（1777），褒城知县肖庆会、褒城举人欧阳文学修纂《褒城县志》六卷。

清乾隆五十九年（1794），南郑知县王行俭创修《南郑县志》十六卷。

清嘉庆十九年（1814），汉中知府严如熤纂修《汉南续修郡志》三十二卷，民国十三年（1924）又将旧版重新刻印，并把清道光九年（1829）汉中府知府杨名飚所辑节烈数百人事迹作为第三十三卷，刊附于后。

清道光八年（1828），知县张廷槐纂修《西乡县志》六卷。

清道光十一年（1831），知县光朝魁纂修《褒城县志》十一卷。

清道光十七年（1837），略阳知县谭瑀主持编修《重修略阳县志》，道光二十六年（1846）刻峻。

清道光年间，留坝厅司狱、定远厅巡检陈庆怡分别纂修《留坝厅志略》《定远厅志稿》，俱佚。

清道光二十二年（1842），留坝厅同知贺仲瑊纂修《留坝厅志》十卷。

清同治六年（1867），沔县武侯祠住持虚白道人李复心纂《忠武侯祠墓志》六卷，卷首卷末各一卷。

清同治七年（1868），毛凤歧纂《陕西南山谷口考》。

清同治十年（1871），景邦宪编辑《紫柏山志图》刊印。

清同治十二年（1873），罗秀书、万方田纂《褒谷古迹辑略》。

清光绪五年（1879），定远厅同知余修凤创修《定远厅志》六卷。

清光绪九年（1883），佛坪厅同知刘瑛创修《佛坪厅志》二卷。

清光绪十四年（1888），宁羌州知州马毓华主修《重修宁羌州志》五卷。

清光绪二十年（1894），南郑县监税孙万春纂修《南郑县志》十六卷。

清光绪二十三年（1897），洋县知县张鹏翼纂修《洋县志》八卷，民国二十六年（1937）重刊。

清光绪三十一年（1905），略阳县知县桂超主持撰修《新续略阳县志备考》一卷。

清光绪年间佚名纂《略阳乡土志》，抄本。

清光绪后期宁羌知州陈苞芬修《宁羌乡土志》二卷，民国二十六年燕京大学图书馆印行。

清光绪后期，编纂佚名编纂《城固乡土志》一卷，民国二十六年燕京大学图书馆印行。

清光绪后期，王声扬纂《沔县乡土志》，抄本。

清光绪后期，佚名纂《洋县乡土志》，抄本。

清光绪后期，佚名修纂《南郑县乡土志》，抄本。

清光绪后期，阎佐尧纂《西乡乡土志》，抄本。

清光绪三十一年（1905），王穆照纂《留坝乡土志》，抄本。

清光绪三十四年（1908），佚名纂《佛坪乡土志》，抄本。

计府志三部，州志一部，厅志五部，县志十三部，专志四部，乡土志九种，共三十五部（种），大多存世，少量散佚无存。按照清代汉中行政区域，截至清朝末年，汉中各州、厅、县均有方志，尤其是留坝厅、佛坪厅及定远厅行政建制最晚，分别于乾隆二十九年（1764）和嘉庆七年（1802）置厅，都是在正式行政建制百年内创修厅志，因而无一缺漏。且府、州、厅、县志构成汉中清代方志主体，更是汉中清代方志文化的核心，多达三十多部，一些县产生了多部县志，都各自成篇，自成体系，瑕玉相参。

汉中方志文化在清代获得了较大的发展，也迎来自身的全盛时期，其方志文化之特征，可谓绚烂多姿，虽难以一一详述，但如下几个观察视角应该有一些重要价值。

其一，汉中方志文化的一座高峰。

清中期名宦、著名学者严如熤主修之《汉南续修郡志》以其"编纂之勤，采辑之博，选择之当，综核之精"，被林则徐誉为当朝"名志"，且他在陕南宦游期间所著《三省山内风土杂识》及《三省边防备览》，是秦巴地区确定我国在封建社会后期具有资本主义萌芽的依据性经典文献，也颇具方志之质，采撷并记录了汉中区域内于清中期的社会文化图景之宝贵史料，将汉中方志文化推向了一个崭新的历史文化高度。

其二，陈庆怡草创《留坝厅志略》与《定远厅志稿》。

在嘉庆、道光年间，为汉中文方志文化做出贡献的还有一位不能不提及的人物，即浙江会稽之陈庆怡："清嘉庆十六年（1811），在留坝厅任安山驿丞，兼司狱。工文能诗，道光九年（1829）著《留坝厅志略》七卷（今佚）。"① 道光九年（1829），清朝内阁学士汤金钊奉使西川，道经留坝，陈庆怡有幸受到接见，他将自己纂述的《留坝厅志略》送其浏览，汤金钊欣然为之作序，序文中道："急索观之，则犁然秩然，简要该括，足备此邦志乘已。陈君博雅明敏，小试卑官，辄能留心一方政要，则其遇事尽心可知也。"② 汤金钊对其人其著都给予了高度评价。对于成书过程，陈庆怡在该志"原序"中进行了这样的交代："无何听鼓于斯已二十年，溯自分治垂六十载，凤既志乘阙如……公余之暇，借山川之胜，以成余名，何其幸也。至若斩樵王孙，辟谷文成，附会无稽，不敢率笔。志成一册，类分七卷。"③ 不难看出，陈庆怡在留坝厅工作长达二十余年，升迁无望，却有功名之期，便利用闲暇，遍踏厅境山川，

---

① 陕西省留坝县地方志编纂委员会：《留坝县志》，西安：陕西人民出版社，2002年，第831页。

② （清）贺仲瑊、蒋湘南撰，唐婧主编，郭鹏总校注：《留坝厅志校注》，陕内资图批字（2009）JH021号，第262页。

③ （清）贺仲瑊、蒋湘南撰，唐婧主编，郭鹏总校注：《留坝厅志校注》，陕内资图批字（2009）JH021号，第263页。

咨访乡野，悉心搜集、整理、甄别各类材料，考核綦勤，"记事必提其要，选言务去其繁"，积数年之功，遂就《留坝厅志略》。道光十一年（1831），方华钦将《留坝厅志略》申请转呈朝廷，其在《申赍〈留坝厅志略〉祥文》中写道："已今朝廷纂修《一统志》，祥征故实……该司狱适呈是书，卑职不敢壅于上闻，理合具祥申赍，倘蒙转祥咨送，异日藏之史戚，以垂不朽，非惟该司狱之幸，抑亦卑厅之光也。"①道光十二年（1832），陈庆怡转任定远厅黎坝巡检，他将在留坝厅的个人修志经验在定远厅进行了有益的实践："编辑厅志稿，道光以前事实多赖之，诚有志士也。"②所辑史料为余修凤四十年后纂修《定远厅志》奠定了重要的史源学基础，《定远厅志稿》，民国二十八年（1939）浙江绍兴县修志委员会编辑的《绍兴县志资料》第二辑中存有该志之书目信息；其间，还著有《晴日新馆诗草》。根据《留坝厅志》与《定远厅志》记载，陈庆怡善吟咏，在两厅工作期间，留下了大量诗作，分别辑于两厅志和后来的县志中。陈庆怡纂修《留坝厅志略》与《定远厅志稿》在汉中方志文化发展历史上是一个颇有意味之方志文化特别案例，清代修志大多为官府组织实施，尤其是在新的行政建制初创之时，文化荒芜，文献无证，他虽位卑权轻，但以一己之力，悉心查访，广搜博积，以成厅志，其胸怀远志与方志文化之自觉意识，谱写了汉中方志文化绚烂精彩的一笔。

其三，对汉中《诗经》文化源头的确认。

汉水流域及其上游之汉中地区，在上古时期曾是我国《诗经》相关篇目的原生地之一，对其所进行的考证与研究，已是当代的一个学术热点。关于此，我们在清代的汉中方志中也获得了相关的确认，如"汉南，三秦盛郡也。昔周召之化，先及江汉，删诗者，以二南为十五国风之首，明乎风物之醇美，莫盛于此也"③。再如，乾隆年间南郑知县王行检在《南郑县志》序言中开宗明义地指出："南郑，古褒国也。周初，被文王德化。《旱麓》之篇发咏《大雅》，由来尚矣。"④《诗经》乃中国文化至尊之典籍，由于其在历史上及学术界被公认为是未经过作伪的原始典籍，反映了周代先民的原生态文化形态，一直为历代经学家及学者所推崇。清中期学术繁荣，乾嘉学派蔚然绝世，考据之学盛兴，经学典籍整理与研究成效空前："清学自当以经学为中坚。其最有功于经学者，则诸经殆皆有新疏也……其在《诗》，则有陈奂之《诗毛氏传疏》，马瑞辰之《毛诗传笺通释》，胡承珙之《毛诗后笺》。"⑤清光绪年间，城固廪

---

① （清）贺仲瑊、蒋湘南撰，唐婧主编，郭鹏总校注：《留坝厅志校注》，陕内资图批字（2009）JH021号，第268页。
② （清）余修凤：《定远厅志》（卷十八），光绪五年刻本。
③ （清）史左：《康熙版西乡县志·卷首叙》，清康熙二十二年刻本。
④ 郭凤洲、柴守宇：《续修南郑县志·原序》，民国十年刻本。
⑤ 梁启超：《清代学术概论》，北京：中华书局，1954年，第36页。

生何廷弼所撰《诗经总论》，为汉中地方经学研究的重要成果。综上所述，清代经学学术之繁荣，影响和促进了对《诗经》发生源头的地域确认，也是汉中方志文化的亮点与特色之一。

三、民国时期汉中方志文化概览

自道光年间"第一次鸦片战争"爆发，中国社会历史出现了"数千年来未有之变局"，其一，社会性质发生质的变化，由封建社会逐步向半封建半殖民地社会演进，主权与领土遭到了西方资本主义列强的侵略与瓜分；其二，西方近代思潮对中国传统文化产生了前所未有的渐进式巨大冲击；其三，西方自然科学与技术理论体系与范式开始在中国传播和扎根。前二者在中国历史演进过程中有着明显的表象，但其负面影响则表现为历史的阶段性，即百年中国近代史，但西方自然科学与技术理论体系与范式对于中国传统文化的碰撞、冲击与改造，对于中国科学文化与技术体系的自主性构建以及中国当代崛起埋下了历史性伏笔。

中国传统舆图大多蕴藏于各地域的方志文献中，为其文本内容不可或缺的有机组成部分，其绘法与制作，不可否认具备一定的科学属性与价值，但其精准度较差，仅代表方位指示与大致地理空间的距离，在距离的精确度方面逊于西方地图。虽然魏晋时代之裴秀提出了舆图绘制的"制图六体"的系统绘制技法，但基于中国传统文化的属性与特质，即以"写意"为旨趣之诗、书、画为主体的人文文化艺术传统，"中国地图学好像常常应用绘画和诗学的美学原理"[1]，对中国及各地域舆图的绘制产生了难以估量的潜在而深远的影响，中国传统舆图更多地具备中国独特的人文文化情怀，大多具有"山水画"的视觉效果与鉴赏价值，科学而精准的地图价值较弱。

"17世纪末，由于对内开发、对外掠夺的需要，测量学在欧洲首先发展起来。19世纪欧洲开始大规模测绘地形图，出现了大量精度高、内容丰富的实测地图。"[2]明末清初，利玛窦等西方传教士来到中国，"欧洲的耶稣会士们由于系统的学术和科学训练，掌握了诸多科学技能而得以在中国施展才华"[3]。由此，西方自然科学与技术理论体系与范式开始在中国传播和扎根，这在客观上标志着中国开始融入世界历史的进程。至清末，以欧洲为中心的西方近代科学技术知识体系与理论范式在中国的持续传播，不仅促进了中国本土科学技术的奠基与发展，而且中国自主的学科、专业体系建制，如数学、物理、地质、探矿、机械等开始萌芽，这种历史背景也影响着中国舆图

---

[1] 〔美〕余定国著，姜道章译：《中国地图学史》，北京：北京大学出版社，2006年，第193页。
[2] 凌善金：《地图美学》，芜湖：安徽师范大学出版社，2010年，第41页。
[3] 郭亮：《十七世纪欧洲与晚明地图交流》，北京：商务印书馆，2015年，第283页。

绘制的变化，"清末，受西方思想的冲击，中国古代传统舆图绘制方法开始向现代地图绘制方法转型，出现了大量采用现代绘图技术绘制的地图"①。这种变化趋势在汉中也是具有明显历史文化痕迹的，尤以《定远厅志》中之舆图为代表的汉中舆图绘制的技术与方法在清末渐渐地发生了质的变化。清光绪十二年（1886），朝廷设立会典馆，专事《大清会典》的编修工作，筹划重新编制《大清会典舆图》，次年会典馆成立画图处，主持全国《清会典图》测绘工作，要求各省绘出省、府、州、县各行政区域的地图，呈送会典馆。

陕西省于光绪十五年（1889）接到会典馆要求测绘陕西舆图的通知："会典馆咨开舆图事宜到司，当即恭刊钦定舆图格式、图说式并原折札发各府、厅、州、县，遵办在案。"②这一时期，全国各省、府、县的舆图测绘所用仪器，既有原有设备、自制设备，也有从国外购置的新型测绘仪器设备。光绪十六年（1890），陕西舆图馆成立，为陕西省成立最早的专职测绘机构，负责组织领导、专业人员培训、测绘实施与测绘成果校核等，成立当年就刊刻了陆桂星、陈德熔编著的《测绘浅说》，从测绘技术标准层面指导与规范全省的舆图测绘工作。测绘人员经过培训后，"分派到县照张测量，各汇分图。据《测绘浅说》'每邑择明干精细之士子四人，两路分测，每路士子二人，带书同吏二个，土民二人。'即每县12人参加，当时全省91个厅、州、县，共约千人参加这次测图"③。制作《大清会典舆图》是清末的一项重大文化工程，朝廷拨付饷银等经费至各省，每月拨付陕西的添银有500—800两，至光绪二十五年（1899），陕西完成全省测绘任务，总计耗银约3.6万两。

这一大的国家文化行动，在汉中方志文化领域也留下了深深的刻痕，如位于陕西汉中东南之定远厅（今镇巴县），作为厅级行政建制创设于嘉庆七年（1802），光绪五年（1879）余修凤修撰的初版《定远厅志》正式刊刻面世；光绪十七年（1891）贺培芬复任定远厅同知，"随即延请程学深、张联辉、刘丕承、王朝梁等设局，潜心研讨朝廷制定的《舆图格式图说式》，上级发的《测绘章程》及仪器，以窥奥义。以针匣测平远，以仪器测高深。凡境内之方隅，四至八到皆分头详审……事经一年《续刻定远厅志全图》告竣"④。这一史实在金恩辉、胡述兆所主编的《中国地方志总目提

---

① 成一农：《"非科学"的中国传统舆图：中国传统舆图绘制研究》，北京：中国社会科学出版社，2016年，第192页。

② （清）陆桂星、陈德熔：《测绘浅说·序》，清光绪十六年陕西省舆图馆刻本。

③ 陕西省地方志编纂委员会：《陕西省志·测绘志》，西安：西安地图出版社，1992年，第98页。

④ 符文学：《贺培芬为〈定远厅志〉补图订正》，《镇巴文史资料》（第四辑），1992年，第13页。

要》①中得以确认。贺培芬所做工作不仅仅是完善了《定远厅志》的结构与内容，舆图之增加于方志结构之完备至关重要，"地理，志之本也；志地理者，首重舆图"②。即贺培芬根据清政府会典馆于光绪十五年（1889）颁布的《钦定舆图格式图说式》，用新颁布的测绘章程及科学仪器，新绘《定远厅境全图》，并作序文一篇，光绪十八年（1892），贺培芬续刻《定远厅志》将其收录，成为清代汉中区域内测绘最为精准、科技含量较高的舆图测绘成果，20世纪80年代著名方志学家高峰先生评价《定远厅舆图》道："这部厅志舆图十二幅，绘刻都十分精细，经纬度又是朱色套印，就其地舆图而言在陕西方志中可以说未见超过它的。"③《定远厅舆图》之所以质量上乘，无疑受益于《大清会典舆图》测绘的社会历史文化之大背景与技术条件；《定远厅舆图》虽然具备中国方志舆图绘制的特点，但精准性的大幅提高，则是近代部分新测绘工具与方法运用的结果，故这是一组融传统舆图绘图方法与近代地图绘制的难得的厅志舆图，更是传统舆图制作向现代地图测绘渐变的珍贵"标本"。

民国十年（1921）成稿付梓之《续修南郑县志》所测绘之《县辖山脉川道道路津渡图》、《县辖村坝图》及《县城池图》④等就完全具备了现代地图的特征与功用。据此，我们认为近代自然科学与技术范式在19世纪末期，就开始对中国以及汉中方志文化产生深远影响，这是以"西学东渐"为核心的世界历史进程在汉中本土的影响，这种影响持续到民国时期开始凸显。

方志文化转型有一个嬗变过程。汉中民国时期方志文化之转型发展在我国占据着重要地位，方志数量虽然不多，远不及清代方志文献数量，但方志文化之繁荣与独特性，以及将现代自然科学成果融入方志知识体系方面，走在了全国之前列，尤以20世纪40年代初的《城固县志》编修实践及《方志今议》出版为高标。

汉中民国时期方志文献，经梳理如下。

民国十年（1921），南郑县知事郭凤洲、柴守愚编纂《续修南郑县志》。

民国十四年（1925），南郑人蓝培原等发起募捐、汉中道尹阮贞豫主持重刻《汉南续修郡志》，更名为《重刻汉中府志》。

民国二十年（1931），洋县人刘元吉纂修《洋县志备考》，订正补充光绪《洋县志》。

民国二十九年（1940）七月，黎锦熙撰《方志今议》，商务印书馆出版。

民国二十九年（1940），薛祥绥纂修《西乡县志》二十卷，抄本。

---

① 金恩辉、胡述兆：《中国地方志总目提要》，台北：汉美图书有限公司，1996年，第25—64页。
② （清）余修凤撰，贺培芬增补：《定远厅志·例言》，光绪十八年刻本。
③ 高峰：《陕西方志考》，吉林省图书馆学会印，1985年，第195页。
④ 郭凤洲、柴守愚撰，朱林枫等校注：《续修南郑县志》，北京：中国人民公安大学出版社，1993年，第57、69、129页。

民国二十九年（1940）十月，城固县教育局编《陕西城固县教育概况》，陕西城固前驱印刷厂第一厂铅印。

民国二十九年（1940），张伯声著《城固地质志》，国立西北大学地质地理系油印本。

民国三十四年（1945）四月，宁羌人黎琴南著《全县经济调查报告书》刊印。

民国三十五年（1946）十一月，王德基、陈恩凤、薛贻源、刘培桐著《汉中盆地地理考察报告及图集》，中国地理研究所《地理专刊》第三号刊发。

民国三十八年（1949）六月，李春和编著《西乡地理志》，陕西西乡永吉祥石印局承印。

这一历史时期，按照严格意义上的标准，方志仅为《续修南郑县志》与《西乡县志》两部，还重刻了《汉中府志》，但专志则有《南郑工商志》《陕西城固县教育概况》《西乡地理志》等付梓存世。

民国初期的1916年，陕西省设立陕西通志局，着手《陕西通志》的续修编纂工作，在该文化工程的筹备阶段，还刊印了《陕西续修通志局详定修志采访节略（附旧志目录）》，要求全省各县采集方志材料上报，配合《陕西通志》的续修工作，还要求各县进行方志修纂，1931年1月陕西通志局改组为陕西通志馆，出台并颁布了《陕西通志馆组织规程》①；在此之前的1929年12月，国民政府内政部颁布了《修志事例概要》（二十二条）②，此概要于当月12日以"国民政府指令"（第2907号）的形式发布全国，"准予备案，仰即转饬遵照"③，用以指导全国各省、县的方志编修。在此历史条件与背景下，汉中南郑于民国十年（1921）完成了《续修南郑县志》的编修，此外洋县、城固、沔县、略阳、宁羌等县积极搜集、整理方志材料，上报陕西通志馆（局），不仅如此，1929—1930年，沔县、宁羌、略阳、城固、洋县等上报的方志材料分别以"呈赍遵令采编新志材料"为题陆续刊发于《陕西省政府公报》。这些材料，无疑为民国时期《续修陕西通志》提供了重要的材料支持。同时，汉中各县的此项工作也为本土积累下了系统而宝贵的方志文化材料，具有重要的史料价值，尤其对辛亥革命时期汉中各县的斗争情况，如沔县、宁羌、略阳、洋县等县予以了高度重视，并设专栏置于各县"呈赍遵令采编新志材料"之首，如沔县之"革命纪略"④、宁羌县之"革命事略"⑤、略阳县之"建元以来革命史略"与"革命先烈小传"⑥、洋县

---

① 《陕西通志馆组织规程》，《新陕西月刊》1931年卷1第2期。
② 国民政府内政部：《修志事例概要》，《内政部内政公报》1930年卷3第12期。
③ 《"国民政府指令"（第2907号）》，《国民政府公报》1929年第344期。
④ 《沔县呈赍遵令采编新志材料》，《陕西省政府公报》第640号，1929年。
⑤ 《宁羌县呈赍遵令采编新志材料》，《陕西省政府公报》第740号，1929年。
⑥ 《略阳县呈赍遵令采编新志材料》，《陕西省政府公报》第804号，1929年。

之"革命史略"①等；这一系列"新志材料"虽然存续着中国传统方志文化的结构、体例与术语，但近现代科学技术门类与术语开始进入汉中方志文化领域，如地质、气候、工业、金融、邮政、电报、银行、铁道、社会教育等，这一文化现象及近现代科学技术对汉中社会事业的"润物细无声"的深远影响，积累了宝贵的方志文化材料，尤以《城固县呈赍遵令采编新志材料》最为丰富。据此可以推断，20世纪20年代末与30年代初，汉中社会事业发展及社会文化思想开始迈入现代化的门槛。由此，也不难推断，汉中各县当年应有编修县志的计划与安排，但限于当时的社会经济条件，大多有始无终，唯一且极具价值的方志编修实践活动是30年代末期，由于西北联大在城固组建，以黎锦熙为代表的西北联大学人与当地文化名流联合开展了规模宏大但最终以失败告终的城固县志续修工作，可这一修志实践活动却促进了中国方志文化的转型发展，无疑，《城固县呈赍遵令采编新志材料》为此奠定了较好的材料基础。这批"新志材料"可视为当时汉中各县筹划方志编修的一个较为成熟的"拟目"性资料文本，体系性较强，框架与结构也算基本完整，但材料本身却很粗朴和简约，可这是体现汉中方志文化与思想渐变、转型的一个重要的方志文化形态，不容忽略。

1934年《续修陕西通志稿》付梓，总计二百二十卷，三百余万字，真可谓卷帙浩繁，体例完备，史料丰富，这应该是陕西在当时的文化工程中收获的重要成果，凝结了不少人的多年心血。但陕南侨寓京都南京的文化人士浏览后，发现该志"违背潮流，纰缪百出，实为吾陕学术界最大污点"②。陕南旅京同乡会委托汉中西乡籍学者薛祥绥先生执笔，致信陕西省政府主席邵力子，即《陕南旅京同乡会与邵主席论续修陕西省通志稿书》，还刊印成册，在陕西籍乡党中广为散发传播。薛祥绥，陕籍西乡县人，早年毕业于北京大学，后就职于国民政府审计署，抗日战争爆发后还曾在西北联大执教，其间也参与了续修城固县志的分志纂修工作，即《乐城艺文志·文征》；他学养深厚，涉猎广泛，桑梓之情浓郁，一直关注汉中的社会事业发展，并竭力为家乡社会事业发展鼓与呼，其受家乡学人所托，利用业余时间，奔走各地，查阅核实资料，尽心竭力修撰《西乡县志》，今天西乡人民将其撰修的《西乡县志》亲切地称为"薛志"，乃本土名志，他具有丰富的修志实践经验、理论方法及亲身感悟，故陕南旅京同乡会委托他执笔致信邵力子先生，也就顺理成章了。《陕南旅京同乡会与邵主席论续修陕西省通志稿书》，对"辛亥起义略而不书""修陕志如修清史""沿袭迂说大张妖妄之风""妄事牵连而不明其性""人物列传少详瞻之事且漏略甚众""采访之疏杂乱而无条贯""讳言革命而文征多录俗冗之作""地名错讹且遗漏更难枚举""全陕无良民""管窥物产多贻笑柄""纪事隐晦古迹采俗说而不考载籍""分

---

① 《洋县呈赍遵令采编新志材料》，《陕西省政府公报》第891号，1930年。
② 陕南旅京同乡会：《陕南旅京同乡会与邵主席论续修陕西省通志稿书》，1936年，第1页。

纂者各自为谋"等十二最大之纰缪，痛心疾首地——胪列批驳，并陈情"整理续稿""重修通志""新定体例""广延专家"四要端，"如蒙采择施行，以彰文献，全陕甚幸"①。该篇应该是中国方志文化领域少见的具有学术批判力、思想性与革命进步性的宏文，笔锋辛辣，直逼要害，论述缜密，力道不凡，振聋发聩，实属难得。这是民国时期天汉旅京儿女在中国方志文化领域书写的绚烂华章，也为汉中方志文化留下了浓墨重彩的一笔。

汉中民国时期方志领域最重要的活动，无疑是续修《城固县志》工作和黎锦熙先生《方志今议》的出版，二者直接促进了中国传统方志学思想、理论、方法与实践向现代的转型发展，在中国方志学术与文化史演进进程中，无疑是一座丰碑，虽然续修《城固县志》以失败告终。

1938年3月，黎锦熙随北平师范大学内迁至陕西城固县，在西北联大工作期间，倡议续修《城固县志》并任"陕西城固续修县志委员会"常委，当年即着手拟定《城固县志续修工作方案》，后经修订，以《方志今议》为名由商务印书馆出版发行，以此著为标志完成了中国方志理论从传统向现代的转型发展。

这一时期，更由于《城固县志》续修工作出现"行百里半九十"而最终未结集成志，其志稿大多散佚，汉中社会文化损失重大，这是汉中方志文化的巨大缺憾。黎锦熙在《方志今议》"序"中写道："本年六月，鞠君奉命调省，继任县长为望都刘君鉴，其时调查工作已大致完成。院系同事所任各篇，如殷君祖英的《气象志》、张君遹骏的《地质》《地形》《水文》三志已陆续成稿；外如刘君慎谔的《生物志》、胡君庶华的《农矿志》、黄君国璋的《工商》《交通》二志、谌亚达的《人口志》，以及驻会诸员，如龙君文的《合作》《卫生》《祠祀》诸志、张君永宜的《大事年表》《疆域沿革表》、陈君瑾的《财政志》、薛君绥祥的《人物志》《艺文志》及《文征》等亦渐将杀青。"②上述引文中的"本年"，即指民国二十八年（1939）。由此可见，黎锦熙所组织续修的《城固县志》大多为西北联大时期享誉国内外的知名专家教授参与并亲自撰稿，在近代以来的县志编修能够集结一大批大师级专家学者，可谓空前绝后，如果修成，其质量之高完全可以想象，必为民国时期我国县志之高标！在1940年10月编印的《陕西城固县教育概况》中也有《城固县志》续修进度的材料："计全志三十篇中，现已有数篇脱稿，但尚待核定；其他各篇，正在继续编辑中，倘中途不发生重大问题，完成之期当在不远也。"③是什么"重大问题"导致《城固县志》未能结集付梓？据汉中本土学者冯岁平先生的考证与研究，时任城固县县长丁耀

---

① 陕南旅京同乡会：《陕南旅京同乡会与邵主席论续修陕西省通志稿书》，1936年，第21页。
② 黎锦熙：《方志今议·序》，北京：商务印书馆，1940年，第2页。
③ 城固县教育局：《陕西城固县教育概况》，城固：前驱印刷厂刊印，1940年，第105页。

中于1940年8月身陷一桩官司而被国民政府处分并解职,加之经费极为拮据等复杂社会原因,导致了这样的结果,以致黎锦熙先生曾多次发出了"为政在人"之感喟。这样的结果,不仅仅是汉中方志文化的重大缺憾,而且是中国方志事业的巨大损失,其一,由一个大学联合体的众多知名学者续修一县之方志,堪称"前无古人,后无来者"的方志文化奇观;其二,黎锦熙作为我国最负盛名的语言学家、文字学家,作为首倡者并担当县志续修工作总纂,在"国破山河在"的特殊历史时期,其社会责任感与爱国情怀尤为让人感佩;其三,参与续修县志工作研究与撰稿的学者,如黄国璋、殷祖英、张伯声、刘慎谔、胡庶华等皆为当时国内顶级的地理学家、气象学家、地质学家、生物学家、冶金学家等学科专家,本土方志学家薛祥绥负责本志《艺文志》等部分,他们各自发挥自身的专业优势与学科专业视野,不仅确保了撰稿质量,还将科学知识观念和方法与中国传统方志文化予以很好地融合,赋予中国方志文化新的文化生命;其四,假设《续修城固县志》集结付梓,其文本价值,当为中国近现代方志文本之高标。

黎锦熙主持纂修之《续修城固县志》虽未付梓而文稿散佚,但他的《方志今议》在国内多次出版,在学界影响甚巨,该著保留了陕南城固县在民国时期的大量地域文史资料,从中我们还可以窥见《城固县志》的完整概貌,不难看出,该志编纂对自然科学知识入志及相应研究方法运用的高度重视,如《气象志》《地质志》《卫生志》等,尤其是张伯声所撰《城固地质志》,虽"志"一县,但其本身就是一部名副其实的区域性地质学科学学术著作,该志赋予了城固及汉中自然环境形成的地质生命,他"北抵马家河,南登跑马岭",在实地科学考察的基础上予以科学推演,直接将地质学知识理论与学科范式引入了中国方志文化领域,并"由此开创了地质立志的先河"①。故《城固县志》续修实践与《方志今议》出版,标志着近现代自然科学与技术范式促进了中国方志文化的转型发展,这也与"西学东渐"之历史大趋势,以及民国时期中国自然科学技术体系在完成初期的自主构建与所取得的科学成果等完全相吻合。

《续修城固县志》虽未成稿,但之后不久,黎锦熙还依据其方志理论,成功主持编纂了《洛川县志》《同官县志》《中部县志》《宜川县志》等四部有影响的民国方志。黎锦熙作为中国近现代学术大师,如果不是特殊之历史机缘,他的学术活动恐难以进入方志文化领域,他在民国时期所取得的方志理论研究成果及志乘编纂实践,使他屹然成为中国近现代方志文化大家,著名方志学家朱士嘉在《方志学两种》的"序"中这样评价《方志今议》:"从表面看,《方志今议》是专为编写《城固县志》而作,但它从实践中总结出来的一部分经验,已概括、上升为理论,而这种理论

---

① 湖北省地方志编纂委员会办公室:《湖北省志资料选编》(第一辑),内部资料,1983年,第67页。

既是那么精湛，又有说服力，所以对于我们编修社会主义省志、市志和县志，仍有现实的参考意义。"①

黎锦熙先生领衔续修《城固县志》，不仅是汉中区域历史上的重大文化事件，也是中国方志文化嬗变过程中的重大事件，尤以《方志今议》的出版发行，是中国方志理论从传统转向现代的理论标识，黎锦熙先生是完成这一转型发展的关键性人物。我们考察了黎锦熙先生的学术生涯，发现在1938年以前、1946年以后，他的著述与文章都与方志文化没有任何关系，但在1938—1945年侨寓汉中城固的八年时间里，他在西北联大及国立西北师范学院工作时期，在继续开拓语言学、文字学等研究的同时，将大部分精力投入了《城固续修县志》的编撰工作中，亲自草拟了《城固续修县志工作方案》，并担任总纂；他将《城固续修县志工作方案》进行了精细修改，最后定名为《方志今议》，由商务印书馆出版发行。1943年、1944年他分别完成了《洛川县志》《同官县志》《宜川县志》《中部（黄陵）县志》的总纂，并为《洛川财政志》《洛川教育志》《洛川方言谣谚志》作序，以上这些文稿都形成于1944年。同时，如果我们把黎锦熙的《方志今议》放到"西学东渐"漫长而艰难的世界历史进程中予以考察，其方志理论的产生符合历史的必然性。民国时期，我国的方志学理论获得了重要发展，也出现了一些方志学大家及其相关著述，如李泰棻的《方志学》、寿鹏飞的《方志通义》、甘鹏云的《方志商》、傅振伦的《中国方志学通论》等，但大多未能脱离中国传统方志理论之窠臼，唯《方志今议》在批判性继承中国传统方志理论的基础上，敏锐把握时代发展大势，尤其倡导方志编修须重视近现代科学技术成果，将科学精神与科学方法有机地注入中国方志文化，此乃黎氏方志理论的突出创新之处。无疑，陕西城固县是黎锦熙先生进行方志理论创新的重要"试验田"，他在陕西城固的八年时间里，为汉中地域文化及中国方志文化做出了巨大的理论贡献，进行了富有成效的方志文化实践，黎锦熙先生与汉中城固有着深厚的历史机缘！汉中城固这片土地成就了他作为方志学大家的历史地位！他没有辜负这片土地和汉中人民，这是历史之必然与黎锦熙先生个人人生际遇之偶然的结合，更是中国方志学理论创新与事业发展的幸事！无疑，陕西城固乃民国时代最耀眼的中国方志文化重镇！

1938年春，国立东北大学亦南迁四川绵阳的三台县，该校教师孙翰文在南迁过程中，曾在陕南各县进行了长时间的社会考察，完成系列著述，包括《陕南考察纪实》《陕南城固地方志》《陕省南郑地理志》《沔县地方小志》《宁羌小志》等，分别刊发于1939、1940年度的《西北论衡》《西北角半月刊》等学术期刊。

1940年10月付梓的城固县教育局编《陕西城固县教育概况》，实为一部城固县教育专志，黎锦熙先生题词于该书，曰："人云县志，是一部书。我谓县志，众志之

---

① 黎锦熙、甘云鹏：《方志学两种·序》，长沙：岳麓书社，1984年，第3页。

郛。众志者何？教育居首。此册既成，可大可久。虽名概况，实乃长编。乐城文化，足以宣传。"《陕西城固县教育概况》由时任城固县教育局长余元章倡导和组织编写，他还参与了续修《城固县志》的工作，曾任"续修县志委员会"之调查委员会副主任委员；该著编著者之一郑勋丞在"编后"序文中指出："既而余教育局长元章告予曰：'吾邑向乏教育志书，欲览地方教育整个迹象，以资参证而图改进，颇感困难，兹拟创编城固教育概况，烦君负编纂之责，其材料由吾供给可乎？'予不敏，惧弗胜任，第以所感与予同，而义不容辞，姑允许为之。于是立大纲以定范围，就范围以搜集材料，按材料以分隶节目，历时数月，大体告竣。全辑计分入类，约十万余言，先之以教育环境、教育行政、教育经费，以明教育之基本条件，次以学校教育、社会教育、童军教育、文化团体，以明教育之活动状况，复继以移来学校及文化团体，以明教育之特殊动态，并以地方风景古迹附其后，以见今昔人文钟灵毓秀之迹。"①但该书是否就是《续修城固县志》之《教育分志》的主体内容，或该志之遗稿，目前尚无确证，但其相关性是明确的，即续修《城固县志》工作为《陕西城固县教育概况》的编写提供了很好的社会氛围与环境；更为重要的是，该书记录和保存了抗日战争时期西北联大等外迁至此的各级学校在城固办学的珍贵史料。

《汉中盆地地理考察报告》与《嘉陵江流域地理考察报告》是民国时期经典的区域地理考察研究的科学著作，我们注意到，这两个考察报告在研究及编写过程中，为解决一些研究内容，都在一定程度上充分利用了各地的方志文献与谱牒资料，同时记录了民国时期汉中及各县的社会生活、区域经济、人文图景及历史文化等大量有价值的材料，具有非常重要的方志材料挖掘与利用价值；宁强县之《全县经济调查报告书》也具有志乘性质，在调查与编写过程中亦运用了现代自然科学及技术方法，诚为可贵。

此外，民国时期各县已有一些修志活动，但限于当时各县客观条件，多是有计划或已成立修志机构，但大多由于各种原因半途而废，如镇巴县"民国27年（1938）下半年，县长吴乾德倡导续修《镇巴县志》，组成14人的修志班子，在县慈善会内办公。次年6月，吴被解职，续修县志中断。1944年12月，镇巴县参议会决议续修《县志》，由副议长王槐堂、参议员刘金印主持。1946年，因经费太少，主持人离职，修志再度中断"②。"民国三十二年（1943），宁强县志编修委员会成立，县长王孟周任主任委员，县人黎琴南任总编纂。至年底编出部分初稿（5册），后修志中辍，志稿散失无存。"③"民国33年（1944），略阳县成立修志委员会，责令专人编写，后志稿遗

---

① 城固县教育局：《陕西城固县教育概况》，城固：前驱印刷厂刊印，1940年，第44页。
② 郭鹏：《汉中地区志》（第四册），西安：三秦出版社，2005年，第2127页。
③ 郭鹏：《汉中地区志》（第四册），西安：三秦出版社，2005年，第2123页。

失。"① "民国36年（1947），南郑县参议会牵头，设修志局于汉中城内石灰巷，重修《南郑县志》。后因政局动荡未能成书，所征资料大多逸散，仅工商部分由蔡洁丞采编成稿，民国37年（1948）自费铅印成书。"② "民国36年（1947），成立沔县志编修委员会，搜集和整理资料，写出部分书稿，后因政局不稳而中辍，稿散佚。"③

民国时期，各县均有不同程度的方志编修实践活动展开，但付梓成书的汉中方志数量很少，方志文化亦出现重大缺憾，可诞生于斯之《方志今议》不仅是汉中人民的文化荣耀，在中国方志文化转型发展与理论创新及建树方面更是独树一帜，影响深远！

民国时期，汉中地域的方志文化形态异彩纷呈，硕果累累，既有内在发展的社会文化动力与规律性，更得益于近代西方科学文化传入及中国本土科学文化与教育事业发展的外在助推，"至民国时期，随着近现代科技文化的发展和传入，国体的改变，地方政治、经济、教育、社会生活都发生了很大变化，地方志对地质、气候、实业、交通、金融、物价、卫生、教育、方言、宗教、外交、警政、自治、司法等的记载，已经不仅仅局限于历史学、地理学和文学了，已经涉及地图学、经济学、政治学等更多的现代科学"④。既有薛祥绥、张叔亮、龙文、王莘伯、余元章、何乐夫等本土文化学者方志文化素养的深厚积淀和乡土文化情怀与文化自觉意识，更得益于黎锦熙、黄国璋、胡庶华、殷祖英、张伯声、陆懋德、黄文弼、孙翰文等一大批汉中域外学者与科学家群体的鼎力支持，使方志文化获得了重大理论建树与实践经验累积的双丰收，故这一历史时期汉中方志文化在中国方志文化领域占据着重大而独特的历史性地位，走在了全国前列，直接促进和推动了中国方志文化之标志性转型发展，文化贡献巨大！

四、当代汉中方志文化概览

1949年10月1日，中华人民共和国在北京宣告成立，开创了中国历史新纪元，中国社会性质发生了质的根本性变化。中华人民共和国成立后，中共中央重视方志编修工作，国务院科学规划委员会在1956年编制的《十二年哲学社会科学发展工作》中对地方志编修进行了部署与规划，计划十年内全国大部分市县完成县志编修，"这一工作准备从有条件的县市着手，逐渐推广，计划在一九六七年以前，能编出全国大部分县

---

① 郭鹏：《汉中地区志》（第四册），西安：三秦出版社，2005年，第2123页。
② 郭鹏：《汉中地区志》（第四册），西安：三秦出版社，2005年，第2121页。
③ 郭鹏：《汉中地区志》（第四册），西安：三秦出版社，2005年，第2122页。
④ 巴兆祥、何沛东：《中国地方志发展规律述略》，《中国地方志》2016年第8期。

市的新地方志"①，并将之列为该方案20个重点项目之一。国务院科学规划委员会下设地方志小组，以加强对各地修志工作的领导。1958年10月，国务院科学规划委员地方志小组制定了《关于新编地方志的几点意见》，对新修县志的领导、指导原则、内容形式、机构组织、旧志收集整理等都提出了具体要求。这一时期，全国少量市县相应开展了方志编修工作，但大多质量不高，由于众所周知的历史原因，大多半途而废，这一时期的汉中方志编修也只是停留在计划中。"文化大革命"结束，百废待兴，百业待举，改革开放事业肇始，20世纪80年代初，方志编修成为一种社会集体意识的需求与呼唤，中国方志文化迎来了可喜的春天，汉中方志文化发展迎来了难得的历史机遇。

1982年7月12—19日陕西省地方志第一次工作会议后，勉县率先成立地方志编纂委员会及办公室。1984年8月7日，汉中地区行政公署专员办公会议研究决定，成立汉中地区地方志编纂领导小组，由行政公署专员任主任，常务副专员任副主任，有关部门负责人任委员。至1985年8月，汉中地区和11县市地方志编纂委员会及办公室均相继成立。中华人民共和国成立后，当时汉中地区第一轮县志编修，勉县着手最早，也第一个完成县志编修工作，至2002年4月，《留坝县志》出版发行；2005年8月《汉中地区志》出版发行，标志着汉中于中华人民共和国成立后的第一轮方志编修工作圆满完成，时间跨度长达二十余年，按出版先后顺序列表如下（表一）。

表一　中华人民共和国成立后汉中市第一轮编修方志统计表（按出版先后顺序）

方志名称	主编	出版机构	出版年	总字数	备注
《勉县志》	杨世玉	地震出版社	1989年11月	912.6千字	
《南郑县志》	朱林枫	中国人民公安大学出版社	1990年7月	900千字	今南郑区
《西乡县志》	刘粤基	陕西人民出版社	1991年12月	920千字	
《略阳县志》	田孟礼	陕西人民出版社	1992年12月	960千字	
《佛坪县志》	郭鹏	三秦出版社	1993年12月	837千字	
《城固县志》	穆育人	中国大百科全书出版社	1994年2月	1420千字	
《汉中市志》	王福兴	中共中央党校出版社	1994年12月	1500千字	今汉台区
《宁强县志》	宋文富	陕西师范大学出版社	1995年2月	1132千字	
《洋县志》	李智	三秦出版社	1996年6月	1430千字	
《镇巴县志》	吉晓夫	陕西人民出版社	1996年10月	1000千字	
《留坝县志》	苏建忠	陕西人民出版社	2002年4月	970千字	
《汉中地区志》	郭鹏	三秦出版社	2005年8月	3600千字	

---

① 洪焕椿：《浙江地方志考录·前言》，北京：科学出版社，1958年，第4页。

以上所列均为大型、规范的综合性当代方志，皆有溯源性编年大事记，志之大体列目具有"大同小异"的特点，"大同"为均有行政建制、自然环境、自然资源、自然灾害、人口、经济、农业、畜牧、林业、水利水电、工业、交通、邮电、城乡建设、商业、财税、政权、公安司法、民政、科技、教育、文化、卫生、民俗宗教、方言、名胜遗迹、人物等方面内容，"小异"则表现为各县县志将本县特色资源进行专志列目予以专述，如《城固县志》之《柑橘志》，"新编《城固县志》的《柑橘》专业颇具特色"①；《洋县志》卷二之《朱鹮》，"《朱鹮》专设独卷，是自然环境中特色最为显著的一卷"②；《佛坪县志》卷五之《大熊猫》、卷六之《中药材》，《留坝县志》第十编之《食用菌》等，甚为可取。本轮县志均有各行政区域历代修志之详细回顾，并对历史时期各个版本方志之"序文"进行了辑录，具有重要的文史资料价值。

除上述综合性方志外，自20世纪80年代初，各职能部门及系统编修的各类专志编修工作勃然兴起，如各县民政局之"地名志"、交通局之"交通志"、水利局之"水利志"、广播电视局之"广播电视志"、邮政局之"邮电志"、人武部之"军事志"、卫生局之"卫生志"、教育局之"教育志"等，这部分专志均未公开出版，多为内部印刷，有的还是铅印本。这批专志往往流布不易，也不大受人重视，部分需要进行抢救性整理与保护。另2005年5月《汉中金融志》、2002年11月《汉中市军事志》均由陕西人民出版社出版，亦属专志。

这一时期，除方志编修工作如火如荼外，旧志整理、校注工作也持续展开，为汉中方志文化一大亮色。分别如下：

1993年8月，南郑县知事郭凤洲、柴守愚编纂，朱林枫等校注《续修南郑县志校注》，中国人民公安大学出版社出版。

1995年7月，（明）杨守正、邑举人胡琏创修，穆育人校注《嘉靖城固县志校注》，西北大学出版社出版。

2006年5月，宁强宋文富点校之《明万历宁羌州志校注》《清道光续修宁羌州志校注》《清光绪重修宁羌州志校注》《清光绪宁羌州乡土志校注》《民国全县经济调查报告书校注》合辑为《宁羌州志校注集》，华夏出版社出版。

2009年10月，（清）贺仲瑊、蒋湘南修纂，郭鹏总校注《留坝厅志校注》刊印，附录《紫柏山志图》与《留坝乡土志》，陕内资图批字[2009]JH021号。

2012年9月，（清）严如熤主修，郭鹏校勘《嘉庆汉中府志》（原名《汉南续修郡

---

① 《中国新编地方志总目提要》编纂委员会：《中国新编地方志总目提要》（1），北京：方志出版社，2006年，第1241页。

② 《中国新编地方志总目提要》编纂委员会：《中国新编地方志总目提要》（1），北京：方志出版社，2006年，第1241页。

志》），三秦出版社出版。

2015年6月，（清）余修凤纂修，胡瀚、张西虎校补《光绪定远厅志》，三秦出版社出版。

2015年9月，赵飞主编、郭鹏校注《明清略阳县志》，三秦出版社出版。

2016年3月，（清）刘焞主修、郭鹏校注《佛坪厅志校注》，西安出版社出版。

2017年5月，（清）滕天绶主修、汉中市档案局整理《汉南郡志》（影印版），巴蜀书社出版。

2017年8月，郭鹏校注《沔县志·褒城县志校注》，三秦出版社出版，该书包含《沔县乡土志》《康熙沔县志》《光绪沔县志》《道光褒城县志》四部旧志典籍。

2019年11月，（清）冯达道修、汉中市档案馆编、王浩远校注《顺治汉中府志校注》，陕西人民出版社出版。

旧志整理乃方志文化的重要组成部分，也是方志文化永续流传与发扬光大的一项基础性工作。近现代以来，汉中旧志整理工作始于20世纪40年代前后，黎锦熙在开展《城固县志》续修工作时，《明嘉靖城固县志》在当地已经难觅踪影，黎锦熙利用自己的学术关系，托人从香港抄录寄回，这一重大文化事件，为民国时城固张书亮先生所笔述："二十八年十月因黎劭西先生之函托，承馆中钞录寄来，钞费六元二角……此志在康熙王穆修志时，不过存四十余纸（见王志序）。今幸获全豹，可不宝诸？"[①]于汉中方志文化，此举不凡。中华人民共和国成立后第一轮汉中当代方志编修进程中，让许多修志人深切感受到了历代方志的地域性社会文化价值，更由于各县历代方志存世量极少，极为珍贵，往往束之高阁，普通人难以接触、查询和利用，同时旧志文辞典雅，甚至古奥难懂，更加之旧志中的错讹亦在所难免，更是阻碍了当代普通人的学习、利用，以点校、校补、详加注释等形式对旧志进行整理及重新出版，就能很好地解决上述问题，这也是对旧志进行抢救性挖掘与利用的一项重要的基础性文化工作。当代汉中旧志整理者大多为当代方志的修纂者，如被人称为"宁强通"的宋文富先生，他不仅是《宁强县志》的修纂主编，还系统点校了宁强县多部旧志合辑出版；尤其是汉中市原史志办主任、我国知名方志专家郭鹏先生，他既是《佛坪县志》与《汉中地区志》的修纂主编，还校勘、点校了《留坝厅志校注》、《嘉庆汉中府志校勘》（《汉南续修郡志》）、《明清略阳县志校注》、《略阳县志校注》、《佛坪厅志校注》及《沔县志·褒城县志校注》七部，共校注汉中旧志十六种，俨然方志大家，陕西师范大学历史系王雪玲对《嘉庆汉中府志校勘》给予了较高评价："长期从事地方志研究的学者郭鹏先生以严如熤主修的嘉庆《汉南续修郡志》为底本，以1924

---

① （明）杨守正、邑举人胡琏撰，穆育人校注：《嘉靖城固县志校注》，西安：西北大学出版社，1995年，第166页。

年《重刻汉中府志》为对校本，根据多年对汉中历史的研究，广泛查阅该志所引用的原典史籍、金石资料等，据滕天绶《汉南郡志》，严如熤《三省边防备览》……出校勘记500多条，随文出校字1000多处，厘正原志错讹，使该志更准确，更具存史与使用价值。"①

　　文献无证是中国文人的无奈，文献散佚无存更是文人引以为憾的伤痛。2016年前，汉中方志界有一共识，即清康熙年间汉中知府滕天绶主修之《汉南郡志》散佚无存，几乎已成定论。"清康熙年间汉中府知府滕天绶主修之《汉南郡志》，在汉中亡佚已约二百年。公元二〇一六年，当汉中市档案馆从南京图书馆得到此书电子版后，颇有楚弓楚得之感，遂与国家图书馆、上海图书馆所藏《汉南郡志》和嘉庆年间严如熤续修《汉南续修郡志》比较研究，作了版本辨识、错页纠正、缺页弥补、重页剔除等初步整理工作，发现存世的《汉南郡志》系清康熙三十年刻本而非流行所说的康熙二十八年刻本。"②此项工作孙启祥先生亲力亲为，倾注了大量心血，他在为影印版《汉南郡志》所撰之绪论"《汉南郡志》及其主修者滕天绶"中对为何进行影印出版做出了一位文化学者清晰的交代："汉中市档案局觅得《汉南郡志》后，原拟点校出版，一则因有关人员有效履职时间内不能毕功，二则有鉴于'点校古籍而破坏古籍'现象的普遍存在，为避免覆辙重蹈，愧对前贤，仅将志书稍加整理，影印出版，以传承地方文献。"③2017年8月8日，汉中市档案局举行了"庆贺清康熙《汉南郡志》200年后重现汉中暨汉中市档案馆历史文化研究著作出版座谈会"，《汉南郡志》在汉中首度发布，一时间以"清康熙《汉南郡志》200年后重现汉中"为标题的重大文化消息在央广网、中国社会科学网、新浪网等网络媒体迅速转载刊发，在国内产生了轰动性效应。《汉南郡志》重现汉中可谓汉中方志历史之大事件，失而复得，文脉再续，此乃汉中人民之幸，汉中方志文化之幸！同时，这也是中国方志文化的重大收获。《汉南郡志》影印出版后，孙启祥先生并未止步，而是对其展开了深入研究，其《清康熙〈汉南郡志〉的编撰、流传与回归》与《清康熙〈汉南郡志〉的编纂及其特色》两项研究成果，分别在2017年度刊发于《陕西档案》与《陕西理工大学学报（哲社版）》，对该志的编纂过程、版本、刊刻时间、体例结构、增设条目、知识体系、志书命名等进行了严谨的研究、梳理和考证。

　　"史话"是文史研究的一类撰述体例，即通俗讲述历史之意，既有别于学术意义上的史著之规范性与严肃性，也不同于一般性普及读物，而是介于学术专著与普及

---

① 王雪玲：《清代学者名儒与陕西地方志的修纂》，北京：科学出版社，2016年，第176页。
② （清）滕天绶主修，汉中市档案馆整理：《汉南郡志·后记》，成都：巴蜀书社，2017年，第591页。
③ 王雪玲：《清代学者名儒与陕西地方志的修纂》，北京：科学出版社，2016年，第176页。

性读物的一种兼具知识性、思想性与艺术性的文献读本。以史话的方式展现一县之历史、文化、风土等，也是当代颇具方志文化特点的地域文化呈现方式，这是中国当代方志文化的一个特色，在这一方面甘肃省最为普及，其他各省也有县域史话面世与出版。汉中市各县已有县域史话文献出版，1991年略阳县地方志办公室编辑出版了《略阳史话》，2017年12月由郭鹏、刘新民编著的《汉中史话》公开出版，尤其是2015年4月由谭平、梅冬盛主编的《镇巴史话》在文史类史话文本编撰成书领域颇有创新，达到了一个崭新的高度，很好地兼顾了对学术性、通俗性、思想性、艺术性及可读性等方面的把控。如果说《略阳史话》与《汉中史话》多由相关内容的知识片段合辑而成，较为散漫，体系性差，《镇巴史话》则以史为纲，对自远古时期至民国末期历史脉络进行了通史性系统梳理，涉及县域历史沿革、资源地貌、人口政权、经济生活、治安军事、文教风俗、历史人物等，在各章后设置"链接"和"超链接"栏目，将与各章内容吻合、相关且独立成篇的单篇文献进行了系统辑录，由于镇巴历史时期行政建制时断时续，赓续有缺，历史文脉根基陋薄，相关文献及资料线索更是难觅，他们通过大量田野考察、民间寻访获取第一手材料，继之以汉中府志、西乡旧志及其他历史典籍梳理考辨，最终成书并公开出版发行，实属不易。

在汉中县域历史文化资源挖掘方面，留坝县近年来开展的工作值得期待。该县境内的褒斜道、连云栈道为中国古代沟通关中、中原与大西南的必经交通要道，历史时期封建官吏、文人骚客、驻藏大臣、商旅人士、征伐将士等大多穿行于此，有感畅怀，便留下文墨或文字，散见于各种古籍文献中，在此意义上，这方土地承载了国家文化层面的交流与流布，自然恩泽此方，故留坝县历史文化积淀深厚，概缘于此。近年来，陕西理工大学汉水文化研究中心研究员冯岁平老师与凤县袁永冰先生联袂，集中整理《中国蜀道文献集成》，约500万字，即将出版。冯岁平先生具有宽阔的文献视野与深厚之学术功力，对有关留坝在历史时期形成的诗文、辞赋等，以及与留坝相联系的人物、历史掌故等，了如指掌，故在他的擘画、领衔之下，加之留坝县政协杨斧祺先生本土之人脉与其自身独具的文化精神与社会责任，更加之他的亲和力，民间各方信息汇聚于斧祺先生，他的许多朋友也大多助力、襄赞，一个颇具力量结构的战队自然生成，该研究团队"高低"搭配，可谓珠联璧合。自2014年始，他们对留坝县域的栈道遗迹进行了长达六年的持续考察，还大量寻访该县散布于人迹罕至之深山密林中的民间碑石，考察点位逾千、寻访碑碣250余通及指路碑多通，以此为基础，冯岁平研究员与杨斧祺先生策划了十种反映留坝历史人文的系列丛书，他们秉承"客观求实"的学术追求与原则，筹划编纂了《留坝诗征》《留坝文征》《留坝碑石》《留坝交通》《留坝文物》《留坝风物》《留坝人物》《张良庙志》《留坝认知》《考察纪实》，基于"冷板凳"之功与艰辛之田野考察，这套书的分量与质量值得我们翘首期待。也正是得益于县域文化深耕，冯岁平研究员还另有重大收获，他们在民间获取了几百份清康熙至光绪各时期的珍贵档案，目前已经修复、整理过半。

概之，改革开放前，汉中方志文化一派荒芜，自改革开放以来近四十年来，汉中方志文化呈现出多元化发展格局，汉中当代方志文化呈现出如下特点：

其一，各县及地区（市）圆满完成第一轮方志编修工作，无一缺漏。

其二，各领域专志修撰亦成效显著，对各市县修撰之综合性方志形成了很好文献资料补充，并相辅相成，尤以各县地名志的标准化程度最高。

其三，汉中旧志整理成效显著，对许多旧志进行了点校、校勘并出版发行，不仅对旧志进行了抢救性挖掘，延续了汉中方志文化之文脉，也现实地促进了方志资源的开发与利用。

其四，《汉南郡志》回归汉中，让我们看到了其他散佚文献重见天日希望之微光。

其五，以"史话"体例呈现地域文化之历史文脉乃汉中方志文化在当代的创新之举，且大有可为。

其六，以留坝县为代表的系列县域历史文化丛书的编撰，表征着汉中当代县域历史文化整理与挖掘，在工作的广度与深度方面，已经获得大的突破，呈现出了全新格局。

第三节　汉中方志文化之历史总结

方志文化，是颇具中国历史文化传统的文化形态，这为世界其他民族与国家所少见；中华传统文化亦得益于我国方志文化传统及其深厚积淀，呈现出了源于文化自觉、慢节奏演变、波折性发展、繁荣多元的历史发展轨迹；方志文化的发展也或隐或现地呈现着中国历史的兴衰曲折进程与历史文化资源的累积方式，方志文化的发展与繁盛，夯实了中国传统文化以地域文化为基础的根脉。中国方志文献也是我国国家经典文献的活水源头，如自隋代以降，大凡国家修撰一统志，都首先要求各地域的府、州、县编修志书呈交朝廷，这也促进了地方志编修文化传统的形成、巩固与繁盛，同时，"地近则易核"，地方志较之国家文献典籍，载录文化信息在社会历史的微观层面上更翔实、更准确，地方志具有补充国史之功效，也为历代学者所认可和重视。故中国方志文化形态乃中华文化构成的核心文化形态之一。

一、方志文献之科学价值

方志文献具有多元开发利用价值。中国历史进程中，一些影响历史方向性发展的细节性因素，我们可以通过方志文献的材料记录予以科学的观察、总结及分析，如汉中历史上大部分时期的行政管辖隶属于蜀国，若要统一大西南，汉中为必经之地，也是扼守巴蜀之咽喉，南宋时期，金兵南侵，汉中久攻难取，有效地阻止了蒙古大军的兵锋，延迟了其迅速统一之大梦，元统一全国后，就进行了全国行政区域的划分，将汉水上游之汉中及安康并入陕西，从此，巴蜀结束了长期割据的历史，此事为中国之大一统格局奠定了坚实的基础，这段历史在汉中各类方志文献中都有记载。

站在当代的角度视之，方志文献与国家工程兴建也是有关系的，如中华人民共和国成立初期，苏联对我国进行了一系列大规模的关乎国计民生、国家战略发展的工程援建项目，而大型工程项目选址、建设的前提是需要掌握引发地质灾害的基础性资料，尤其是地震灾害资料，为此中国科学院组织了大批人员花了大半年时间，深入国内图书馆等文献收藏单位，对我国方志文献进行了大量查阅、梳理、分析与研究，才使选址难题获得顺利解决。

方志文献还是重要的学术资源，如我国科学家竺可桢先生乃享誉世界的气象学家，其在科学研究历程中，十分重视方志文献的利用，他的重大科学研究成果之一《中国近五千年来气候变迁的初步研究》，就是充分利用我国方志等古典文献得以完成的："在中国历史文件中，有丰富的过去的气象学和物候学的记载。除历代官方史书记载外，许多地区的地理志（方志），以及个人日记和旅行报告都有记载，可惜都非常分散。这篇论文，只能就手边的材料进行初步的分析，希望能有把近五千年来气候变化的主要趋势写出一个简单扼要的轮廓……方志时期，从公元1400年到1900年，在我国大半地区有当地写的而时加修改的方志。"①即方志时期之方志文献，成为竺可桢先生研究中国历史时期气象变迁的历史分期的研究视角、重大依据和科学材料获取之源，并在中国科学界开辟了创新性的研究范式、方向性的研究路径与研究方法："新中国成立之后，著名科学家竺可桢（1890—1974）更以其学贯中西的高瞻远瞩，开创了中国传统学术资源现代应用的方法先河，他利用中国古代丰富的历史文献，对中国数千年气候变迁进行了系统重建，发表了《中国近五千年来气候变迁的初步研究》一文，不仅开启了一扇将气候研究与全球气候变化研究相衔接的大门，而且开辟了一条将中国丰厚的历史文化遗产应用于现代科学研究的新途径。对竺可桢这一独特科学思想和方法的系统研究，不但有助于我们深入认识中华传统学术资源的现代价值，而且对于探寻科学原始创新的独特道路也具有重要的方法论启示。"②再如近代著名学者顾颉刚先生"在历史地理学、社会史、民族史等研究中十分注重方志材料的搜集、研究和利用"③，等等。

---

① 竺可桢：《中国近五千年来气候变迁的初步研究》，《考古学报》1972年第1期。
② 徐飞、江增辉：《中华传统学术资源的现代价值：从〈中国近五千年来气候变迁的初步研究〉谈起》，《学术界》2012年第10期。
③ 扈晓冰：《史念海对新方志学的贡献》，《中国地方志》2019年第6期。

方志文献除上述开发利用价值外，对于某一地域社会经济文化面向未来的发展更具有重大价值，甚至是战略性文化资源，这都是毋庸置疑的。汉中地处中国版图核心地带，在历史时期是中原联系大西南之咽喉，更是南北文化交融与转换之轴心，乃中华文化的荟萃之地，千年来也形成了自身之文化特色，尤以栈道、石门摩崖、民族融合、农耕水利等具有独特文化价值，这些文化资源在汉中各类方志中都有载录，不仅是汉中区域发展需要充分挖掘、利用，以促进区域社会经济文化的可持续发展，就是在国家文化层面，其价值也不容低估。但在这些方面，汉中当地所作所为并不尽人意，大量相关挖掘、研究工作尚有着很大的空间。也正是基于上述认识与近年来的研究积累，我们结合汉中地方文献及方志文献，以文化创意为手段，以面向未来的汉中全域旅游为目标，针对汉中社会文化基础设施建设，创制了十多个探索性文创方案，将予以专章介绍与呈现。

二、汉中方志文化历史之总结

就地域性之汉中方志文化具有的以下特点，总结如下：

其一，汉中方志文化自汉代萌芽、发生，距今已有近两千年的嬗变历程，与中国方志文化历史之孕育期完全吻合，与发展历程及体例结构的阶段性变化完全相同，也是中国方志文化的有机组成部分，二者互为影响，文脉一致，水乳交融。

其二，依据现在掌握的资料线索，祝龟之《汉中耆旧传》乃汉中方志文化之发轫，为具有方志文化形态的方志文献；《华阳国志》中之《汉中志》与《汉中士女》为汉中方志文化早期成熟之标志与文本。

其三，魏晋、隋、唐、宋等历史时期，乃汉中方志文献的"图经"时代，也是方志文献失传、散佚损失较大的一个历史阶段，其方志文献资料线索隐含于《舆地纪胜》《方舆胜览》《玉海》《永乐大典》等大型文献典籍中；尤其是宋代阎苍舒之《兴元志》与郑勋之《洋州古今志》的体例结构更趋成熟，为后来汉中方志文化的成熟与发展奠定了基础。

其四，明清时期，汉中方志文化发展达到鼎盛时期，其标志为府、州、厅、县均修撰有志书，大部分行政区域修有多部方志，且这一时期的汉中方志大多存世，尤其是清中期学术大家严如熤长时间宦游陕南，主修之《汉南续修郡志》《三省山内风土杂识》《三省边防备览》将汉中方志文化推向了一个崭新的文化高度，影响甚巨。

其五，在我们考察汉中地方文献历史脉络的过程中，发现自魏晋至清末，汉中地方文献之主体为方志文献，尤其是清代以前，除方志外的其他著述可谓凤毛麟角，故这一较长的历史时期，可以称为汉中地域文化或汉中地方文献的"方志时代"。

其六，我们的考察研究过程时，还在汉中方志文化形态的综合性探索研究中注意到,伴随着"西学东渐"的世界历史进程,西方近代自然科学技术思想、方法及研究范式于清晚期对中国和汉中方志文化产生了深远影响,这一进程在民国中期,以清末《定远厅舆图》测绘为发轫,民国黎锦熙先生之《方志今议》出版和他组织实施的《城固县志》编修实践为标志,自此后,西方近代自然科学技术与研究范式促使中国方志文化转型发展,与地域相关的自然科学知识融入了近现代汉中方志文化的知识体系。

其七,清末民初,陕西省规划编纂《续修陕西通志》,设立陕西通志局,历时十多年,1934年告竣刊印,这一过程中,陕西通志馆(即陕西通志局)在全省范围内征集各类方志材料,20世纪20年代末,汉中城固、洋县、沔县等都陆续提供了本县的方志材料;但《续修陕西通志》受到了薛祥绥等陕南旅京(南京)人士的猛烈批判,指出了该通志的多条重大纰缪,标志着汉中方志文化革命性的重大反思与思想文化升华。1938年国立东北大学教师孙翰文考察陕南各县,留下的系列著述对于丰富汉中方志文化与促进汉中方志文化走向现代做出了巨大贡献。1940年10月,《方志今议》出版完成了中国方志学理论的转型发展,这是重大理论创新,其重要价值除确立了近现代方志编修的基本原则、技术方法及文化高度外,还倡导方志编修应注重社会历史发展进程,以及与之相关的学术发展动态,尤其要重视将自然科学知识融入方志文化中,黎锦熙先生擘画的《城固县志》编修实践,以及之后主持编修之《洛川县志》《同官县志》《中部县志》《宜川县志》等,很好地贯彻了其方志理论、修志方法。这是特殊历史时期的产物,如果不是因抗日战争北平师范大学等高校内迁汉中城固,在汉中组建西北联大,黎锦熙先生恐怕是难以与中国方志文化结缘,他的到来成就了汉中方志文化在中国方志文化领域的重要地位,而汉中城固则给予了他位列中国方志学大家的历史机遇。《方志今议》所阐发的方志理论在中国方志文化中具有里程碑的理论意义与价值,其诞生于汉中城固,隐含着历史的偶然与必然。民国时期,汉中方志文化形态多元,成就非凡,既有独树一帜的理论创举,更有坚实的方志文化实践,既有本土学人的文化自觉意识,更有西北联大等汉中域外学者及科学家的鼎力相助,因而,民国时期汉中方志文化成就走在了全国前列,无疑,陕西城固为民国时期不容忽视的方志文化重镇。

其八,当代汉中方志文化呈现出多元化发展格局,各市县均完成第一轮方志编修,各系统、各领域专志陆续面世,种类繁多,尤其是修志校勘整理工作成效显著,并与当代方志编修相得益彰,目前各县第二轮方志编修工作正在进行中,2018年后,汉中已有部分县陆续出版了中华人民共和国成立后的第二轮县志。

其九,随着当代技术的发展,影像方志成为方志文化的又一全新的呈现与传播方式,由中共中央宣传部、住房和城乡建设部、国家新闻出版广电总局、国家文物局联合实施,由中央电视台中文国际频道(CCTV-4)组织拍摄的系列纪录片《记住乡愁》,于2014年6月正式启动,大规模地开启了以影像记录地域村镇的文化表达方式。2017年5月,中国地方志指导小组办公室与中央电视台联合计划筹拍2300余集的《中国影像方志》,以局部展示整体,以地方表达中国,这是一项当代利用现代影像技术来传承方志文化的巨大的文化工程,涉及汉中的陕西之《城固篇》(第12集)、《洋县篇》(第17集)、《宁强篇》(第31集)、《南郑篇》(第133集)与《勉县篇》(第553集)已经完成拍摄制作并播出,影像方志是当代方志文化的一种新形态,值得我们关注。

其十,汉中方志文化与中国方志文化一脉相承,历史悠远,脉迹可寻,具备灿烂的方志文化形态,方志文化成效独具特色,但也存在重大缺憾,分别是北周时期著名数学家、天文学家、汉中郡守甄鸾在汉中乃至陕西方志文献中均无载;明代以前汉中本土方志文献散佚情况严重,大部无存;民国时期黎锦熙主持纂修之《续修城固县志》虽已大部成稿,但最终未集结付梓而功亏一篑,等等。

第四章　汉中地方文献重要篇目解读与研究

汉中地方文献源头一旦确定，便有助于我们从纵向视野梳理汉中地方文献的流变阶段性发展及其规律，从整体的角度把控基于地方文献之汉中历史文化的文脉与构架。

从单体文献文本入手，对地方文献生成背景以及文献价值、史料价值、地域文化价值以及著（撰）者生平等逐一进行解读与考述，进行综合性的实证研究，乃地方文献研究的另一重要维度，将单体地方文献研究与汉中地方文献的宏观脉络相结合，更利于深度揭示汉中地方文献价值和与之相维系的汉中地域文化内在脉络及特质。本章选取了五十余部（篇）具有汉中地域重大历史文化价值与学术价值的汉中地方文献，按其形成历史时期的先后排序，以文献知识管理的技术方法与研究路径，揭示汉中地方文献内容特征及内在知识体系，予以文献学、地域文化学及文献史料价值等多维度的解读。

春秋时代之《诗经·大雅·旱麓》

《诗经·大雅·旱麓》为《诗经》之一篇，创作并产生于西周时期的陕西南郑，应为集体创作，于祭祀山神之重大场景之礼乐咏唱使用。

《诗经》按照内容划分，可分为"风、雅、颂"三类，"风"为民间咏唱之作，可视为黎民百姓之心声与精神情怀。"雅、颂"之作，多为具有较高层级的统治阶级为一定的政治意图或礼仪规制创作而成。"雅"又分"大雅""小雅"，《诗大序》："雅者，正也，言王政之所废兴也。政有小大，故有小雅焉，有大雅焉。"或以为"大雅"为王者之声，"小雅"为诸侯之音。"大雅"多为西周王室贵族所创作，主要歌颂周王室祖先乃至武王、宣王等之功绩，体现着周王朝的国家意志与意识形态，《诗序》："《旱麓》，受祖也。周之先祖，世修后稷、公刘之业。大王、王季申以百福干禄焉。"《疏》："作《旱麓》诗者，言文王受其祖之功业也，又言其祖功业所以有可受者，以此祖之先祖，能世修后稷公刘之功业，谓大王以前先公，皆修此二君之业，以至于大王王季，重以得天之百福所求之禄焉，文王得受其基业，增而广之，以王有天下，故作此诗。"由此观之，《诗经·大雅·旱麓》乃《诗经》之

"大雅"类诗歌中的重要篇章,按照传统有关《诗经》产生的地域而言,不认为有诗篇产生于陕南汉中或汉水流域,但当代学术研究有研究表明,《诗经》之"二南"所涉及的地域即指秦岭以南的汉水流域,自然包括陕南南郑(汉中),虽有"天下大阻"之秦岭阻隔,但西周政治中心镐京(今西安)的政治、文化等的辐射力足以对汉水流域尤其是汉中产生较大的影响,《诗经·大雅·旱麓》便是重要的文献证据材料。

《诗经·大雅·旱麓》篇章蕴含着中国先民对福禄文化的丰富精神追求。《诗集传》:"(《旱麓》),此亦以咏歌文王之德,言旱山之麓,则榛楛济济然矣,岂弟君子,则其干禄也岂弟矣,干禄岂弟,言其干禄之有道。犹曰其争也君子云尔。"①《说文》:"禄者,福也。"晚于西周时期的《尚书·洪范》对"福"总结为五,即指五福:"一曰寿,二曰富,三曰康宁,四曰攸好德,五曰考终命。"②在中国远古先民的精神意识中,德与福有着天然的因果关系,德为因,福为果。崇德是西周时期统治阶级的政治追求与实施有效统治的核心政治治理措施,他们认为先祖武王之所以能够打败并灭掉商朝而建立起(西)周王朝,主要源于先祖汇聚天下民心与施行仁政之德,在这一时期形成了"敬德保民""以德配天"的先进国家治理理念与思想,这种思想后来被吸纳为儒家文化的核心精神内核之一,不仅对中国国家历史的发展产生了深远影响,还融入了历代中国人的行为规范、人生价值理念与道德精神追求之中,即有德之人即君子,或曰谦谦君子。谦谦君子乃有德之人,必有福报。

《诗经·大雅·旱麓》篇章中的"鸢飞戾天,鱼跃于渊"之句蕴含了丰富而宏阔的艺术精神,也是对"自由"思想与精神的畅意表达。本篇借用鸢与鱼的自然本能及所展示出来的生命天性,意在赞美周王上下明察,是知人善任的有德之人与君主,即周王圣德明察于天地之间。孔子之嫡孙孔伋(字子思)在所著《中庸》中援引此句,借以阐发君子之道,即真正具有生命意识的人,应该如同鸢鸟、渊鱼一样体察天地万物,以彰显生命的意义和人存在的价值。

由此,我们足以获得这样的认识,《诗经·大雅·旱麓》虽仅为《诗经》中的一篇,但该篇具有很大的解读空间,其一,大雅的类别说明本篇与周王室盛大而肃穆的祭祖仪式的文化活动有着很强的内在关联,应为周王室中博雅之士的集体创作;其二,本篇是周王室政治中心与汉水上游发生联系的文献证据材料,对于考察与研究西周乃至更早时期汉水上游地区与周王室的关系十分重要;其三,《诗经·大雅·旱麓》的创作时期不会晚于西周中期,因为诗中看不出周王室的没落之象,反而是一种肃穆庄重、欣欣向荣之景;其四,《诗经·大雅·旱麓》的流传存世,揭示了这样一个历史事实,即商周时期,汉水上游流域就与中原建立起了紧密的文化联系,甚至存

---

① (宋)朱熹:《诗集传》,上海:上海古籍出版社,1958年,第182页。
② 陈戍国:《尚书校注》,长沙:岳麓书社,2004年,第112页。

在政权联系的可能，历时性发现与当代城洋青铜器的出土，就是其重要佐证；其五，此篇诞生于陕南汉中，足以说明汉中在远古文明时代对于中华文明贡献之大焉。

由于更早于《诗经·大雅·旱麓》的文献材料无可考，故本篇应该视为汉中地方文献之首篇，即汉中地域文化及汉中地方文献之活水源头。

祝龟之《汉中耆旧传》

祝龟，字元灵，生卒年无考，东汉时期南郑本邑人氏。祝龟生平源于也仅见于《华阳国志》之《汉中士女》篇的文字记载："年十五，远学汝颍及太学，通博荡达，能属文。太守张府君奇之，曰'吾见海内士多矣，无如祝龟者也。'州牧刘焉辟之，不得已行，授葭萌长，撰《汉中耆旧传》，以著述终。"①依据上述史料，我们对祝龟可以做如下之分析：其一，祝龟自小聪慧睿智，爱读书，胸有大志；其二，少年时代远游拜师求学，饱读诗书，通博古今，胸怀荡达，尤擅文章；其三，游学归汉后，汉中张太守以祝龟为奇人、高人，甚为赏识；其四，具仕宦经历，做过葭萌的最高地方长官；其五，穷其一生，撰《汉中耆旧传》，这也是祝龟一生中最具影响的文化行为与贡献。

《汉中耆旧传》应该视为汉中的方志文献之源，即汉中的方志编撰始于东汉末年，且由本土博学贤达之士祝龟所撰，"元灵斐斐"四字是对祝龟文化成就的高度概括。惜《汉中耆旧传》散佚，我们今天对这部志书的总体结构、篇目、内容等了解甚微；幸《华阳国志》将汉中历史上的这一文化事件及祝龟有所载录，虽难窥全豹，但不至于被完全湮没，四川大学任乃强教授通过深入研究与梳理，认为东晋常璩所撰《华阳国志》辑录的大量史料来源于祝龟的《汉中耆旧传》，不仅如此，郦道元的《水经注》也引用了祝龟《汉中耆旧传》的文献材料，由此可知，祝龟的《汉中耆旧传》在汉中历史文化中具有重大意义，同时对于《华阳国志》及《水经注》等重要历史文献的形成发挥了积极作用。

原存世于陕西城固的《仙人唐公房碑》被洪适、欧阳修等历代金石学家认定为汉代碑碣，1970年移至西安碑林博物馆收藏。抗日战争时期，西北联大唐祖培教授曾对此碑予以考释，撰《仙人唐君碑校记》一文收录于汉中地方文献《陕西城固县教育概况》中，在"处士南郑祝龟字元灵"碑目下方，据他推断，"见《华阳国志》，世史氏疑即撰书此碑者"②，即祝龟可能是《仙人唐公房碑》碑文之撰述者，此乃重要学术信息，值得我们关注。

---

① （晋）常璩撰，刘琳校注：《华阳国志校注》，成都：巴蜀书社，1984年，第807页。
② 城固县教育局：《陕西城固县教育概况》，城固：前驱印刷厂刊印，1940年，第107页。

常璩之《华阳国志》

常璩，字道将，生卒年不详，东晋时期蜀郡江原（今四川崇庆）人。幼时家贫，博览群书，强学好闻，喜好采访流民，寻访域外之事，并予以详细记载。在李期、李寿主政时期，常璩为朝廷史官，曾依据李雄时代的图书档案材料，撰《梁益宁三州地志》及《蜀汉书》。后为李势朝担任散骑常侍，掌"蜀史"。晋穆帝永和三年（347），桓温伐蜀，他劝说李势投降东晋，随李势迁往建康（今南京市），在东晋王朝担任参事之职。由于晋朝朝廷倚重中原故族，轻蔑蜀人，常璩常遭排挤，郁郁寡欢，亢愤难遣，更由于年事已高，便辞官专注于著述《华阳国志》。

《华阳国志》作为一部重要历史文献，影响深远。该著是研究我国以成都为中心的西南地区历史文化的经典文献，因《尚书·禹贡》中"华阳黑水惟梁州"之语，故该著被常璩命名为《华阳国志》。该著上溯远古传说时代，记录历史时期止于东晋永和三年，所述地理空间范围为梁、益、宁三州（今四川、重庆、云南、贵州、陕西），十二卷，约十一万字。《华阳国志》篇目为《巴志》《汉中志》《蜀志》《南中志》《公孙述刘二牧志》《刘先主志》《刘后主志》《大同志》《李特雄期寿势志》《先贤士女总赞》《后贤志》《序志》，内容涵盖了中国西南地区的地理大势、历史沿革、政治经济、军事、文化科技、民情风俗、历史人物及少数民族等，该著文辞典雅，材料翔实，统合古今，内容宏富，横排门类，章法谨严，蔚为大观，是一部集地理志、编年史与历史人物纪传于一体的史学著述，更具有方志的文本特征与地域性史料价值，且颇合后世方志之编撰体例，对后世方志文化的兴盛影响深远，近代国学大师梁启超先生将《华阳国志》的文献价值评述为"为方志之祖，其书有义法，有条贯，卓然著作之林"[①]。四川大学任乃强教授在其《华阳国志校补图注》一书的"前言"中指出："其一书而兼备各类，上下古今，纵横边腹，综名物，揆道度，存治要，彰法戒，极人事之变化，穷天地之所有，汇为一帙，使人览而知其方隅之全貌者，实自常璩此书创始。此其于地方史中开创造之局，亦如正史之有《史记》者一。"[②]

常璩乃蜀人，其《华阳国志》将《汉中志》列为篇目二，置《蜀志》前，由此可见作为区域性之汉中，于中国西南地区而言有着独特而重要的地缘价值，为历代学者留下了如谜的谈资，常氏之结构排序，似乎确有文化之意蕴，或反映其本人之偏

---

① 梁启超：《中国近三百年学术史》（新校本），北京：商务印书馆，2011年，第292页。
② （晋）常璩撰，任乃强校注：《华阳国志校补图注·前言》，上海：上海古籍出版社，1987年，第6页。

好，未尝可知也。因祝龟之《汉中耆旧传》散佚无考，于汉中，若将《华阳国志》中之《汉中志》与《汉中士女》抽出合辑，可作为方志文化形态颇为成熟的"汉中志"独立成篇，是最早且独立成篇的珍贵地域文献，文化价值巨大。《华阳国志》为最早记述"祝龟"的文献，若非其记述，恐祝龟及其《汉中耆旧传》早已被历史湮灭，况《华阳国志》之《汉中志》与《汉中士女》之编撰，采录了《汉中耆旧传》中的不少颇具汉中地域文化特色的文献材料，虽有学者认为"龟文夸诞滑稽，每失史实"，但祝龟的文化贡献之于汉中，亦不应抹杀。

诚然，常璩之于汉中地域文化之贡献大焉！

郦道元《水经注》之"沔水"篇

郦道元（？—527），字善长，范阳涿州（今河北涿州市）人，中国北魏时期伟大的地理学家。《魏书》将郦道元列入列传第七十七《酷吏》，并为之立传，言其"秉法清勤……威猛为治，蛮民诣阙讼其刻峻"[①]，可见，他作为封建官吏，尊奉法家思想以治世，以"酷"著世。但我们今天更看重的是他作为一位以中国山河水系研究著称于世的伟大地理学家，"注"《水经》而成就的鸿篇巨制《水经注》，"道元好学，历览奇书。撰注《水经》四十卷、《本志》十三篇，又为《七聘》及诸文，皆行于世"[②]。其博学多著，可见一斑。

《水经注》自成书以来，历代翻刻、抄录传世，难免产生少量文字错讹，但文本主体保存完整。著名学者郑德坤在民国史时期就对《水经注》版本进行了系统研究，依据其所辑《水经注研究史料汇编》，历史时期近八十位历代学者，如李吉甫、杨慎、黄宗羲、顾炎武、顾祖禹、阎若璩、刘献廷、戴震、全祖望、王国维等考释了《水经注》版本，校补错讹，展开过深入研究，均对《水经注》的文献、学术、文化价值予以高度评价，清初著名地理学家刘献廷在《校疏水经注》中评价道："郦道元博极群书，识周天壤，其注《水经》也，于四渎百川之源尾支派。出入分合，莫不定其方向，纪其道里，数千年之往迹故渎，如观掌纹，而数家宝，更有余力，谱写景物，片语只字，妙绝古今，诚宇宙未有之奇书也。"[③]

一千多年以来，《水经注》"以水证地，以地存古"，一直被奉为中国地理学经典，与此同时，该著以水为纲，汇聚当时各地域文献，钩沉河川史迹，记录古代地名与地域建置归属，在当代，《水经注》也是历史地理学研究绝对绕不开的经典文献。

---

① （北齐）魏收：《魏书》，北京：中华书局，1974年，第1925页。
② （北齐）魏收：《魏书》，北京：中华书局，1974年，第1926页。
③ 郑德坤、吴天任：《水经注研究史料汇编》（上），台北：艺文印书馆，1984年，第61页。

"沔水"，在历史时期，为褒水交汇于汉江的上游河段之名，但《水经注》中，"沔水"成了汉江（汉水）之代称、别名，亦为广义之汉江（汉水），"漾水东流为沔，盖与沔合也，至汉中为汉水，是互相通称矣"①。该篇文献详尽记述了汉水自源头至交汇长江的整个汉江（汉水）河流主干及其入汇支流的广大流域，在一定意义上，《水经注》之《沔水》可视为集汉江自然地理与人文地理为一体的"汉江志"。故我们依据1958年商务印书馆重印版《水经注》，将《沔水》篇从《水经注》中析出，予以解读。

《沔水》在《水经注》分别为第二十七、二十八、二十九卷，计近两万字，所述内容基本涵盖了汉江（汉水）下游以上的广大流域，尤其第二十七卷《沔水上》中记录了汉中地域有价值的历史文化信息，为汉中地域历史文化研究绕不开的历史文献核心篇章。

第二十七卷《沔水上》，记述了自汉江（汉水）源头至"锡县故城"（今陕西白河县）的汉江上游干流河段的自然地理与人文地理情况，按照郦道元之用意，这是汉江（汉水）之上游，今天分属汉中市、安康市所辖行政区域，完全符合"陕南"之地理空间范围，汉江出白河县就进入了湖北省境内。第二十八卷《沔水中》记述了自"锡县故城"至"余姚县故城南"的汉江中游的广大区域，"余姚县故城"等实为吴地，非汉水流域所属之地，所征引文献如《江赋》《吴记》《罗浮山记》《五湖赋》等均为吴地地方文献，此乃明显错讹。第二十九卷《沔水下·潜水、湍水、均水、粉水、白水、泚水》，记述了自堵阳县至襄阳隆中的汉水段，未述及与长江交汇之处，本卷内容记述较为简略和杂乱，作为江河流域记述不算完整。郦氏之《水经注》无疑为中国文化典籍中具有文化引领作用的一部独特专著，其不朽价值，历代学者均赞誉有加，但其《沔水》篇章则显露其重要缺憾，其一，《沔水中》末将长江以南吴地多处地域的自然山脉、行政建制、历史人物、传说、地域文化等"移植"于汉水流域；其二，《沔水下》未述及汉水与长江交汇处，致使下游流域形成了一大片空档，非完整意义上的"汉水志"。综其《沔水》全篇，《沔水上》对于汉水上游地域的历史文化价值最大，谬误之处难以发现，故于汉中地域文化研究价值极大。对于《水经注·沔水》篇等之缺陷，清代郦学家刘献廷独到地分析与评介道："予尝谓郦善长天人，其注《水经》，妙绝古今。北方诸水，毫发不失，而江淮汉沔之间，便多纰缪。郦北人，南方诸水，非其目及也。"②同时，这与郦道元所处时代大分裂的历史背景有着极大的关系，当时他不具备在江、淮、汉、沔等广大地域进行实地考察的社会条件。

《水经注》成书，与郦道元注重河道实地考察不无关系，尤其"北方诸水，毫

---

① （北魏）郦道元：《水经注·沔水》，北京：商务印书馆，1933年，第24页。
② 郑德坤、吴天任：《水经注研究史料汇编》（上），台北：艺文印书馆，1984年，第63页。

发不失",但征引各类民间古谚、地方文献及国家文献等,也是其重要的研究路径。《水经注》之《沔水》则参考了汉中及汉水流域的地方文献,包括祝龟的《汉中耆旧传》、班固等的《东观汉记》、庾仲雍的《汉水记》、佚名撰《汉中记》、刘澄之的《梁州记》等,同时,他未曾亲临汉水中、下游实地考察,这是肯定的,但是否来过汉水上游的汉中境内踏访呢?据中国科学院地理科学与资源研究所王寿春先生的研究,郦道元曾翻越秦岭亲自踏勘汉水与嘉陵江上游流域:"在郦道元之前的文献,将漾水和汉水的关系混为一谈。有许多文献将漾水视为汉水源流。如《禹贡》、晋代常璩《华阳国志》、十六国时期的阚骃《十三州志》等著作,都把漾水当作汉水源流。甚至《水经》对嘉陵江上游与汉水上游的关系也未表述清楚。《水经注》则是第一部把两者关系阐述得非常清楚的著作……应是他亲自对此二河进行考察的结果。"[①]故其所述汉中境内之自然地理景观、河流水系、早期府(郡)城形制、历史人物、诸葛亮遗址、张鲁城、史料逸闻、民间传说、墓葬碑铭、水利渠堰等均可靠。

因而,《水经注》之《沔水》中,《沔水上》的文献史料与科学价值远胜于其中、下两篇,为汉中地域历史文化研究可资参考且绕不开的重要历史文献篇章。

甄鸾及其系列数学著述

甄鸾,为魏晋南北朝时期中国著名数学大家,与其同时代学者相比较,他的数学贡献与影响,仅次于同时代的祖冲之与刘徽,是中国数学史乃至世界数学史都绕不开的一位重要历史人物。他还是北周王朝的重要臣僚,先后担任司隶校尉与汉中郡守,在汉中宦游多年,但就是这样一位重要历史人物,陕西及汉中各个历史时期的各类方志文献,诸如《敕修陕西通志》《汉南郡志》《汉南续修郡志》《南郑县志》《续修南郑县志》等的"职官志",以及中华人民共和国成立后的《陕西省志》各卷册与《汉中地区志》《汉中市志》《南郑县志》等,均无有关甄鸾的只言片语的记载,这不能不说是汉中方志文化的重大缺憾,当然造成这种缺憾有着多方面的社会历史原因。

甄鸾,字叔遵,北周时期无极(今河北省无极县)人。著名数学家、天文学家、佛学家,曾担任北周王朝司隶校尉,后调任汉中郡守,主政汉中多年。甄鸾曾创制《周天和年历》,于566年被颁行。他一生最大的贡献在于对中国传统数学典籍的深入研究与总结方面,还撰写了应用数学方面的著述多部,穷其一生,俨然一位数学大家与博学通艺之奇才。

民国时期著名史学家章嵚在《中华通史》中提出:"隋以前之算书,往往为鸾所

---

① 王寿春:《郦道元与〈水经注〉新解》,深圳:海天出版社,2013年,第57页。

注。"①甄鸾整理的中国传统数学典籍包括《周髀算经》《数术记遗》《孙子算经》《张丘建算经》《夏侯阳算经》《九章算术》《九章算经》等，他进行了注释或重述，并对这些著作中所涉及的数学问题进行了独到的研究与阐发，这些内容凝聚了甄鸾的数学思想与成就。

甄鸾在整理、研究他以前时代的中国数学典籍的基础上，还撰写了多部应用数学方面的著述与天文学研究成果，如《五经算术》二卷、《五曹算经》五卷、《历术》一卷、《七曜术算》二卷、《七曜历算》二卷、《周天和年历》一卷等。

英国著名科技史大家李约瑟（Joseph Terence Montgomery Needham）在其皇皇巨著《中国科学技术史·数学卷》中这样评述甄鸾："从某种意义上说，甄鸾是结束这个时期的人，他的活动期间肯定是在北周。"②甄鸾的著述，在《隋书》《旧唐书》《新唐书》《玉海》《文献通考》《通志》《宋史》等中国传统文化典籍中均有著录，一些著作还被列入唐代国子监大学士研究算学及科举考试的必读书，《大唐六典》卷二十一卷《国子监》载："算学博士掌教文武官八品以下……习《九章》《海岛》《孙子》《五曹》……《孙子》《五曹》共限一年业成。"③中唐时期算学著述《韩延算术》的自序中称："《五曹》《孙子》，述作滋多，甄鸾、刘徽为之详释，稽之往古，妙绝其能，殊较今时，少有闻见。"可见，甄鸾的数学成就在唐代有巨大影响，这种影响一直持续发生作用，清代著名学者阮元在他的《畴人传》中这样评价甄鸾："鸾好学精思，富于论撰，诚数学之大家矣。"④中国古代数学史大家李俨先生在民国时期著述的《中国算学史》与《中国数学大纲》中，对甄鸾的数学著述与研究成果进行了精细的梳理与阐发；当代中国数学大家吴文俊主编的《中国数学大系》、钱宝琮主编的《中国数学史》、白寿彝主编的《中国通史》等学术著作均对甄鸾的数学著述与贡献进行了介绍与评价。其影响还远非仅限于中国，日本学者泽田吾一在《日本数学史讲话》中记载："大宝二年（公元702年），日本立学校，授算术所学算经十书为《周髀》《孙子》《五曹》等。"⑤

经过甄鸾整理重述的《数术记遗》是中国数学史上的一部重要文化典籍，尤其是它对中国古代算具的记载为历代数学家所重视。对于《数术记遗》成书年代及创撰者，学术界有着不同的看法和争议，一说为汉代徐岳撰、甄鸾注，另一说为甄鸾撰，

---

① 章嵚：《中华通史》（卷二），北京：东方出版社，2014年，第158页。
② 〔英〕李约瑟著，《中国科学技术史》翻译小组译：《中国科学技术史·第三卷·数学》，北京：科学出版社，1978年，第71页。
③ （唐）李隆基撰，（唐）李林甫注，〔日〕广池千九郎校注、内田智雄补订：《大唐六典》，西安：三秦出版社，1991年，第399、400页。
④ （清）阮元等撰，彭卫国、王原华点校：《畴人传汇编》，扬州：广陵书社，2008年，第117页。
⑤ 吴文俊：《中国数学史论文集》（二），济南：山东教育出版社，1986年，第35页。

假托徐岳之名，历代《数术记遗》的文献刻本皆书为"汉徐岳撰、北周汉中郡守前司隶臣甄鸾注"，因而前一说应该更加符合历史事实。根据《数术记遗》记载，东汉曾流行十四种算法，除最后一种"计数"为心算外，其余十三种均为实物算具，分别是积算（即筹算）、太乙算、两仪算、三才算、五行算、八卦算、九宫算、运筹算、了知算、成数算、把头算、龟算和珠算，尤其是"珠算"的名称与称谓是在《数术记遗》中首次被提出并在文献中确立的，应该说，甄鸾对于"珠算"思想与理论阐发的发展有着自己独到的伟大贡献。

珠算是中国传统数学文化的瑰宝，在当代它被誉为"古老的计算机"，作为一种运用算盘进行数字计算的方法与工具，在宋以后，尤其是明清时代，普及到了千家万户，广泛渗透于中国人的生产生活、商业行为、风俗习惯等一切社会生活中，甚至在20世纪五六十年代我国科学家们在导弹与原子弹研制过程中，大量数据处理都是通过算盘进行并完成的，这不能不说是个创举，看似简单的珠算算具具有强大的威力！西北大学数学与科学史研究中心李培业教授终身研究《数术记遗》，2002年他依据《数术记遗》文献记载，结合多年的研究成果进行设计，中国工商银行汉中分行经济师程文茂先生在李培业教授的悉心指导下，完成了失传千年的《数术记遗》文献中记载的十三种古算具的制作复原工作，借用汉中汉魏"石门十三品"的文化寓意，将这组复原创制的古算具正式命名为"古算十三品"，2002年5月30日新华社发布消息，报道了这一科技事件。2013年12月10日的《燕赵晚报》刊发了《甄鸾：无极走出的珠算、数学家》一文，对程文茂复原古算具的工作以及对中国传统数学文化遗产的发掘与传承给予了高度肯定。

甄鸾不仅是中国数学史上的大家，也是汉中的历史文化荣耀。他不幸被汉中历史湮没，背后是有一定历史原因的，尤其是隋代以后的正史均无其传记资料，仅有其著述著录信息，大多简约且零星分散于各类历史文化典籍中。我们在考察汉中历代方志文献过程中发现，明清以后的本邑各种历史人物入志，除撰志者于当地寻访调查外，大多须依托于正史中对本邑历史人物的梳理。唐代汉中虽有《汉中纪》《兴元旧话》《洋州图经》等方志类文献，甄鸾入志的可能性应该是存在的，但全部散佚无存，因而明清以后的各类方志没有条件征引唐、宋时期方志材料，这是明清及以后方志文献中无甄鸾材料的地域历史文化的重要原因，以至于到目前为止，当代《陕西省志》相关专辑与汉中各方志依然无这一重量级汉中历史人物的记载，不能不说此乃汉中方志文化的重大缺陷，这一缺陷应该尽快得以弥补。

甄鸾及其著述于汉中而言有重大地域历史文化发掘与弘扬价值。宋、明时期刻本《数术记遗》与《周髀算经》正文前著者方式分别著录为"北周汉中郡守前司隶臣甄鸾注""北周汉中郡守前司隶臣甄鸾重述"，时间、官衔与责任者方式的信息准确完备，尽管我们目前仅仅掌握了这两部重要文献，但由此推断，甄鸾的许多数学研究成果应该是在主政汉中期间完成的,尤其是一个"臣"字颇值得玩味,表明其学术研究成果服务于北周王朝的封建统治,在这一意义上,汉中极有可能是那个时代中国乃至世界的重要的数学研究中心之一,当然这仅仅是我们目前的假设,还需要结合不断发现的历史材料进行充分的科学研究与论证!这一工作对于汉中弘扬科学文化,打造具有地域独特性的汉中数学科学文化名片,意义重大。

岳震川之《赐葛堂文集》

岳震川(1755—1814),字中干,号一山,汉中洋县东韩村人,为清乾嘉时期的陕南大儒、教育家。早年家境寒微,贫素质朴,承传先志,尤好阅读,耕读传家,青年时期求学关中书院,深受戴祖启学术思想之熏染,精研《春秋》《尚书》等典籍,多次奔走于科场,求取功名以经世。嘉庆五年(1800)冬,从故土赴京赶考,分校顺天乡试,次年"一山殿试,蒙御赐黄葛一件,因以名堂",中进士,官内阁中书,居京数载,以母老乞终养归故里。后主讲关中书院,"化雨关中次第施",潜心经义务正学,善文工诗,勤于著文,自成一家,《赐葛堂文集》始成于其间,成就了他一生的学术辉煌,俨然清中期儒宗关学的传承者。嘉庆十三年(1808),应陕南兴安府(今安康市)知府叶健庵相邀,出任关南书院山长,继续研习儒学,培植人才,其间亦多有建树。岳震川一生专心学术,与同时代的学者交往甚密,常切磋学术,如张澍、严如熤、董诏、张鹏翼、叶健庵、钱鹤年、郭友源、王森文等,为陕南之一学术大家,与沔县严庆云、洋县王擅魁被誉为"汉南三杰"。嘉庆十九年(1814)夏六月,岳震川辞世,享年六十春秋,乡人无限感怀其绩,盛赞其曰:"孝行可风也,友恭足式也,品行端洁也,学有本源也,成就人才也,阐扬义节也,矜恤孤寒也,利益地方也,德深思慕也。"①其完人风范,足以感世铭史。

《赐葛堂文集》乃岳震川集大成之学术文集,大部篇章成于他在关中书院讲学期间。该著共六卷:卷一,"杂著",计二十六篇;卷二,"书",计二十五篇,为岳震川与同期社会名流之书信;卷三,"序",计三十四篇,多为寿序,其次为书序;卷四,"记、论",计二十篇,多为纪事、经世之作;卷五,"传",计十二篇,为人物小传;卷六,"行状、祭文、墓表、志铭",计十五篇。嘉庆二十年(1815),兴安知府叶健庵及庄炘收集集结完成《赐葛堂文集》,版刻付梓,是为初刻本。光绪五年(1879),洋县刘鉴再次组织刊刻,补充遗稿,分别为《例授文林郎癸卯科经元湖北试用知县汉鸥陈公墓表》《显甫刘公墓表》《雨中渡堉水记》《书陈化愚》四篇,板署"光绪己卯春重镌版藏洋邑东韩邨岳勉绍堂",此板刻入《清代诗文集汇

---

① (清)张鹏翼:《洋县志·卷八·先贤传》,民国二十六年重修石印本。

编》。汉中本土学者冯岁平、张西虎完成《赐葛堂文集》的校补工作，在"附录"部分补辑《岳震川墓志铭》等多篇文献，进一步补充完善之，还通过文献考据，首次完成了《岳震川年谱简编》，2014年10月，该著作由三秦出版社出版。

近期，广西师范大学韩小荣老师为我们提供了道光八年刻本《赐葛堂时文稿》（洋县儒学藏版），为岳震川先生又一重要文集，集结《七十而从心所欲不踰矩》《席不正不坐》《多识于鸟兽草木之名》等文章三十余篇，文献内容与《赐葛堂文集》迥异，亦算是近期我们在汉中地方文献领域的又一重大发现与收获。

岳震川为清中期陕南著名学者，其学术思想及其声望在关中、陕南影响很大，《岳震川墓志铭》曰："盖乾嘉间，硕儒辈出，先生际其时，与诸名哲校，则固海内达德之选，不仅著述堪以永传不朽，型之所树，故其及人者远且深矣！"①当代学者如李瑚、陈良学等根据《赐葛堂文集》中的部分篇章，对清中期陕南商品经济发展及资本主义萌芽等学术问题进行过探讨与阐发，其所撰人物小传、墓表、志铭等对于汉中地域文化研究更具有不菲的史料价值与文献价值。

严如熤之系列著述

严如熤（1759—1826），是汉中历史上一位重要的人物，他文治武功，于汉中社会政治经济文化事业发展贡献卓然。严如熤作为"湘系经世派"的重要成员，对嘉道年间经世思潮的兴起有着重要的贡献，其人生的后半段是在陕南汉中度过的，他深入实际，注重调查研究，结合当年本邑社会现状，剿抚并用，"在汉中十余年不调，得成其镇抚南山之功。宣宗每论疆吏才，必首及之"②，乃治世之能臣；他怜农佑民，兴利除弊，"为人性豪迈，去边幅，泊荣利，视之如田夫野老"③，清廉一生，续撰良志，著述颇丰，文治武功盖双全，兴教重文济苍生，乃封建时代之难得良吏。

严如熤，字炳文，号乐园，湖南溆浦人氏，自小聪慧、喜读书、善思考，他在求学过程中，注重研习舆图、兵法、星卜，尤其"留心兵事"。湖南学政张姚成慧眼识才，称其为经世之才，可堪大任。乾隆六十年（1795），贵州苗民爆发起义，湖南巡抚姜晟节辰州镇压，严如熤受张姚成举荐，入其幕僚助其平苗。他参与制定了平苗策略与战术，有勇有谋，并亲身深入酋穴，以身犯险，"挟其酋六人出"，首建奇功，

---

① （清）岳震川撰，冯岁平、张西虎校注：《赐葛堂文集·附录》，西安：三秦出版社，2014年，第211页。

② 赵尔巽等撰，许凯等标点：《清史稿》（卷三百六十一），长春：吉林人民出版社，1995年，第8822页。

③ 赵尔巽等撰，许凯等标点：《清史稿》（卷三百六十一），长春：吉林人民出版社，1995年，第8822页。

其卓越谋略、非凡胆识与军事才能初露；平苗期间，严如熤收罗研究苗疆舆图，勘踏村寨、险要、道路、城堡等，并一一记述，著《苗防备览》，成书于嘉庆四年。嘉庆初年，川、陕、鄂三省边区的白莲教起义发展迅猛，震动朝野。嘉庆四年（1799），清廷下诏各省举孝廉方正之士参加廷试，廷试题目即"平定川、楚、陕三省方略策"。严如熤参加此次廷试，对策近万言，他建议将川、陕、楚三省交界的山区划为一个独立的军事行政区，"专设总理大员"，专门负责清剿事宜，以统一事权；同时，依照古代屯田之法，编流民为籍，因地制宜，化盗为民，勤加抚治，此乃安抚攻心、长治久安之策。他的策论受到嘉庆皇帝的重视，被发往川、陕、楚各省，由督抚大吏参阅。后来，汉中府定远厅行政建制创设，与严如熤的经略思想有着很大的历史内因。

嘉庆六年（1801），严如熤被任命为陕西兴安府洵阳县知县，他由此登上了陕南的历史舞台，宦游陕南二十多年。严如熤主政洵阳期间，用了不到两年时间便平定了匪患，洵阳县境社会治安日趋安定，其治理成效为朝廷认可和肯定。嘉庆八年（1803）初春，严如熤被擢升为汉中府定远厅同知，为该厅第二任同知，在其《定远事宜第一禀》一文中，他是这样记述赴定远厅上任的："初十日，由西乡前进，十二日抵定远治所，沿途观看情形，咨访舆论。"①时值定远厅草创初期，严如熤上任伊始，就对自己的工作及轻重缓急有着清醒的认识与安排，筑石城为先，军事与社会治安为重，他时常访贫问苦，体察民情，兴劝农事，置社仓三所，以备荒年，建学抚民，发展教育，遵母命捐资筑定远厅城，军事与兵事是严如熤的强项，他还整修渔渡坝、黎坝二巡检治堡，完成厅内军事要塞的布局与修筑，布重兵扼守其要，在军事防御格局方面，与厅城呈掎角之势，相互策应，多次挫败白莲教军在境内的侵扰，严如熤实为定远厅初创时期行政建制和社会基础设施等事业建设的开创者，他规划设立署衙，经营地方治理；严如熤在任内除部署、加强军事布防，积极团练整兵外，也十分重视深入民间及边远山区，积极开展社会教育活动，《禀亲赴各乡宣讲》一文中，他叙述道："随于初八、九日，由厅属南路小祥坝、渔渡坝、盐场，传集绅耆，约定于有人烟场集之处，亲为宣讲，小民环听，颇似有所感动。"②后其因母病逝，回湖湘丁忧，在此期间，他结合洵阳、定远的剿抚经验及民间访查情况，完成《三省山内风土杂识》这一重要著述的撰写。

嘉庆十三年（1808），严如熤转任潼关厅同知，当年又升汉中知府。时值汉中深受白莲教兵燹涂炭，满目疮痍，百度待兴，严如熤上任知府，面对时局，妥为善后。为预防再受侵扰，积极筹划社会安定之策，联营伍，治团练，立保甲，治堡寨，加强

---

① （清）严如熤：《乐园文钞·卷七》，道光二十四年刻本。
② （清）严如熤：《乐园文钞·卷七》，道光二十四年刻本。

战备，安抚灾民，一段时间后，汉中全境井然有序，人民安居乐业，社会各项事业获得空前发展。严如熤治理汉中期间，"先教化而后刑罚，民安富而敦礼让"①。他经常深入民间，宣讲科律，问民疾苦，创办社仓，兴劝农事，行区田法，教民纺织，亲临实地勘查，筹划水利，"修复褒城山河及城固五门、杨填二堰，各灌田数万亩，其他小堰百余，皆履勘浚治，水利普兴"②，各灌田数万亩，还修复疏通其他小堰百余条，使汉中的水利事业复兴，极大地发展了汉中农业经济。他在辖内创办义学，主持修复汉中书院，"重修人文称盛"，振兴汉中文教。嘉庆十八年（1813），他延聘汉中大儒郑炳然等人，编修《汉南续修郡志》（即《汉中府志》），共三十三卷。道光六年三月初二日，一代名臣严如熤辞世，卒年六十八岁。汉中域内百姓甚为悲痛，"秦民巷哭，如失慈父母"③。无疑，严如熤虽为湖湘人氏，但他在汉中历史上留下了浓墨重彩的人生足迹。严如熤宦游陕南二十多年，除因社会治理工作忙于政事外，还注重对当地的民情风土考察，积极思考记录，并不断进行整理，他留下了《三省山内风土杂识》《三省边防备览》《汉南续修郡志》《乐园文钞》《乐园诗稿》《山南诗选》等重要著述，为清中期重要的学术大家与名宦，民国赵尔巽等所撰《清史稿》为其立传。

《三省山内风土杂识》为严如熤宦游陕南的早期重要著述，也为后期完成的《三省边防备览》打下了坚实的基础。清末民初著名文献学家胡思敬在为《三省山内风土杂识》撰写的跋文中明确指出："据先生自序，此书成于嘉庆十年。后，道光时复增辑为《边防备览》，总十门一十四卷。"即他在定远厅任上，因母亲亡故，辞官后于丁忧期间所著。《三省山内风土杂识》成书、刊刻于嘉庆年间，主要内容为他主政旬阳与定远厅的宦游历练中，依据亲身经历和进行社会调查与思考，对秦巴山地区的社会情况做的详尽梳理与分析。"三省"主要指川、陕、鄂。严氏之"山内"的地理空间范围涵盖了秦岭、大巴山之间及其周边相邻地区，主要包括今陕南、鄂西北、川北、渝北等。涉及的现行行政区化，大致包括陕西的汉中、安康、商洛，四川的达州、广元、巴中，重庆的开县、云阳、城口，湖北的郧阳、宜昌、竹山、竹溪等广大地区。该著为清代中叶川陕鄂交界边区山川形势、山地经济、资源开发、社会治理、人口迁徙、生产生活方式、土地耕作方式及风土民情等，是研究秦巴山地历史地理、社会经济史、环境史等方面重要的史料性著述。当代著名历史学家、图书馆学家来新夏先生曾撰文评价道："严如熤所写的《三省山内风土杂识》就是一本记述清代中叶陕川鄂三省交界地区的山川形势，风土民情的专书……实则藉以分析总结对待流民的

---

① （清）严如熤：《乐园文钞·卷七》，道光二十四年刻本。
② 蔡冠洛：《清代七百名人传》，北京：中国书店，1984年，第165页。
③ （清）严如熤：《乐园文钞·卷首》，道光二十四年刻本。

对策，所以此书实是一部以'抚辑流民'宗旨为掩护的政治著述。目录家多录此书入地理类杂记，实不如视之为政书更善。"①

《汉南续修郡志》是严如熤对汉中历史文化的又一大贡献，嘉庆十六年（1811）春，时任汉中知府的严如熤在滕天绶主撰《汉南郡志》的基础上，历时三年，主持撰修《汉南续修郡志》，这是汉中历代以来编撰体例宏大、汉中地域文化保存最为完整、辑录资料最为翔实的一部志书，嘉庆十八年（1813）《汉南续修郡志》三十二卷付梓刊行，该志被林则徐誉为清代全国四大名志之首，他在致黄宅中的书信中这样写道："深叹编纂之勤、采辑之博、抉择之当、综核之精，以近代各志较之，惟严乐园之志汉中、冯鱼山之志孟县、李申耆之志凤台……其它则未能望及项背也。"②道光九年（1829），汉中知府杨名飏增补《续访义烈节烈》一卷；1924年，汉中道尹阮贞豫组织重刻，将《汉南续修郡志》更名为《重刻汉中府志》；2012年9月，郭鹏先生校勘出版了本志，定名为《嘉庆汉中府志校勘》。严如熤主持撰修《汉南续修郡志》是汉中历史上的一件文化大事与盛举，一志在手，汉中千年来的地理空间大势、自然人文、社会经济、资源禀赋、水利灌溉、民情风土、历史文献、文化遗存、人物俊贤等皆可遍览，于存史资政、人文教化、文化传承、开发利用等方面功莫大焉。

《三省边防备览》是严如熤在《三省山内风土杂识》以及《边境道路考》的基础上扩充而成稿的，于道光二年（1822）成书，道光十年（1830）安康来鹿堂刊行。《三省边防备览》共十四卷：卷一为《舆图》，计十四幅，其中"险要图"对各处险要均有标识，一目了然，并附有文字说明，较为详细；卷二、三为《道路考》，以各县县治为中心，详细记述各陆路里程、所经地点、沿途险要以及通达情况，不仅详述大道，对各条乡间小道也有翔实记录，殊为珍贵；卷四为《额威勇公（额勒登保）行营日记》，为清朝经略大臣额勒登保在川陕鄂边境地区督办剿匪的行程日记；卷五、六为《水道》，详述秦巴山地的河流、川道、里程及通航情况；卷七、八为《险要》，主述各山川险要的地理特征，局部交通通达及设防要略等，具军事与安防等史料价值；卷九、十分别专题讲述秦巴山区的《民食》与《山货》，详述其地水利、作物、物产、百姓生活，以及开设木厂、铁厂、纸厂、烧酒作坊等情况，对各类生产技术与工艺流程，以及棚民等人口流动亦有详细记载与论述，具有人口迁移史与社会经济史的史料价值；卷十一至十三分别为《军制》与《策略》篇，论述了于该区域防范民变的一系列基本安防策略，诸如山谷行营略、谨防略、埋伏略、游兵略、安置伤兵略、获胜戒严略、受降备兵略等，皆为清军在秦巴山地用兵实际作战经验的系统总

---

① 来新夏：《且去填词》，天津：天津古籍出版社，2001年，第206页。
② 林则徐全集编辑委员会：《林则徐全集·第八册·信札卷》，福州：海峡文艺出版社，2002年，第4158页。

结；卷十四、十五为《史论》，搜集总结历代于此地用兵的史料、用兵经验及评论，较为详备系统；卷十六至十八为《艺文》，辑录了多篇铭赋、记、奏疏、说论、辞赋、摩崖石刻、碑刻以及律体诗等珍贵历史文献，文学价值、文献价值、地域文化价值与史料价值兼具。《三省边防备览》乃严如熤学术集大成之著，一经刊行，就在社会上引起较大反响，也为各个历史时期的统治者所重视。民国时期的1934年12月，为围剿战略转移中的中国工农红军，"民国政府军事委员会委员长南昌行营"将《三省边防备览》的《艺文》部分删除更名为《川陕鄂边防记》印行，蒋介石为其作序。《三省边防备览》还是学术界将秦巴山区界定为具有资本主义萌芽地区的最核心的重要文献依据。在当代，该著作为一部重要的历史文献，其多元文化与学术价值正在被研究与发掘，如当代学人蓝勇对其评价道："清代的地方志主要一是辑录古代文献的民俗资料，一是只留心祭祀、礼仪、岁时风俗方面的记载，对于当时的地理资料和当代的经济和文化民俗往往关心不够，严如熤的经世文献正好克服了这些不足，这正是严氏经世文献的价值所在。"①《三省边防备览》在文本内容与体例方面具有较强的方志文献特征，它与严如熤同期主撰的《汉南续修郡志》相映生辉，为汉中方志文化增添了浓墨重彩的巨椽之笔。郭鹏校注本《三省边防备览》（上、中、下）2018年7月由西安交通大学出版社出版。

《山南诗选》是严如熤在汉中期间搜集整理的一部地域性诗歌总集。唐代，秦巴山区的汉水中上游流域置山南道，故"山南"即指秦岭以南的汉中与兴安（现安康）地区。"道光乙酉秋，在陕安道任内所手辑着"《山南诗选》，收录了自唐代始至清中期陕南各县各个历史时期的一百二十八人的五百八十四首诗篇，如唐代的权德舆，宋代的张知退、雍冲，元代的林东，明代的王昱、张羽、李嘉宾、刘宇等十人的诗作，合为卷一。后三卷则皆为清代诗作，按县组织编排，南郑诗人入选作品最多，约四十余人，城固二十三人，洋县十人，汉阳八人，沔县四人，宁羌二人，兴安三人，石泉、定远各一人。按照诗人个人诗作入选，最多者为洋县大儒岳震川五十四首，还有洋县陈洪范三十一首，安康董诏二十七首等，其余"惟就见闻所及，慎选一二"，"分县编辑，其人之时代先后，难尽考稽，列显宦甲科于前，养贡诸生次之，有祖孙父子入选者，连类编辑，以证渊源"②。《山南诗选》于道光七年（1827）辑录成稿，但并未刊行，光绪八年（1882），本邑城固之高万鹏出守湖南常德期间，至湖南溆浦看望严如熤家人，家人遵遗嘱拿出稿本，希望刊刻流布于世，高万鹏乃于光绪十三年（1887）刊刻行世，并为之作序。这是清中期以前的秦巴区域内一部收录较全、时间跨度最大的诗歌选集，每位诗人，均撰列其人物小传，部分诗人小传还杂糅遗闻旧

---

① 蓝勇：《严如熤及其经世文献的价值》，《清史研究》1996年第4期。
② 冯岁平：《西北小江南——汉中》，西安：三秦出版社，2003年，第122页。

事,实属难得,便于后世研究查考解读,该著辑录诗作,亦多为汉中方志文献所阙载,实属难得之珍稀文献,于汉中地域具有很高的文学艺术史料价值。

《乐园文钞》为严如熤除《三省山内风土杂识》《三省边防备览》《山南诗选》等独立著述之外,于其他各时期著述的文稿,严如熤辞世后,由其子严正基辑录整理而成,最早刊刻于道光二十四年(1844),共八卷,外附卷首。卷首为《贺熙龄序》、陶澍之《乐园严公墓志》与汤金钊之《乐园严公神道碑》;卷一为"辨、书后、论"二十二篇,侧重对重大历史事件的评论;卷二为"论"三十六篇,为对历史人物的评论;卷三为"说、记、序"十六篇,为论说文章;卷四为"纪略、传、书事、墓志、行状、哀辞、书",多为为他人所作之人物小传,以及与他人之通信文稿,计二十一篇;卷五为"苗疆条议",为平苗之策论十一篇;卷六为"御试集",为平定鄂川陕白莲教起义之策论,计五篇;卷七为"汉南杂著、畿辅水利附",为严氏宦迹陕南期间为政之上呈禀文、重大工程记述、汉中水利设施说论等,计二十四篇;卷八为"寿序"文八篇。卷首为严氏同期僚臣在他逝后对他一生文治武功的盖棺定性之褒扬;卷一至卷八为严如熤亲撰,是研究严如熤人生轨迹、治世策谋、文韬武略、社会治理、军事思想以及经世济世思想的核心文献,《贺熙龄序》中评价他的文风道:"夫读书所以经世,而学不知要瑰玮聪明之质,率多隳败于词章、训诂,襞绩破碎之中,故明体达用之学,世少概见……先生之文,明白洞达,不规规摹仿,而自合绳尺。至其进退古人,敷陈民生利病,政治得失,如烛照指数,而自道其所得也。"①《乐园文钞》所辑录严氏文章大多作于他于陕南宦游期间,于汉中颇具历史文化研究价值。当代本土学人冯岁平、张西虎非常重视对严如熤的研究,他们在2015年完成《乐园文钞》的整理工作,并通过考察寻访,对《乐园文钞》未收而散见于汉中各处的严如熤所撰碑文进行了辑补,如《汉中移镇新修衙署教场记》《崇俭以厚民生示》《预盖藏以备凶荒示》《重修武侯祠正殿拜殿碑》等碑文十一篇,使其更为完善,由三秦出版社出版。

《乐园诗稿》为严如熤古体律诗集大成,孙殿起之《贩书偶记》载:"乐园诗稿六卷,无刻书年月,约道光间精刊。汉南集、感旧集、咏史集,以上各一卷。苏亭集三卷。"②但当今学者认为,该诗稿成书于道光二十四年前后,与《乐园文钞》一样,也是严如熤之子严正基辑成刊刻行世。卷一《汉南集》五言律诗四十六首,五七言律诗五十四首,七言律诗十首,计一百一十首,时间跨度自严如熤任旬阳知县始,至道光初年为陕安兵备道、陕西按察使二十余年;卷二《感旧集》,又名《汉

---

① (清)严如熤原著,冯岁平、张西虎整理:《乐园文钞·卷首》,西安:三秦出版社,2015年,第3页。

② 孙殿起录:《贩书偶记》,上海:上海古籍出版社,1982年,第436页。

南感旧集》，计一百二十七首，严公在汉中履职期间，不时感念师友、故人、同僚的发自内心之作，情感真挚，才情旷达；卷三《咏史集》，亦名《汉台咏史集》，计一百一十七首，严公在汉中期间一有闲暇，便登临古汉台，远眺如练之汉江，遥望苍茫之秦巴，追忆先贤，凝思历史，用典精要，褒贬由心，于史有据，评骘有度，见解如炬，为清中期咏史诗上乘之作；卷四《苏亭乐府》四十九首，卷《苏亭集》五一百二十七首，卷六《苏亭集》一百二十五首，此三卷以乐府诗的形式，为严公或与外方友人、同僚相和而作，或追忆逝水年华，或寄情山水，或咏史明志，题材广泛，视野广阔。严如熤之诗才早早显露，经年研习，手笔不辍，精工律体，聚凝情思，或咏史，或纪事，或哀民，或呈景，或抒怀，章法谨严，文辞高古，遒劲恣肆，徐世昌对严氏之诗评价道："乐园经世伟略，诗特余事。集中《从军》《怜农》诸篇，有杜陵《出塞》、道州《舂陵》遗意。《华阳吟》及《木厂》《铁厂》《纸厂》诸咏，《寨堡行》《团练行》《摸不着头脑乡兵行》皆关于南山风土、形势、军事，亦采风者必所取。七律命意沉雄，结响高亮，有'明七子'风格，专家无以过也。"① 诗歌创作随其终生，也是我们今天研究、体悟严如熤之内在精神世界、人文精神情怀与艺术特质的难得文献材料，此乃汉中文学史上之皇皇篇章。当代本土学人冯岁平、张西虎已经完成对《乐园诗稿》的点校工作，并增补了多篇道光刊本中未曾收录的诗篇，还对"湖湘文库"《严如熤集》中《乐园诗稿》的点校缺漏予以弥补与纠正，于2015年8月由三秦出版社出版。

无论从何种角度视之，严如熤都是汉中历史上难以回避的一位重要人物，自1801年担任旬阳县令至1826年辞世，于陕南汉中宦游长达二十多年，"镇抚南山"，为清中期治世之能臣，他的经世致用思想在汉中得到了很好的实践，以剿抚为先，促使汉中安定；重视农田水利设施建设，促进了汉中农业经济的发展；兴办学校，重视教育，尤其在汉中社会文化事业建设方面，成效显著；著述甚丰，地域文化及学术价值甚巨，大多存世流布。严如熤为汉中熔铸了一座地域文化高峰，留下了一笔丰厚的地域文化资产，就是放在长达几千年的汉中地域文化史上，都是非常独特和引人瞩目的。

童颜舒之《禹贡通释》《瀫源堂诗集》

童颜舒（1813—1863），字霁山，号瀫源，祖籍安徽桐城，后迁居陕南洋县铁冶河乡。自小聪异，终身喜读书，一目十行，沉醉典籍，钻研诸子百家，具经世抱负。青年时期师从名士苟汤明、李鸿润等，历乡试、府试，后受陕南硕儒岳震川等的悉心指导与影响，在经史领域奠定扎实基础，性喜自然山水，诗文古今独造，自成风

---

① 徐世昌：《晚晴簃诗汇》，退耕堂刊本，卷一百二十二。

雅，尤好地理，成为清后期誉满陕南的一位饱学博才的经学大家。后屡次科举受挫难第，成为他的一块心病与人生憾事。道光二十八年（1848）出任同官县训导，咸丰十年（1860）后出任长安县教谕，兴办教育，还不时返回桑梓洋县定淳书院讲学，传道授业，春风化雨。同治元年（1862）先后奉命入节署理文案与军需局襄办军务，积劳成疾，于同治二年（1863）病逝，葬西安李家村北。童颜舒终身致力于学术，严谨治学，主要著述为《禹贡通释》与《灜源堂诗集》。

《禹贡通释》为童颜舒毕生所为之重要经学著述。《禹贡》为中华文化传统儒家经典，记述上古时期中国历史地理，文辞深奥，晦涩难读，历代均有注笺，但多歧义而相抵牾。童颜舒自接触此文献，便心生兴趣，苦心钻研，思考体悟，研究过程中多有心得。于同官县训导任上，即着手撰写相关篇章，阐发大义；咸丰年间，在石羊寺讲学期间，与王总百探讨切磋，梳理考释，"几番化古还稽古，才信疏经要证经"，反复修改补苴，"得意神来时一笑，天教慧眼豁书巢"；咸丰十年十月，童颜舒因病返家灜源里万筠山房，带病修改整理书稿并完成撰述，编写"凡例"，定书稿名为《禹贡通释》，辑为四册十三卷，约十五万字。《禹贡通释》首为《禹贡总考》，其他依次为《山川总考》《九州分考》《赋贡总考》《山川附论》《理财附论》，最后是《问答汇存》。该书材料丰富，考证精确得当，取舍得宜，立论翔实有据。其中《山川附论》和《理财附论》，多言后世治河、漕运、水利、屯垦、钱粮、商税、仓储等，大有通经致用之识，其《问答》一篇，记载与王锡禄商榷之语，借以阐发书中疑义。六十多年后的民国十二年（1923），洋县刘定铎恭请南郑知县柴守愚为之序，汉中道尹楚之襄资助，刊印成书。民国时期《续陕西通志稿》卷一百八十三之《艺文》著录了《禹贡通释》的文献提要信息，卷二百一十四之《文征》辑录了他的《禹贡通释山川简论》。

《灜源堂诗集》共辑录了童颜舒一生所作诗篇三百多首。他重在学术，诗乃余事，"有时点笔书空，拔剑斫地，劳人草草，设想非非，情有余思，眼无余子，不过候虫时鸟，各鸣其达，虽不敢附骥玉局，亦颇欲自树一帜焉"①。虽乃余事，亦谨慎而为，作必精工。他年十九，始作诗，崇尚东坡，"舒幼于晋、唐、宋诸名家，无不领略，而独嗜坡翁，于其用笔，风雨离合之致，微有心得"②。童颜舒之诗，在文体上灵活多样，五言、七言均有涉猎，游刃有余；在内容上有怀古诗、风景诗、时事诗、酬唱诗、怜民诗等。《灜源堂诗集》按照诗作文体集结分卷：卷一，五言古体，

---

① （清）童颜舒撰，冯岁平、张西虎点校：《灜源堂诗集·自序》，西安：三秦出版社，2014年，第4页。

② （清）童颜舒撰，冯岁平、张西虎点校：《灜源堂诗集·自序》，西安：三秦出版社，2014年，第4页。

计四十一首；卷二，七言古体，计三十六首；卷三，五言律诗，计五十四首；卷四，七言律诗，计一百三十二首；卷五，绝句七十六首，其中，五言四十七首，六言十八首，七言十一首。其付梓过程、时间与《禹贡通释》同。

近年，汉中本土学者冯岁平、张西虎完成《灙源堂诗集》的点校工作，并补辑刘定铎之《灙源先生年谱》、童颜舒作于咸丰庚申三月之《书示书院肄业诸子》《修职郎辉山刘公墓志铭》，以及《旧洋县志》《新洋县志》所载童颜舒小传资料等，2014年10月由三秦出版社出版。

罗秀书之《褒谷古迹辑略》

罗秀书，生卒年月不详，字西屏，陕西频阳（今富平县）人，清同治年间任陕南褒城县教谕，即掌管教育的封建官吏。罗秀书酷爱金石书画，善书，具有秦汉篆隶之功，为一饱学之士，精通《易经》，留心兵学。

《褒谷古迹辑略》手稿成于清同治十二年（1873）。清代碑学繁盛，呈一道学术风景，《褒谷古迹辑略》应和了这一学术思潮。罗秀书所在县衙，与褒谷口石门近在咫尺，有利于随时踏访石门，同治十一年（1872），他便与热衷金石学的万方田、徐廷钰利用公务之暇多次踏访石门，醉心摩崖，罗秀书在《石门道古碑序》中有着这样的记述："入谷，遂玩玉盆，看衮雪，访鄐君碑，以次入石门，见东西两壁汉魏古迹林立，其古恒也，如龙蟠深壑而其鳞角权丫；其飘逸也，如凤舞晴空而其羽毛鲜丽，真天地奇境，古今奇观也，俯仰久之，而心中尘氛一洗，恍然身在琅環福地。"①他们劈荆棘，剥苔藓，洗泥尘，被大自然斑驳封存千年的摩崖石刻终于呈现在了他们眼前，尤其是《石门颂》《石门铭》等深深震撼了他们，他们将所见石刻文字一一进行摹写记录，又对漫漶难以辨识之字进行文献考证，历时长达数月。他们的工作是标准的田野考察方式。《褒谷古迹辑略》共收录此地历代各类石刻五十八方，录罗秀书本人研究文献四篇，历代文人骚客咏栈道诗文十五首，以及清代王晚香之咏褒谷二十四景诗；该著将《汉司隶校尉楗为杨君颂》（又名《石门颂》）、《鄐君开通褒斜道摩崖》（即《鄐君碑》）、《李君表》、《杨淮表》各摩崖摹写原文，置于卷首，所录《李苞通阁道题名》，为罗秀玉首次发现，为此次考察活动之最大收获。同治十三年（1874）秋，陕甘学政吴大澂莅临汉中主考，见《褒谷古迹辑略》书稿，爱不释手，应罗秀书之请，欣然题写了书名，当年由汉南书院刻印行世。1996年，郭鹏先生完成了《褒谷古迹辑略》校注工作，内部刊印。

汉中形胜，尤以"惟褒斜绾毂其口"之石门，历时千年终成书法艺术之宝库，

---

① （清）罗秀书等：《褒谷古迹辑略·序》，清同治甲戌汉南书院刻本。

历代文人墨客或纪事或咏叹之华章，书刻其上，虽经千年风雨剥蚀漫漶，但其历史文化信息得以完整保存。清乾嘉以降，考据之风盛行，乾隆年间之郭友源著《石门碑考》，《郭君友源墓志铭》载："自宋匮拓后历五百余年无问津者，君遣人刺舟求之，得《石门颂》，又得《西狭颂》、《析里桥》诸碑，故考核欧赵二录、洪氏《隶释》及元明国初诸钜公订正金石之书，作此考。"①惜《石门碑考》散佚。嘉庆年间，王森文撰《石门碑醳》，但唯《褒谷古迹辑略》最为流行，为清代石门书法艺术研究之重要著述。

周炳垣之《汉南杂咏》

周炳垣（1809—1868），原名域广，字午峰，晚号"终南遗叟"，陕南褒城人，性恬淡，薄名利，道光丁酉科举人，选授直隶涞水县知县，诰授奉政大夫。道光十七年（1837），出任直隶涞水县（今河北保定涞水县）知县。据《褒城周氏族谱》载，周炳垣"幼颖慧，比长，制举业外，旁及医卜数之学，而于绘事尤称天授……丁未，会试复被黜。从此益寄情于画，专以工笔写人物、花卉，能为待诏十洲之外，别开生面，人得其寸缣尺楮，争宝之"②。同治年间，以母老告养辞官返回汉中，时值太平军一支威逼汉中，围城兵燹长达数月，周炳垣目睹惨状而无能为力，更憎汉中地方官吏治腐败，鱼肉百姓，抗击不力，他以诗排愤纪事，凡百首。后携家赴蜀之泸州避难，寄居其侄宦游蜀中之周锡龄家中，其间于四川"蜀都公廨"整理成稿，四川按察使牛树梅拜读，书感文一篇。汉中罹难平复后，周炳垣返回褒城，同治七年（1868）仙逝，葬于褒城县黄土地，享年五十九。

《汉南杂咏》由三个部分组成：一是序言，包括东海新吾氏和周炳垣两人分别为《纪乱词》所作之序，"因诗系事，不计拙工，矢口直书，无非哀愤"；二是周炳垣的一百首纪事长诗和东海新吾氏于诗后所作之注释；三是四川按察使牛树梅读后感一篇，谓之"凄雨酸风，血痕满纸，为亿万青燐黄䤴，诉冤天地，读之令人气噎"。《汉南杂咏》付梓于光绪八年（1882），封面为清代书法家孙海（字吟帆）题字"午峰先生遗稿"，扉页有"壬午初夏，爱莲书屋藏"字样，全书刻印精良，疑为私刻本，此著与陈才芳所著《思痛录》同为记录太平军兵燹汉中府城这一重大历史事件的珍贵本土文献，史料价值与文献版本价值兼具。历代南郑县志对其均有辑录，但辑录篇目不全，如光绪二十年版《南郑县志》录诗七十九首，民国十年之《续修南郑县

---

① （清）岳震川撰，冯岁平、张西虎校补：《赐葛堂文集》，西安：三秦出版社，2014年，第163页。

② 周炎：《褒城周氏族谱·艺文录·第六》，民国八年秋刊本。

志》录二十七首，县志辑录文本中对东海新吾氏的注释进行了大量篡改、删减，有失原义。

今汉中市检察院熊黎明先生嗜好寻访地方文献，于坊间获得《汉南杂咏》原刻本，2014年12月完成此著点校整理工作，郭鹏为之序，自费刊印成册，于本土文化挖掘及传承有功。

陈才芳之《思痛录》

陈才芳（1843—1903），字春亭，号梅峰，祖籍湖北，先祖迁居汉中府宁羌县梨坪板苍坝，他出生于此地，父辈经商，后寓居汉中府城南门内之孝义坊。同治二年（1863）三月，太平军围困汉中府城，陈才芳时年二十，与家人被围城中；其间，十三位家人全部死于战乱，本人身受重伤被太平军俘，忍辱充任文书，后寻觅机会，逃归宁羌梨坪板苍坝老家避难。太平军撤离后，陈才芳含悲埋葬亲人，刻苦自奋，发愤读书，先后考取举人、进士，入职翰林院编修。光绪十一年（1885），赴任甘肃凉州府（今甘肃武威）知府，署政严明，设局种桑，亲自教民植桑养蚕，整顿书院学规，兴办地方教育，厘定赋额减徭赋，因凉地荒瘠苦寒，自捐廉饷制棉衣，兴修水利，改良耕织条件，办团练以靖闾阎，凡利于民者，行之不遗余力，政绩卓著，颇多建树，其间完成《思痛录》撰述。光绪十九年（1893）返回汉中并定居，捐资助学，抚恤孤贫，施种牛痘，热心汉中社会公益事业，堪称贤达，遗惠久远。光绪二十八年（1902）卒，葬于南郑县忍水乡黄家河村大湾岭。民国《续修陕西通志稿》卷八十二《人物》，列陈才芳人物小传。

《思痛录》刊刻于光绪十一年（1885），似为家刻本。他是这一重大历史事件的亲历者，其后所著《思痛录》成为记录这一历史事件的重要文献，他的记述翔实具体，如"城内之人已十死八九矣……城内十死九空，每入一室，并无人烟，惟零骸残骨，纵横阶墀间"。这一时期的汉中府城乃人间活地狱，此难不仅使陈才芳家破人亡，全家殉难，使他深感切肤之痛，也给汉中社会历史产生了深远影响，民国时期著名地质学家王德基等在《汉中盆地地理考察报告》中指出："太平天国之役为最惨，兵连祸结达两年，洪阳军迫近县城（汉中郡城）时，陕安道蕃寿饬令商民将东关房屋自行拆毁，移居城内，商民未尽听命，待兵临城下，仓皇间付之一炬，大好街市，化为灰烬。县城被围半载以上，城内死亡殆尽，城破时十户九绝。洪阳军进城大事搜劫，未几火起，民房、衙署、庙宇几被烧尽，仅存府署及若干庙舍，化为瓦砾。此种人为浩劫，其影响南郑之盛衰，固极大也。"①2000年，汉中本土方志大家郭鹏先生整理《思痛录》，并将田野考察获取的《皇清诰授中宪大夫故甘肃凉州府知府陈公墓志铭》辑录其中；另当代学者刘观丰整理的《思痛录》辑于庄建平主编的《近代史资料文库》（卷五）。《思痛录》与《纪乱词》为研究太平军西征及兵燹汉中府城的珍贵历史文献。

赵亚曾、黄汲清之《秦岭山及四川之地质研究》

赵亚曾（1898—1929），字予仁，河北蠡县（今河北高阳）人，1923年毕业于北京大学地质系，留校任古生物学助教，并兼农商部地质调查所调查员，1928年任农矿部地质调查所技师兼古生物研究室主任，长期进行野外科学考察活动，足迹遍及华北、东北、华东、中南、西北、西南，从事我国地层与古生物研究，发现并科学阐发重大地层构造问题，其系统分类与研究方法均达到同时代的国际领先水平，翁文灏先生在纪念赵亚曾的文章中评价道："赵君在所六年，调查则出必争先，研究则昼夜不倦，其进步之快，一日千里，不特师长惊异，同辈叹服，即欧美日本专门学者亦莫不刮目相待，十分钦仰，见之科学评论及通信推崇者，历历有据。"②其为民国时期我国最负盛名的古生物学家、地质学家、地层学家。1928年，国民政府地质调查所组织力量，筹划对西南地区再次进行地质调查，丁文江任总指挥。1929年3月，他与黄汲清负责秦岭、大巴山、四川盆地及大西南地质调查工作，1929年11月15日，赵亚曾在云南昭通县闸心场被土匪杀害，英年早逝，是中国历史上第一位因公遇害的科学泰斗。"三十书成已等身，赵生才调更无伦。"这是著名科学家丁文江先生在悼念赵亚曾的诗文中对他的高度评价与赞誉。

黄汲清（1904~1995），曾用名黄德淦，四川省仁寿县人。1921年考取天津北洋大学，后转入北京大学地质系学习，1928年毕业进入北平地质调查所任调查员，1935年获瑞士浓霞台大学理学博士学位。先后担任中央地质调查所所长、《中国地质学会会志》主编、中国地质工作计划指导委员会委员、全国矿产普查委员会常委、石油地质局总工程师兼石油工业部顾问、中国地质科学院副院长及名誉院长、中国地质学会理事长等职。黄汲清一生于生物地层学、区域地质学、大地构造学和石油天然气地质学等学科专业领域建树卓著，其《中国南部二叠纪地层》为我国第一部地层学专著，1945年完成《中国主要地质构造单元》，主持绘制多部高水平中国地质图件，建立起

---

① 王德基、陈恩凤、薛贻源等：《汉中盆地地理考察报告》，《地理专刊》（第三号），1946年，第97页。

② 翁文灏：《赵亚曾先生为学牺牲五年纪念》，《中国地质学会志》1934年13卷第4期。

多旋回大地构造理论，为中国石油勘探及石油工业发展提供了重大理论支撑。1929年春，黄汲清跟随赵亚曾参与大西南地质科学考察工作，先后踏勘了陕、甘、川、康、滇、黔等诸省，获取了极为丰富的大量化石标本与第一手地质研究材料；当赵亚曾遇害后，在四川叙永进行地质考察的黄汲清强忍悲痛，不惧险途，孤身一人奔赴云贵，坚持野外考察，后与丁文江率领的川广铁路勘查队会合，于1930年7月出色完成长达十五个月的大西南地质科学考察活动。随后他结合自己及赵亚曾在考察过程中收获的科学考察材料，认真总结分析，深入进行研究，独立完成了《秦岭山及四川之地质研究》科学专著的撰述工作及地质图册的绘制工作，于1931年11月作为《地质专报》甲种第九号正式出版发行。

《秦岭山及四川之地质研究》乃中国区域地质学之经典著作。全书共分序言、地理、地层系统、地质构造、经济地质五章。在"地层系统"中，创立了许多新的地层单位名称，如晚前寒武纪的秦岭系、三叠纪的飞仙关系与嘉陵江灰岩、侏罗纪的滴水铺系等，大部分沿用至今；在"地质构造"中，提出秦岭山脉主要形成于海西期与燕山期的造山运动，从科学意义上划分了"北秦岭"与"南秦岭"；在"经济地质"中论证了本区域金属矿与非金属矿的成矿地质条件。该著着重指出了秦岭是中国南北方的主要分界线这一重大科学理论，为中国地质、中国地理上这一关键性区域的研究取得了开创性成果。在"绪论"中详述了他们的考察日程，不难看出，汉中所有县域都留下了他们的足迹："吾人奉命于三月二日从北平出发，十一日抵西安。十五日自西安南行由大峪口入秦岭山，至镇安县附近，于二十八日返回西安。休息四日。于四月二日西行，经咸阳、兴平、武功、扶风、宝鸡、凤县、留坝、褒城等县而至汉中。在此休息四日。于四月二十一日东行至洋县。由赵亚曾南行入大巴山，抵镇巴县。因地方不靖即由原路折回。黄汲清则由洋县北行至华阳镇。本拟北至佛坪县，亦因土匪骚扰地面，只得又原路返回汉中。吾人曾将汉中附近之梁山详细调查，黄汲清并曾南行至黄官岭牟家坝一带地方。五月十一日吾人自汉中动身西行至略阳县。再北行至甘肃之徽县，又由原路返回略阳。五月二十一日黄汲清由略阳东南行经大安驿宁羌县至四川之朝天镇。赵亚曾则由略阳买舟顺嘉陵江南下。于二十八日在朝天与黄相会。自此二人又同行至广元县。在此停留六日，于六月八日自广元动身，沿白水河谷北行至甘肃文县境之碧口镇。折而西南行经青川江由绵阳而抵成都，时六月二十三日也……"[①]区域地层、地质、地理乃区域构成的基础，对其开展调查研究具有深远的科学文化意义。秦巴区域乃中国大地的有机构成部分，为一相对独立与完整的地理区域，自19世纪60年代始，德、奥、日、美等国地质、地理学家最先并先后来秦巴山地进行科学考

---

① 赵亚曾、黄汲清：《秦岭山及四川之地质研究》，北平：实业部直辖地质调查所、国立北平研究院地质研究所印行，1931年，第3页。

察活动或地质旅行。赵亚曾与黄汲清的此次考察为中国科学家首次在本区域开展的地质、地理考察，该著对汉中境内之秦岭、汉水流域、汉水及其支流、汉渭二水间道路考、大巴山、汉中壤土、汉南基岩、梁山奥陶纪地层划分，以及汉中境内之金属与非金属矿藏、沔县含煤地层等皆有科学阐发，还刊发了多帧赵亚曾、黄汲清于汉中考察期间在镇巴、褒城、略阳、南郑等地拍摄的照片，于汉中地域科学文化价值与意义甚巨。《秦岭山及四川之地质研究》成稿后，作为《地质专报》甲种第九号，由实业部直辖地质调查所、国立北平研究地质研究所中英文合刊印行，中文四十八页，英文二百二十八页，中英文内容有别，英文部分凡涉及地名者，皆用汉字补充标注，"中文于地理方面叙述较详，如地层构造等篇英文言之较详则稍从简略，以免重复"，互为补充，插图四十五幅，地质详图十九幅，百万分之一比例的秦岭山地质图一幅。《秦岭山及四川之地质研究附图》单行刊印，多为测绘精良之彩色地质图，包括"秦岭地质图""西安""镇安县""武功县""宝鸡县""凤县""汉中""洋县""西乡县""略阳县""宁强县""广元县""青川""绵阳县""茂县""资中县""宜宾县"等，以及"从大峪口至镇安县间东秦岭地质剖面图""宝鸡县至褒城县间秦岭地质剖面图""略阳县至宁羌县间地质剖面图""汉水上游秦岭山南部及大巴山北部地质剖面图""自甘肃徽县至四川广元县间秦岭巴山西部地质剖面图"等，极具科学价值。

《秦岭山及四川之地质研究》之英文部分，内容更为丰富翔实，应进行整理并译为中文出版为宜。

安汉之《西北垦殖论》《西北农业考察》

安汉（1897—1943），字杰三，陕西省南郑县梁山镇南宅村人，民国时期我国著名农学家、农垦专家。安汉先后毕业于南郑县初级农业学校、陕西省立中等农业学校、省立汉中农校。1918年被于右任、杨虎城选为首批留法学生之一，为陕南留学法国第一人，先在榜莱威克公学求学，后在法国朗西大学农学院研习农业科学，获硕士学位；留法期间曾与中共留法勤工俭学人员周恩来、李富春、邓小平等多有接触。1927年回国后，先后担任西北大学教授、国民革命军第四集团军农务主任、国民革命军驻陕总司令部参议、陕西省立职业学校校长等。1930—1938年，任中央实业部科长、中央农业所技正等职，其间，胸怀"实业救国"之志，"汉生长西秦，幼习稼穑，留学法国，专攻农牧，以开发西部为职志，以研究农垦为要图"[①]。认为发展农业为开发西北之至要，先后参加西北实业调查团和陕西实业考察团，多次远赴陕、甘、

---

① 安汉：《西北垦殖论·自序》，南京：国华印书馆，1932年，第1页。

宁、青、察、热、绥、新疆各省，攀峻岭、钻丛林、穿戈壁、涉大漠，运用科学方法进行农业科学考察以及对各地植被、土壤、水利、物候、气象等各个方面进行综合调查，掌握了大量第一手材料，考察成果丰硕，并系统性地提出"调查""研究""建设"的西部开发方略与科学实施路径。1938年，安汉被任命为陕西黄龙垦区管理局副局长，全面主持农垦工作，组织农垦生产，垦殖良田七万亩，安置难民十九万人，开办幼稚园与小学等，成效显著，还不时用农产品接济陕甘宁边区；1940年，又被任命为陕西黎坪农垦区管理局局长，实施黎坪的农垦生产与开发，开山筑路，规划土地，开发林业，筹办铁厂，兴建农舍，安置难民，办学兴教，垦区很快呈现出欣欣向荣之景。安汉本性耿直，正义为怀，为人正直，疾恶如仇，因揭露贪腐惨遭汉中地方官员陷害，加之他同情中国共产党及革命事业，于1943年10月被秘密处决于汉中西门外。安汉的重要著述分别为《西北垦殖论》《西北农业考察》《陕西黄龙垦区调查报告》《陕西黎坪垦区调查报告》。

《西北垦殖论》为安汉的首部重要农业科学著作，具有重要的农业科学价值。《西北垦殖论》由总论及分论两部分构成，正文前为于右任、陈公博、蔡元培分别作序，冯玉祥将军题词。总论部分旨在阐发西北垦殖的重要性，就垦殖总类、政策、步骤、计划、收益等方面进行了论述，制定了《兵工垦殖计划书》与《西北移民计划书》，还介绍了美、英、德、法、意、丹、俄、日八国之农垦情况及其经验；分论部分对西北各省省情之调查与垦殖现状做了概要介绍，以及这些地方的交通状况、工业布局、农业垦殖、商业贸易、水利条件、民族构成等与垦殖密切相关的内容；在最后，安汉提出西北垦殖需要将人才培养、政策制定、开发步骤、组织建设等各事项进行有机统筹。该著发西北大开发之先声，立足当时我国实际，立论高远，观点鲜明，数据翔实，论证严密，处处闪现着作者本人的深入思考与战略远见。于右任在该著序言中指出："叙事翔实可靠，方法切实可行，以所学专业知识，制定开发西北资源的具体规划，确为切合时势的重要著作。"蔡元培先生认为："《西北垦殖论》既讲明了西北垦殖总的纲领，又有对每个省区的具体着手办法，是一部切实可行的论著。"《西北垦殖论》于1932年11月夏由南京国华印书馆出版。

《西北农业考察》为安汉另一部重要农学著作。1934年，安汉受西北农林专科学校委派，与李自发、李林海、李伯瑜一行四人赴西北考察农业，历时五月有余，行程万余里，着重考察了甘肃、宁夏、青海三省农业生产现状，选定了六个农场实施全面考察，目的有二：其一，了解、把握西北农业生产实际，掌握第一手可靠材料，把脉研究改进之科学方法；其二，寻找合适的农场建设场址，作为改进农业之科学研究与实验基地，以进一步促进西北农业经济的可持续发展。《西北农业考察》计十章，分别对西北之自然环境、地质土壤、农田水利与灌溉、农业经济、农作物种类、耕作方法、林业分布、畜牧业概况、各地肥料及垦殖状况等内容进行了细致考察、科学分析与论述。通过实地考察,提出政府应在救济、移民、改良农业、建设西北等方面制定解决西北发展问题之策略,还拟定了甘宁青农业试验场的详细发展计划,并附有《国立西北农业专科学校甘宁青三省筹设农业试验场调查办法大纲》。该著材料翔实,是研究西北农牧史的重要专业文献。

黎锦熙之《方志今议》

黎锦熙(1890—1978),字劭西,湖南湘潭人。中国近现代颇负盛名的语言文字学家、文字改革家、教育家、方志学家、社会活动家。1911年毕业于湖南优级师范学堂史地部,1915年被教育部聘为教科书特约编纂员,力主国语统一,言文一致。1920年后,先后在北京高等师范、北京女子师范大学、北京大学、燕京大学国文系任教。抗日战争爆发后,黎锦熙随北平师范大学内迁来到陕南汉中城固,先后担任国立西北联大、国立西北师范学院、国立西北大学中文系主任,主讲"新著国语文法""书目举要""宋元明思想""音韵学""修辞学"等课程。抗日战争胜利后,为民主科学社更名为"九三学社"的重要发起人之一;1948年回到北京,任北平师范大学文学院院长兼国文系主任,兼任《中国大辞典》编纂处总主任、总编纂;1949年,与吴玉章、马叙伦等组建中国文字改革协会,任理事会副主席;1955年被聘为中国科学院哲学社会科学部委员。

黎锦熙从事语文教学及多领域研究工作达七十年,于语言学、文字学、语法学、修辞学、史学、地学、教育学、目录学、方志学、佛学等多个领域,都有颇深造诣,出版研究专著三十余部,发表研究论文三百余篇,俨然学术大家。1978年3月,他因病在北京辞世。著名语言学家周有光先生评价他道:"黎锦熙先生是语文现代化的先驱和导师。他在语言学方面有许多贡献。他与众不同的地方是,他不仅重视语言学理论的研究,更加重视人民语言生活的现代化,认为这是整个国家现代化的必备条件。"① 不仅如此,黎锦熙先生还是促进中国传统方志理论完成现代转型的方志理论大家与亲力亲为的著名实践者。

《方志今议》是现代著名语言学家、大师级学术泰斗黎锦熙先生撰写于20世纪30年代末期方志学领域的巨椽之作,此部著作缘于黎锦熙先生学术生涯的偶然与人生历程的必然。如果不是因抗日战争及他来到汉中城固,《方志今议》能否成篇,未尝可知,但历史的洪流迫使他与天汉大地结缘,这里成就了他作为方志学家的历史地位。"一日,唐君谓我曰:'长为食客,且奈何?',我应之曰'无已,其修志乎!'"②

---

① 周有光:《百岁新稿》,北京:生活·读书·新知三联书店,2005年,第172页。
② 黎锦熙:《方志今议·序》,长沙:商务印书馆,1940年,第1页。

一位学人对于城固人民的感念之情，跃然纸上，同时他还认识到"抗战建国！我以为文化界中人要真正负起责任来，第一步工作，就在给所在的地方修县志"，这是文化人的责任与历史使命。在他与黄国璋教授的倡导下，城固县政府随即成立了"城固续修县志委员会"，《陕西城固县教育概况》载，他为此还成立了"文献委员会"，查访旧志，"负责本县文献材料之调查、征集、保存及汇编备查并刊行各事宜"①。为寻访旧志，《嘉靖城固县志校注》一书中辑有张叔亮先生的一段文字："此志系明嘉靖四十五年知县杨守正、邑举人胡琏修成进呈之本。旧藏明清大内，入民国由故宫博物院移送北平图书馆收藏，国难后辗转运至香港，二十八年十月因黎劭西先生之函托，承馆中钞录寄来，钞费六元二角。"②受"城固续修县志委员会"委托，黎锦熙负责起草、编写了《城固县志续修工作方案》，经过进一步修改、订正后定名为《方志今议》，由抗日战争期间迁往长沙南正路的商务印书馆于1940年7月正式出版。其文稿于1938年11月开始在《西北联大校刊》上陆续刊载。黎锦熙对于现代方志编修有着这样的认识高度："国中一切旧有新修之方志，关于山川纪述，概无科学之基础与方法；今若尤不改良，殊失修志之现代性。"③注重方志理论与实践之"现代性"为黎锦熙先生的学术追求，并身体力行。

方志编修包罗万象，内容庞杂；纲举目张，条分缕析，科学构架，宏观总览，甚为至要。《方志今议》作为《续修城固县志》之总纲和基础方案，分为：①"序"篇，他在批判性总结章学诚方志理论与编修方法的基础上，结合时代发展与学术进步，高屋建瓴地提出了自己的全新的方志理论与思想，分别为"建议因缘""先明三术""次立两标""次广四用""终破四障"，阐明立论前提与基础，提出了续修县志三原则，即"续""补""创"，以及"地志之历史化、历史之地志化"的著名论断，此部分作为立论的核心部分，少则不足500字，多则不满3000字，真可谓惜墨如金，但这并没有丝毫影响理论与思想的充分表达；②全志之总纲，凡三篇，即疆域总图、大事年表、建制沿革志；③关于自然方面者，凡六篇，即地质志、气候志、地形志、水文志、土壤志、生物志；④关于经济方面者，凡六篇，即人口志、农矿志、工商志、交通志、水利志、合作志；⑤关于政治方面者，凡七篇，即吏治志、财政志、军警志、自治保甲志、党务志、卫生志、司法志；⑥关于文化方面者，凡八篇，即教育志、宗教祠祀志、古迹古物志、氏族志、风俗志、方言风谣志、人物志、艺文志；附二种，即本县文征、本县丛录。全书逾6万言。《方志今议》乃发现代方志思想之新论，开现代方志编修之新局。黎氏方志理论的新，首推创新理论与实践，再就是十

---

① 城固县教育局：《陕西城固县教育概况》，城固：前驱印刷厂刊印，1940年，第105页。
② 穆育人：《嘉靖城固县志校注》，西安：西北大学出版社，1995年，第166页。
③ 黎锦熙：《方志今议》，北京：商务印书馆，1940年，第21页。

分关注现代自然科学进展,并将科学考察及研究成果纳入现代方志续编视野。宏观起例,杂芜探珠,锱铢必较,察微至细,见微知著,更显黎氏思维之缜密、价值判断之高超和学术功力之厚重。这不仅是一部短小精悍、内容丰富的学术著作,也是在那抗战建国艰难时期因缘分而留给城固以及汉中人民的一笔宝贵精神财富和文化遗产,弥足珍贵。

当年汇集了西北联大大批学者从事修纂《城固县志》这一文化基础工程,亦可谓盛况空前,无出其右,遗憾的是,由方志大家黎锦熙主撰、西北联大众多学者参与的《城固县志》这一重大文化工程由于复杂的历史原因功亏一篑,并未告竣,大部分文稿毁于"文化大革命",在汉中市档案馆仅留下小部分初稿,不能不说是本区域错失历史机缘之天大憾事与社会文化事业建设的重大损失。但《方志今议》保存了《城固续修县志》的主体结构、编辑体例及城固县域的文史资料及其资料线索,在这个意义上,《方志今议》不仅具有方志理论价值,更具地域历史文化价值。黎锦熙依照《方志今议》的理论、方法,于1944年前,成功主持了陕西省《黄陵县志》《宜州县志》《洛川县志》《同官县志》的编纂工作,时任陕西省政府主席的邵力子对黎氏之《方志今议》及其修志社会实践活动给予高度评价:"不仅依次续编,而民应时创格,实已踏入科学方法的途径,而富有时代精神的特色,这是更值得赞美的。"[1]不仅如此,《方志今议》还对地域历史文化研究具有重要的理论与方法论的指导意义。

《方志今议》自1940年出版后,曾多次重版刊印或影印,1946年8月商务印书馆重印,1982年10月中国展望出版社出版影印版;1984年1月岳麓书社将《方志今议》与甘鹏云《方志商》合辑为《方志学两种》,整理出版,朱士嘉为之序;1990年上海书店出版编辑《民国丛书》(第二编),将《方志今议》与瞿宣颖之《方志考稿》合辑影印出版,序号为02081。

城固县教育局之《陕西城固县教育概况》

西北联大汉中办学,其办学主体主要集中于城固县城与汉江南岸之古路坝。西北联大极大地促进了汉中尤其是城固地方教育事业的发展,在城固县建立起了从幼稚园至大学本科教育与硕士培养的完整教育体系。20世纪40年代初,城固县教育局所编辑的《陕西城固县教育概况》,不仅以"志"的方式梳理与记录了清末民初至该书成书三十余年城固县基础教育与教育体制的嬗变轨迹与发展脉络,尤其详于抗日战争初期;而且该书最后部分还较为翔实地记录了国立西北大学、国立西北师范学院与国立

---

[1] 余正东修、吴致勋:《黄陵县志·邵力子序》,《中国地方志集成·陕西府县志辑》(第49册),南京:凤凰出版社,2007年,第101页。

工学院以及外迁中学在城固的办学情况。故《陕西城固县教育概况》是中国教育史上的重要难得文献。

《陕西城固县教育概况》全书包括目次、名人题词、时任国立西北大学校长胡庶华序与时任西北师范学院教育系主任李建勋序及该书编著者之一余元章序，书名由时任国民政府教育部部长陈立夫题写，该著目录与序文之间分别有时任国民政府监察院院长于右任、陕西省教育厅厅长王捷三、陕西省临时参议会议长宋联奎、西北农学院院长周伯敏、西北工学院院长赖琏、西北师范学院院长李蒸、西北师范学院教务主任黎锦熙、城固县县长丁耀中的书法题词，价值连城。全书主体内容共分八章，章的题名缺"章"字，各章章序表述为"第几"，卷末为该书另一编著者郑勋丞撰文的"编后"，介绍了《陕西城固县教育概况》编著缘由与过程，全书"约十万余言"。有关西北联大分立发展初期的相关史料集中分布于"第八（章）移来学校及文化团体"中，着重介绍了国立西北大学、国立西北师范学院、国立西北工学院等校的发展沿革、行政组织、院系设置、知名教授履历与科研成果（著述）、学生校园活动、毕业生就业情况、实验与教学条件、学术研究、办学特色、本校将来发展计划，尤以国立西北师范学院、国立西北大学着墨甚丰。需要特别说明的是，"第八（章）移来学校及文化团体"作为全书主体内容的有机组成部分，但在页码编排上没有统一排序，其内容的文本页码独立编排为一至四十一页，这种页码编排方式不应该是疏忽，而应该是有意为之，且有一定历史蕴意的。该书无版权页，在封底的左下角署"陕西城固小西门外，前驱印刷厂第一厂印"，于1940年10月印刷成书。

《陕西城固县教育概况》的序文共三篇，除时任城固县教育局局长的该书编著者之一余元章撰写的序外，另两篇序文皆为西北联大知名学者所撰，分别为时任国立西北大学校长的胡庶华与时任西北师范学院教育系主任李建勋。两篇序文都对《陕西城固县教育概况》及时任教育局局长余元章给予了高度的评价。胡庶华在序言中评价道："余君元章为绩学之士，长城固教育局已逾二载，余常见其勤勤恳恳，以发展本县教育为务，心仪久之。今以其所编《城固县教育概况》，问序于余。余惟抗战以来，西北高等教育均集中于城固一邑，又有地方贤明、当局提携，上无怪乎各级学校之蓬蓬勃勃，为西北各县冠也。《传》曰：'莫为之前，虽美弗彰；莫为之后，虽盛弗传'。今后城固之文化与教育，当极继往开来之盛，将于抗战建国中放一异彩，此其左券也欤。"李建勋的序文则这样写道："城固县余教育局长元章有鉴于斯，毅然以编辑《城固县教育概况》自任，费时约一年，卒成是册，不特城固县公私之教育文化机关及其办理情形，尽包在内，而外方移来之文化团体，亦搜罗无遗，可谓洋洋大观矣。"

《陕西城固县教育概况》创编于抗日战争时期，实具教育志书的文献功效，当时的城固县教育格局与体系进行了宏观、微观多个层面的梳理，对于我们今天研究民国时期的教育状况、教育管理体制以及演进轨迹等，更具难得的文献价值。近年来，西北联大渐成知识界、学界关注的研究热点。该书创编于西北联大分离、发展的重要时期，在该著的"第八（章）移来学校及文化团体"中不仅对国立西北大学、国立西北师范学院、国立西北工学院的沿革、办学规模、知名教授履历、学生数有着较为客观的叙述，还对当年三校的办学特色与优势、学生的精神风貌进行了客观记录和深入论述，尤其是着重详述了国立西北师范学院的"训导制度""师大精神"等。当年西北联大教授身体力行，对于促进城固县初等教育发展给予了很大的支持，如1939年12月，城固县举行各小学成绩竞赛大会，胡庶华、李蒸、赖琏、黎锦熙、孙一青等分别作为各科展览、作文比赛、算数自然社会测验、演讲、音乐等分组的评委出席大会，其间，国立西北师范学院劳作专修科孙一青教授在大会上做了"城固全县小学各科成绩竞赛会劳作科成绩品总评"的主旨演讲，国立西北师范学院劳作专修科讲师龙博珊为大会出具了《城固全小学美术成绩展览会评判书》，可谓盛况空前！可见当年城固县初等教育与高等教育有机融合的程度。因此，该著为时下西北联大研究提供了具有重要参考价值的罕见研究史料。以地域文化的视角来看，《陕西城固县教育概况》更是价值不菲。时任国立西北大学校长胡庶华先生在为《陕西城固县教育概况》所作的序中，对城固县历史文化做出了这样的评价："西北为吾国文化之摇篮，而陕西城固乃古文化之奥区，人才蔚起，汉代尤盛，若拓边之张博望，其最著者。"该著以"教育环境"开篇，匠心独具，通过简要勾勒城固之历史沿革、地势与面积、山脉、河流、气候、物产、交通、人口、民性及贤达等，旨在揭示本邑优越的教育与办学条件，与其文化力的创造、储养及优越环境。周伯敏在题词中评价道："斯编以地方环境为引端，而纪述备綦周详。具见余页，莅事职方，其收效宏而著绩伟，良有以也。"

《陕西城固县教育概况》还是一部被湮没的民国时期重要教育文献，经查阅1994年2月出版的《城固县志》、2005年出版的《汉中地区志》、2000年5月出版的《陕西省志·著述志》与2009年12月出版的《陕西省志·教育志》等文献，均未获得有关此文献的著录信息。1982年7月，由中央教育科学研究所图书资料室编辑的《解放前出版的教育图书目录》一书将《陕西城固县教育概况》作为文献题录收录其中，该书前言指出："这批教育方面的书籍，都是全国解放以前出版，为本所图书资料室图书馆馆藏的。"[①]由此说明，中央教育科学研究所图书资料室图书馆收藏有《陕西城固县教育概况》。我们在"读秀学术搜索"网站检索《陕西城固县教育概况》，无果；近年来，我们多次在"中国知网"数据库中，以"陕西城固教育概况"为检索词，通过

---

① 中央教育科学研究所图书资料室：《解放前出版的教育图书目录》，内部资料，1982年，第1页。

"参考文献"的检索途径进行反复检索,均未检索出此文献被参考与利用的结果,通过电话寻访西北大学、北京师范大学、西北师范大学等与原西北联大相关联大学图书馆联系,均未收藏此著,故我们推断,《陕西城固县教育概况》存世量仅几册,分别为中央教育科学研究所图书资料室图书馆、城固县档案馆与博物馆等单位收藏,此著为张显锋同志于2014年3月在陕西城固县档案馆进行地方文献调研工作中发现的。

20世纪30年代末至40年代初,陕西城固的教育事业获得了巨大的发展,一方面源于平津地区的知名高校与中等学校迁入的外力作用的巨大推动,另一方面当时的县政府及教育局对教育的重视与教育文化的自觉,此乃内因。外迁学校与当地教育的有机融合,开创了这一历史时期城固县教育的新局面,"则城固教育之突飞猛进概可知矣"。这一局面的开创,时任城固县教育局长的余元章功不可没,他二十七岁执掌教育,《陕西城固县教育概况》编撰告竣时,他时年三十余,乃而立之年,可他深谋远功,未雨绸缪,"但分析言之,则高等教育机构,若大学,若学院,全系临时移植,此诚抗战期间之特殊情形。抗战结束以后,倘移来者一旦移去,则本县教育机构立现缺隙,而求学青年恐亦因之发生问题,故今后地方人士,应如何设法永远保留移来教育机关之全部或一部,应如何筹措本县教育自力扩张与充实以免进锐退速之虞,此不可不深思熟计,以求合理之解决者"。作为个体,他只有呼吁之力,但难以左右历史的进程与社会之变迁。可由他擘画筹谋,编辑《陕西城固县教育概况》并刊印成册,实属功莫大焉!

由张显锋、张西虎整理的《陕西城固县教育概况》,三秦出版社于2020年5月出版发行。

魏席儒之《陕西省第六区经济建设五年计划》

魏席儒(1893—1944),号尚斌,湖北汉阳柏泉乡人。早年就读于汉阳商业学校,后投笔从戎,参加辛亥革命,毕业于保定军官学校第四期。曾参加北伐战争,历任连长、营长、团长,后晋升为国民革命军第十九路军旅长,在上海"一·二八"抗击日军战役中,英勇抗战,获军功,擢升为重庆行辕中将高参,1935年调往陕南安康工作;抗日战争爆发后,参与筹组国民党庐山军官训练团,出任政治组教官,研究抗日战争的战略问题,其间曾出任湖北省民政厅秘书长。1938年9月,被调任陕西省第六区(汉中)行政督察专员兼保安司令,10月到任,在各县考察结束后,亲自拟定《陕西省第六区各县战时县政中心工作纲要》,召集中央、省与地方各农矿、水利、工商、金融、合作、技术等机关学校团体及各县士绅,于1939年5月组建了"第六区战时生产事业促进委员会",共同研讨汉中社会经济发展,进行经济调查与统计,广泛罗织建设人才,开办各类生产技术短训班等,他在汉中还积极安置流民与流亡于汉中的大专院校及各中学，注重团结坚持抗日的共产党人士，其秘书就是中共党员；还尤其注重汉中农业发展，开办陕西省第六区"农林讲习班"及农场，培养农林人才，他本人身体力行，时常在郊外考察农田水利建设，1943年冬，积劳成疾，不愿公费治疗，自己寻访偏方治病，贻误治疗辞世，时年51岁，身后并无积蓄，生前好友邵力子报请国民政府才得以安排其后事。

经济建设五年计划，此社会经济发展思想与社会经济发展体制最早源于20世纪20年代的苏联，其第一个五年计划是1928—1932年，苏联为摆脱自身落后的农业国面貌而实行的大规模有计划的全面的社会主义建设，第一个五年计划的顺利完成，使苏联开始由农业国转型为工业国，初步建起了独立的比较完整的国民经济体系，为实现社会主义工业化奠定了物质基础，在世界范围内产生了深远影响，其成功实践，无疑对民国时期的国民政府也产生了效仿此方法的外在动因。蒋鼎文在为《陕西省第六区经济建设五年计划》一书所作的序文中明确指出："自苏联以五年程建设，踵之再三，皆获成就，国力日增，国基日固，世乃重所谓计划经济。"1941年，他在"整理吏治、保甲、团队、财政、教育、建设、兵役、禁烟诸端，粗具规模，地方于以安宁，人心日趋正规"后，延聘西北联大等多位专家教授参与指导，"爰就本区各县经济环境及需要情形，拟定本区经济建设五年计划"。

《陕西省第六区经济建设五年计划》全书分为两编，第一编"经济建设之缘起及一般概况"为对汉中社会经济现实状况的分析与调查，附各类调查统计表六十余幅，该编又分为四章，分别为第一章"绪论"，第二章"本区倡导经济建设之经过"，第三章"本区一般的情况"，第四章"本区经济的现状"；第二编为"本区经济建设五年计划"，共三章，附各领域"计划进度表"三十多幅，分别为第一章"经济建设计划之期望及其实施"，第二章"经济建设计划内容"分别从交通、水利、农林、工业、商业、财政金融、合作、矿冶、卫生等九个方面编列发展计划，并相应编列各计划进度表，第三章"结论"。该计划的形成与编制，注重前期社会调查，并聘请当时汉中各高等院校著名教授及国家、省驻汉各领域专家及技术人员给予指导，如国立西北工学院的赖琏、李荣梦、张伯声、辛庆鼎与国立西北大学的曹国卿、沈筱宋等教授，中国工业合作协会南郑办事处主任侯栽菊，中央农产促进委员会金陵大学南郑农业推广所主任蒋阴松，陕西省褒惠渠工程师陈之颙，著名农学家、黎坪垦区管理局局长安汉，陕西省财政厅财务督导员吴泽，南郑职业学校校长赵葆如等，保证了该计划的编制质量。《陕西省第六区经济建设五年计划》刊行于1941年，在当时的国内颇具影响，陈济棠、熊斌、祝绍周、彭昭贤、王德溥、周介春、孙绍宗、王捷三、刘治洲、李志刚等名人分别为该书的刊行题字祝贺。《陕西省第六区经济建设五年计划》编制完成后，对各县等地方政府不仅具有指导意义，该计划刊印颁行后，还特别重视执行，带有政府官方的约束与督察之力，在该书最后的"注意"中特别指出："各县对于本计划之实施,应逐年拟具详细方案,分别实施,至年终时,加以检讨,编具报告书呈报备核,如各机关负责人员有更调时,须将此计划及其实施情形,专案移交,会呈备查。"《陕西省第六区经济建设五年计划》一书辑于张妍、孙燕京主编的大型丛书《民国史料丛刊》之第354分册中,2009年2月由大象出版社出版。

民国时期之汉中,为中国抗战建国重要战略大后方之一,民国政府重视汉中的社会经济发展,魏席儒先生顺应时代要求,结合汉中实际情况,深入开展社会经济调查研究,效仿苏联五年计划之编制,编订完成《陕西省第六区经济建设五年计划》,于民国时期汉中社会经济之全面建设与发展,具有进步意义。"五年计划"既是一种社会经济事业规划与治理之策,其本身具有战略意义,可以持续推进一国、一地区社会事业之进步与发展,中华人民共和国成立后各个历史时期之"五年计划"及其实施,便是明证。在此意义上,《陕西省第六区经济建设五年计划》应该是汉中历史上第一部"经济建设五年计划",不仅具有地域经济史之文献与史料价值,其本身还具有汉中地域社会经济文化价值,实属难得文献。

黎琴南之《全县经济调查报告书》

黎琴南(1904—1972),名光霁,字晴岚,宁羌(强)县城北关人,出生仕宦家庭,早年曾入复旦大学就读,五四运动中,从事新文化、新思想的传播工作,1924年于上海复旦公学文史系肄业,同年加入中国共产主义青年团;1926年经雷晋笙、吕佑乾介绍,在西安正式加入中国共产党,曾任《陕西民国日报》社编辑;1927年春,任国民联军住陕总部政治宣传团主任、国民党西安市党部执行委员兼宣传部长;同年7月受党中央委派前往河南郑州工作,领导党的革命事业,他将父亲让他上缴河南省财政厅的一笔巨款充作革命活动经费;1928年任中共河南省委常委、省委机关报《猛攻》编委会主任,兼任豫中特委书记,同年夏,任中共河南省临时省委书记;1929年党中央派遣黎琴南远赴莫斯科,在中国共产主义者劳动大学研习农业经济,1930年转入列宁学院学习,因托派问题,受王明路线打击,赴德国柏林大学经济研究院攻读硕士学位,1931年回国,与中共党组织失去联系;"西安事变"后,以无党派民主人士身份,被国民政府聘为重庆军事政治设计院设计委员。1940年初,黎琴南返回宁羌县,1941年,参加宁羌县"全县经济调查团",全域考察宁强县经济状况,完成《全县经济调查报告书》,凡十万余言,为民国时期汉中区域内县域社会经济唯一著述;1942年,组织兴建宁强中学,聘任名师来此指教,还兴办了"蟠冢制革厂""裕南造纸厂",造福乡梓,为宁强县工业起步奠定了基础,事功灿然。1945年初,宁强县组建临时参议会,黎琴南任议长,积极参与汉中飞机场建设事宜,后因中共党员身份之嫌疑,为当局所忌,辞去议长之职。1946年,他在《西安报》撰文揭露宁强县选举弊案，触怒当局，遭受通缉，便远赴香港，在达德、拔萃两学院任教授；中华人民共和国成立后，欣然回国，先在北京华北革命大学学习，1950年任西北农学院农经系教授。1954年，因托派问题被判刑八年，1957年因病假释，"文化大革命"时期遭受摧残，1972年病逝于上海。1987年，最高人民法院宣布撤销原判决，平冤昭雪，恢复名誉。

《全县经济调查报告书》为宁强县响应陕西省第六区（汉中）编制经济建设五年计划背景下成书的，也是20世纪40年代汉中各县唯一付梓成册的县域经济建设规划类文献。1942年宁强县政府邀集黎琴南、姚化晴、刘绍、邹桐士诸先生组成宁强县经济调查团，自是年8月始，历时3月，对全县农林、畜牧、水利、交通、地质、矿冶、工商等领域进行全面考察。时任宁强县县长王孟周在为该书撰写的序中叙述道："爰于三十一年六月县行政会议，揭橥教养为施政中心。并遵总裁'国民经济建设运动'，及本区专署所颁《经济建设五年计划》之原则，询集众谟，就本县实际需要，订定本县《经济建设五年计划》……乃邀集姚化晴、刘绍、邹桐士、黎琴南诸先生，组织经济调查团，各就所学，分负交通、农林、畜牧、水利、地质、矿业、工商等项考察之责……归来，举凡兴革之宜，各抒所见，详草报告，由黎琴南先生汇编成册。"①该著既详记本县的经济、自然现状，又简要追溯历史渊源。卷首依次辑录了国民党鄂陕甘边区警备司令祝绍周、陕西省第六区督察专员兼保安司令魏席儒及宁强县长王孟周的序文；正文十章，第一章"缘起"简述了宁强县之重要区域地理位置、行政建制沿革及此次调查活动开展之成因；第二章"行程"按照调查活动日程，简要记述每一日之行程与开展调查工作概述，提出玉带河为"汉水之源"说；第三章"地形地质及气候"介绍了宁强县的地质构造、地貌景观、河流水系、常年气候与降雨量，以及宁强历史上之灾变资料综述；第四章"土壤及田地分布概况"概述了宁强县土壤类属、田地分布状况，以及土地利用与耕作方式之改进方法；第五章"水利交通"概述了宁强水利灌溉存在问题与渠道整修规划，现有交通格局及存在问题，改修全线道路及支线布局等；第六章"农林畜牧及一般农村副业"概述了宁强县农作物种类，以及果品、药材、山货与远销市场等，森林分布与林木种类，畜产养殖与农村副业，尤其提出了设立农业改进机构之迫切性；第七章"工艺矿业"概述了宁强县城市手工业、工场手工业、乡村家庭手工业之现状与分布，矿产资源种类与主要矿区的县域分布，提出了县域工矿业之发展趋势；第八章"商业市场及金融财政概况"概述了宁强县各商业市场之分布，商品交易种类与货物流通，金融落后之状况，以及地方财政状况等；第九章"人口分布及文化教育概况"概述了县域人口分布、人口来源、社会风气所导致的

---

① 黎琴南，宋文富校注：《全县经济调查报告书校注》，北京：华夏出版社，2006年，第6、7页。

社会衰落之现状、人口增殖及存在问题、学校教育与社会教育等；第十章"总论"提出县域经济发展之道，"经济建设与人民之教养，必须同时并进，不容或有偏废也"之认识与考察研究结论。该著附录有《宁强县经济建设五年计划纲要》（三十一年[1942]六月经县行政会议通过）、《宁强县经济建设实施方案》与《整理玉带河水利计划书》，以及"全县道路里程表"附表等十五，"全县地形河流及胜迹图"等附图五，卷末附校注者"编后记"一篇。

该著虽名为报告书，然颇具方志特色，民国三十二年（1943）一月成稿，三十四年（1945）四月刊行，全书近十余万字。当代宁强县文史专家宋文富先生对该著进行了点校，即《全县经济调查报告书校注》，辑于《宁羌州志校注集》中，2006年5月由华夏出版社出版。《全县经济调查报告书》是民国时期汉中区域内唯一一部成功刊印，并较为完备的县域社会经济调查报告书，也是宁强县第一部运用现代科学理论与技术方法，经过艰辛实地勘查而编写完成的方志性著述，述之有理，记之有考，考之有据，言简意赅，文体雅重，难能可贵的是，其不乏创新见地，县域经济调查研究之学术价值与地域文化价值兼具。

王德基、陈恩凤、薛贻源、刘培桐之《汉中盆地地理考察报告》

王德基（1909—1968），原名王恩增，湖南慈利县人。我国近现代区域地理学的开拓者，著名地理学家、地貌学家。1934年毕业于中央大学地理系，1936年考取洪堡奖学金，师从费思孟（Horrmann Von Wissmann）教授，专攻气候学、地质地貌学，其间注重对欧洲地质构造、冰川沉积及河流地貌等的野外考察，1940年完成博士论文《中国全年干湿期及降雪期持续日数》，颇受好评并获博士学位。回国后，进入中国地理研究所工作，作为首席科学家，主持并完成了汉中盆地地理科学考察工作；1946年秋，筹建兰州大学地理系；在兰州大学工作期间，他在黄河中上游大型水库坝址勘测、腾格里沙漠自然地理、小流域水土保持勘测制图、甘肃省地貌与农业区划、河西地区草原调查、兰州市土地利用等领域做出了开拓性的学术研究贡献。不幸的是，王德基在"文化大革命"期间的1968年遭受迫害致死。

陈恩凤（1910—2008），江苏句容人，我国杰出的土壤学科学家、教育家和社会活动家，是我国土壤学学科主要奠基人之一。1933年毕业于金陵大学，并被学校推荐到中央地质调查所土壤研究室任调查员，在美籍专家指导下从事土壤调查工作。1935年赴德国留学，在克尼堡大学研究院攻读土壤肥力学，1938年春获理学博士学位。1940年转入设在重庆北碚的中国地理研究所，任副研究员，从事土壤地理研究，在汉中盆地地理科学考察工作中，他与刘培桐主要负责土壤调查、分类及科学数据测定；在返回重庆北碚途中，沿途进行土壤调查，完成《汉渝公路中段暨渠江流域之土壤与土地利用》这一科学考察研究论文。1943年8月受聘复旦大学任教授，任农艺系主任。1957年任沈阳农学院副院长，1978年任院长。陈恩凤先生长期从事土壤科学研究，在土壤地理、盐碱土改良和土壤肥力等方面取得了丰硕的研究成果，为我国土壤学科在国际上学术地位的提高做出了重要贡献。

薛贻源（1913—1957），字渊于，1913年生于福建屏南县双溪村。1936年考入北平师范大学地理系，1940年6月毕业于西北师范学院史地系，大学学习期间，师从黄国璋等著名教授，在大学本科阶段，薛贻源在严格训练下，具备了相当的科学研究能力，他在黄国璋先生的教导下，对经济地理产生了兴趣。1938年春，正值他的大学二年级，随平津高校内迁来陕西城固县城，并对县城附近的湑水河五门堰灌溉系统产生了浓厚兴趣，并进行了多次实地考察，广泛收集材料，深入进行研究，他的毕业论文即为《陕南湑水河下游的灌溉与农业》。1940年夏接受了黄国璋先生的邀请，来到重庆北碚的中国地理研究所就职，担任了助理研究员。在汉中盆地地理科学考察工作中，他与王德基博士及黄绍鸣三人组成了"地理组"，开展地质、地形、人文及经济等工作内容的地理调查与科学考察工作，在长达七个月的科考活动中和后来的科学研究过程中，薛贻源做了大量的工作。1957年5月5日，薛贻源在北京市科联礼堂作《中华人民共和国的行政区划》学术报告时，突发脑溢血而英年早逝，此乃中国地理科学界的重大损失。

刘培桐（1916—1994），1916年12月出生，河南浚县人，1936年考入北平师范大学地理系，1938年3月底，随校迁至陕南的西北联大就读，1940年6月毕业于国立西北大学地质地理系，他的毕业论文为《十八里铺——陕南的一个重要商镇》。毕业后，受聘于西北师范学院史地系任助教。不久后，他被调往中国地理研究所工作，被聘为助理研究员。在汉中盆地地理科学考察工作中，刘培桐是核心成员，他与土壤学家陈恩凤组成土壤组，协助其开展对汉中盆地土壤的调查、科学分析及相关研究工作。后来，他长期从事土壤地理学、化学地理学、环境地学和环境科学的研究与教学工作，他在1962年召开的全国陆地水文学会议上提出"应及早防治由于工农业生产的发展，对地表水环境的污染问题"，他的学术思想、研究成果和教学方法对中国环境科学的发展起到了重要的指导作用。

《汉中盆地地理考察报告》为王德基、陈恩凤、薛贻源与刘培桐完成汉中盆地地理科学考察后形成的一部重要的科学文献。《汉中盆地地理考察报告》在前言中开宗明义地指出："本所成立后，即有分区实地考察之计划，尤以富有地理意义之自然区域最为适合，期于区域地理有所阐发。陕西南部秦岭巴山之间，汉水上游之汉中盆地，四面环山，众流归汉，既为山区居民经营活动之中心，又为沟通四川与西北之枢纽，诚为研究区域地理之良好园地。"1940年10月，汉中盆地考察队由地理、土壤两组组成，地理组由王德基、薛贻源等三人承担野外科考工作；土壤组由陈恩凤、刘培桐二人进行野外实地调查。汉中盆地科学考察的时间与科学考察过程,在《汉中盆地地理考察报告》的"序言"中有着较为完备的记述,1940年11月上旬,地理组的王德基、薛贻源等率先出发,徒步行至汉中;土壤组于12月中旬才从北碚出发;地理组于11月下旬抵达城固后,先行前往洋县、西乡一带做初步考察,野外工作三周,赶回城固与土壤组会合,该组已于1940年12月24日赶到城固,两组会合后,遂决定在城固设立科学考察工作站。经过近一周的休整后,1941年1月初,两组分组工作,同时出发,先赴城固北部,次及南郑、褒城、沔县北部,再至沔县、褒城、南郑、城固南部,然后东至洋县展开野外科考。土壤组于1941年3月20日重返城固,野外调查工作大致完毕,随后由城固西南行至西乡,略事调查,于4月初沿汉渝公路经镇巴、万源,徒步翻越大巴山,至宣汉、达县,沿渠江干流流域,经渠县广安抵合川,于29日返抵北碚。地理组于1941年4月中旬再次返回城固,23日赴西乡,留此县工作三周,在西乡的考查范围较广,西至柳树店、贯子山、钟家沟、骆家坝、龙池场一带,东达白河峡、茶镇、木竹坝、高川诸地,两次深入巴山,考察完竣后,5月12日从西乡县城出发,沿着土壤组返回线路越过大巴山入川,6月10日抵达北碚。汉中盆地科学考察活动自1940年11月上旬始,到1941年6月10日地理组返回北碚结束,为时长达七月余。

考察活动结束返回北碚后,研究工作随即展开,《汉中盆地地理考察报告地形篇》与《汉中盆地地理考察报告气候篇》分别成稿,最初于1943年12月在《地理专刊》第一号、第二号刊行(油印),被定为暂行本,署名作者为王德基、薛贻源。之后,相关研究工作并未止步,而是进行了深入研究与资料补充,最终完成的《汉中盆地地理考察报告》,于1946年11月再次刊发于《地理专刊》第三号(铅字本),文字篇幅增加,与此同时,将手绘地图单另结集成册,增加各类绘图多幅,《汉中盆地地理考察报告》文本结构及科学文献内容最终定型,署名著者为王德基、陈恩凤、薛贻源与刘培桐四位科学家。《汉中盆地地理考察报告》文本内容由"序言""自然背景""文化方景""地理区域"四部分构成。"序言"部分简要概述科学考察过程及主体各篇内容概要;"自然背景"篇章着重从地质、地形、水系、水文、气象、降水、气候区域、土壤及分类、植被等多个自然科学角度对汉中盆地及秦巴山地进行了系统而深入的科学研究;"文化方景"篇章,对汉中人口来源与分布、聚落分布与特性、城乡概貌、农业经济与物产、水陆交通格局、商业集镇分布及商品的输出与输入等,从历史文化的角度进行了分析、总结与探讨,于汉中区域历史文化价值巨大;"地理区域"篇章则从自然与人文地理角度,将汉中盆地及秦巴山地划分为四大区及九个副区,对盆地中心区、丘陵过渡区、秦巴边沿山地区及西乡坝子展开了系统的科学阐发。《汉中盆地地理考察报告》充分展现了区域特性、区域差异在科学研究方法上的重要学术价值与科学思想。在考察与研究过程中,科学家现场手绘了各种图表,达九十余幅,各类调查数据统计表四十多幅,尤其是十八里铺、城固东西原公、洋县马畅、南郑新集等集镇图，以及南郑、褒城、城固、沔县、西乡等县城图，于汉中具有很高的地域历史文化价值，文字与图、表交织，互为支撑、说明、印证，浑然一体。

规范而专业的测绘与图示表达，对于特定地理空间科学认识或科学揭示特定研究对象有极大作用，为现代地理科学研究的基本技术手段，也是其学术科学价值的体现。几年前，我们在整理出版《汉中盆地地理考察报告》时，曾对其第二篇"文化方景"的第三章"农业"所附"图五六B：养家河各堰灌溉图""图五六D：濂水河各堰灌溉图"两幅图右下方的空白处大为疑惑，不知何故？近年来，我们在见到原汉南水利局局长、工程师陈靖先生的《汉南水利谈》一文时才恍然大悟，基本可以确定，《汉中盆地地理考察报告图集》中的"图五六"组图非为考察科学家亲自测绘，而是直接借用了《汉南水利谈》一文的第四章"渠堰"中的测绘图，分别为"褒水及文水各堰灌溉图""堉水河各堰灌溉图""濂水河各堰灌溉图""冷水及南沙河各堰灌溉图""养家河各堰灌溉图""旧州黄沙河二河各堰灌溉图""溢水及灙水各堰灌溉图""西乡木马河支流各堰灌溉图"，共八幅，上面提及的两幅图的空白处，在陈靖的研究文献中是具有图示内容的，即"图五六B"空白处，在原图中为"班公芝枝二堰平面图"与"麻柳白马二堰平面图"，"图五六D"的空白处，在原图中为"山河堰平面图"与"五门堰平面图"。《汉中盆地地理考察报告图集》在使用这八幅灌溉图时，除删除了"图五六B"与"图五六D"的各堰平面图外，其他均未做大的修改与处理，就连图中的标识文字书体也几乎未变，少量图示线条与图例做了细小变化，另在灌溉图题名中，仅将原图中的"堉"字更改为"湑"。陈靖先生的《汉南水利谈》成稿于1933年12月，分别刊发于1934年的《水利月刊》第四期和连载于1934年的《陕西水利月刊》第一至五期，上述灌溉图仅刊发于《水利月刊》，《陕西水利月刊》则只刊发了文字内容。但《汉中盆地地理考察报告图集》在借用这组测绘图时，在第二篇"文化方景"第三章"农业"的"注释"中未提及《汉南水利谈》，《汉中盆地地理考察报告图集》的"图集目录"中的"测制者"一栏，将这批图的测绘者署名为刘培桐，也未见到参阅或使用《汉南水利谈》文字说明的任何痕迹。对这一问题厘定的学术意义在于，学术研究的客观公正性应予以维护，同时，以此观察，再次说明学术积淀与学术传承在地域文化研究和科学事业发展中的重要性。虽有此瑕疵，但不影响其作为民国时期区域地理研究的经典著作的学术地位。本次地理考察基本以汉中盆地为中心展开，也涉及了与盆地地理单元紧密衔接的秦巴山地之自然与人文，而对于汉江流域之外的嘉陵江流域未曾关注与涉及，从汉中所辖行政区域角度观之，宁羌考察及文本呈现内容相对薄弱，略阳县更是阙如，这一缺憾在同期展开的嘉陵江流域地理考察及《嘉陵江流域地理考察报告》文献中得到了很好的弥补，请参阅下面李承三、林超等之《嘉陵江流域地理考察报告》的相关对比性讨论内容，此不赘述。

《汉中盆地地理考察报告》刊发后,著名地理学家徐近之先生在《抗战期间我国之重要地理工作》一文中将评价其"为国内区域地理之空前伟著耳……吾国完全区域地理学之第一种"①。是一部不可多得的区域地理著作,并把它作为抗日战争时期我国地理研究的重要学术成就之一,向国内外学术界进行大力推介和宣传。中国当代地学史知名学者张九辰对本《报告》也给予了高度评价,赞誉其为"优秀的专区地理研究论著"。作为一次重要的科学考察研究成果,在其后的学术界以及有关汉中盆地、秦巴山地的相关研究进程中,具有着重大科学价值和深远影响,诸如"汉江河谷的地貌及其发育史"之研究,《汉中地区地理志》《城固县志》等地方志编修,《秦岭水文地理》之研究等大多汲取了《汉中盆地地理考察报告》的研究成果和科学养分。"从哪里来?到哪里去?"这是人类共同面临的哲学式问题,如果站在八十年前的时间节点上,《汉中盆地地理考察报告》给予了汉中人民科学的回答。《汉中盆地地理考察报告》是中国早期科学家们留给天汉大地的一笔弥足珍贵的科学文化资源,其实事求是的科学精神,以及自然科学与人文社会科学有机结合的探微知著的研究方法,为汉中留下了一笔丰厚的科学文化遗产,值得挖掘和充分利用。

《汉中盆地地理考察报告》凡二十余万言,张西虎、张显锋、熊黎明对《汉中盆地地理考察报告》进行了点校整理,2016年12月由三秦出版社出版发行。该文献整理成果,2018年第5期《地理学报》予以了学术报道,即《〈汉中盆地地理考察报告〉评介》。

李承三、林超等之《嘉陵江流域地理考察报告》

李承三(1899—1967),号继五,河北涉县人。1928年毕业于河南大学地质系,1936年在德国获柏林大学博士学位。历任中央大学、重庆大学、中山大学、成都地质学院教授,先后担任重庆大学地质系主任、中国地理研究所代所长、成都地质学院教务长,以及中国地质学会多届理事,为我国著名地质地理学家、教育家,中国区域地质地理、矿产地质调查与第四纪冰川地质研究、中国河流地貌研究之重要开拓者,为中国区域地质地理研究及专业人才培养做出了较大贡献。1940年10月,中国地理研究所组建了嘉陵江流域地理考察团,分自然地理与人生地理两组,李承三与林超分任正副团长,进行了为期八个多月的区域地理科学考察活动,取得了丰硕的科学考察成果,即《嘉陵江流域地理考察报告》,李承三先生科学系统地总结了嘉陵江河谷曲流的地质地理发育条件及其演化规律,测绘制作了中国第一幅河流地貌图,这是一项开创性的基础研究工作,他是我国河流地貌学的奠基人。他在后来的研究工作中,还对

---

① 徐近之:《抗战期间我国之重要地理工作》,《地理学报》1947年第14卷合刊本。

中国广州、海南、台湾及西南、西北等的区域地质地理、矿产地质、第四纪冰川地质地貌研究做了大量的卓有成效的工作；1956年我国颁布了第一个科学技术发展规划《1956—1967年科学技术发展远景规划》，李承三先生参与了该规划的编制工作。

林超（1909—1991），字伯超，广东揭阳人。中国现代人文地理学之开拓者，综合自然地理学奠基人、地理学家、地理教育家。1930年毕业于中山大学地质地理系，1934年赴英国留学，师从著名地理学家罗士培（P. Roxby），1938年获利物浦大学地理学博士学位。回国后，相继担任中山大学地理系主任、教授，西南联大、复旦大学与金陵女子大学教授。1940年在重庆北碚参与中国地理研究所的筹建工作，先后为副研究员、研究员以及人文地理研究组组长，继黄国璋、李承三之后被任命为中国地理研究所所长。抗日战争期间，林超先生领导了四川盆地、嘉陵江流域、大巴山、新疆北部等区域地理科学考察，尤其是《嘉陵江流域地理考察报告》所取得的人文地理研究成果被誉为"抗战时期中国地理学的代表之作"。1949年代表中国赴葡萄牙申请加入国际地理学联合会。中华人民共和国成立后历任清华大学、北京大学教授，在综合自然地理、地理学理论概括、土地类型研究、中国地理学史、地名学研究、中外地理学交流等诸多领域贡献卓越；中华人民共和国成立初，林超先生还参加了汉江流域地理调查工作。

嘉陵江流域野外地质地理科学考察，与汉中盆地地理科学考察同期展开，始于1940年11月初，历时八个多月，后经五年多的深入研究，其考察成果为《嘉陵江流域地理考察报告》，分上、下卷，上卷为自然地理考察研究成果，下卷为该区域人文地理考察研究成果，于1946年1月刊发于《地理专刊》（第一号）。该文献有李承三所撰之"序"文，总体介绍了此次考察之背景、区域及所获科学考察成果。

《嘉陵江流域地理考察报告》之上卷，汇集了该次自然地理组的科学考察成果，即嘉陵江流域地质、地貌及其自然地理之科学报告，上卷开篇之"绪言"，较为详细地记述了本组考察区域、行程与报告形成及编写责任者等："本团于二十九年十一月一日由北碚出发，翌年七月十四日返所，总计费时八月有半，行程约四千余公里，经过县份凡三十二，各项工作，均依拟定及当地发现之问题，随时解决……本组考察路线以嘉陵江为主干；为解决某项地形上问题，时而溯源支流，时而攀越秦岭大巴山，时而集体研究，时而分途考察。自北碚出发后，溯江而上，最北抵甘肃之徽县；但为便于编著计，本报告则由北而南焉；又为集中资料，易使读者明瞭计，乃按地形分为三大区：曰秦岭区，大巴山区及盆地区……至于本报告之编著，乃按各人之实际工作区，分别担任，如秦岭区由廷儒令智负责，大巴山区由承三令智负责，而盆地区由承三泳源负责是也。"自然地理组在考察过程中现场测绘、素描了多幅地质地貌图，合计达二百四十余幅，极具地域文化科学价值，该部分图集单另成册刊印，即《嘉陵江流域地理考察报告·上卷·地形·图集》。《嘉陵江流域地理考察报告》之上卷的内容与探讨章节如下。秦岭区五章二十一节。第一章"总论"探讨了地形与地质、气候、侵蚀之关系;第二章"徽县盆地"讨论了该区域的景象、河川、水系、阶地等地貌形成及其特征;第三章"青泥岭"讨论了该地理单元的北坡断崖、冰川、喀斯特地貌、峡谷与铁山地块等的地形成因与特征;第四章"嘉陵江汉水间之山地"讨论了嘉陵江上游的流域分水岭地形地貌,包括八渡河与沮水、尖岔河与沔水、沔水与黑水等;第五章"嘉陵江谷地(白水江镇至阳平关段)"讨论了该段地质、地形、河谷曲流、黄土阶地及其支流等。大巴山区五章十一节。第一章"总论"探讨了大巴山地形与地质、气候之关系;第二章"大巴山山地"讨论了大巴山之侵蚀、喀斯特与冰川地形,在冰川地形内容中,着重研究了天星坪、李家坝、汪家坝、彭家坝、曾家河、茅坝洞垭及小风垭等具有特殊冰川地形单元的个案,以及考察过程中新发现的冰川地形与地貌;第三章"嘉陵江谷地(阳平关至须家河段)"讨论了此段嘉陵江主流河道,穿断山的大曲里、小竹坝的腱形山地貌及其支流三道河、青边河、燕子河、木槽沟、安乐河等;第四章"东河河谷(鹰嘴崖至望苍坝段)"讨论了该河之主流河道与东西源头及其支流水系等;第五章"白岩河水系"讨论了该河流的源头、地质、走向等。盆地区四章十三节。第一章"总论"探讨了四川盆地地质与地形、地形与气候的关系;第二章"盆地边缘区(须家河至张王庙段)"讨论了此段嘉陵江与东河、下寺河相联系的次成谷地地形地貌的地质成因及其特征;第三章"盆地中心区(张王庙至龙洞沱段)"讨论了这一地理区域的地质、地形、水系、河曲阶地,还简要概述了此段干流河道的变迁史;第四章"下游三峡区(龙洞沱至合川段)"讨论了该地理区域的地质、地形与水系。讨论部分为四章二十余节。第一章"地文期问题"对嘉陵江流域与四川盆地地质构造进行了古地理发育、胚胎、秦岭期、秦巴期、剑山期、云门山期、扬子期、嘉陵期等分期的基本理论问题予以了深入的专题研究;第二章"大巴山冰川问题"以天星坪、曾家河河谷等核心特殊地理位置为对象,对大巴山历史时期的冰川地形地貌的冰期、雪线等重大基础性理论问题进行了深入研究,还从潜江运输、冰川携带、间冰期的流水产物、冰期前侵蚀面等多个维度对冰川地形区内的砾石散布问题,以及地形的完整性等,进行了科学讨论;第三章"河流袭夺问题",从陕西略阳三官滩、庙坝河上游的地质地理变迁入手,对导致嘉陵江与汉水发生水系袭夺的问题予以了关注和研究;第四章"嘉陵江之滩险"对主干流的河道弯曲、山间支流汇入、页岩或片岩地质、峡谷出入口、切穿曲流等系列地质、水文因素形成的众多险滩及其对航运的影响进行了系统研究。

该文献下卷集中了本次科学考察所获的人文地理研究成果,人生地理组组长林超先生亲撰"序言",该文献下卷开篇的"序言"较为详细地叙述了人生地理组野外考察地域、地点:"余等于十一月一日离北碚溯嘉陵江北上,六日出沥鼻峡抵合川,始入方山区域,遍历武胜岳池南充营山蓬安西充南部阆中仪陇苍溪剑阁昭化各县,次年二月十九日抵广元。计考察之城市十四,场镇七十。过广元后出红色盆地区域越大巴山秦岭,经陕西之宁羌(三十一年更名为宁强)略阳而至甘肃徽县,其时为四月初旬。四月十三日由徽县南旋,中途复在大巴山工作半月,乃买舟顺流而下。返北碚后,复于三十一年四月至五月间赴重庆巴县江北璧山等地考察,全流域之考察工作乃告完毕。"各地域考察重点与考察技术方法为:"野外工作全赖审慎视察,逐步前进。对于自然环境之变化,及其所予人生现象之影响,尤为注意。在环境变化之区,往往不惜费较长时间,加以详察……其次,吾人常在各地,选择足以代表该地之小区域,加以缜密研究。"同时人生地理组亦注重考察的绘图工作,更为注重对考察沿途的地域文化采访与地方文献史料、统计数字资料等的搜集整理工作。嘉陵江流域人文地理考察及《嘉陵江流域地理考察报告》下卷为林超、楼同茂、王成敬与孙承烈四位科学家共同完成,从农业、矿业、航运、人口和聚落五个大的方面研究与呈现了嘉陵江流域之人文图景。第一编"农业地理"四章十六节。第一章"本区农业之背景"从流域地形、气候、土壤、人文及经济予以基础性的描述与论述;第二章"耕地"探讨了本区域农业耕地的大体规模、类别、利用情况与土地荒废成因;第三章"农作物"研究总结了本区域夏冬季的水稻、玉蜀黍、甘薯、高粱、棉花、小麦、大麦、豌豆等主要农作物种类分布与收成情况,以及桐油、蚕丝等特种经济作物产出与经济效益;第四章"农业区"将本流域的农业区类分为三峡、四川盆地南部、四川盆地中部及盆地边缘区域和山地等地理区域。第二编"矿业地理"三章九节。第一章"煤"从地质层面调查和研究了三峡、秦巴山区煤炭资源的分布、储量、开采及其经济社会效益;第二章"铁"介绍本流域铁质生产生活用具,三峡和秦巴山区铁矿资源的分布、开采、冶炼及其经济社会效益情况;第三章"盐"探讨了川盐生成与地质构成之关系、分布、盐井、制盐、运销等状况。第三编"航运"七章二十二节。第一章"水系"从人文地理角度梳理了嘉陵江流域白龙江、东河、西河、渠江、涪江的源头、流经地、航运与航运里程等;第二章"地质"以河流地质为基础探讨了嘉陵江上下游各河段的岩质岩体、地形地貌、河道开阔度、河道迂曲、河道淤积、险滩成因与状况等;第三章"水文"结合嘉陵江流域降水量,讨论了嘉陵江各段及其支流的水位、流量、流速、含沙量等及其季节性变化;第四章"航线及船舶"讨论了嘉陵江及其支流的航线分布、通航船舶种类及其季节性航行方式与状况;第五章"货运"讨论了川陕公路开通后,嘉陵江与各支流航线的运输状况、季节性变化、水运运费影响因素以及输入输出物品种类等;第六章"集散地"以广元、南充、合川、碧口四个嘉陵江河道流域运输商品汇集与转运地为重点,讨论了这四个商品集散地形成的自然与社会经济因素,各自功能与特点,以及水运与陆运之衔接与互补等;第七章"结论"就嘉陵江及其支流航运河道的整治与管理,以及运输船舶改良、管理机构调整、水陆联运线路规划等方面提出了相应的建设性意见与建议。第四编"人口地理"三章八节。第一章"历史背景"结合本流域方志文献及部分家谱资料分析讨论了嘉陵江流域及其近三百年来的人口来源及人口数量变动情况；第二章"人口之分布"依据此次科学考察及统计分析，对嘉陵江流域各地域人口的分布、人口密度及其与地形地貌、社会经济发展等的关系展开了研究；第三章"人口之移动"分别探讨了农村、商业、矿区、山地不同区域人口迁移的自然、社会经济活动等综合性因素及其状况，并提出人口向都市集中的社会大趋势。第五编"聚落地理"五章十六节。第一章"农业聚落"就嘉陵江流域农村聚落之散居类型、成因、居住环境等予以观察与讨论，还对寨子这一具有防御功能特殊的聚落形态及其成因、分布、地形位置、内部结构、组织方式进行了分析与总结，并结合方志文献对各个历史时期的寨子变化予以钩沉与阶段性分析等；第二章"工矿业聚落"讨论了盐灶、煤铁矿、石灰窑等大型、小型工矿业聚落形成、人口规模、典型个案等进行了讨论与分析；第三章"商业聚落"讨论了嘉陵江流域商贸与商品交易的店子、场、场期，还对场地、交易商品及赶场者类型、场的形态与位置、分布等进行了科学考察、分析和总结；第四章"政治聚落——城市"着重探讨了嘉陵江流域各级地方政府或区域政治中心所在地的聚落形态，就其分布、历史时期形成与发展、形态与构造、建筑格局进行了分析与总结；第五章"房屋"对盆地型、秦巴山地型的茅屋、院落、雕屋等建筑形态与式样，以及城镇民居、店铺、沙滩小店及公共建筑物予以分析总结等。《嘉陵江流域地理考察报告》下卷的各类统计表三十六份，各类测绘、素描与制作的统计图、航运图、矿产分布图、城镇地图、水陆交通图、人口分布与密度图、聚落分布图等，分别附于上述各编文字内容之后，合计达一百四十二幅，具有重要的科学价值与地域人文价值。

嘉陵江流域地理科学考察活动，为中国地理研究所成立初期所规划的大型科学考察活动，与汉中盆地地理考察同期展开，但参与此处考察与研究的科学家为八位，而参与汉中盆地考察与研究的科学家为五位（黄绍鸣仅参加野外考察）。从科学考察的区域地理空间范围观之，嘉陵江流域科学考察更为广阔，其野外考察与研究内容更具复杂性，以《嘉陵江流域地理考察报告》公开发布为标志，这是一次相当成功的科学考察活动，其收获的研究成果亦达到了民国时期区域地理研究的较高水准。在该区域的自然地理研究中，李承三先生对嘉陵江流域的一类特殊地貌——离堆山予以了科学阐发，"对这些复杂的微型地貌，他作了科学合理的解释"[1]，他尤其在中国河谷、曲流地质地理考察研究领域，具开创之功，影响深远；本区域人文地理考察研究中"聚落地理"一编论述颇为精彩，充分揭示了嘉陵江流域的人地关系，为我们了解其生产生活方式，以及与自然地形地貌的内在关联，提供了很好的观察视角与学科专业性的

---

[1] 孙鸿烈：《20世纪中国知名科学家学术成就概览·地学卷·地质学分册》（一），北京：科学出版社，2013年，第289页。

知识理论基础；在"人口来源"研究方面，因历史时期统计数据严重缺乏，故利用方志与谱牒等地方文献资料展开研究，其研究路径与方法也是值得称道的；该著还附有各类表、图，均来源于考察过程中的搜集整理，以及现场素描、测绘，不仅与文字内容互为表里，相得益彰，更提升了该著的科学价值与地域人文价值。

《汉中盆地地理考察报告》与《嘉陵江流域地理考察报告》文本内容相对比，后者对前者在汉中所辖区域的自然地理与人文地理两个大的学科门类的地方性知识内容梳理与积累等方面予以了极具地域文化价值的补充，尤其后者汉中略阳及宁强两县的考察材料，不仅具备两县之考察结果的科学文献材料内容，《嘉陵江流域地理考察报告·上卷地形·图集》中的"黑水与沔水上游之抢水现象""大安驿之河谷地景""略阳白水江镇南玉皇观地形图""玉皇观之素描""略阳骆驼梁地形图""骆驼梁之素描""阳平关北嘉陵江之峡谷地形""阳平关之河谷地形""阳平关嘉陵江河道之变迁""大巴山地质构造略图"，下卷之"宁羌（县城）"测绘图、"略阳"、"岳池"等珍贵且极具科学价值与地域文化价值的测绘图为《汉中盆地地理考察报告图集》所缺，以此观之，《嘉陵江流域地理考察报告》于汉中地域文化研究亦属不容忽视的重要科学文献。

《嘉陵江流域地理考察报告》仅于1946年《地理专刊》（第一号）刊发，直到目前尚未整理出版。

中国科学院地理研究所、水利部长江委员会汉江工作队之《汉江流域地理调查报告》

《汉江流域地理调查报告》为中华人民共和国成立初期由中国科学院地理研究所、水利部长江委员会联合组建的汉江工作队运用现代科学技术手段，在科学考察基础上形成的迄今为止唯一一部汉江全流域的科学调查报告，具有较高的科学文化价值。

汉江工作队对汉水流域全流域之地质、地貌、水文、气候、土壤、植被、人口、工农业、交通、航运等进行了全面科学考察，参与此次重大项目的科研人员三十多位，如中国科学院地理研究所的楼桐茂、沈玉昌、孙承烈、罗来兴、祁延年、朱震达、王炳生、徐建侯，中山大学地理系的梁溥、陈家修，中国人民大学经济地理系的陈树生，长江水利委员会的龙一鸣、胡涛、屈理鹏、杨明章等，这是一个规模较大的科学家调查研究团队。此次全流域科学考察，旨在规划汉江流域水力资源的梯级开发，根治汉江水患，提高水资源综合开发利用率，以制定水利开发计划，更好地服务于中华人民共和国成立初期的流域性国民经济建设，苏联水利专家B.B.沃洛宁对此次流域规划提出了指导性意见与建议。调查工作始于1952年9月，至1954年8月结束，历时两年。科学调查工作结束后,楼桐茂、沈玉昌、孙承烈、王炳生等科学家完成了《汉江流域地理调查报告》的编撰工作,龙一鸣、杨明章、薛家骧、陈福等承担了该报告的资料整理与数据统计工作,徐琦、黄剑书、胡贤洪、滕俊、郭庆三等承担了该报告的绘图工作。

《汉江流域地理调查报告》共分十二章,第一章"绪论",简要概述了流域基本情况、本次科学调查之缘起及目的;第二章"流域轮廓"从自然地理、社会经济两个大的方面勾勒汉江流域的版图轮廓及社会经济发展状况;第三章"地质基础"概述了汉江流域的地层学构造、地质结构,还从水库大坝选址、地震、矿产分布等专业角度展开了相关地质研究;第四章"地貌"概述了汉江河谷的地貌特征与合理利用之方法与措施;第五章"气候"概述了汉水河谷气压与谷风之形成,以及温度、降雨量,暴雨与洪水之季节性形成;第六章"土壤与植物"概述了汉水河谷的土壤类型及植被分布;第七章"人口"概述了汉水流域人口数量、地理空间之分布、劳动力之构成,探讨了农业人口移殖问题;第八章"农业与灌溉"概述了汉水流域耕地与农作物之一般性分布、现有水利设施及利用现状与本流域的农业区域性分布特征,对水利建设与农业生产发展进行了深入探讨;第九章"林业"概述了汉水流域重要森林之分布与森林采伐、林副产品生产,提出了林业蓄养与利用的发展方向;第十章"工业"概述了汉江流域工业发展状况与主要工业门类及部门,对工业区域分布及发展前景予以深入探讨;第十一章"交通运输"概述了汉水流域交通网络在历史上的形成及特征,水陆运输的基本情况,展望了汉水流域交通运输之前景;第十二章"问题的探讨"对涉及汉水流域开发利用的重大科学及社会经济发展问题进行了专题性深入研究与探讨,包括汉江流域水利之分段开发、引嘉济汉、极地气团活动与汉江洪水之关系、流域灌溉、山区经济发展、工业发展与水利开发、汉江渠化之经济价值、全流域交通网配置问题等。该著附有各类调查表六十六幅,附各类测绘图五十八幅,图版八。《汉江流域地理调查报告》于1957年9月由科学出版社出版。

长江最大支流汉江发源于汉中境内,汉中地处汉水流域最上游,也是本次科学调查的重要区域。该报告之各章节均有本区域内的相关内容,其内容的科学与社会经济资料价值较大,该报告首次从科学研究角度论证了汉中盆地各阶地的科学划分与相对海拔,首次论证了引嘉济汉之可行性与最佳工程线路等,各类统计表与实测绘图也大量涉及汉水上游区域,应该引起我们的高度重视。

沈玉昌先生为汉江工作队的核心成员之一,他除参与了《汉江流域地理调查报告》文稿编撰工作外,还撰写了《汉水河谷的地貌及其发育史》研究论文,该科学论文与《汉江流域地理调查报告》文本内容有着密切联系,甚至可视作《汉江流域地理调查报告》内容的重要有机组成部分。

史念海之《汉中历史地理》

史念海（1912—2001），字筱苏，山西平陆人，当代著名历史地理学家。1936年毕业于北京辅仁大学历史系，大学求学阶段深受顾颉刚、陈垣学术方法与思想影响，1937年在禹贡学会从事编辑工作，1941年任《西北资源月刊》编辑，1946年任国立编译馆副编审，协助顾颉刚编辑《文史杂志》等，1948年后，先后执教于西北大学、陕西师范大学，教授，博士生导师，曾担任陕西师范大学历史系主任、副校长、唐史研究所所长，1980年后为中国水保学会、中国史学会、唐史研究会、地方史志研究会、《历史地理》编委会、《中国古代史论丛》编委会会员等，以及国务院古籍整理出版规划领导小组成员。史念海早年主要依靠史籍等文献资料，运用考据的方法研究历史地理学，从20世纪70年代初开始，他承担了陕西省军事历史地理的研究工作，应中国科学院的约请与谭其骧院士等主编《中国历史自然地理》后，根据研究工作的需要，他于花甲之年毅然走出书斋，投身于野外实地考察，将文献考证与野外考察结合起来，完成了科学研究方法的重大转向，开辟了历史地理学研究的新路径，多年的历史地理研究工作促使史念海先生开始以史学的视野，关注和思考人与自然关系的重大基础理论命题。十几年来他北越阴山，西抵青海，南达珠江，东迄渤海，大河上下、长城内外、运河沿岸以及许多故垒废墟、荒山深沟之间，都留下了他艰辛跋涉的足迹。野外实地科学考察不仅使他开阔了研究视野，拓展了研究领域，还获得了现场第一手资料，订正、补充了历史文献中许多讹传与疏漏，出色地完成了国家委托的科研工作任务，如《中国自然地理·地理篇》《中国通史·隋唐卷》《中国大地图集·历史地图集》中的历史农牧业地图绘制等，还主持了黄土高原历史变迁等国家重点科研课题；史念海先生长期致力于历史地理学的教学与研究工作，撰写多部专著及研究论文，其重要研究成果辑为多卷本的《河山集》，为实现由研究沿革地理学向构建当代历史地理学学科体系的转型发展做出了卓越贡献。

《汉中历史地理》为史念海先生完成于20世纪60年代中期的重要著述，也是区域历史地理的重要文献。全篇分为十个部分，"一、褒城与南郑"通过历史文献的考辨与分析，探索了褒城与南郑名称的渊源与由来，以及历史上独特的地理位置与秦国控制此地的战略意义；"二、汉中得名的由来"通过战国时期的秦、楚、蜀之国家关系与三国之间的战争及势力范围的消长，分析并厘定了汉中之称谓的历史渊源；"三、栈道的修筑"从秦岭、巴山之地理特征及控制巴蜀的政治需要，分析了秦人建筑栈道必要性，以及栈道修筑对汉中历史发展的深远影响；"四、山河堰及其水利设施的修建"介绍了山河堰、五门堰、杨填堰等的修筑，对汉中水利设施修建的历史时期进行了科学分析；"五、梁州、兴元府和山南西道"简述了汉中在各个历史时期的行政建制沿革与隶属，分析了沿革变迁的历史渊源；"六、关隘围绕的冲要地区"着重分析了汉中地区的军事地理价值；"七、诸葛亮和汉中"专题论述了诸葛亮利用汉中地域资源，用兵抗魏的历史；"八、汉中的山川和陆游恢复关陕的抱负"专题论述了南宋陆游来汉中深入抗金前线，对于汉中形胜与恢复中原宏图抱负；"九、富饶的物产"概述了汉中的稻米、丝麻、棉纺、茶、漆、中药材等农作物与特产作物，以及其地铁、金、银、铜等矿产在历史上的开采情况；"十、人口的增减"概述了汉中历史时期人口增减情况，对人口增减的历史原因进行了科学分析；该文另附汉中历史地图五幅。

《汉中历史地理》非独立的学术专著，而是以学术研究论文的形式，最早辑录于陕西师范大学编辑的《科学研究论文选集（社会科学部分）》，后刊发于1965年的《教学与研究》，1997年辑录于《河山集》（六），山西人民出版社出版。《汉中历史地理》为史念海先生进行区域历史地理研究的重要著述，综合论述了汉水流域最上游的汉中市重要地名沿革、地理环境大势、秦巴山地之栈道交通、汉中盆地之农田水利等，尤其是着重论述了汉中在历史时期的重要军事地理价值，为中华人民共和国成立后第一次系统研究与考述汉中历史地理的重要文献。

李星之《诗踪别证》

李星（1943—2015），又名李福星，陕西省汉中市人，毕业于北京师范大学历史系，师从陈垣、白寿彝、杨钊及赵文焘等名师，汉中师范学院（现陕西理工大学）教授。1980年，他从外地调入原汉中师范学院中文系从事古典文学等课程教学工作，后历任《汉中师范学院学报》主编、艺术系主任等职。自20世纪80年代初，李星先生开始从事汉水流域文化的考察、研究工作，在结合历史文献典籍进行深入分析的基础上，身体力行，带领学生对汉水流域进行实地考察，现陕西理工大学文学院刘昌安教授就是其中的一位，他们十分关注汉水流域地质、地貌、气候、古人类遗址、出土文物以及动植物，并广泛搜集民俗文化资料，以此为基础，形成的科研成果《诗踪别证》于1985年内部刊印；此后，李星先生一直关注汉中、陕南及汉水流域等地域文化研究工作，公开发表研究成果六十余篇。20世纪90年代初，李星先生还参与了汉中市为"国家历史文化名城"的申报工作，并亲自撰写相关论证报告，1994年经国务院公布，汉中市被列入第三批"国家历史文化名城"。

《诗踪别证》一书，通过对《诗经》文本篇章的深入解读，结合汉中及汉水流域地貌、动植物资源、历史传说等，初步论证了中国首部伟大的文化典籍《诗经》与汉中及汉水流域的内在文化渊源，提出"包括汉中在内的汉水流域同样是中国古代文明的摇篮之一"的学术论断，在学术界产生了较大的反响。李星教授在《诗踪别证》

之"作者弁言"中是这样介绍该著成因的:"在历年的教学中,我们对《诗经》中的'周南''召南'和'雅''颂'的有关篇章进行了研讨,并结合我们身临其境的汉水流域,把它们同《诗经》中的上述部分进行了对照和综合性研究,认识到运用《诗经》这部宝贵典籍,来对包括汉中在内的汉水流域的商周时代的历史文化进行研究,有一定科学价值。"①这一时期,他萌生这样的学术思想认识:通过全面考察《诗经》所呈现出的悠远且略带神秘色彩的社会历史文化背景,以及各篇章细致入微的深入分析与解读,并结合现代学科方法,从社会学、民俗学、文学、语言学、历史地理学、地质学、动物学、植物学等各个学科,进行深入的综合性研究,再融汇地方文史研究,曲径探幽,发前人之所未发,是能有所收益的。基于此,他带领中文系学生展开田野考察,广泛收集汉水流域考古发掘资料,查阅与此相关的典籍资料,开展了相关研究工作,20世纪80年代中期成果形成。

《诗踪别证》在"弁言"部分,还对文献题名进行了颇具文化情趣的说明与解读:"诗即《诗经》,踪者,历史之行踪与其遗存也,文中指汉水流域主要指汉中地方。证者,论证也,论证'诗'与'踪'之内在联系,以诗论踪,以踪证诗。别者,别格也,倘还未有以'诗'专论汉江史事者,本书乃作初步尝试,或又谓不登大雅之堂,姑谓之'别'。"②全书为四章,第一章"二南发微",从历代学者对《诗经》的注疏和论证入手,加以辨析,并引入陕南当代考古出土新材料,论证了汉中及汉水流域与《诗经》之"二南"篇章有着不可分割的内在联系;第二章"汉有游女",从《诗经》相应篇章中采撷字、词、句,结合文献辨析、考古资料与田野考察材料,证明了《诗经》文本中确有汉中及汉水流域上古时期的大量历史文化信息记录;第三章"沔彼流水",引历代有关汉中汉水之文献史料,对有关传说进行剖析,结合实地考察,探寻与证实上古时期《诗经》在汉水流域的文化踪迹;第四章"古文明的摇篮之一",对前三章之总论题进行旁证、内证、外证的基础上,加以综合引述历史文献与考古新发现,形成该著的总结性结论,从政治、经济、文化、艺术等多角度勾勒了上古时期汉中及汉水流域若隐若现的历史面貌,并对区域内的现代化建设可资借鉴的历史文化因素予以点睛,还对《诗经》研究以及上古时期历史研究之认识论与方法论提出了自己的思考与方向性指引。

20世纪90年代中期,"夏商周断代工程"被列为国家重大科研课题,21世纪初在此基础上又规划了"中华文明探源工程",举全国科技界之力,运用现代科学技术手段,以及多学科交叉与大学科整合方法,对中华文明起源之一系列问题展开研究,这既是中华文明复兴的重大举措,也是国家意志在当代中国科学研究领域的重要体现。

---

① 李星:《诗踪别证·弁言》,汉中师范学院刊印,内部资料,1985年,第2页。
② 李星:《诗踪别证·弁言》,汉中师范学院刊印,内部资料,1985年,第3页。

诚然，李星教授在20世纪80年代初期所开展的研究工作及《诗踪别证》研究成果的形成，无论在人力、经费、研究成果等各个层面无法与国家科研团队相比较，甚至还存在这样或那样的遗憾与不足，但李星先生的学术眼光、学术意识及学术功力让我们深感钦佩，其研究方法与研究路径也是上述两个重大科研工程所倡导与确立的，他也将问题意识置于几千年前汉水流域扑朔迷离的上古时期，与"夏商周断代工程""中华文明探源工程"所研究的历史时期相吻合，《诗踪别证》是结合《诗经》这部伟大典籍对汉中及汉水流域远古文明的一项探源工作与成果形式，卓有成效，在这个意义上，限于当时条件，《诗踪别证》虽然没有公开出版，但其学术原创价值不容低估，且李星先生开展的这项研究工作早于"夏商周断代工程"十多年。从另外一个层面观之，《诗踪别证》应该是中华人民共和国成立后汉水流域研究的奠基性开山之作，较之潘世东先生的《汉水文化论纲》早二十多年，比刘清河先生的《汉水文化史》早近三十年；同时，《诗踪别证》不仅开启了汉水流域的研究范式，其多学科视野，结合20世纪80年代初期的学术氛围，更显弥足珍贵，也为陕西理工大学关注并投身于汉水流域文化研究奠定和累积了优良的学术传统。

陕西省考古研究所、陕西省安康水电站库考古队 之《陕南考古报告集》

《陕南考古报告集》为凝结了陕西省考古研究所多位专业人士多年在陕南各地域考古发掘的成就与心血的集体研究成果，于陕南乃至汉中是一部重要的考古发掘类科学文献。陕西省考古研究院成立于1958年9月，原名为中国科学院陕西分院考古研究所，1963年归属陕西省社会科学院，后更名陕西省考古研究所。2006年12月，经陕西省编制委员会批准更名为陕西省考古研究院。该院以田野考古调查、勘探、发掘和科研为主要工作职能，主持、参与了多项重大考古和文物保护项目，调查发现了遗址、墓葬数万处，发掘出土各类珍贵文物数百万件（组）。于1959年组建汉江考古队，组织并实施了陕南地区遗址的田野调查、发掘工作，发现了新石器时代古文明遗址十七处，1960—1961年，对西乡县李家村遗址展开了两次较大规模的考古发掘工作；"文化大革命"期间中断，1980—1983年，展开西乡县何家湾遗址发掘工作，其间再次对李家村遗址进行了补充发掘工作；1983—1984年，对南郑县龙岗寺遗址进行考古发掘工作；1984—1989年，为配合安康水电站建设，持续对安康陈家坝、饶家坝，紫阳曹家坝、白马石、马家营及汉阴阮家坝等遗址展开清理发掘，并持续展开相应的研究工作。

考古发掘是我们进行远古人类文明探源的重要科学研究手段，作为一项专业程度极高的工作，涵盖了田野考察与探测、考古发掘、现场图绘、文物拍照与核心信息提取、考古过程信息记载、相关研究工作及考古报告的编研等全过程。科学而规范的考古报告是系统、全面、准确、客观地报道野外发掘工作与室内核心文物研究整理所得的遗存资料，是现代科学文献的重要类别之一与考古工作与研究成果的重要载体。《陕南考古报告集》是集陕西省考古研究所在陕南片区长达三十多年之考古发掘工作及相关科学研究成果之大成，这些研究成果有着一个共同指向，即陕南尤其是汉中盆地为中华民族诞生地与文明源头的重要地域之一，这也是我们展开汉中地域史前文化研究必须关注与重视的文明源头的科学文献。《陕南考古报告集》汇集了陕南地域西乡李家村及西乡何家湾遗址、汉阴阮家坝遗址、紫阳马家营遗址及白马石遗址的考古报告，每一遗址的考古报告严格按照概述、文化层堆积、文化遗存、考古学文化序列及结语的结构，对每一遗址的遗址地理位置、发掘过程、年代与文化分期、遗迹（残迹、灰坑、墓葬等）、遗物（生产工具、生活用具、饰品等）以及相关研究成果与研究结论等进行了翔实而客观的记载。该著还附有遗址发掘地理位置示意图及出土文物墨线图二百三十幅，拍摄照片图版一百二十张。《陕南考古报告集》集中反映了陕南在新石器时代的史前文化遗存，1994年6月由三秦出版社出版。

陈显远之《汉中碑石》

陈显远（1920—2006），汉中城固县人。少年时代求学于汉中联立中学，18岁开始从事小学教育工作，达二十一年。中华人民共和国成立之初，他得到陕西省文联副主席、著名编剧张棣庚赏识，后担任南郑县汉调桄桄编剧，随后的十四年间，他创作、改变剧本达一百三十余部，也就是在这一期间，他深入生活，博览群书，潜心创作，为汉调桄桄这一地方剧种的传承与发展做出了较大的文化贡献。1973年，他被调往汉中地区文教局文物普查工作小组，参与汉中地区文物古迹普查工作，为做好工作，他如饥似渴地研读"二十五史"及《华阳国志》《水经注》《元和郡县志》《舆地纪胜》《汉中府志》及中华人民共和国成立前本邑方志，搜集、摘抄、梳理各类汉中历史文化史料与资料，摘抄资料达四百多万字。一旦有发现及自己所思、所感，便提笔撰述，在各类报刊发表文章达八百余篇，他在20世纪八九十年代，先后出版了《汉中地区名胜古迹》《汉中碑石》《汉中史迹杂考》三部研究专著，尤其是他的《汉中碑石》具有较大的文史资料价值和重要的学术价值，引起史学界关注。

《汉中碑石》为汉中当代的重要金石学著述。勒石纪事乃中国文化之传统，虽历千年风雨，除非巨大力量毁坏之，大多可传世千年，所录历史文化信息比起简帛、书卷传世更为久远。碑石多立于庙堂或皇皇大冢，也可星罗棋布于乡野，伏于青苔或草丛，虽斑驳陆离，亦可识读，不仅保真文化，纪事存史，大多更具书法艺术价值。陈显远先生执经侍杖，风雨山川，通过田野考察、经年寻访、拓印碑碣、拍照识读、精研整理，《汉中碑石》乃毕先生十多年之功而就。"汉中石刻，数量之多，质量之高，毋庸赘述。这次编写《汉中碑石》，拟定将石门和古褒斜栈道石刻，另编《石门碑石》，其余全区碑石，概归本书收录……据初步调查，全区现存石碑，约在四千通以上。这次为编写本书收集资料，因限于人力财力，拓印碑碣时未能全面收集；只拓印了上述各碑群区及距县城较近且交通便利者。其它窎远山乡，或近郊陡壁摩崖需要搭架者，或搭桥和砌压渠底者，虽知有一定史料价值，但考虑所费不赀，只好割爱。结果，全区共拓碑五百多种，并将一些磨泐严重、漫漶不清和内容空泛的拓片经过筛选，实际收录有一定史料价值的各类碑石三百四十七通。"①即《汉中碑石》乃20世纪90年代初除石门与褒斜栈道石刻之外之汉中碑石之大成。《汉中碑石》一书收录碑碣仅为调查所获数据的十分之一，但荟萃了汉中碑石的精华。所收碑石按照中国大历史的朝代顺序，上溯传说时代，止于民国时期，同时还收录了具有重要史料价值的少数砖铭与钟铭。碑石内容涉及官私文书、纪事碑石、述德碑碣、寺庙刻石、墓志墓碑、名人题刻等。完成此著，耗费先生四载，寒暑以继，三易其稿，举凡每一通碑皆附图片，对于碑刻尺幅、所在地理位置、刊刻时间、著录信息、书体、碑碣内容识读整理、史料考证等无不精细，著者研究所获，以"按"精要述之。《汉中碑石》为汇集了汉中各县在各个历史时期的各类文化信息内容的重要碑刻资料，也是研究汉中历史文化的基础性第一手材料，颇具学术价值。山东泰山文化学者周郢对陈显远先生的学术成就有着"汉上沧桑，史家绝业"②之赞誉。

《汉中碑石》于1996年4月由三秦出版社出版。

黄宝生之《陕南文化概览》

黄宝生（1937—），天津宝坻区人，陕西理工大学文学院教授，原汉中师范学院中文系主任。1963年毕业于北京师范大学，师从陆宗达等教授，研修文字训诂学专业，硕士毕业后，同年被分配到原汉中大学中文系任教，长期从事文字学、训诂学及古代汉语教学与研究工作。

20世纪90年代初，汉中师范学院中文系"陕南文化研究室"成立，将陕南区域文化研究作为主要探究方向，在上级主管部门与陕南地方政府的支持下，此项工作渐次展开，黄宝生教授及"陕南文化研究室"制定了研究方案与编写体例，在此基础上开始筹备学术研讨会。1992年5月，"陕南文化学术研讨会"召开，来自西安、安康及汉中当地的专家学者与文化界人士，聚聚一堂，此次研讨会收到了预期效果并达成共识，即对陕南地域文化进行综合性研究具有深远的历史意义与现实意义。《陕南文化

---

① 陈显远：《汉中碑石·序言》，西安：三秦出版社，1996年，第2页。
② 刘静海：《泰岱文心》，济南：山东友谊出版社，2013年，第29页。

概览》就是在此次学术探讨会征集会议论文的基础上由编委会成员加工研究成稿。

《陕南文化概览》主体共七个篇章，近30万字。"一、陕南历史文物篇"，追溯了陕南文化生成的地域概况、历史文化渊源及文化脉络，较为系统地介绍了陕南地区的古人类遗址、上古氏族、古代族国、文化遗迹、古战场、古墓葬与道观佛寺，该篇由刘清河负责统稿；"二、陕南学术思想篇"，梳理了陕南学术思想的演进脉络，分别介绍了儒学、道教、佛教、伊斯兰教及基督教对陕南文化的影响与杂糅，该篇由李珺平负责统稿；"三、陕南文化教育篇"，概述了陕南教育文化形成发展的历史轨迹，以及各个历史时期的教育机构，诸如各地的书院、学校、博物馆、藏经楼，较为系统地总结了明清时期的陕南方志文化及陕南方言系统，该篇由黄宝生负责统稿；"四、陕南文学艺术篇"，专题介绍了陕南人的审美意识、书法艺术、文学创作、地方戏曲与建筑等，该篇由李锐负责统稿；"五、陕南名人先贤篇"，对陕南人的文化人格流变的历史脉络予以了文化述评与概括，还对陕南本土的褒姒、张骞、李固、南岳怀让以及与陕南发生关系并产生重大影响的刘邦、张鲁、刘备、诸葛孔明、文同、陆游等外方历史名人予以了专门研究，该篇由李锐负责统稿；"六、陕南民情风俗篇"，对陕南民情风俗予以钩沉，重点介绍了陕南远古的石崇拜、民居、饮食、服饰、婚俗、丧葬、民间社火与体育等文化现象，该篇由刘清河负责统稿；"七、陕南交通水利篇"，对陕南交通水利予以概述，还专题介绍了陕南陆路、水路交通与水利建设及其相关工程技术，尤其在陆路交通部分系统地梳理了分布于秦巴山地古栈道，该篇由刘清河负责统稿。《陕南文化概览》于1998年4月由太白文艺出版社出版。

《陕南文化概览》的出版，是汉水流域文化的区域性学术研究进程中重要的一环。该著各篇章"采用对特定对象进行较为深入的理论阐释与探讨，和对主要文化事象进行介绍与评析相结合的方式，以期能较为全面系统地阐明和总结了陕南文化的科学与人文精神，企望可为陕南地区经济与文化发展提供某些参考与鉴戒"。该书实际撰稿人达五十余人，可视为集体研究成果的提炼与荟萃，探究历史并关注现实，这是一次基础性、有价值的尝试。

郭荣章之《石门石刻大全》《中国早期秦蜀古道考述》

郭荣章（1933—），陕西安康人，1957年毕业于西安师范学院（现陕西师范大学）地理专科，从事教育及文化宣传工作。1975年被调往汉中市博物馆工作，并担任博物馆馆长，从事文物保护工作，自此后的二十多年，他醉心于石门摩崖及栈道研究工作。汉中乃川蜀联系中原之要津，穿越秦巴山地与汉中的古栈道，是中国古代交通史上的奇迹，地处褒谷口的石门，荟萃了历代文人墨客之墨宝与艺术精神，为汉中最重要的人文奇观，誉满天下。这里成为郭荣章先生天然的研究平台。他八上鸡头关、两登连城山，披荆斩棘，攀缘登陟，对石门遗迹进行实地踏勘，探微于棘丛之隙，徜徉于刻石之间，醉心于隶体之韵，反复摩挲原刻，体悟书体结构与笔法，时常流连忘返。在研究工作中，曾多次前往陕西省图书馆历史文献部、陕西师范大学图书馆等，大量查阅金石文献典籍，认真研究石门刻石，辨错讹，补缺漏，穷究原委，钩沉致远，先后完成《石门摩崖刻石研究》《石门汉魏十三品》《汉三颂专辑》《石门十三品撮要》等研究专著，发表研究论文四十余篇。郭先生除石门石刻研究之外，在石门之开凿、形制及褒斜栈道的考察研究方面也倾尽了心血。1994年退休之后，他没有停下研究的脚步，积极规划、研究并撰述《石门石刻大全》。郭荣章先生在石门石刻及栈道研究领域做出了为人所称颂的重大文化贡献，享誉学界。

《石门石刻大全》为郭荣章先生石门石刻研究集大成的扛鼎之作。"石门石刻全貌概述"为该著最为重要的基础理论部分，对石门石刻构成数量、地理空间分布、历史文化成因、各个历史时期石刻特征及其科学艺术价值进行了精辟分析与深入探讨；依照地理空间分布将石门石刻按刻石类别展开集中研究，即古石门隧道区石刻、古石门隧道附近褒水沿线区石刻、玉盆题名十四段、河东店及山河庙内刻石、鸡头关及连城山石刻、天心桥石刻、唐褒城驿及汉中城区石刻、观音碥万年桥石刻、马道驿石刻、褒谷中上游石刻等十个类别。各类石刻以时代为序进行编排，对每一通石刻的形制与尺幅、释文及考辨都有着客观而精深的研究以及文化价值之阐发。《石门石刻大全》可谓图文并茂，列有石门石刻核心区域的褒谷口及刻石迁移的珍贵历史照片多幅，这些都是汉中重要历史文化信息的物证资料，弥足珍贵；所研究的每一通刻石亦尽可能地附原刻石图片，以便于读者观瞻，以及更有助于读者对研究文字部分的感性直观与深刻理解，全书共收录、研究了一百七十七通石刻，"在一七七品石刻存文中，有原刻照片可资对照者，计一四七品，以其图版之丰，亦胜于以前诸书。本书所录石刻，皆以原刻图版为蓝本，如实照录其文字，后加按语以作必要的说明。鉴于某些石刻背景繁杂，且前人考释颇有歧义，乃以专文予以考辨。凡无从与原刻对照之存文，尽力从正义、正字入手，慎重处理语病及衍夺之字；若原刻本身有误，且流传久远影响甚大者，皆适当陈其原委，以澄清是非"[①]。对石门石刻进行系统而精深的研究，本身就是一项巨大的学术工程，郭加水先生在该著的"序"中对其评价道："这是一部迄今为止我所看到为数不多的有关中国汉中石门石刻研究的权威之作，其资料之翔实，考据之精细，论述之严密，评价之公允，可谓前无古人，后启来者。"[②]中国当代著名古典文学大家、文艺理论家霍松林先生对郭荣章的石门石刻研究成果亦给

---

① 郭荣章：《石门石刻大全·自序》，西安：三秦出版社，2001年，第9页。
② 郭荣章：《石门石刻大全·自序》，西安：三秦出版社，2001年，第1页。

予了高度评价:"酬勤天有眼,皓首建奇勋。"①冯岁平先生在深入研究《石门石刻大全》后,以学者的理性与冷峻,在高度肯定了该著的巨大学术贡献的同时,对其不足提出了有理有据的分析,这无疑为石门石刻今后的研究提供了可资参考的新思路,毕竟,学术研究难以穷尽。《石门石刻大全》于2001年9月由三秦出版社出版,版式硕阔,图文并茂,装帧精美。

褒斜栈道乃汉中境内建筑最早,也是历史上利用率较高的一条古道,石门所处位置正值褒谷谷口,独特的地理位置与自然条件,辅之以漫长历史时期的人文化的过程,这里便成为承载历史文化信息的渊薮,中国书法艺术的宝库,中国人文精神聚焦点,人文胜境天成之!在中国古代交通、道路工程、邮驿、水利、书学以及旅游资源开发等方面具有多元研究与开发利用价值。但由于"文化大革命"期间的错误决策,1971年因修建石门水库,部分刻石被淹水下,遽陷沉渊,此人文胜境蒙受厄运,造成重大历史遗憾,但有幸的是,最具价值的部分石刻采用工程技术方法进行整体切割、剥离,实施异地安置与保护,如今陈列于汉中市古汉台博物馆,郭荣章先生亲自主持了这组文化瑰宝的迁移工程。

《中国早期秦蜀古道考述》为郭荣章先生倾其毕生精力对秦巴山地所有栈道的综合性考察的研究成果,是继《石门石刻大全》之后的又一学术力作。交通是国家内部社会文化交流与大规模经济活动的命脉,对于其在维护国家统一、民族融合与社会长治久安方面意义更为重大,自公元前300年至民国中期,秦蜀古道一直是中原与巴蜀经济文化交流的命脉与主要通道,也是中国古代交通史研究难以回避的重大课题,贯穿于秦巴山地的多条秦蜀栈道集中分布于汉中地域境内,为汉中最重要的历史文化遗存与文化载体。多年来,郭荣章先生曾多次徒步考察汉中境内的秦蜀古道,"笔者以地利之便,又以天时与人和之助,从20世纪70年代开始着力于蜀道研究,凡汉中境内的七条栈道,或步履或乘车,皆曾亲履其地,尤对褒斜道涉猎较多"②。他踏遍青山,深入荆丛,一边考察,详加探索,一边搜集秦蜀古道的文献资料,皓首穷经,研读细究,类分梳理,独立思考,求真史实,分别予以考察实证,就是这样扎实的工作,为《中国早期秦蜀古道考述》系统性研究与出版奠定了坚实的基础,郭老先生曾赋《卜算子》以抒怀:"鸡峰尤险峻,褒水绿依旧。数度访古频登涉,倏忽已白头。置身云天外,何曾惜衰朽。千古蜀道探根由,不负盛世秋。"

《中国早期秦蜀古道考述》全书共分五个卷目、三十余章节,分别为:第一卷"褒斜道",分别勾勒与论述了褒斜二谷的自然地貌、栈道沿革、线路与栈道遗存考

---

① 霍松林:《霍松林选集·第二卷·诗词集》,西安:陕西师范大学出版总社有限公司,2010年,第331页。

② 郭荣章:《中国早期秦蜀古道考述·绪言》,北京:文物出版社,2018年,第4页。

察纪实、古地名考释,以及石门与摩崖石刻;第二卷"石牛道",分别勾勒与论述该道线路、现存遗址景观、历史功用等;第三卷"连云栈",翔实论述与考释了该栈道的创始、延伸、修治,记述了著者对连云栈道北栈南段的实地踏勘及鸡头关之北碥路、青桥铺桥梁及其南之碥路与邮亭遗址、观音碥故址、天心桥故址、七盘道故址等遗存现状,各段路况,专门研究了明清两朝对栈道驿站的行政管理与营运,还有对竹添井井《栈云峡雨稿》有关褒斜栈道记述内容的考释,考述了明清赵贞吉、张佳胤、王士性、傅振商等学者之栈道题刻和相关栈道文献等;第四卷"其他诸道",以陈仓之战为中心考述了汉军北定三秦之道路、傥骆道勘察与以华阳镇为枢纽的栈道路径及其遗迹轶事,对故道与陈仓道的称谓、走向、变迁、沿途经地等因文献歧义产生的问题予以考辨与实证,还包括米仓道线路、遗存及张鲁遗迹,子午道线路、遗址遗存等,荔枝道考察述要等。《中国早期秦蜀古道考述》于2018年2月由文物出版社出版。

《中国早期秦蜀古道考述》的出版,是郭荣章先生花毕生精力潜心研究的重大地域文化成果,也与汉中市文化文物部门的文化自觉与鼎力支持密不可分。2014年4月,汉中市文化旅游局研究决定,其一,对这一重大文化工程予以人力、物力和财力的大力支持与重点保障;其二,特邀专业人员组建专业研究团队,协助郭老先生对察而未详的秦蜀古道予以补察,实地考察确证;其三,将《中国早期秦蜀古道考述》研究纳入"汉中文化遗产丛书"系列,安排专业人员协助郭老先生展开集中研究①。历时数载,以致功成,成为当代汉中本土分量很重的栈道文化遗存综合性研究的最新成果。

〔意大利〕南怀谦之《世纪回眸:意大利神父南怀谦清末民初中国写真》

摄影技术于1837年由法国路易·达盖尔最早发明,"并经法国法兰西科学艺术学院于1839年8月授予其发明专利的,摄影术的发明对社会文化的影响是巨大的"②,以照相机为种类的摄影技术在欧洲逐步走向技术成熟,并很快融入西方社会文化与近代技术体系,这一技术改写了人类记录现实与历史的方式。摄影技术在19世纪后半期逐步传入汉中,最早利用摄影技术拍摄汉中的照片,目前所知是由一支俄国贸易探险队于1875年春末途经汉中并留下了十余张有关汉中地域的珍贵照片,本土学者王景元先生曾撰写专文钩沉了这一历史文化事件,即《1875——一支俄国探险队考察汉中古城》③。另在清末民初之际,美国裕中公司总工程师G. A. 凯尔(Kyle.G.A)负责准备

---

① 郭荣章:《中国早期秦蜀古道考述·后记》,北京:文物出版社,2018年,第462页。
② 孙家祥:《现代主义绘画解读》,上海:上海教育出版社,2010年,第86页。
③ 汉中市博物馆:《石门:汉中历史文化遗产研究》(2005),西安:三秦出版社,2006年,第167~178页。

探索河南信阳至四川成都的铁路线路，他带领测量队进行沿途勘察，并拍摄了大量沿途民情风貌的照片，这只测量队途经了清末的汉中府定远厅（今镇巴县）地界的渔渡坝（今渔渡镇），也拍摄了一些照片，目前我们能够见到的仅为四张，分别为"798公里处，靠近陕西镇巴县渔渡坝顶峰拍摄的风景""811公里处，从渔渡坝最高峰俯瞰渔渡坝村庄景色""从渔渡坝远望西南方向""811公里处，从渔渡坝峰顶看到的渔渡坝流域的另一处风景"①，经实地踏勘，所谓"渔渡坝最高峰"，即渔渡镇东侧之九拱坪，这应该是最早记录镇巴渔渡坝地景山势及河道的照片，这批照片拍摄于清末的1910年。摄影技术传入并记录汉中影像，可视作"西学东渐"在汉中留下的重要文化印记。但较大时间跨度、系统而多层面地用照片记录汉中人文历史，最丰者莫过于意大利传教士南怀谦。

南怀谦（Leone Nani，1880—1935），意大利贝尔加莫省阿尔比诺人，传教士，摄影家。1902年9月，他被意大利宗教组织任命为神父，派往中国陕南教区，他从马赛港登船，远赴中国传教，一月后抵达上海，沿长江溯江而上至武汉，再搭乘货轮溯汉江而上，最终于1904年1月22日到达城固县之古路坝。他是到达汉中城固后才开始学习汉语的，并逐渐熟悉了当地的民情风俗。1905年春天，南怀谦首先在洋县开始传教，接受信徒皈依，兴建教堂及住所，"在旅行的时候，南怀谦总是非常注意观察日常生活的细节：不仅是宗教方面的，而且还有社会和经济方面的，这些往往都留在了他迷人的底板上"②。1914年9月，南怀谦因病回国治疗，从此再未返回汉中，1935年9月，辞世于意大利米兰。南怀谦来汉中传教整十年，在这十年的传教过程中，足迹遍布汉中盆地及安康地区，他用自己所带的颇为笨重的照相机，拍摄了大量陕南汉中与安康各县、各社会层面的风俗民情照片，他将拍摄胶片带回意大利冲洗存放。该书中收录的乔安娜·卡文西（Giovanna Calvenzi）所撰《旅行家·摄影师：南怀谦图片报道中亲切关爱的目光》一文中载："宗座外方传教会的档案中目前在还存有四百六十张底板，很难估计还有多少遗失和破损的。"③此批珍贵照片的底板收藏于意大利宗座外方传教会。我们有理由想象，南怀谦在陕南拍摄的照片远不止这个数量，因为他毕竟在汉中生活了整整十年，而《世纪回眸：意大利神父南怀谦清末民初中国写真》仅仅刊载了一百五十三张珍贵照片，为已知存量的三分之一。几乎于此同期，由Emanuela Di Lallo主编的Lost China: the Photographs of Leone Nani一书中，收录南怀谦拍摄照片

---

① 〔美〕凯尔（Kyle G. A.）著，张远航编：《绝版长江：1910年代的铁路营造与沿途风物》，桂林：广西师范大学出版社，2007年，第65—68页。

② 〔意大利〕南怀谦（Leone Nani）：《世纪回眸：意大利神父南怀谦清末民初中国写真》，澳门：临时澳门市政局澳门艺术博物馆制作，2001年，第58页。

③ 〔意大利〕南怀谦（Leone Nani）：《世纪回眸：意大利神父南怀谦清末民初中国写真》，澳门：临时澳门市政局澳门艺术博物馆制作，2001年，第36页。

一百六十五张，较中文版《世纪回眸：意大利神父南怀谦清末民初中国写真》多了十二张，照片内容几乎重复，但图片印刷质量较《世纪回眸：意大利神父南怀谦清末民初中国写真》更为细腻，清晰度更高。南怀谦是否亲自系统整理过这些照片，没有材料进行说明和印证。这批照片直到20世纪末的90年代才公布于世，更由于《世纪回眸：意大利神父南怀谦清末民初中国写真》与 Lost China: the Photographs of Leone Nani 公开出版，才为人知晓，并在中国文化界、摄影界产生巨大反响，它将百年前汉中的那段历史与社会生活场景清晰地展现在了汉中人民面前，故汉中本土文化人士与相关部门也深知这批历史照片的价值，多方寻访、获取，并加以研究与利用，2013年4月汉中市档案馆所编《汉中旧影》中大量收录了南怀谦所拍摄的照片，由三秦出版社出版。

《世纪回眸：意大利神父南怀谦清末民初中国写真》的出版得益于临时澳门市政局澳门艺术博物馆对南怀谦所拍摄照片的获取与整理出版。该著按照五个专题组织南怀谦所拍摄的照片，"一、南怀谦"，共七张，为南怀谦在汉中时期各场景之人物肖像照与工作场景照；"二、景物"，计二十六张，分别为汉中府城墙、街市、城固古路坝天主教堂建筑、其他建筑、船运、洪水等场景照片；"三、民情"，计五十四张，为乡村节日、红白喜事、田间劳作、纸坊生产、江堤加固、赈灾，以及汉江航运、鸬鹚捕鱼、囚犯运送、惩治小偷、练兵、集镇杂耍等各类社会场景；"四、人物"，计二十张，为汉中的平民、军士、劳工、市井人家、富商、显贵等，充分展现了这一时期汉中各阶层的精神面貌；"五、传教"，计四十六张，为南怀谦在传教过程及教区所拍摄，反映了教区的传教工作场景，不难发现，南怀谦很好地融入了当地，他留长辫、穿汉服、说汉语，积极开展传教工作。该著还收录了意大利驻香港及澳门总领事杜朗希撰写的"献词"，澳门艺术博物馆馆长吴卫鸣与宗座外方传教会曾祈光神父为该书分别作序，都对这组珍贵照片给予了较高的评价；尤其是还辑录了乔里亚诺·贝尔图契奥里所撰《世界的末日：一个逝去帝国的照片》，通过时代背景的揭示，展示了一个没落帝国苍凉的社会生活之精神图景；而乔安娜·卡文西之《旅行家·摄影师：南怀谦图片报道中亲切关爱的目光》一文，则从摄影技术、社会生活场景、历史文化意义以及此批照片的收藏等各个角度进行了深入的专业论述；都具有较高的文化、艺术与学术价值。

当汉中的一些文化学者与相关单位知道这组照片信息后，主动与澳门艺术博物馆联系，积极获取这些照片与该著，本土方志专家郭鹏先生还专门展开研究，撰文介绍本书及这批珍贵图片资料。"2002年初，从某报纸上获悉澳门举办南怀谦神父摄影展，展出内容是上个世纪在汉中拍摄的照片的消息后，出于主编《汉中地区志》的需要，我便千方百计地寻求这批照片，最近终于如愿以偿地得到澳门某方负责人的支持，亲自给我寄来了南怀谦神父在上个世纪初拍摄的照片资料集——《世纪回眸》，并附信一封。"①汉中市档案馆在编辑《汉中旧影》及《汉中二十世纪图鉴》时辑录大量的南怀谦所拍照片。汉中地处西北内陆，交通条件差，社会经济发展落后，但掌握了先进摄影技术的南怀谦来汉中传教，所拍摄的这组照片为汉中留下了一笔丰厚的文化遗产资源，对于研究清末民初转型发展时期的汉中社会生态提供了难能可贵的第一手资料，对于汉中历史文化研究具有不可估量的影像资料价值，摄影图片具有直观性、真实性的特点。不仅如此，这组近百年后面世的照片也折射了大清帝国的没落，由于其广泛的影响，尤其是在西方社会的影响，这组珍贵照片被赋予了国家层面与区域社会层面互动的独特观察与研究视角，而不仅仅是汉中历史文化的影像呈现，意大利驻香港及澳门总领事杜朗希先生在为《世纪回眸：意大利神父南怀谦清末民初中国写真》一书所撰述的"献辞"中，对南怀谦拍摄的汉中历史照片评论道："那是中国历史上非常艰难的一个时期，封建王朝正走向灭亡，通向现代的道路正在开辟……南怀谦神父以真实的图像加之历史学家的思想深度开阔了我们的眼界。"②而我们汉中人民通过它，获取了曾经经历过的汉中历史图景的真实面貌！

曹玮之《汉中出土商代青铜器》

曹玮（1955—），甘肃兰州人，毕业于北京大学考古专业。曾任秦始皇帝陵博物院院长，秦俑博物馆馆长、研究员，中国社会科学院古代文明中心客座研究员，北京大学古代文明中心兼职研究员，西北大学、陕西师范大学兼职教授，博士研究生导师，中国殷商学会理事。主要从事考古发掘及中国考古学研究工作，曾先后主持扶风法门寺唐代地宫遗址、宝鸡斗鸡台遗址、周原遗址等的考古发掘工作。先后主持"夏商周断代工程·周原甲骨文整理课题"、国家文物局"河套地区先秦两汉时期的生业、文化与环境"、陕西省考古研究所与中国国家博物馆合作的"沣河流域的历史与环境变迁"等重大项目的研究工作，参与社会科学院古代文明中心、北京大学中国考古学研究中心课题"周原遗址的分期与布局研究"等的研究工作。撰写研究论文40余篇，出版《汉中出土商代青铜器》等论著多部。

《汉中出土商代青铜器》四卷本为汉中青铜器研究集大成之学术专著，对于汉中远古文明研究具有重大学术价值与出土文物实证之资料价值。卷一前半部分之"汉中出土的商代青铜器"为曹玮先生亲自撰述，包括地理概况、历史沿革、出土与研究、历史分期、形制分析、年代与族属等角度，为汉中青铜器概述性研究成果；卷一后半

---

① 郭鹏：《鸿爪集》，西安：三秦出版社，2007年，第99页。
② 〔意大利〕南怀谦（Leone Nani）：《世纪回眸：意大利神父南怀谦清末民初中国写真》，澳门：临时澳门市政局澳门艺术博物馆制作，2001年。

部分至卷三为汉中青铜器图录部分，共选录了汉中各青铜器收藏单位所珍藏的青铜器四百四十三件，按照容器、仪仗器、兵器、工具及其他五类先后编排，每件器物都按照照片、墨线图、文字说明三部分进行表述，器物描述按照器物名、器物编号、尺幅重量、出土地点、出土时间、收藏单位、器物形制、器物纹饰的简单描述进行简要中英文文字对照说明；卷四辑录了中外知名学者，如朱凤瀚、李伯谦、李朝远、李孝聪、孙华、曹玮、张懋镕、Jessica Rawson、Lothar von Falkenhausen、Bagley等对汉中青铜器进行专题性研究的重要学术成果，这些成果是在曹玮先生的组织下得以完成的。这里需要指出的是，《汉中出土商代青铜器》得以完成，最初并非曹玮先生主动为之，而是在汉中市文管会左汤泉先生的多次恳请以及汉中市文化局王铎先生的大力支持下，并于2005年6月中旬约请曹玮先生来汉中进行青铜器考察，精诚所至，金石为开，才使这一文化工程得以实施并完成。这是基层文物保护工作者与高水平研究专家联袂的成功典范，一方面体现了汉中基层文化工作者的文化自觉与积极作为，另一方面在高层次专家的组织指导下，这一文化合作项目取得了高水平的研究成果，曹玮先生曾为"夏商周断代工程"课题与专题组重要成员，青铜器研究知名专家。四卷本的《汉中出土商代青铜器》于2006年9月由巴蜀书社出版。

　　《汉中出土商代青铜器》的出版，于汉中地域文化早期文明形态的深入研究具有重大文化意义。自20世纪50年代以来，汉中陆续在城固、洋县发现并出土了二十多批次的青铜器，质优量大，这些青铜器指引着人们认识到这样一个事实：在商代，汉中盆地具有高度的人类文明，青铜器的铸造需要高超的生产冶炼技术，其生活器具不仅仅凝结了汉中早期先民的生活方式以及原始宗教观念，而且体现了他们的精神风貌与艺术价值观念，其兵器则反映了早期相关地域民族相融的重要历史文化信息，虽然一些学者从这批青铜器中感觉到了中原文明的文化痕迹，但其中的人形面具却让我们直观感受到了"三星堆文明"在汉中盆地的文化光环……汉中青铜器与《汉中出土商代青铜器》及其相关著述为我们提供了探寻汉中古文明的"时空隧道"的可能性，以及汉中地域文化在远古时期的杂糅性与过渡性特征，而这一切皆为汉中所处地理空间位置所决定的，必然影响着具有自身特质的地域文化的内在发展。结合时代更为久远的南郑疥疙洞古人类洞穴遗存、西乡李家村、城固宝山等汉中本土文化遗迹，汉水上游流域的汉中盆地无疑是中华早期人类文明的诞生地之一，尤其是出土的青铜器表明殷商时代汉中就具备了高度的文明形态与较大的人类活动规模。汉中盆地也是"夏商周断代工程"以及"中华文明探源工程"不容忽略的重点地域，在这个意义上，《汉中出土商代青铜器》的出版，于汉中具有不可估量的地域文化价值。

镇巴县文化馆之《镇巴民歌总汇》

镇巴，是一方贫瘠而又神奇的土地，位于陕西省东南角，自身的历史一直延续，但行政制度的历史则赓续有缺，蜀汉时期虽在渔渡（今渔渡镇）归仁山麓设置南乡县，但时间短暂，之后一直隶属成固（现城固）、西乡，直到嘉庆七年（1802）才独立建政，为定远厅，民国初期更名为镇巴县。这样的县域历史无疑不利于文化的积淀、层累与发展，加之此地域山大沟深，森林茂密，匪患猖獗，历史时期此地社会经济严重落后，更加之"山高皇帝远"，各个历史时期的正统封建文化在此地域的影响力微乎其微，这种地域对于保留远古文化密码，并使之活态化留存提供了天然的自然地理空间。民歌最具草根性，也更具社会广泛性与艺术感染力，还是山民随性怡情、思慕婚恋、疲劳解乏、红白之事等生命活力的最好助力，民歌声中，生命之花璀璨而绚烂。陕南民歌以镇巴民歌为最。

中华人民共和国成立后组建的镇巴县文化馆，一贯重视对本土民歌的收集、整理、保护与传承工作。该馆自建馆以来，广泛联系社会各界有志之士，深入民间，采集、整理民歌，经过几代人的努力，先后整理、编辑、刊印了《镇巴民歌集》《镇巴红色歌谣》《镇巴县歌谣集成》《镇巴县民间唢呐曲牌选》等；还多次组织民歌大赛，选送优秀选手参加省、市民间艺术调演与汇演活动，1978年镇巴民歌选手受邀出席了文化部举办的全国民族民间唱法调演活动。近年来，镇巴民歌新秀彭光琴女士将镇巴民歌带进了央视品牌栏目《星光大道》及多个省卫视的品牌栏目，使陕南民歌在国家民间文化层面获得了较大的影响力，成效斐然。

经过几代人的努力，2006年前后，县文化馆组织该县文化人士，对历年来收集、整理的四千余首镇巴民歌进行了文化解读、诗旨揭示与汇集编撰，即县域民间文化集大成之《镇巴民歌总汇》，百余万字，两大卷，该部书稿震撼了当代著名作曲家赵季平先生，他在为该著所写的"序"中这样评价道："这本'民歌总汇'是我省目前所展示的一部最集中、最原始、最完整地搜集一个区域内原生态民歌的大书、奇书和经典之作……众所周知，《诗经》的采集和流传到底经过了多少岁月和沧桑，我们无法想象，但它集举国之力而建立庞大采集机制是有史可考的……从艺术手法看，《诗经》有赋、比、兴，这里也有；从内容上看，《诗经》有风、雅、颂，这里不缺。"[①]

《镇巴民歌总汇》分一、二卷，2007年9月由陕西人民出版社公开出版发行，分别以"歌头·对歌""劳动""情爱""生活""红色歌谣""风俗礼仪""谐趣""历史传说""新民歌"，共计九大类进行类分、组织、编辑；每首民歌著录了

---

① 镇巴县文化馆：《镇巴民歌总汇·序》，西安：陕西人民出版社，2007年，第1、2页。

当代传承演唱者与采录者姓名,对每首民歌中个别方音方言设"注"栏,分别予以文化释义及汉语拼音注音;该书还设置"阅读与鉴赏"栏,对多首民歌的诗旨予以精要揭示与文化意向的阅读引导,颇具点睛之功效;正文的每个页面都配有反映镇巴民情、风俗、风光、小景的摄影作品,依据页面予以精致配图,与每首民歌相得益彰,赏心悦目。《镇巴民歌总汇》出版后,在社会与学界产生不同凡响的影响,陕西理工大学文学院刘昌安教授在《〈诗经〉"二南"研究》研究专著中评价道:"在拜读了《镇巴民歌总汇》后,真切体味出镇巴民歌的独特地域文化品格,这就是编者在'前言'中总结的'真、直、深、新',这些作品与古代的《诗经》'二南'相较,也不逊色……现今流传于汉水流域民间的歌谣中,还随处可见与'二南'先民们极为相似的率直情感。"①

镇巴民歌作为《诗经》的活态文化存在,不仅在当代为学界所认同,颇具"二南"诗风与文化特征,实际上早在乾隆版《西乡县志》及《续修南郑县志》等本土方志文献中均得以确认。对四千余首民歌予以整理、汇集后,《镇巴民歌总汇》的出版,不仅是镇巴县在当代的一个县域重大文化工程,其社会文化之基础性价值亦不容低估,如同梁启超先生对《诗经》文本所具备的多元文化价值的分析、判断与揭示一样,《镇巴民歌总汇》不仅仅只是一首首的民歌那么简单,还可以让我们从社会历史文化学、人类学、民俗学、语言学、伦理学等学科专业角度展开研究,进而为揭示汉水流域及秦巴山地对《诗经》文化之涵养、民间社会历史文化生态以及汉水上游流域社会民众的文化心理与精神风貌,提供了坚实的活态文化资源基础,正如该著封面所书写的:"一部源于大巴山的原生态民间文化奇书,一部非物质文化遗产保护工程的煌煌巨著。"

2007年9月,《镇巴民歌总汇》由陕西人民出版社出版发行。

冯岁平之《发现汉中》《宁强县大鱼洞墨书题记》

冯岁平(1966—),陕西泾阳人,1988年7月毕业于西北大学历史系后,先后就职于安康学院政史系、汉中市博物馆,2018年被调入陕西理工大学汉水文化研究中心,为研究员。作为汉中市知名地域文化研究学者、文史专家,他是汉中最早深入研究、点校及整理汉中地方文献的学者之一,他相继点校、整理了《栈云峡雨稿》(2006)、《赐葛堂文集》(2014)、《瀼源堂诗集》(2014)、《乐园文钞》(2015)、《乐园诗稿》(2015)等多部清代汉中重要历史文献,并相继公开出版。冯岁平先生深入社会、民间搜寻陕南地方文献,展开系统的深入研究,同时行走于秦

---

① 刘昌安:《〈诗经〉"二南"研究》,北京:中国社会科学出版社,2018年,第345、346页。

巴山水间，实地踏访区域内文化遗存，拍摄、探查，再结合历史文献考辨，予以系统梳理、考证、研究。多年来，他在石门书法、石门栈道、汉中地域文化、地方文献研究等多个领域都取得了多项重要研究成果，尤其是近年来，他深入民间，获取了多份清康熙至光绪年间的档案文献，因时代久远，多份档案材料呈絮状，他进行了精细的修复复原与整理识读，这是一批涉及本地域及国家文化层面的政治、经济、文化、外交，以及栈道研究的价值不菲的原始档案材料。

《发现汉中》为冯岁平先生对于汉中地方文献研究及汉中历史文化、汉中文化遗产的系列研究成果，这一系列研究成果大多基于新材料的发现与深入研究："或搜之于图书收藏机构，或淘之于书肆坊间，或徼之于外地友朋学者，这样也就拥有数十种文献，其中包括一些实物资料，当然大多是重新发掘、再次发现……随之逐渐扩大思考范围，对汉中历史文化遗产的诸多问题作了研究，或提出一孔之见，或对前此学者的研究做了一番补苴，藉以竭力恢复汉中历史的本来面目……但有些问题，我把它放在汉中以外更大范围去考察，除文献爬梳外还作了遗址遗迹的考察、民俗民风的调查等田野工作。"[①]不难看出，他在汉中历史文化研究方面所倾尽了心力。《发现汉中》从体例上看，非体系性学术研究专著，而是有不同方面、领域的单体研究论文或学术笔记，按"辑"编汇而成。"第一辑、情像汉江一样长"，该辑为对《大学通》《三省山内风土杂识》《山南诗选》《忠武侯祠墓志》《灙源堂诗集》《紫柏山志图》等十七种汉中地方文献进行的文献学研究的成果，涵盖了著者生平、版本考述、编纂体例、思想文化要旨揭示及其文献学意义与价值的阐发等解构维度，探赜入微，有理有据。"第二辑、穿梭秦巴间的历史"，对历史时期文化名人途经汉中、游历秦蜀栈道的史实，结合他们的栈道诗文等文献，予以了更深入的考释，包括明万历的王士性，清代之陈奕禧、张问陶、张问安、张素含、高延第、李嘉绩、俞陛云、党居易，以及清末日本著名汉学家竹添井井等，以此深入揭示栈道在明清时代之风貌及其在国家与地缘地域文化多个层面不容忽略的重要影响力。"第三辑、守望精神家园"，汇集了著者历年来对大汉王朝筑基之刘邦在汉中留下的历史痕迹、古汉台的历代诗词、石门摩崖石刻等专题领域的考释与思考，凡文计十四篇。"第四辑、我思故我在"，涉及陕南历史地名、历史交通地理、武侯祠墓、汉南书院等汉中历史文化遗产，以及岳震川、严如熤、王屏山、康耀辰等历史人物展开深入系统的研究，尤以"清代汉中著名学者年谱丛编"学术价值较大，依据文献对岳震川、严如熤、童颜舒这三位在陕南文化史上的学术大家的年谱予以考订与编撰，其生平、学术思想、论著及其学术思想转型、成就，一目了然。通过这些研究，《发现汉中》凝聚了冯岁平先生对汉中本土的历史文化情怀和作为一位当代学人对待地域历史文化的严谨态度与责任担当，以及寻找汉

---

① 冯岁平：《发现汉中·自序》，北京：华夏出版社，2008年，第1、2页。

中历史真相之心路历程与宝贵发现。《发现汉中》于2008年2月由华夏出版社出版。

《宁强县大鱼洞墨书题记》乃冯岁平先生基于田野调查的另一地域文化价值不菲的发现。1999年9月初，冯岁平先生考察金牛道期间，深入宁强县藏仙洞、大鱼洞探查，对洞内石灰岩崖壁上的墨书题记予以了初步的关注；2014年初，因秦蜀栈道文化线路申遗工作需要，与何健、王涛等再次趋往考察，对洞内墨书题记的文化价值有了新的感悟与思考，自此后，他与家人多次驱车前往，对墨书题记进行全面的拍摄、整理、分析与研究，还手绘了"大鱼洞平面、墨书题记分布示意图"。《宁强县大鱼洞墨书题记》共分为上篇《宁强县大鱼洞墨书题记研究》与下篇《宁强县大鱼洞墨书题记图录》，上篇涵盖了著者考察纪实、墨书题记保存现状与区域分布，以及宋、明、清、民国、当代等各个历史时期之墨书题记整理研究的成果，宋代十三，明代二十七，清代六十三，民国一，当代六，待考三十八，总计约为一百四十八条，其中南宋淳熙元年（1174）南安杨光济题记为最早之墨书题记，时间跨度近千年，体裁为题诗、题记与题名等；他还结合历史文献与本土方志文献，对大鱼洞及墨书题记的旅游学价值、民俗学价值、历史文化价值、文学价值及书法价值进行了多学科、多维度的分析与深入研究。下篇为著者在考察拍摄过程中获得的资料图片的系统整理成果，分"大鱼洞风光""墨书题记分布"及按照时序生成的各朝代分布的"墨书题记图录"，并对每条墨书题记的文字进行了精细的识读与考释，置于每张资料图片之后，图文并茂，方便读者赏读与研习。《宁强县大鱼洞墨书题记》是冯岁平先生对"汉中历史真相"的又一重要发现。《宁强县大鱼洞墨书题记》于2015年8月由三秦出版社出版。

感怀历史沧桑，爬梳历史文献，踏遍青山绿水，独立思索求真，追寻历史本貌，乃冯岁平先生经年之学术追求与步履之途，一路走来，成果丰硕，无愧天汉一方！冯岁平先生与袁永冰先生联袂编辑的《中国蜀道文献集成》，分别以蜀道诗录、蜀道文录、蜀道碑石、蜀道图录等内容方式予以文化呈现，500多万字，堪称皇皇巨著，此项工作即将完成，并将出版面世，这是一项重要的文化工程，值得期待。"我选择了，准确说我选择了从事汉中历史文化研究这一行当，那就要竭尽心力，乐而为之，不仅需要具备章学诚所说的才、学、识、德，还要紧扣时代发展步伐，及时掌握新理论新方法新信息，方可达到'文章千古事，得失寸心知'的境界，做出无愧于我们所处的这个伟大时代的业绩。"[①]

---

① 冯岁平：《发现汉中·后记》，北京：华夏出版社，2008年，第381页。

陈良学之《明清川陕大移民》

陈良学（1947—），陕西汉阴人，1962年毕业于汉阴县蒲溪中学。参加工作后，先后在汉阴、旬阳等政府部门，以及安康日报社等工作。自20世纪80年代以来，陈良学先生利用工作之余，走遍了川陕鄂三省的安康、汉中、商洛、万源、达州、万县、巫溪、巫山、乐山、绵阳、郧西、十堰、襄樊、宜昌等地进行社会调查，深入乡、村乃至农户家中，约访耆老、知情人士三千余人，搜集族谱、宗谱、家谱二百八十余部，碑文（含墓碑、祠碑、庙碑、路碑、记事碑等）七百余件，拍摄民俗资料照片万余幅。同时还先后赴西安、北京、南京、武汉、南昌、成都、重庆、厦门、泉州、漳州、龙岩、九江、徽州、上饶、扬州、镇江、杭州、金华、广州、株洲以及有关地、市、县图书馆、博物馆、方志办、政协文史委员会等部门，查阅大量的地域历史文献资料；通过电话、邮件、网络联系、调查一千五百余人次；在掌握和运用大量谱牒、碑刻资料的基础上，结合正史文献资料与地域文献资料，廓清了历史线索纷繁复杂的明清川陕大移民之迷雾，蔚然一幅明清大移民的宏伟画卷。先后撰述及出版《湖广移民与陕南开发》《楚界秦河》《陕西客家人》等著作。

移民作为一种历史现象，纷繁复杂，是人类历史的一种自组织行为，对于文化交融，促进民族融合，以及推动社会历史发展具有积极意义。历史上的移民活动既有国家意志的体现与组织，如军垦与农垦，也有因战乱、饥荒而引起的群体百姓的自发行为。前者有着正式的历史记载，且多辅之以国家相应的配套政策，规模较大者在历史典籍中多有记载；后者规模小，尤其是因战乱与饥荒引起的人口大迁移，原因复杂，规模较大，迁移的方向性与目的性不强，许多历史线索多被淹没，或隐藏于山野间，此类诸如迁移源头、路径、目的地以及人口规模、社会经济生活影响等历史信息往往不为国家政权所掌握与详载。秦巴山地，山大林深，人烟稀少，资源丰富，处于国家政权统治的"神经末梢"，往往鞭长莫及，为大规模移民提供了天然的自然条件，尤其是元末及明清以降，这里汇集了大量的外方移民。以此作为课题研究，是需要勇气并不得不付出艰辛努力的，陈良学先生出于自身的兴趣与爱好，接受了这一挑战。

《明清川陕大移民》计四卷、三十一章、百万余字。1—6章"移民大潮"为卷一，阐述了位于秦巴山地区域的川东与陕南的历史地理、川陕历代人口的迁徙与繁衍基本情况、明代流民对川陕的开垦、明末清初的大浩劫、清前期大移民形成的历史背景、清代前期移民大潮的形成等，展示了明清川陕大移民的历史大背景；7—16章"漂泊家族"为卷二，以第一手的谱牒及碑刻翔实资料为基础，对三百零七个移民家族进行了详细个案性考述，包括原籍、迁移始祖、世系源流、迁徙过程、堂号派语、创业简历、繁衍支派及播迁情况等，其中湖南移民六十一例、湖北移民五十四例、麻城移民四十例、广东移民三十五例、福建移民二十三例、江西移民三十二例、安徽移民三十三例、江浙移民八例、晋鲁移民九例、川黔移民十二例；17—23章"社会变革"为卷三，对移民运动所带来的社会政治经济的深刻变化、农业生产的恢复与发展、经济作物及土特产品的商品化、手工业的异军突起、农村市场的形成及商业资本的活动、手工工场的资本主义萌芽、连接移民的纽带——会馆和帮会等方面进行了深入研究与论述；24—31章"文化融合"为卷四，详细考证和记录了各地移民在陕南定居后带给陕南文化的深远影响，从而使得陕南在南北文化的交融中获得新的升华和沉积，从源远流长的氏族文化、南北交融的民俗风情、兼容并存的生活习俗、风格各异的民居建筑、错综复杂的语言体系、色彩斑斓的民间文艺、优美动听的民间歌谣、神秘奇特的宗教文化等方面进行了多角度的勾勒与论述。《明清川陕大移民》为陈良学继《湖广移民与陕南开发》之后，潜心研究川陕大移民之力作，著名学者葛剑雄评价为："作者为我们提供了迄今为止内容最丰富的移民史长卷。"该著无疑对汉中地域文化，以及中国移民史研究有着积极的促进作用，并提供了丰富而鲜活的案例材料及重要的区域性研究成果。

《明清川陕大移民》于2009年1月由中国文联出版社出版，著名学者葛剑雄、孙达人、谭元亨、邱权政、张维佳、戴鞍钢等教授对该著进行了精要的评介。

鲁西奇之《汉中三堰：明清时期汉中地区的堰渠水利与社会变迁》

鲁西奇（1965—），江苏东海人。1995年获武汉大学历史学博士学位，1989—2007年从教于武汉大学历史系，2007年5月应聘到厦门大学历史系任教，为厦门大学历史系教授、博士生导师。主要从事区域历史地理与社会经济史研究，尤其关注并从事汉水流域历史地理、社会经济史与环境史等领域的综合研究。出版《汉中三堰：明清时期汉中地区的堰渠水利与社会变迁》《区域历史地理：对象与方法——汉水流域的个案考察》《城墙内外：古代汉水流域城市的形态与空间结构》等著作，发表学术论文70余篇。

汉中盆地是一个重要的农业生产区域，因受汉水之惠与地利之便，盆地中的汉江两岸分布着多个水利灌溉系统，水利设施为其重要的农业灌溉之基础设施，各个历史时期多有修葺，至今依然发挥着重要作用。鲁西奇为当代青年学者，早在大学本科阶段，在武汉大学彭雨新教授的影响下，他埋下了"关注农田水利问题"的种子。后来，他将学术研究的目光投向了汉水流域的历史文化与环境变迁等领域。2005年6月、2008年12月、2010年9月，鲁西奇教授分别带领马剑、林昌丈三次来汉中，对汉中盆地的水利文化遗存进行田野考察，考察期间他们在当地多位文化人士的协助下，尤其重视对各水利设施碑刻资料的收集与整理，所有碑刻鲁西奇教授依据照片或拓本亲自录文，林昌丈核校，鲁西奇教授再次复校，整理出各类碑刻文献六十七种（篇），"'师徒'二人徜徉于秦岭巴山间，在渭水河谷踏霜徒步，在五门堰堰庙里围炉取暖，在村头田间与大爷大娘闲话，总是以'谈论学问'作为乐事"[①]。《汉中三堰：明清时期汉中地区的堰渠水利与社会变迁》着重利用田野考察所获汉中水利文化碑刻资料，以实地调查为基础，并系统梳理地方文献，对汉中盆地所有水利灌溉系统加以概述，尤其是重点考察并研究了五门堰、杨填堰、金洋堰及山河堰等汉中地区重要堰渠的修筑、灌溉系统的形成与演变历程，历史时期的管理体制及其变化与灌区民众以水利事务为纽带而形成的社会历史文化生产与生活形态；该著还从更高的学术层面上，围绕"水利周期"与"王朝周期"之关系、王朝国家对水利事业的介入、水利规章的来源及其实质、"水利共同体"理论的适用性等问题展开了充分的研究与讨论，该著提出了汉中地区堰渠水利的发展有其自身的轨迹，与王朝兴衰并不形成对应关系；在水利事业中发挥主导作用的一直是民间力量，官府一般不主动介入；各堰管理规章主要由灌区绅粮、田户"公议"而制定，属于"民约"性质；堰渠灌区往往拥有部分公产，灌区民众遵守相关水利规章，共同祭祀保护堰渠的神祇，从而以水利为中心形成一定的社会关系等学术研究成果。该著所附《汉中水利碑刻辑存》为整理、辑录了城固、洋县、汉台、南郑、勉县等五县（区）的水利文化遗存资料，为重要的第一手材料；该著还附有各清绘示意图八幅，整理各类统计表凡十三。

《汉中三堰：明清时期汉中地区的堰渠水利与社会变迁》为专题研究汉中水利文化的重要著述，是汉中盆地农业文明及水利其灌溉文化的历史性总结，不仅具有重要的地域文化价值，还具有较高的学术价值，于2011年11月由中华书局出版。

刘清河主编之《汉水文化史》

刘清河（1950—），陕西汉中市人，陕西理工大学文学院教授。1982年7月毕业于西北大学中文系，当年来到汉中师范学院中文系任教，1987年硕士毕业后继续回校任教，先后担任陕西理工大学中文系主任、文学院院长，2008年初被聘为汉水文化研究中心副主任；先后参编《陕南文化概览》等学术研究专著20余种，发表学术论文及文学作品100余篇。2008年5月，刘清河教授在《长江文化史》的启发下，萌生了开展"汉水文化史研究"念头，随即联络校内外知名学人交流、研讨、论证，在他的领衔下，与陕西理工大学历史文化与旅游学院院长梁中效教授、陕西理工大学汉水文化研究中心特聘研究员张昌文先生、汉中市史志办主任郭鹏先生及汉水文化研究中心办公

---

① 鲁西奇、林昌丈：《汉中三堰：明清时期汉中地区的堰渠水利与社会变迁》，北京：中华书局，2011年，第305页。

室主任刘莉女士组成了"汉水文化史研究"项目课题组，申报陕西省2008年度高校哲学社会科学重点研究基地科研计划项目"汉水文化史研究"（项目编号：08JZ04），并成功获批。

2008年10月，刘清河教授与张昌文先生、郭鹏先生一道对汉水中下游各地开展了考察、调研与资料收集工作，先后游历考察了武当山、古隆中、南阳卧龙岗、历山神龙祠、随州擂鼓台等名山遗址，参观各地博物馆，实地考察了荆州古城垣、楚纪南城遗址等，在此基础上，当年年底刘清河教授亲自拟定了《汉水文化史》研究撰写大纲，并进行了相应的研究工作分工。2009年年初，刘清河教授带了几名学生对安康、汉中各县的文化遗存进行了系统的实地考察，基于调研、考察与艰苦的资料分析与贯通，课题组成员熟悉了汉水文化生成的自然地理与人文历史背景，系统的研究工作就此展开。2012年3月该著书稿杀青，《汉水文化史》于2013年10月由陕西人民出版社正式出版发行。

《汉水文化史》由"导论"与六大章节组成，七十余万字。"导论"部分以"汉水"为纲，通过"汉水"释名、文献典籍考述、与华夏文明之关系，以及汉水溯源、流域水系分布、流域地理地貌、流域历史时期行政区划嬗变进行了系统概述，还从文化学视野与相关理论对汉水文化系统、基本文化特征、文化主导精神及其当代价值等予以了多维度的总括性分析、概括、提炼与揭示；"第一章、史前时期的汉水文化"依托现代考古成果及出土文物，对汉水流域古人类文化遗址类型与地理空间分布、石器时代文化风格、传说与文献载录予以梳理，对史前时期汉水文化主要形态与成就，以及其呈现出来的主要文化特征进行了考证、提炼与论述；"第二章、夏商周时期的汉水文化"结合历史文献对汉水全流域在这一历史时期的古代方国进行了系统研究与考述，对本流域在农业耕植与物产、城邑营建与防卫、水陆道路与文化交融、青铜铸造与科技艺术，以及其孕育产生的制度文明、原始信仰、民风民俗、《诗经》与《楚辞》的文化光芒、南音南调等文化形态及文化特征进行了系统性钩沉；"第三章、秦汉魏六朝时期的汉水文化"对这一历史时期的自然地理、行政建制与汉家发祥地，以及物质文化生产、制度行为文化、精神心理文化、地域学术累积及宗教文化进行了勾勒与阐发，提炼概括了这一历史时期汉水文化的主要特征；"第四章、隋唐宋元时期的汉水文化"对行政建制、农业生产、城镇及商贸予以系统梳理，还对这一历史时期的文学、艺术、学术、教育、科技、宗教等文化形态与风土习俗变迁予以揭示，总结性提出汉水流域文化的主要特征；"第五章、明清时期的汉水文化"以生态学视角对汉水流域环境变迁以及由此展开的自然环境灾害进行了系统梳理，对社会历史领域的移民与社会经济变迁展开论述，对这一历史时期汉水流域的文学、艺术、教育、科技、方志编修以及文化特征予以系统总结与概括；"第六章、近代汉水文化"对民国时期之辛亥革命、新文化运动和抗日战争与汉水文化的互动与影响进行了阐发，对民国时期汉水流域的文学艺术、教育科技、宗教文化、风土民俗进行了系统梳理,并提炼概括了这一特殊历史时期汉水文化所呈现出的主要特征;该著"结束语"对他们的研究路径与方法,以及研究思考进行了高屋建瓴的总结。《汉水文化史》附录一系统介绍了汉水流域世界文化遗产二,分别为武当山古建筑群和明显陵;附录二介绍了汉水流域的历史文化名城七,分别为汉中、襄阳、南阳、随州、钟祥、荆州和武汉。

汉江乃长江最大支流,汉水流域横跨陕、豫、鄂三省十一地市八十二县(区),流域面积达17.43万平方千米,地域广阔,风土民情、文化区域与文化差异较大,历史文脉及其演进规律也不完全相一致,甚至相去甚远;区域文化又是人类精神层面相当复杂、包罗万象、综合性极强的研究领域,它的孕育、形成、发展也是一个繁复的长达千万年的嬗变过程。基于这两个方面的分析,本课题的研究难度可想而知,非学养深厚、视野开阔者所能驾驭,但刘清河教授领衔的本土学术团队很好地完成了这一课题研究任务,他们"以六个大的历史时段为序,对20世纪50年代以前汉水流域不同时期的文化做了多方位、多层次的扫描、巡视,采用叙论结合、突出重点的方式,简要地阐述和解析了自史前至现代汉水流域文化生发的社会历史、自然地理背景和发展轨迹、主要成就及不同时期的主要特征,以期勾勒出已成为历史的汉水流域文化的全貌"[①]。《汉水文化史》是具有相当学术水准的内容丰富的学术专著,对于推动汉水流域文化研究影响深远。

胡仪元之《汉水流域生态补偿研究》《流域生态补偿模式核算标准与分配模型研究:以汉江水源地生态补偿为例》

胡仪元(1968—),陕西南郑人,陕西理工大学教授、经济与法学学院院长,硕士生导师。1993年7月毕业于陕西师范大学思想政治教育专业,长期从事"《资本论》选读""经济学术史"等课程教学工作与行政管理工作,以及生态经济、劳动价值论、马克思主义基本理论等领域研究工作,2001年西安交通大学"马克思主义理论"专业硕士毕业。陕西理工大学学术委员会常务委员会委员、应用经济学重点学科带头人、区域经济学科技创新团队负责人,陕西省"青年突击手"(2007年)及第八、九、十、十二届哲学社会科学优秀成果奖获得者,陕西省经济学会理事,陕西省区域经济学会常务理事。先后发表学术论文百余篇,主持国家社会科学基金项目一、省级科研项目四、厅局级科研项目十一。胡仪元教授主持编制的《汉中市"十二五"规划纲要实施情况中期评估报告》获得汉中市委、人大、市政府审议通过,《汉中市建设国家创新型城市实施方案》被汉中市政府批准实施,陕西省人民政府依此方案推荐申

---

① 刘清河:《汉水文化史》,西安:陕西人民出版社,2013年,第533页。

报国家级创新性试点城市。

汉江上游的汉中市有着独特的资源禀赋，但秦巴山地又是我国连片社会经济发展严重滞后的贫困区域，为保障"南水北调"国家战略的实施，在社会经济发展，尤其是污染型企业等方面，受到了国家生态战略政策的约束，致使本区域的"富饶的贫困"效应凸显，多年来胡仪元教授对这一现状予以极大关注，并带领研究团队对此展开了相应的富有成效的生态补偿理论的研究创建工作。《汉水流域生态补偿研究》的出版就是这一领域理论研究的重要研究成果。《汉水流域生态补偿研究》研究专著除"导论外"，主体内容为六个章节，"第一章、汉水流域生态环境变迁及其原因分析"，系统地考述了历史时期汉水流域生态环境之变迁及其基于气候变化、人文因子、生产工具、人口增长、社会生产方式等原因，以及留给我们的警示；"第二章、汉水流域生态环境问题分析"，以调查问卷、实地访谈及调研材料为基础，对汉江水源地及全流域现实生态环境问题进行了实证性分析与研究，并提出相应理论建议；"第三章、生态补偿的理论依据"，从自然资源（生物共生性原理）、经济学（劳动价值论、外部性及资源所有权理论）、社会学（环境正义的公平伦理观）三个重要理论维度，专门研究探讨和确立了生态补偿的理论依据，以及生态补偿的物质及价值两个类型与自然、经济及社会三个领域；"第四章、汉水流域生态补偿的利益关系分析"，从"谁来补偿？补偿给谁？补偿什么？怎么补偿？补偿的效果或目的是什么"五个问题意识视角，从生态补偿的主体、客体与环体三个方面综合性分析与探讨了汉水流域生态补偿的利益关联关系；"第五章、汉水流域生态补偿的体制与机制"，在深入研究分析了生态补偿体制与机制理论内涵的基础上，重点研究了汉水流域生态补偿的制度机制、管理机制与监督机制；"第六章、汉水流域生态补偿的路径系统"，着重探讨了汉水流域生态补偿的观念、产业与支撑三个可行性路径系统；"第七章、汉水流域生态补偿效益的评价体系"，本着全面性、科学性、系统性、可操作性和导向性原则，深入研究并提出了三层评价指标体系，初步建立了汉水流域生态补偿效益评价体系的数学模型，提出目前阶段，汉水流域生态补偿资金应首先用于上游地域的水源涵养与环境治污，以退耕还林、天然林保护、水土保持及生态移民这四大工程为重点任务。《汉水流域生态补偿研究》研究论著后附录有二，其一为"我国生态补偿相关法律、法规及政策汇总表"，其二为"我国部分流域生态补偿法律、法规及政策条款解析"。该著27万余字，2014年3月由人民出版社出版发行。

《流域生态补偿模式核算标准与分配模型研究：以汉江水源地生态补偿为例》是胡仪元教授组织、领导研究团队在《汉水流域生态补偿研究》基础上的又一关于汉水流域生态补偿领域的重要理论研究力作。《流域生态补偿模式核算标准与分配模型研究：以汉江水源地生态补偿为例》除"导论"外，全书主体共分六个章节。"第一章、生态补偿概述"，对"生态补偿"予以了概念性理论揭示，定义了生态补偿机制，对国内外生态补偿理论研究进行了较为全面系统的考察与理论总结；"第二章、流域生态补偿模式研究"，在生态补偿实践模式理论研究综述的基础上，系统考察了美国、欧盟、哥斯达黎加、澳大利亚、巴西、日本、加拿大等16个域外国家流域生态补偿的实践模式，对国内密云水库、绍兴—慈溪、东江源水源地、新安江流域及南水北调工程等五种跨流域生态补偿模式进行了系统考察与归纳阐释，并提出了构建投入型、效应型、预期型和综合型四种汉江水源地生态补偿的具有创新性的实践模式；"第三章、生态补偿的理论依据"，在生态补偿理论依据深入研究与相关实践现状梳理分析的基础上，从自然资源、经济学、社会学三个宏观大视野，对生态补偿的理论依据予以科学分析，提出了生态补偿的生物共生性、劳动价值论、外部性、资源所有权、环境正义的公平伦理观等五大理论依据；"第四章、生态补偿标准核算及其实证研究"，构建起了汉江水源地生态保护成本核算理论模型，并对其投资与运营成本、机会成本、污染治理成本、预期成本进行了综合性系统设计，以汉中市为例进行了生态补偿标准核算的实证性研究，还建起了相应计量体系的数学模型；"第五章、生态补偿资金分配模型构建"，在生态补偿资金分配的主、客体研究基础上，构建起了生态补偿资金分配的省级、省内各市（区、县）、政府企业个人、各企业或个人应得之四级分配模型，还以汉江流域为例设计了生态补偿资金分配方案；"第五章、生态补偿资金运行机制研究"，提出生态补偿资金运行的依据、过程、保障与效益的机制研究，并构建起了与之相应的生态补偿运行的制度机制、管理机制、监督机制与评估机制。《流域生态补偿模式核算标准与分配模型研究：以汉江水源地生态补偿为例》是国家社科基金"生态补偿资金分配模式及其效益评估模型研究——以汉江为例"的结题成果，立足于专业领域的系统分析与综合性总结，其创新性理论研究成果，为推动汉江水源地生态补偿及其生态环境保护，以及促进秦巴山地集中连片特困区域生态补偿与脱贫攻坚，提供了理论研究借鉴，对陕西省与汉中市相关政府部门的决策具有重要参考价值。全书46万余字，2016年6月由人民出版社出版发行。

  胡仪元教授及其研究团队，多年来一直关注汉水流域生态补偿这一重大社会现实课题，展开了卓有成效的研究工作，其理论研究成果在当地及学术界产生了较大影响，尤其是学界予以了较高评价，如西安交通大学张思锋教授和西北大学任保平教授在为《汉水流域生态补偿研究》所撰述的序言中，高度评价了其研究成果；《流域生态补偿模式核算标准与分配模型研究：以汉江水源地生态补偿为例》作为国家社科基金研究成果，在匿名评审、鉴定过程中，评审专家们一致认为，该研究成果"严密性、全面性、系统性、有效性、可信性和创新性给予了充分肯定，认为本成果具有较强的说服力和实际参考价值，高度赞扬了研究者们立足区域实际、开展接地气地调研工作，积极服务地方经济发展的研究态度与科研精神"。

孙启祥之《文化汉中》《蜀道三国史研究》

孙启祥（1961—），陕西勉县人，1983年7月毕业于汉中师范学院生物系。大学毕业后，一直在政府机关从事行政管理工作，历任副县长、县委副书记、县人大常委会主任、市档案局局长等职，并为中华诗词学会会员、中国陆游研究会理事、汉中市陆游学会会长、陕西理工大学历史文化与旅游学院名誉教授、汉水文化研究中心特聘研究员。孙启祥先生的职业生涯与学术研究之路，有两个明显特点，其一，学理工出生，但钟情于汉中地域文史研究，涉及领域众多，研究成果斐然，这源于"儿时读《毛泽东诗词》和《从陈胜吴广到太平天国》之类农民起义故事开始的，后来'越陷越深'"[①]。其二，大学毕业后一直在汉中县、市党政机关任职，虽置身宦海，公务繁忙，却嗜好读书，尤重文事，笔耕不辍，为汉中为数不多之"学者型官员"，一直为汉中社会文化事业发展躬耕亲为和"鼓与呼"，主政汉中市档案局后，更是积极筹划，广泛联系域内外学者，构建学术平台，推进汉中地域文化研究，挖掘抢救历史文化资源。自20世纪80年代以来，他先后从事三国历史、秦蜀栈道、陆游与文同研究，策划、统筹和布局"汉中历史文化丛书"。2011年年初，撰写了《〈汉中历史文化丛书〉编纂方案》，寻觅并整理出版了在本邑消失了二百余年的清康熙《汉南郡志》，聘请专家点校并出版了清顺治《汉中府志》，组织编辑专题类研究，如《陆游汉中研究》（2012）、《汉中旧影》（2013）、《文化汉中》（2014）、《文同与汉中》（2017）、《历史档案与文化传承》（2017）等。

《文化汉中》为孙启祥先生上任汉中市档案局局长后不久规划的一项文化工程，他的初衷在于对汉中这座历史文化名城从文化层面进行系统的勾勒梳理，前期还邀请域内外专家学者对编研提纲、编写体例、结构篇目及撰写要求进行了深入座谈与研讨，并就初稿撰写进行了分工。2014年9月，初稿成型，约请专家审稿，各编写者修改润色，孙启祥先生除撰写多篇文稿外，还承担了全书汇总统稿、引文校核、缺漏补写等工作。该项文化工程，汇聚了多位域内外专家学者及汉中文化名人，包括西南大学历史文化学院历史地理研究所博士生导师马强教授、汉中日报社主任编辑王祥玉先生、汉中市考古队队长左汤泉副研究馆员、《宁强县志》主编宋文富先生、汉中群众艺术馆张正国研究馆员、汉中市民族宗教局张芳副局长、上海博物馆陶喻之研究馆员、陕西理工大学历史文化与旅游学院院长梁中效教授、汉中市植物研究所傅铁红副研究员及陕西理工大学蔡云辉教授。《文化汉中》全书共计十一章五十余节。"第一章、文明寻踪"，对汉中史前文明、历史传说、夏商周三代与汉中关系进行了钩沉与

---

① 孙启祥：《汉中历史文化论集·后记》，西安：陕西人民出版社，2011年，第1页。

梳理;"第二章、河山灵光",对汉水上游流域及源头的嶓冢遗迹、神山旱麓、春秋战国时期的汉中以及石门栈道及其摩崖石刻予以梳理与简要文献考释;"第三章、民族融合",对汉中在上古时期的方国氏族形态与华夏民族形成之渊源关系进行了系统的文献考述;"第四章、城市古今",以南郑古城及汉中府城为重点,对成(城)固故城、沔阳筑城、古褒国城、略阳武兴城垣、西乡之平西城,以及张鲁城、汉王城、乐城等域内历史时期的城垣营建、利用与遗存进行了历史性考述;"第五章、诗文雅章",从地域文学史视野,以西周的《诗经》为源头,对汉中各个历史时期的诗词歌赋、疏对、纪行文学等的历史脉络予以了历史性梳理与阶段性总结;"第六章、宗教乐土",对历史时期道教、佛教、天主教、基督教、伊斯兰教在汉中形成或最初传入及其发展,以及各类宗教文化人士、建筑形态与分布,进行了历史性概述;"第七章、科技长河",对远古、上古时期汉中陶器、青铜器制作与生产技术,稻类作物种植技术,栈道开凿与桥梁架设,建筑与机械技术,水利工程与灌溉技术等进行了历史性概括与总结,还对汉中现代农业生产技术、茶叶加工技术、农业育种科技以及动植物保护技术、国防工业技术予以了综合性概述;"第八章、文脉绵延",探讨了以《诗经》《楚辞》为源头的经典文化对汉中地域文化与人文精神的深层次影响与脉络,汉中教育文化及地域性学术发展的历史性嬗变与演进,汉中人文精神特质,近现代文化传承与当代之文化创造等;"第九章、艺术奇葩",对汉中域内的民歌、舞蹈、音乐、戏剧、民间社火、地方戏曲、木偶皮影,以及绘画、书法、摄影等各个艺术门类进行了综合性概述;"第十章、学术风采",以文献梳理为中心,勾勒了汉中学术演进脉络,对汉中近代及当代地域文化史研究成果,如地方志、当代学术组织与学术活动、秦蜀栈道历史地理研究、两汉三国历史文化研究、唐宋诗词研究、明清历史文献研究等进行了概述与总结;"第十一章、风俗变迁",对汉中本土民风民俗的形成进行了多维度的文化解读,对秦巴地区汉中风俗习惯与呈现形态予以简要概述;在"附录"部分,孙启祥先生整理了"古代典籍名人论汉中"与"汉中古代进士名录"。《文化汉中》一书从文化层面切入,对历史时期的汉中演进与发展、汉中在历史进程中物质文明与精神文化形态予以了全方位的梳理,该著文风严谨而深入浅出,宏观把控而条分缕析,微观辨析而探赜入幽,学术性与可读性兼具,文化性与学术性相融,还绘有"汉中文化胜迹分布图"1幅,主体内容插图230余张,全书图文并茂,资料丰富,引述准确,信息量大,是一部具有相当学术水准与文化品位的汉中地域文史类读物。全书近25万字,2014年12月由三秦出版社出版。

《蜀道三国史研究》为孙启祥先生独立思考、多年潜心研究一力作。历史时期,汉中为栈道之乡,秦蜀栈道大部分布于汉中区域内的秦巴山水间,其修筑、维护、利用伴随着中国大历史演进的一个很长的历史时期,乃中国权力的重心中原地区连接大西南的枢纽,它不仅仅是道路交通通达那么简单而纯粹,还是历史大舞台,千年之人和事都与之相关联,历代摩崖石刻的诗词与题记广泛分布于其间,文人之感怀,商旅之艰辛,征伐之力道等无不与此相关,因而秦蜀栈道为汉中重要文化遗产与遗存。两汉三国时代,汉中见证了大汉王朝勃兴和走入三国鼎立、征伐不绝的一个历史混乱期,这一时期也是汉中社会事业发展与文化积淀的重要历史时期,许多历史大事件与重要历史人物在此留下了深深足迹,史料、传说、故事、史迹、遗存等留在了秦巴山水间。故汉中特殊的地缘优势与独特之自然地理空间,承载了中国大历史的负重,有关栈道与三国历史研究,从典籍文献的角度观之,可谓汗牛充栋,历代学者均有记述与研究,千年来,歧义产生,自然累积,莫衷一是的状况也困扰着学术界,面对涉及汉中两大重要学术领域展开研究,对于本土学者来讲,有着很大的挑战性,更需要学术求真的勇气与品格,孙启祥先生主动接受了这一挑战,他有着"地近则易核"的本土优势,能够体会到学术研究宝贵的"现场感"。

《蜀道三国史研究》未设置明显的章节,多以问题式专题展开,各篇章相对独立,但也具有汉中地域历史文化的关联性与逻辑性。"本书涉及话题,绝大多数见之于公开发表的论文……这次汇编时,就文章之语言风格、格式规范、注释标注及内容之衔接,进行了统一修改,并对几篇内容庞杂的文章做了拆分,又新撰了3篇短文,以使全书涵盖面宽一点、连贯性强一点。以使篇章之间既各自独立又力求贯通一致,尽量避免引文重复;难以避免的重复,则从侧重点上区别。"① 更由于基于多年来的系列研究论文,故各篇章在研究深度与细节考证等诸多方面,均有重要发现与文化感悟。《蜀道三国史研究》从历史地理研究的维度对蜀道及蜀道体系中的褒斜、连云、故道、金牛等道路之名辨、溯源、形成、开凿、线路及其承载的历史事件与人物,以及百牢关、七盘岭、五盘岭、鹄鸣山与鹤鸣山等,均有系统且不俗的辨析与综合性考述,尤以"回车道"之乌有与"论故道"篇对现代学术之批判,展示了著者独立思考之可嘉与学术批判之功力;还对"烧绝栈道"、五斗米道之创始人及宗教教义与文化意义予以了文献梳理及有理有据之阐发,颇有新意,值得关注。该著从"论孙刘联盟"篇始,之后各篇章为著者系统研究三国历史与汉中地域发生联系的史实、地名,尤其是对诸如曹操、诸葛亮、张飞、麋芳、士仁、魏延、潘濬等著名三国历史人物予以多元化人物形象分析与研究,自然曹操、诸葛亮之研究最为着墨,一定程度上完成了著者对"三国时士人命运"展开深入研究之初心,最后之"20世纪下半叶以来的蜀道历史文化研究",按照分综合研究、栈道技术形制与类别、褒斜道、故道、嘉陵江水道、"陈仓故道"、"《石门颂》四道"、岐山道、阴平道、金牛道、米仓道以及与之相关历史事件及地名演变进行了总结性学术回望,并予以评述和提出了自己有价值的学术观点与价值判断;该著"序言"前还附了一幅著者自绘的"蜀道三国史研究

---

① 孙启祥:《蜀道三国史研究》,成都:巴蜀书社,2017年,第333页。

示意图"。西南大学历史文化学院历史地理研究所的博士生导师马强教授在为该著所撰"序言"中,对《蜀道三国史研究》做了如下评价:"这部《蜀道三国史研究》收录了作者近十余年来撰写并发表在各个刊物的三国与蜀道专题论文三十余篇,涉及蜀道诸线形成、改建、通塞,三国时期的诸多战役、人物、事件、遗迹,其中多篇与汉中相关。从汉中地方史研究角度而言,应该说这部新著创获颇多。"[①]汉中本土知名学者杨建民先生评价道:"作者的文字,十分谨严而质朴,展现了一个史学者深厚的功力;作者掌握运用材料,可以从几篇综述文章以及'主要参考文献'见出;至于'史识',从笔者略加引述的章节,可见其从'人道'出发的基点、立意,以及申说、辩证的逻辑力量。"[②]《蜀道三国史研究》45万余字,2017年6月由巴蜀书社出版。

谭平、梅冬盛主编之《镇巴史话》

谭平(1967—),陕西镇巴人,1991年毕业于西安交通大学工业会计专业,经济学硕士,先后就职于陕西省文物局及国家文物局,曾任文物出版社副社长,现为中国文物交流中心主任。

梅冬盛(1965—),陕西镇巴人,1990年毕业于陕西理工大学汉语言文学专业,中学高级教师,陕西省教育资源建设审定专家,全国优秀语文教师,镇巴县文联副主席,汉中市政协委员,曾担任镇巴县教师进修学校校长。多年来,他利用业余时间深入各乡村,探幽寻古,进行田野调查与民间采风活动,醉心于对镇巴县域文史资料的收集与整理,2015年12月,镇巴县委组织部批准成立了"梅冬盛三乡文化研究创意工作室"。多年来发表文学作品200余篇,先后出版《风中的门》《在孩子与一朵花之间的散步》《冬盛教作文》以及参与主编《镇巴民歌总汇》等。

编撰县域史话乃当代方志文化的一种全新的呈现形式。自20世纪90年代开始,我国部分县域史话陆续出现,如《哲理木史话》《彰武史话》《临夏县史话》《长沙县史话》等,尤其是甘肃省将县域史话编撰作为一项系统的文化工程进行组织与实施,规划了"甘肃史话丛书"出版计划。但纵览大部分县域史话,大多立足于通俗性、故事性与文化性,其学术性层面较为薄弱。镇巴作为汉中市一县级行政建制,历史较短,虽在蜀汉时期曾有南乡县之行政建制,但历时短暂,在嘉庆七年创设定远厅之前,分别隶属于城固、西乡等县管辖,故镇巴县域历史赓续有缺;行政建制于县域可溯的文化累积与文脉的延续有着巨大的作用与影响,但镇巴地处大巴山腹地,极为荒

[①] 孙启祥:《蜀道三国史研究·序言》,成都:巴蜀书社,2017年,第3页。
[②] 杨建民:《"蜀道"通今"三国"演春秋:读〈蜀道三国史研究〉》,《团结报》2018年1月11日第7版。

僻，因而，勾勒镇巴县域历史难度可想而知。最早产生这一念头的是多年游离于故土之外的谭平先生："2008年秋，我回老家看望父母，与故友梅冬盛老师不期而遇……这次遂将自己的构想和盘托出。他很高兴，称自己也早有此念，但兹体事大，需周全考虑并寻谋时机。2013年夏，他来京时顺便与我谈及此事，并介绍了他的筹备、团队及初步研究状况，特别提到近几年来，他们不断深入民间，探访搜寻，获得了一些险些被历史淹没的重要线索和史实。"[1]双方一拍即合，并对此进行了深入探讨。梅冬盛返回镇巴后便立即着手此项工作，利用镇巴县教师进修学校"专业技术人员继续教育基地"这一平台，广泛联络、邀请本县及在外地工作的具有浓浓乡情的同乡，搭建研究平台，多方征集各类资料，征求各方面意见并分别约稿，此项工作还获得了镇巴县委县政府相关部门的大力支持，立项实施。

《镇巴史话》除绪论外，主体内容列为八章，分别为历史沿革、地貌资源、人口政权、经济生活、治安军事、红色往事、文教风俗及地方人物等。该著的文本结构有着较大的独创性，即在每章内容后设置了"相关链接"与"超链接"栏目，用以汇集与各章内容相关性较强的文章，既是各章节主体文本内容的有益补充，也便于对各个重要历史知识点位所涉及问题进行深入研究与探讨，我国当代著名学者、故宫博物院原院长郑欣淼先生在为该书所作的"序言"中对《镇巴史话》评价道："形式上推陈出新，以史的叙述为主，辅以文史、文艺资料的链接，相互印证，互为说明。"于主体内容形成了有力支撑与有机呼应，全书内容浑然天成；镇巴历史虽然赓续有缺，但《镇巴史话》从"几块石头磨过"的远古时期镇巴地域文明开始至1949年中华人民共和国成立前几千年的镇巴历史，以中国大历史分期为参照，结合历史文化典籍、方志及当地出土与存世文物等材料的鉴别与分析，对镇巴历史进行了通史性梳理与勾勒，在立足于通俗性、故事性与文化性的基础上，其学术价值的分量尤为凸显，这在当代县域史话中实属少见。西安建筑科技大学教授吴国源博士在审阅全部书稿的基础上，撰写了"绪论"，他认为该著："较之于体例规范、表述严谨的方志体书籍而言，本书具有自身的特点，较好地发挥了对史志文化的普及传播作用。"[2]

《镇巴史话》于2015年4月由文物出版社出版。

吴敏霞之《秦岭碑刻经眼录》《秦岭碑刻的田野调查与价值研究》

吴敏霞（1959—），女，陕西户县人，1986年毕业于西北大学历史系，历史学硕士，同年进入陕西省社会科学院工作。她多年来一直从事中国古典文献、金石碑刻文

---

[1] 谭平：《镇巴史话·弁言》，北京：文物出版社，2015年，第1页。
[2] 谭平：《镇巴史话·绪论》，北京：文物出版社，2015年，第2页。

献与典籍文献的整理与研究工作，主持国家级、省级课题项目多项，出版专著四十余部，公开发表研究论文五十余篇；多次被评为陕西省有突出贡献专家，2013年被评为陕西省重点领域顶尖人才。现为陕西省社会科学院研究员、古籍研究所所长，兼任陕西省古籍保护整理出版工作领导小组古籍整理出版办公室主任，以及陕西省历史学会理事、陕西省古籍保护工作专家委员会委员、西北大学兼职教授等。

《秦岭碑刻经眼录》为吴敏霞研究员申报主持的"秦岭碑刻的田野调查与价值研究"课题之重大研究阶段性成果之一。在项目获批后，课题组成员进行了为期半年的田野调查，他们获取了两千五百余通秦岭碑刻资料，随着更进一步调查的深入，到2012年年底，掌握的秦岭碑刻资料达五千余通之上，依照广义秦岭所具之宏阔地理空间，将"秦岭碑刻"作为一个整体进行研究，体现了该课题的独创性。《秦岭碑刻经眼录》所涉碑刻，以陕西境内秦岭南北广大地域的碑刻资料为主体，还进一步延伸至大秦岭西端的甘肃省境内及大秦岭东端河南省境内各县区所存碑刻，在研究过程中，课题组将秦岭碑刻分布区域分为西秦岭区域、太白山区域、终南山区域及华山区域等四大区域，其中汉中市汉台、略阳、留坝、勉县、城固、洋县等各县区列入太白山区域内，将西乡县、佛坪县列入终南山区域。该著所著录碑刻资料时限为先秦至中华人民共和国成立前，按照碑刻形制涵盖了碑、碣、墓志、造像题记、摩崖等，依照碑刻内容为公私文书、民约乡规、水利渠堰、森林禁伐、儒释道经典、民俗等，依照历史问题可分为纪事、述德、诗文、艺术等，涵盖了政治、经济、历史、文化、交通、水利、游记、民俗、宗教、人物等社会历史文化各领域，具有较高的史料与学术价值。该著对于碑刻材料按照碑名、刊刻时间、形制（材质、碑首以及长、宽与厚度）、落款等统一格式进行规范著录，其资料性与工具性价值巨大。《秦岭碑刻经眼录》于2014年11月由三秦出版社出版。

《秦岭碑刻的田野调查与价值研究》为吴敏霞研究员申报主持的"秦岭碑刻的田野调查与价值研究"课题之重大理论研究成果。该著是在前期成果《秦岭碑刻经眼录》的基础上，从基础性田野调查与应用性的当代价值两个大的方面展开综合性研究，突破了传统碑刻研究历史性阐述的瓶颈，开辟了碑刻研究、保护、开发与利用的综合性研究新领域。在研过程中，经与全国第三次不可移动文物及可移动文物普查数据核对，以及进一步的田野调查，掌握了秦岭碑刻总数达七千余通。《秦岭碑刻的田野调查与价值研究》总计三编二十章，第一编为理论阐述篇，通过运用地理学、历史学、文学、宗教学等相关学科方法，总论秦岭、秦岭文化及秦岭碑刻；第二编通过历史学、社会学理论与方法及田野考察成果，再结合文献调研等相关研究工作，总体上掌握了秦岭碑刻的存世现状，以及损毁、流失、保护等情况，对秦岭碑刻的重点收藏单位与具有重大历史文化价值的碑刻历史文化信息、存世状况、历史文献著录等进行了系统梳理与综合性研究；第三编从史学价值、文学价值、宗教学价值等多元视角，对秦岭碑刻总体特征、保护及开发利用进行了深入分析与探讨，是我国碑刻研究领域的有价值的探索与创新，具有重大学术价值与文化意义。"秦岭重要碑刻释录"为附录，释录了三十余通具有重大历史文化价值的秦岭碑刻。《秦岭碑刻的田野调查与价值研究》于2016年6月由科学出版社出版。

刘昌安之《〈诗经〉"二南"研究》

刘昌安（1961—），陕西汉中人，陕西理工大学文学院教授，硕士生导师。一直从事古典文献学教学与研究，早在20世纪80年代中期，在李星教授的带领下，参加了汉水流域田野考察与相关文献整理与研究："郑绍江、洪清皎、刘燕华、刘昌安四位同志按照各章题目确定的方向和讨论结果，分别撰写，刘昌安同志协助材料的核实和全文的协调；全体参加了考察和调查，分头写出了五个有关项目的调查报告。"①他在大学学习阶段，就受到了科学研究的严格训练，在教学工作之余，他一直关注、思考汉中地域文化与《诗经》典籍的内在文化渊源，断续经年，起伏跌宕，费时耗力，渐学渐得，点滴拾慧，集腋成裘，《〈诗经〉"二南"研究》就是他三十年来不断深入思考与研究的重要学术成果，"处于教学的缘故，以及陕西理工大学所处汉水流域的区域原因，本书选择从文学经典与地域文化文学交汇的视角切入，有一些契合当代文学界所重视的文学地理学的意味"②。如果说《诗宗别证》开汉水流域文化研究之先河，《〈诗经〉"二南"研究》则是这一领域研究的又一标志性理论研究成果。

《〈诗经〉"二南"研究》运用文学地理学与文史考证相结合的研究方法，结合地方文献资料，以多学科视角，对《诗经》中"二南"的名称、地域与历时性嬗变进行了考述性辨析，结合历代文献，系统梳理了先秦至当代长达两千多年来"二南"研究成果的文化价值及特征，通过分析荆楚文化、三秦文化、巴蜀文化在汉水流域的碰撞交汇，以揭示"二南"诗歌的文化流变规律；结合"二南"诗篇，从婚恋文化、祭祀文化、动植物文化等文化形态，论证了"二南"与汉水流域的内在渊源关系，揭示了《诗经》"二南"所蕴含的汉水流域的地域文化特征和"二南"及汉水流域诗歌的生活情趣、艺术神韵及其内在审美特性；通过考释《诗经》典籍文本内容，结合汉水流域民间传说、出土材料、历史遗存，对汉水流域重要历史人物，如褒姒、尹吉甫、仲山甫、召伯虎等进行了个案性专题研究，探析了汉水流域民歌对《诗经》文化的吸纳与传承；该著在附录部分辑录了各个历史时期代表性的"二南"研究，以各诗篇为单元进行有序排列，以"集释"汇集各家对《诗经》"二南"的解说，以"诗旨"为

---

① 李星：《诗踪别证·弁言》，汉中师范学院刊印，1985年，第4页。
② 刘昌安：《〈诗经〉"二南"研究》，北京：中国社会科学出版社，2018年，第432页。

宗指引《诗经》"二南"的多元文化意向和艺术精神旨意。《〈诗经〉"二南"研究》既注重"二南"研究宏观的整体审视，又有微观的篇章分析，既注重纵向历时性嬗变的阐述与评论，更具备多学科研究视角的横向对比与参照。

《〈诗经〉"二南"研究》于2018年7月由中国社会科学出版社出版。

第五章　基于汉中地方文献文化创意的探索性研究

地方文献是地域文化的核心组成与地域文脉的骨干，是地域人文精神与文化传承的载体。地方文献虽然具有地域性的显著特征，但其在涵养地域人文精神、标识地域历史发展方面的文献价值不容低估，从另一视角考察，我们发现地域文化是国家文化的有机组成部分，为国家文化的积淀与淬炼提供了活水源头，这一历史辩证法则在我们的文献研究工作中应该得以遵循，因而地方文献也是促进国家民族文化可持续演进发展的重要源泉与人文精神载体。在我们所进行的汉中地方文献整理与研究工作中，发现地方文献中蕴藏着丰富的可运用于文化创意设计的客观历史人物、事件、文化遗存，以及颇具地域文化价值的思想与材料；我们还发现，以深入、系统的地方文献研究为基础，结合地域社会整体事业的发展态势与发展战略，可以思考、研制一系列促进地域文化事业发展的有文化价值与人文底蕴的文化创意方案，从而找到地方文献与当代文化创意活动之间的内在联系，并将地方文献研究推向有价值的应用研究层面，使之在地域文化事业发展与建设中发挥出文献学或地方文献学应有的学科价值，打开其研究的新视野，形成新局面，具有可行性、可操作性与现实必要性。

马克思在《关于费尔巴哈的提纲》中提出："哲学家们只是用不同的方式解释世界，而问题在于改变世界。"[①]解释世界固然重要，需以抽象的理论思维为工具；改变世界则需要人的社会实践活动。人的实践活动方式多样，但都需依托资源，地方文献代表了地域历史文化之根脉，是一类面向未来的战略性文化信息资源。2018年中国图书馆学年会"加强地方文献研究提升区域文化软实力"分论坛中一个重要研讨话题就是地方文献资源"活化"的问题，即依托地方文献资源，以系统的基础性整理与研究为基础，再结合地域历史文化与地域社会事业发展实际，助力区域文化软实力提升。

---

① 〔德〕马克思、恩格斯著，中共中央马克思恩格斯列宁斯大林著作编译局译：《马克思恩格斯选集》（第1卷），北京：人民出版社，1995年，第57页。

第一节 地方文献价值如何"萃取"与"活化"

一、研究心得：聆听历史的回音

历史是不死的！各地域正是由人类的实践活动推动着区域社会事业发展的。地方文献，不是"死"的文献材料，是具有文化生命力的系统性地域历史文化资源的知识体系，在我们进行汉中地方文献整理与研究过程中，不时聆听着汉中地域历史的回音，被其历史文化生命力所感染，并产生奇妙的感觉与历史文化脉动的内心体验和力量。诸多感悟如下。

登临汉江南岸的汉山，我们仿佛能够真切感知"瞻彼旱麓"的历史情怀与"汉山樵歌"自由悠然之音的回响。

我们在研读《诗经·小雅·沔水》时深感困惑，历史时期对其的经学解读正确吗？这首诗是否诞生于汉中境内的勉县（沔县）呢？因为褒河与汉水交汇处以上的汉江上游在历史上被称为"沔水"。"沔"作为文字符号，去掉"水"字部首的"丏"字，在甲骨文时代就已经存在[①]，"沔"字未有甲骨文字符，加"水"字部首应该与特定河流或水系相关，即"沔"字应该是代表汉中地域某河流或特定地域之名的最早的一个古文字，与"褒"字大致同期形成于上古时期的一个漫长的历史进程中，最早的文字字符在产生初期，几乎全部指代特定的名词性对象，部首为"水"，定与水及河流水系相关，或暗示特定河流的社会组织的存在。文字从名词演化为形容词的变化或转化，需要一个漫长的基于文化演化的历史过程。我们经过初步考察，中国所有大小水系，被称为"沔"与"沔水"的河流具有唯一性，在《水经注》产生以前，"沔水"还是汉水（汉江）的别名代称，该著之《沔水》篇章可视为"汉江志"的历史文化存在。而历史文献中对《诗经·小雅·沔水》题名中的"沔"几乎无一例外地作为形容词使用或理解，是否正确或出现偏差？我们认为存疑，同时在该诗的正文部分，我们找不出该诗所指或模糊或明确的地理空间，这就更易让人对"沔"字原本所指代之事物产生历史文化信息本源意涵的误解。如果我们把该诗之"沔水"当作名词来理解或分析，那便豁然开朗了，即"沔"字指代的是自褒河入汇汉水以上的汉水上游，流经现在的宁强与勉（沔）县，即沔水，甚至这一时期沔水流域就有人类活动，已有可能形成了一个方国，这个方国或许就叫"沔"或"沔国"，再从《诗经·小雅·沔水》的文本内容分析，"沔国"已经出现社会不公或阶级压迫，导致方国子民与统治

[①] 刘钊：《新甲骨文编（增订本）》，福州：福建人民出版社，2014年，第522页。

者之间出现阶级冲突和方国内的群体性愤懑情绪。自郡县制确立以来长达两千多年来的历史时期，这一县域建置名曰"沔阳"或"沔县"，皆以"沔水"定名。只是在1964年，以"沔"字较为生僻为由，上报国务院并获批准，改"沔县"为"勉县"，虽一字之更，今天来看，是与悠久地域历史文化的阻断与割裂。以上所述，仅仅是我们质疑性的一种分析与解读，与严谨的学术论证尚相差甚远，但这的确是我们的重要思考之一。

我们在研读《华阳国志》时，《汉中志》在该著的排序是否体现了汉中在那个时代对于巴蜀地区的重要性？"南郑者，蜀之扞蔽也。"[①] 无疑，汉中（南郑）为蜀国割据之天然屏障，再联系元代后为什么在行政区划方面将汉中隶属陕西省管辖，我们发现了汉中在中国大一统历史发展进程中的"权重"价值和地域文化的历史分量。

我们在无意间浏览一些科技文献时，偶然发现北周时期的数学家甄鸾竟然是汉中郡守，但查遍历史时期汉中区域内所有的方志及省志，均未找到汉中历史上有这么一位重要人物的文字记载，包括各类方志中的"职官志"部分，而在"二十四史"中的《随书·经籍志》等国家文献中则有他的著述著录信息，就连英国科学史家李约瑟的《中国科学技术史》中也提到了甄鸾及其著述，汉中地域居然与中国古典数学发生重要联系，这一发现让我们深感诧异和有着如获至宝般的惊喜。

当我们在阅读域内旧志时，面对一幅幅"舆图"，空间位置感、各县整体方宇感均明了清晰，"计里画方"的制图思想与技术方法让我们感叹，品味整个单幅"舆图"就有欣赏一幅山水画的感觉。在浏览明末清初汉中各县方志舆图时，尤其是对"定远厅舆图"与之后的各县舆（地）图的对比分析，我们捕捉到了"西学东渐"这一历史大势在汉中方志文化领域所留下的重要历史痕迹，尤以"定远厅舆图"为重要且珍贵的学术标本。

我们在梳理汉中地方文献及其方志文献工作中，尤其是面对明清以前仅存资料线索、大多散佚的情况，痛惜之感油然而生，但在阅读张国淦、陈光贻、顾宏义、刘纬毅等古文献考述类专著过程中，还可以检拾到一些汉中历史的文化"珍珠"，倍感兴奋，如顾宏义先生的《宋朝方志考》中梳理出了《（大安军）旧图经》对秦蜀栈道形制与数量规模的材料，以及该"图经"和其他汉中地方文献与《舆地纪胜》《方舆胜览》等国家文献的互动关系，我们获取了地方文献与国家文献有机互动的证据性材料。

我们在浏览《三省山内风土杂识》《三省边防备览》《汉南诗选》《续修汉南郡志》等时，感念严如熤为汉中筑就的汉南学术高峰，也收获了中国封建时代职官制度对地方文献及地域文化产生影响的证据性材料，还从钱宏的《鸦片战争以前中国若干手工业部门中的资本主义萌芽》一书感知到了汉中地方文献在中国学术发展史上的重

---

① （宋）郭允涛：《蜀鉴》，成都：巴蜀书社，1984年，第14页。

要价值与裂变痕迹。

我们在整理出版《汉中盆地地理考察报告》的工作过程中，时时体悟着汉中历史之悠久、天然之造化，尤其是民国时期的三四十年代汉中的社会图景鲜活地呈现在了我们面前。

我们在城固县进行地方文献调研工作时，在该县档案局的图书资料库中发现了蒙尘的《陕西城固县教育概况》，一经翻阅，其文献价值就得到了我们的基本肯定，在后续的整理与研究过程中，愈发让我们感到弥足珍贵，尤其书中载录了大量西北联大城固办学的史料，极具重要的史源学价值，如该书中载录了1939年12月，西北联大的胡庶华、李蒸、赖琎、黎锦熙等教授们积极参与协助城固县教育局举办"（民国）二十八年各小学成绩大会"，并亲自出席竞赛成绩点评，这种国家高等教育与县域初等教育深度融合、互动的教育活动案例，就是在中国近现代教育史上也是精彩的一笔；西北地区最早的硕士教育机构就是在汉中城固建立并正式招生的；民国时期的城固还是中国方志学理论完成转型发展的试验田，其标志就是续修城固县志工作的展开与黎锦熙《方志今议》的出版；书中还辑录了唐祖培教授对城固《仙人唐公房碑》进行考释的研究成果《仙人唐君碑校记》，于汉中地域历史文化功莫大焉，等等。且在后续的研究整理中，我们发现这是一部被湮没了几十年的珍贵地方文献，仅为城固县域内少数人知晓和进行简单利用。

我们还在相关比较性研究中，发现了西北联大与汉中盆地地理考察活动的内在历史性隐含，即科考团队中的薛贻源、刘培桐当时刚毕业于西北联大，尤其是薛贻源对于《汉中盆地地理考察报告》科学文本形成的贡献最大，完成了该报告文字材料一半的撰写和三分之二的地图绘制工作，该著所引用参考文献多为西北联大相关专业的学位论文等，在他身上我们能够窥见当年西北联大在专业性人才培养方面所下的工夫，这对于今天的高等教育事业发展、回归高等教育本质及高校"双一流"建设均具有重要启示意义。

我们在浏览《西北联大校刊》时，深受西北联大的教育教学、科学研究与大学人文精神启发与熏染，如西北联大图书馆馆长何日章先生，他的《本校图书馆周年工作概况》乃中国近代图书馆史的重要研究史料，我们从他在艰苦条件下组织实施剪报的知识组织体系中，看到了作为图书馆学家胸怀天下的战略意识，他的《石门历险记》一文，翔实地记录下了1938年8月21日游历褒谷口石门摩崖石刻的收获与落水遇险的经过，该文让我们获得了现场感，何日章先生将大学图书馆的人文精神融入了天汉大地。

我们在考察、研究西北联大在汉中的办学历史过程中，发现在国家命运关键时期，天汉大地以巨大的包容性，慷慨而温情地接纳了饱受沦陷磨难的京津学人，这里成为能够放下课桌的"乱世之桃源"，原国立西北大学中国文学系主任高明教授在《国立西北大学侨寓城固记》这样感怀道："喘息未定，父老来集；劳之以酒食，慰之以语言,荫之以宇舍……师弟怀八载之深情,辄萦思乎城固。"这批学人在汉中八年期间,也没有辜负汉中人民,张伯声教授"实地勘察,北抵马家河,南登跑马岭",提出了"汉南地块"著名地质理论,至今被学界所认可;黎锦熙教授抱负"抗战救国"的精神情怀,毅然改变学术研究路径,进入方志理论研究与实践领域,成果卓著,奠定了陕西城固在民国时期作为中国方志文化重镇的历史地位,并促进了中国方志文化理论的转型发展;黄国璋教授受聘领衔中国地理研究所,擘画了"汉中盆地地理科学考察"活动,获得了享誉中外的区域地理学研究成果,为汉中留下了一笔丰厚的科学文化资产,即《汉中盆地地理考察报告》与《嘉陵江流域地理考察报告》;何士骥教授等主持的张骞墓清理亦收获颇丰,等等。西北联大学人将学术研究、人才培养、地域文化创新与涵养等都注入了汉中人文历史之中,在这八年时间里,汉中成为中国高等教育的重要中心之一,作为特殊的大学联合体与命运共同体,使以城固县为中心的汉中成为我国西部地区规模最大、分量最重的高层次人才培养与学术研究中心;更由于西北联大的办学主体大部分留在了祖国的大西北,并开枝散叶,为当代的大西北开发战略展开留下了精彩的历史性伏笔,故汉中乃我国西北地区高等教育发展与体系布局的"桥头堡"与"孵化器",贡献甚巨!

我们从一朋友处获取了《陕西省第六区经济建设五年计划》的复印本,"五年计划"这四个字深深地吸引了我们,因为这是苏联在20世纪上半叶提出并用以指导国民经济建设的全新经济思想,虽然该复印本许多地方模糊不清,难以辨识,但我们知道这是一部珍贵的汉中地方文献,经过大致浏览,我们为汉中本土能够出现此类文献深为感佩,这是汉中接纳全新经济思想并应用于指导汉中经济与社会事业发展的文献,难能可贵,主持这项工作的是时任陕西省第六行政区督察专员的魏席儒先生;不仅如此,在"编成本计划之指导协助人员衔名表"中,西北联大分离发展后的国立西北工学院赖琏、李荣梦、张伯声、辜庆鼎和国立西北大学的曹国卿、沈筱宋六位教授赫然在列,我们获得了西北联大对汉中社会经济建设所做贡献的又一重要文献证据材料。

我们在梳理民国报刊的过程中,深感汉中在抗日战争时期所迎来的社会基础设施建设的重大历史机遇,在水利设施建设方面,应用近代科学技术手段,通过整修"汉中三堰",收获了立竿见影的社会经济效益;完成了西汉、汉白、汉宁公路的建设任务,不仅改变了秦巴山地与汉中盆地的交通格局,更强化了汉中区域与国家历史进程的血脉联系;各县在这一时期完成了电话线路的架设,初步改善了汉中区域内及与外界的通讯联系等;让汉中社会事业的基础设施条件有了质的改观与发展,这也是"西学东渐"宏大历史进程在天汉大地留下的深深历史印痕。

……

文字记载与基于此而形成的地方文献,是我们探究地域历史文化与复原历史文化场景不可或缺的核心依据,对地方文献的综合分析与深度挖掘,一定会给予我们有价值的思想与新的发现。历史时期形成的地方文献，可以视作特定地域的地方性知识体系，地方性知识在特定历史条件下，会与国家文化层面的知识体系形成双向互动并提供鲜活的文化知识养分。

二、蓄势待发：我们对汉中社会文化基础设施建设现状的观察

以上所述，是近年来我们在汉中地方文献整理与研究工作中的真实感受与研究收获。在此过程中，也在不断思索，此项工作的意义与价值何在？也正是以上这些感受和收获，给我们以启示。同时，我们也在观察汉中社会文化建设事业在当代的发展脉搏，尤其"西汉""十天"高速公路及"西成"高铁开通，制约本区域的交通瓶颈被渐次打破，汉中作为交通枢纽的区域性格局已经形成；汉江综合整治工程的实施，汉中湿地公园的打造，天汉长街的建成，兴汉胜境的崛起，以及宁强县城的"羌族博物馆"和勉县县城的"诸葛古镇"的建成开放，都有助于我们进行深入思索；汉中社会事业建设除工程性建设外，一些文化创意元素与作品也在一点一点地改变着汉中各城市的面貌，如以"汉"字各类书体为创意设计元素的绵延数十千米的汉江两岸大堤上的汉白玉栏杆，汉江湿地公园中的"汉水女神"雕塑及天汉楼，汉江南岸的"南郑"城楼、周公雕塑、百家姓石雕群组，留坝县城太平山下的"留坝厅城揽胜图"，城固县城的"张骞"雕塑，略阳县城的县域历史文化群雕，镇巴县城的红军广场及苗民广场等，这些基于汉中人文历史与地域文化的创意设计的公共文化作品，已经有机地融入了汉中地域文化中，也正在持续地改变着我们的城市面貌和社会文化生活品质，都给我们留下了深刻印象与地域人文精神的感染和启示，更是汉中社会事业在当代发展的一个可直观感知的侧面与缩影。

汉中当代文化基础设施建设也有一些让我们深感遗憾的地方，如汉山北侧的"汉山广场"，建筑布局也可谓得体，但该广场设计与建设过程中缺失了一个文化灵魂的存在，就是《诗经·大雅·旱麓》的文化创意设计处理，该经典文献与汉山（原名旱山）有着直接而深厚的历史文化渊源；褒谷口石门景区入口处至大坝一线的文化设计，主题紊乱，过于杂芜，大有让人不快的堆砌之感，反倒淹没了栈道文化与摩崖石刻文化水乳交融的鲜明主题；抗日战争期间，西北联大侨寓城固八年，为城固及汉中留下了一笔丰厚的历史文化资产，但直到目前，深入挖掘与开发利用工作依然薄弱，重视不够；等等。

依托地方文献的整理与研究，我们试图探寻基于自然地理环境与人文历史演进的汉中地域文化"基因"，这些文化基因就深藏于梁山化石、《诗经》"二南"、城洋青铜器、秦蜀栈道壁孔、陕南民歌，以及其在中国宏大版图中所处的独特区域位置与中国大一统历史演进的"权重"价值等中，汉中人文的历史、现实与未来的联系虽然

是隐秘的，但经过努力也可以探索与发现，一些阻隔，依据地方文献是可以渐渐打通的，这一切丰富着我们的思维想象空间与探索之路，系统梳理地方文献，整体把控汉中地方文献，还可以提升我们观察汉中地域文化内在特质的工具性能力和地域文化的创新与再造能力。

汉中地方文献的整理与研究工作，相当于汉中地域历史文化的"文化基因测序"工作。

三、文化创意是地方文献"活化"的核心技术路径

我们在汉中地方文献整理与研究工作中，围绕着"地方文献与文化创意"进行了较为系统的文献调研工作。与此同时，在"中国知网"等数据库，以"地方文献"词语进行篇名检索，相关研究文献近6000篇，以"文化创意"词语进行篇名检索，相关研究文献1.1万多篇，但以"地方文献、文化创意"及"地方文献文创"词语进行篇名检索，检索结果均为零，将这一方法用于"独秀"数据库，检索结果亦大抵如此。这一情况说明：其一，地方文献研究与文化创意研究均为当代学术研究的热门领域，发文数量都不少，尤以文化创意研究更是"火热"；其二，基于地方文献的文化创意研究基本无人涉猎，即地方文献研究人员或工作者对当代蓬勃发展的文化创意研究与文化创意产业未予以关注和重视，从事文化创意或文创产品开发的研究人员或工作者，对地方文献所蕴含的文化创意价值也未予以应有的关注和重视。这一现象应该引起地方文献工作者或研究人员的反思与重视。

"学以致用，知行合一"是中国学术史的优良传统，具有重要的思想启迪，昭示着广泛的实践价值。正是基于此，以当代文化创意为工具手段，以地方文献研究为基础，我们试图探索面向汉中区域内的社会文化基础设施建设，提出一些有价值的文化创意方案的可行路径，以推动汉中社会基础设施建设。我们认为，基于地方文献的文化创意比一般基于"碎片化"知识的文化创意的底蕴更深，还将有利于这一领域的体系性布局与设计，全面提升汉中社会文化基础设施建设的整体面貌。我们也注意到，目前文化创意十分普遍，文化创意产业也正在形成一类产业领域，但我们经过文献检索，有关基于地方文献的文化创意研究尚属空白，还未引起广大地域文化学者及地方文献工作者的重视，即地方文献与文化创意之间的联系尚处在分割阻隔阶段，这种联系一旦建立，我国的文化创意及其相关产业格局将会呈现出另外一番景象与格局。

文化创意是一种基于知识、文化、思想、艺术的思维工具，即针对创意主体，分析其文化要素组成，挖掘其文化底蕴，并以符合人的视觉传达艺术方式得以呈现，其创意作品与人的审美情趣实现引领性契合，以提供丰富多元的内在文化体验为目标；文化创意主体可大可小，小者如单体创意小品，大者至综合性多元文化创意的工程项

目；文化创意是基于人文社会科学多学科知识、文化与思想的有机融合和促进社会文化事业发展的工具性手段，如同自然科学技术领域的技术发明，这是一种高水平的智力劳动，具有不可估量的文化生产力价值，文化创意以文化创意方案的形式初步成型定案，并运用相应的技术手段进行实现，文化创意工作是这一切最重要的基础，决定着文化创意产品呈现出来的思想艺术品质。当代社会，文化创意广泛应用于公共关系、商业活动、建筑设计、园林规划、文化建设、城市布局与建设等领域，文化创意已经具备产业化发展形态，必将成为面向未来发展的智慧产业的有机组成。

文化创意还需以环境为基础，并与之有机相融；作为地域之综合性、体系性文化创意方案，须以地域环境、地域自然人文历史为考量。

第二节　基于汉中地方文献的系列文化创意方案

在我们的研究过程中，不时与当地各方面人士接触、交流与探讨，发现发生在本土的历史事件或与本土文化发生过密切联系的历史人物，往往被历史湮没，这是一个涉及社会群体失忆的重大地域性社会文化问题，诸如北周汉中郡守甄鸾直到今天尚未被地方主流文化所识并认可，就连西北联大汉中办学这样重大的历史事件在某一段历史时期也几乎被遗忘等，基于此，想要解决这一社会群体失忆的地域性社会文化问题，就需要"活化"汉中地方文献，在新的历史条件下，进行优秀地域历史文化的创造性转化，加强社会文化基础设施的打造与建设实践，通过雕塑、纪念馆、主体纪念园以及各类文化艺术纪念物的载体形式，重塑社会群体记忆载体，使之固化并传之后世，这对于防止地域社会群体失忆及建立地域文化自信具有重要价值与深远意义。

我们在汉中地方文献整理与研究过程中，结合汉中历史文化的地域性特点与一些重要发现，在关注汉中社会经济文化发展态势与战略的同时，尤其在汉中全域旅游与社会文化基础设施建设方面进行了深入思考，结合当代文化创意思维工具与当代科技，以地方文献研究为主要依托，通过"萃取"与"活化"汉中地方文献价值，创制了一系列涉及汉中社会文化基础设施建设的文化创意方案，旨在加强文化建设，丰富、完善汉中全域旅游的体系化布局与格局，助推汉中社会经济文化建设与整体社会事业的可持续发展。

以下为我们创制的一系列涉及汉中社会文化基础设施建设的文化创意方案，为我们近年来基于地方文献整理与研究所进行的工作，旨在促进和推动汉中社会文化基础设施建设，打造汉中地域人文文化特色。

汉中青铜文化广场文化创意方案

1. 文化缘由

青铜为铜（红铜）、锡、铅等金属材料按照一定比例经高温熔化后获得的一种合金材料，其出现标志着冶炼生产技术已达相当水平。青铜及其冶炼技术是人类文明程度提高与社会生产力水平发展的重要标志，它代表着人类演进历史中一个较为漫长且重要历史时期，这一时期被历史学家们界定并称为"青铜时代"，这一时代始于公元前21世纪，结束于公元前5世纪，历经了长达一千五百年的漫长历史。在这一时期内，由于熔点相对较低，便于冶炼和以范成型，青铜作为一类重要的物质材料，被广泛运用于生产工具、生活器具、祭祀礼器、巫术面具与冷兵器等的制作之中，《荀子·强国篇》载："刑范正，金锡美，工冶巧，火齐得。"[①]其中，尤以生活器具、祭祀礼器与巫术面等的纹饰与器物造型远远超越了其工具性价值，具有无与伦比的美学价值与人类精神意识价值，为早期人类粗粝狂野、无拘自由、繁缛精致等人类精神世界、艺术旨趣及神性情感表达的物化凝结与高贵呈现，正是基于此，青铜时代所凝聚的青铜文化绚烂瑰丽，不仅如此，青铜器物还是我们运用"二重证据法"，探赜索隐，求真致用，拨开历史迷雾，科学探寻人类早期文明形态与社会生活图景的重要桥梁与文化介质，20世纪90年代与21世纪初我国规划并实施的"夏商周断代工程"及"中华文明探源工程"就是以此作为学术研究路径与方法之一而展开的大型国家文化工程，目前，夏文化的科学研究及探索工作已经进入了全新阶段，这一历史时期正从"传说"时代渐渐转变为"信史"文明形态，青铜器物本身就具有"信史"价值，这种探索性研究就离不开出土的夏代青铜器。青铜文化始于人类文明早期的尼罗河与两河流域，中国青铜文化时代稍晚于它们，但所呈现出来的文化形态丰富多样，独具特征，应用领域广泛，异彩纷呈，独步世界。中国"青铜时代"，从截止到现在的出土发掘情况看，在中国疆域内广泛分布于河西走廊、四川盆地、关中盆地、中原地区、长江下游，以及汉中所处的汉水上游流域的汉中盆地。中国青铜冶炼技术发达，青铜文化灿烂，并形成了一套技术规范，这在成书于春秋战国时期重要文献典籍《考工记》中有着明确的记载，甚至不同类型的青铜器铸造合金科学配比都有准确的记录："金有六齐：六分其金，而锡居一，谓之钟鼎之齐；五分其金而锡居一，谓之斧斤之齐；四分其金而锡居一，谓之戈戟之齐；三分其金而锡居一，谓之大刃之齐；五分其金而锡居二，谓之削杀矢之齐；金、锡半，谓之鉴燧之齐。"[②]不同配比的合金硬度相异，不

---

① （战国）荀况撰，方勇、李波注：《荀子》，北京：中华书局，2015年，第250页。
② 戴吾三：《考工记图说》，济南：山东画报出版社，2003年，第42页。

同青铜器制作合金配比有别。如果青铜器是否镌有铭文或文字数量多寡直接影响着青铜器的文化价值与研究价值，则这些铭文极具文献史料价值。历史时期的湑水河畔的城固、洋县时有青铜器因灾横空出世，这在《水经注》及城固、洋县的方志文献中有着零星的记载，尤其是20世纪90年代，西北大学赵丛苍先生发现及陆续组织的宝山遗址考古发掘工作，发现了大量且种类繁多的青铜器，汉中盆地的青铜文化时代才得以科学确证。城固洋县时有青铜器面世，绝大部分发现或出土于湑水河两侧及汉江两岸的城固洋县境内，且具有颇高的集中度，故汉中青铜器在学术界又被称为"城洋铜器群"，数量达七百余件，其中的礼器纹饰与中原出土青铜器大致接近，其人形与兽形青铜面具则具有"三星堆"青铜器的特点与神韵，而兵器上的蜈蚣纹在其他地域难见，为汉中青铜器所独有纹饰类型，地域特征异常明显；但汉中青铜器有着文化上的缺憾，即虽然数量不算少，但镌有铭文的青铜器数量较少。2018年8—11月，在成都博物馆举办的"秦蜀之路：青铜文明展"文化活动中，汉中选送的"亚伐方罍""人形面具"等青铜器联袂展出，反响巨大。2016年6月28日，在南郑区圣水镇汉江河段的青龙滩大桥石墩加固工程施工过程中，发现一具甬钟，当地文物部门鉴定为战国时期青铜甬钟，此件甬钟被送至陕西省考古研究院进行初步鉴定，发现其为西周中期的青铜甬钟，这一鉴定结果在学术界引起不小震动。学术界已有定论，即西周王朝的统治疆域不包括汉中地域，这一发现或将表明西周王朝直辖政治版图可能包括汉中地域。如果这一结论经过科学研究论证且成立，则于西周王朝研究提供了确切证据性出土文物材料，于汉中地域文化具有不可估量的文化意义。汉中青铜文化为中国青铜文化的重要有机组成部分，是汉中夏商周上古时代地域文化的证据性价值载体。

2. 文献依据

赵丛苍主编《城洋青铜器》，曹玮主编《汉中青铜器》（1—4卷），西北大学文博学院编著《城固宝山：1998年发掘报告》，张天恩主编《陕西金文集成·15·渭南、铜川、商洛、汉中、安康、延安》等。

3. 文化意义

其一，出土青铜器物，不仅具有历史、科技等学科领域研究的学术价值，其艺术价值和文化价值与社会民众的距离并不遥远，这种距离是可以通过一定方式拉近与缩短的，具有较大的教育引导作用。

其二，汉中盆地已有成规模的青铜器出土，科学地确证了历史时期青铜文明时代在汉中地域历史中的存在；城固洋县境内青铜器的数量较大，种类繁多，独具汉中地域性文化特征，还具有与西南、关中及中原地域相联系的过渡性特点，有力地证明了根植于汉中盆地的青铜文化的客观存在，以及与外方同期文明的联系与交流和相互的影响，为中国文明起源的"多元论"提供了丰富的实证性青铜器物，丰富了"中华文明多元一体"的学术思想。

其三，2016年新发现的青铜甬钟的结论性研究成果尚在我们的期待中，如果陕西省考古研究院初步鉴定结果得以最终确立，不仅会对西周王朝国土疆域与政治控制范围的研究产生重大影响，还将有助于确立汉中及汉水流域为《诗经》"二南"原生地提供坚实的出土文物材料，这对于汉中地域更具有难以估量的文化意义。

其四，汉中地域历史存在青铜文化形态，客观上说明汉中在商周时期已进入社会高级文明的发展阶段，城固洋县为青铜器富集区，说明当时的政治经济文化中心就在盆地内的湑水河畔，而非现在汉台所处的地理位置，古南郑县治及历史时期的汉中府城是在战国末期逐步转移过来的，尽管两地距离不远；青铜文化时代的湑水河畔，人口众多，科技发达，社会生产力水平与古蜀文明、关中文明及中原文明处于具有自身特点的同期发展水平，这为汉中人民仰望历史星空，去想象、感悟汉中先民的精神世界、世俗社会图景及科技智慧，提供了深邃、广阔的文化思维空间。

4. 选址

①汉中市汉台区城市核心区域；②城固县、洋县等县城核心区域。

5. 方案

（1）从汉中出土青铜器中，按类遴选四到六件精品，进行仿制，保持器物原形、纹饰与色彩，参考广场大小及周边建筑环境，尺寸与器物体量可适度放大，在汉台主城区打造主题性与具有汉中地域青铜文化特色的文化景观广场。

（2）汉中市青铜文化主题广场拟选青铜器物：云雷锥足纹鼎、夔纹鼎、亚伐方罍、弦纹鬲、兽面纹四足鬲、乳钉雷纹簋、兽面纹尊、兽面纹卣、兽面纹觚、兽面纹方柱斝、兽面纹觥、兽面纹甗、夔纹瓿、兽面纹瓿、雷纹瓿、方格乳钉纹瓿、涡纹盘、镰形器、璋形器、虎纹钺、蛙纹直内钺、直内偏刃钺、銎口钺、三角援双首蜈蚣戈、曲内戈、人形面具、兽形面具等，进行科学组序。

（3）编绘汉中盆地青铜器出土分布位置总图，用大理石立面打造，将总图镌刻其上，征集介绍汉中青铜文化的"赋或铭"刊刻碑阴。

（4）城固、洋县各遴选一件青铜器精品，进行仿制，保持器物原形与纹饰，参考广场大小及周边建筑环境，尺寸与器物体量可适度放大，在县城主城区打造单体青铜器物城市文化景观。

（5）本案实施前期，应与国家文物局与陕西省文物管理部门进行沟通与联系，征得同意及大力支持。

6. 当代功用

（1）宝山遗址的发现与大批青铜器的出土，在汉中地域历史上属于重大文化事件，确证了漫长的青铜时代在汉中地域的存在，打造青铜文化广场，在于引导市民与游客直观感知和体悟汉中的青铜文化时代和汉中先民的科技智慧。

（2）凝练汉中作为中华民族发祥地之一的重大地域文化主题，展示汉中人民在上古时代的精神风貌、智慧成就及其科技文化创造力。

（3）打造具有本土历史文化底蕴的主题性、文化艺术性与综合性的汉中城市青铜文化广场，弘扬富有地域特色的青铜文化，提升汉中城市文化的历史文化品质与底蕴。

（4）提升汉中主城区作为全域旅游集散地的旅游文化引导功能，吸纳外域游客感悟汉中地域文化的厚重、博大与深邃，助力汉中全域旅游格局的形成与可持续发展。

（5）本案的实施，让汉中人民直接感受汉中上古时期的科技文化、青铜文化艺术，具有社会教育的广泛意义。

"汉中对"主题雕塑文化创意方案

1. 文化缘由

公元前206年，项羽封刘邦为汉王，"王巴、蜀、汉中，都南郑"。刘邦虽对项羽背弃楚怀王之约深感愤懑，但当时刘邦力量单薄势弱，无以相抗，遂率数万军队经栈道，远赴汉中，抵褒城时，纳张良之策，火烧栈道，以此示弱于项羽，"无还心，以固项王意"，为"明修栈道，暗度陈仓"埋下精彩伏笔。现汉台城区东大街南侧的汉台博物馆所在地，为刘邦辖巴蜀、署南郑之"行宫"。刘邦在汉中短短的四个月时间里，兴修水利，发展农业生产，暗中积蓄力量，整军备战，图天下之心与日俱增。

刘邦在汉中最精彩的一笔，无疑为屈尊设坛，拜韩信为大将，执掌帅印，统帅"汉军"，"留此一抔土，犹是汉家基"，并以《汉中对》为图天下之战略宏策，在此夯筑了四百年之大汉基业，在中华民族数千年发展历程与"大一统"民族观念形成与历史实践进程中，写下了精彩的历史华章。《汉中对》又称《登坛对》，所谓"对"，即为涉及战略性规划与布局的图事揆策。这一历史事件明确地记录于司马迁《史记·淮阴侯列传》中，该经典文献中，"汉中对"与萧何月下追韩信、筑坛拜将发生的相距时间较近，也是这一连串历史事件的逻辑结果，"汉中对"发生在筑坛拜将后，相距时间极短，这时韩信充分赢得了刘邦的信任，和盘托出了他对汉军面临形势，以及与项羽势力各自的优劣态势做出了科学且相对准确的客观分析，刘邦听之，如醍醐灌顶，一改愤懑不快、没落颓废、无助绝望的心境与情绪，大喜，图天下之信心大增。刘邦虽然在汉中停留时间很短，不足半年，是年八月"明修栈道，暗度陈仓"，兵出函谷，还定三秦，逐鹿中原，对峙荥阳，垓下决战，迫项羽乌江自刎，历时四载，建立了大汉王朝；在刘邦、韩信率军征伐期间，汉中一直是其战略大后方，萧何在这里兴修水利，拉开了汉中盆地水利基础设施建设的历史性大幕，据传汉中最早的大型水利设施山河堰就是这一时期开始兴建，由曹参组织兴修完成的，并利用汉中独特的自然气候条件，大力发展农业生产，积极支撑前线作战，在这个意义上，汉中人民为秦汉时期的国家统一做出了自己的贡献，这一国家大历史事件在天汉大地上刻下了深深的痕迹，有机地融入了汉中地域文化，并为汉中地域文化注入并积累了厚重的历史文化底蕴。

2006年，中央电视台中国魅力城市展示组委会为汉中书写的颁奖词为："他们位居中国版图的地理中心，历经秦汉唐宋三筑两迁，却从来都是卧虎藏龙，这里的每一块砖石都记录着历史的沧海桑田，这里的每一个细节都印证着民族的成竹在胸。"当代著名文化学者余秋雨先生在游历汉中后，赋予汉中独特的地域历史文化意向与情怀："我是汉族，我讲汉语，我写汉字，这是因为我们曾经有过一个伟大的王朝——汉朝。而汉朝一个非常重要的重镇，就是汉中。来到汉中，我最大的感受就是，这儿的山水全都成了历史，而且这些历史已经成为我们全民族的故事。所以汉中这样的地方不能不来，不来就非常遗憾了。因此，我有个建议，让全体中国人都把汉中当作自己的老家，每次来汉中当作回一次老家。"今天，"汉人老家"已经成为汉中的一张靓丽且颇具人文感召力与亲和力的文化名片，凝练为中华民族文化"寻根"的珍贵家园意识。

2. 文献依据

司马迁著《史记·淮阴侯列传》，司马光编著《资治通鉴·汉纪一》，徐业龙《韩信评传》，吴忠匡《韩信集》，张大可与徐日辉著《张良萧何韩信评传》等相关文献。

3. 设立缘由

其一，汉王受封刘邦帅部，"王巴、蜀、汉中，都南郑"，既是中国历史上的重大历史事件，也是汉中地域历史进程中的重大历史性事件，其间在汉中发生的一系列历史事件颇具历史影响，尤其是《汉中对》从战略思想层面，为刘邦后来完成统一大业、建立大汉王朝奠定了坚实的基础，这一战略文化思想自然地注入了汉中地域历史文化。

其二，中国历史上，《汉中对》《隆中对》《郿中对》被誉为"三对"，但《汉中对》《隆中对》最负盛名，影响最为广泛，"二对"相距四百余年，如果仅从谋略层面而言，各有各的精彩与谋略价值，但如果从中国"大一统"思想理论与历史价值视之，其分野与高下立判，诸葛孔明的《隆中对》体现为"割据性"战略理念；而淮阴侯之《汉中对》策论则以"大一统"为旨归。

其三，汉中虽建有"拜将坛"纪念馆，用以专题性纪念"筑坛拜将"这一重大历史事件，其中虽有《汉中对》的文化信息展现，但表现手法较弱，与"筑坛拜将"相较，《汉中对》更具中国传统战略谋略文化价值，对于弘扬"大一统"文化传统更具当代文化价值。

其四，《汉中对》的文字内容及其所承载的历史事件，兼具国家层面历史文化与汉中地域历史文化的双重价值文化属性，对于彰显、积淀、形成中国"大一统"民族理念与文化传统，价值巨大，意义非凡。

其五，目前，我国国家统一尚未完全实现，西藏、新疆等分裂势力及其隐患依然存在，不可小觑，这些与中华民族伟大复兴的"中国梦"的完全实现紧密相连，故在"汉人老家"设立"'汉中对'主题性大型雕塑"，具有特殊的现实意义与当代地域文化价值。

4. 选址

汉中市汉台区风景路北侧"拜将坛"南门外广场。

5. 方案

以《史记·淮阴侯列传》相应文字内容以刘邦与韩信"汉中对"的历史场景和捕捉反映人物内心情感的精彩瞬间进行构思，设计刘邦与韩信的人物形象连体塑像；查找《史记》的善本文献，从善本《史记》文献中选取"汉中对"内容的页面拍照，经技术与设计处理后，镌刻于原石一面，立于"汉中对"历史场景塑像之侧，打造人物塑像与历史典籍文献相融的一组体量适宜的文化雕塑。

6. 当代功用

（1）"两汉三国文化"为当代汉中对外宣传的主打地域文化之牌，已经产生了较好的文化传播效应，"汉中对"所涉及的历史事件为汉中"两汉三国文化"的核心组成，且为我国"大一统"思想脉络的重要一环。

（2）让汉中市民与游客感受大汉王朝的历史荣光。

（3）弘扬具有强大民族凝聚力的中国"大一统"民族理念与历史文化传统，以当代文化创造的行为，助力中华民族伟大复兴的"中国梦"之实现。

（4）打造具有汉中地域历史文化特质且承载了中国大历史文化传统的旅游文化基础设施。

甄鸾纪念馆文化创意方案

1. 文化缘由

数是人类认知世界与揭示客观物质世界关系所需要的一种抽象思维工具的概念表达，对"数"的认知与实践伴随着人类文明进程，并发展为一门基础性科学及学科，即数学，数学为科学智慧的基础性学科，对于人的抽象思维能力具有极强的训练与提升功效，甚至一些学派提出，数学不属于自然科学领域，而应归属于哲学领域。公元前6世纪，希腊著名古典哲学家毕达哥拉斯及其学派甚至认为"数"为万物本原，试图以数量关系解释一切自然和社会现象；老子的道家思想就渗透着玄妙而朴素的数学思想，"道生一，一生二，二生三，三生万物"，与毕达哥拉斯的数学与哲学思维颇为接近。

中国古典数学文化颇为发达，源远流长，有着独特的数学思想文化脉络、知识体系、发展路径及嬗变轨迹，《周髀算经》《算数书》《九章算术》等就是中国古典数学文化的经典与集大成之作，这些知识体系在中国历史中于天文观测、历法编制、土地丈量管理、人口统计、祭祀活动、舆图测绘、军事战争等领域被广泛应用，并有机地融入了博大精深的中国传统文化体系。英国科技史大家李约瑟（Joseph Terence Montgomery Needham）的《中国科学技术史》提出："从某种意义上说，甄鸾是结束这个时期的人，他的活动期间肯定是在北周。"甄鸾，字叔遵，北周时期无极（今河北省无极县）人，生卒年不详，北周时代著名数学家、天文学家、佛学家，曾创制《周天和年历》，于566年被颁行。他一生最大的贡献，在于对中国传统数学典籍的深入研究与总结，他还撰写了多部应用数学方面的著述，穷其一生，俨然一位数学大家与博学通艺之奇才。与同时代之人相比较，他的数学贡献与影响，仅次于同时代的祖冲之与刘徽，是中国数学史乃至世界数学史都绕不开的一位重要历史人物。他还是北周王朝的重要臣僚，先后担任司隶校尉与汉中郡守，在汉中宦游多年，于汉中社会事业建设与发展贡献良多。

甄鸾在整理、研究他以前时代的中国古典数学典籍的基础上，还撰写了多部应用数学方面的数学著述，如《五经算术》二卷、《五曹算经》五卷、《历术》一卷、《七曜术算》二卷、《周天和年历》一卷等，其著述在《隋书·经籍志》、四库全书等国家大型文献典籍中有著录与收录，为天汉大地乃至全人类遗留下一笔宝贵的科学文化资源与财富。中国古代将研究天文、历法、数学的人称为"畴人"，故清代学者阮元著《畴人传》，对甄鸾及其数学成就予以了很高的评价；"畴人"在今天则被称为数学家。经过甄鸾整理重述的《数术记遗》，是中国数学史上的一部重要典籍，尤其是它对中国古代算具的记载,为历代数学家所重视。对于《数术记遗》成书年代及创撰者有着不同的看法,一说为汉代徐岳撰、甄鸾注,另一说为甄鸾撰,假托徐岳之名。根据《数术记遗》记载,东汉曾流行十四种算法,除最后一种"计数"为心算外,其余十三种均为算具,分别是积算(即筹算)、太乙算、两仪算、三才算、五行算、八卦算、九宫算、运筹算、了知算、成数算、把头算、龟算和珠算,尤其是"珠算"的名称与称谓在《数术记遗》中首次被提出并在文献中确立,应该说,甄鸾对于"珠算"思想与理论阐发的发展有着自己独特的伟大贡献。

珠算是中国传统数学文化的瑰宝,在当代它被誉为"古老的计算机",作为一种运用算盘进行数字计算的方法与工具,在宋以后,尤其是明清时代,普及到了千家万户,广泛渗透于中国人的生产生活、商业行为、风俗习惯等一切社会生活中,甚至20世纪五六十年代我国科学家们在导弹与原子弹研制过程中,大量数据处理都是通过算盘进行并完成的,这不能不说是个奇迹,看似简单的珠算算具具有强大的威力!中国珠算项目于2013年12月被联合国教科文组织列入人类非物质文化遗产名录。

甄鸾及其著述于汉中具有重大地域历史文化发掘与弘扬价值。明代刻本《数术记遗》与《周髀算经》正文首页著录为"北周汉中郡守前司隶臣甄鸾注""北周汉中郡守前司隶臣甄鸾重述",时间、官衔与责任者方式的信息准确完备,由此推断,甄鸾的许多数学研究成果应该是在他主政汉中期间完成的,在这一意义上,汉中极有可能是那个时代中国乃至世界上重要的数学研究中心之一!但迄今为止,在汉中所有方志文献中,均无有关甄鸾的一点文字记载,这是一位被汉中地域历史湮没的重要历史人物,我们认为这是汉中方志文化的重大缺憾之一。在汉中建设"甄鸾纪念馆",对于汉中弘扬以中国古典数学为主体的科学文化,构建汉中本土之科学文化教育基地,打造具有地域独特性的汉中科学文化名片,意义重大。

2. 文献依据

甄鸾重述《周髀算经》,甄鸾注《数术记遗》《张丘建算经》《夏侯阳算经》《九章算术》《九章算经》,甄鸾撰《五曹算经》《五经算术》《周天和年历》《七曜术算》等;孔国平著《中国数学思想史》,陈瑞青著《燕赵文化史稿》,吴文俊主编《中国数学史大系·西晋至五代》,余嘉锡著《四库提要辨证》,李俨、钱宝琮著《李俨 钱宝琮科学史全集》,李俨著《中国数学大纲》《中国算学史》,章嵌著《中华通史》,白寿彝总主编《中国通史》,曲安京主编《中国古代科学技术史纲:数学卷》,中国科学院自然科学史研究所编著《中国古代重要科技发明创造》,丁海斌著《中国古代科技文献史》等。

3. 文化意义

其一，数学作为一门知识体系，具有文化属性，是一切科学技术的基础，其重要性不言而喻。

其二，中国古典数学具有自身的知识体系、文化特征与属性，它既是中华民族智慧的科学结晶，这一财富也属于全人类。

其三，按照李约瑟的观点，甄鸾应该被视为中国古典数学的一位"终结者"，自此以后，中国古典数学渐渐走向衰落，在这个意义上，甄鸾也是一位中国古典数学的集大成者，设馆纪念甄鸾这位数学家，具有弘扬中国古典数学文化的当代价值意义。

其四，甄鸾在北周王朝，既是数学家、天文学家，也是朝廷命官，担任司隶校尉之职后，被擢升为汉中郡守，主政汉中多年，同期，数学研究不辍，注《数术记遗》，重述《周髀算经》，故他是汉中历史上的一位重要人物，同时也是汉中地域历史上难得的科技文化的重要代表，对于在汉中弘扬数学文化和培育本邑人民科技文化意识，具有面向未来的深远价值意义。

其五，因种种历史原因，甄鸾在汉中方志文献中无记载，而被历史湮没，这是汉中方志文化的重大缺憾，当历史的尘埃被拂去，我们应该以一种文化的方式来呈现汉中地域的重要历史事实，来纪念这位伟大的数学家，这是汉中宝贵历史文化资源的重要发现，于汉中地域历史文化意义重大。

其六，最早记录"珠算"一词的中国古典文献就是《数术记遗》，这为珠算算具"算盘"的成型与广泛使用奠定了坚实的理论与技术基础，珠算文化或算盘计算工具简洁、便捷、功效巨大，是传统中国文化的核心构成之一，于此，甄鸾贡献巨大，在"甄鸾纪念馆"中有机融入"珠算博物馆"的建设子项目，与纪念甄鸾的文化主题性可谓珠联璧合、相得益彰，对于在汉中弘扬珠算文化也是颇具文化意义的。

其七，2001年，中国工商银行汉中分行经济师程文茂积十年之功，在西北大学李培业教授的指导与协助下，完成对《数术记遗》中十三种古算具的研究性复原工作，被命名为"中国古算十三品"，他还研制出"中华图心算"，获国家专利八项，他的研究成果陆续被新华网、《人民日报》、《经济日报》、《中国教育报》、中央电视台、《大公报》、《金融时报》等媒体进行专题报道，作为本土学人的程文茂先生完成了与一千多年前的数学大家甄鸾的数学文化交流与对话。

其八，甄鸾主政汉中，并积极开展数学研究工作，完成了多部数学典籍的注、述与撰写，使汉中成为中国古典数学研究的主阵地，这是汉中地域人文历史的华丽篇章，对于这一份宝贵历史文化遗产资源，应该予以深入挖掘、研究和文化呈现。

4. 选址

汉中市汉台主城区。

5. 方案

（1）规划设计一座能够体现中国古典数学文化意蕴的适宜体量的现代建筑群落，打造为"甄鸾纪念馆"。

（2）设计制作甄鸾人物大型单体雕塑一座，置于纪念馆前。

（3）纪念馆中设立"甄鸾文献室"，陈展各个历史时期的甄鸾著述（善本或再造善本）文献，收藏近现代以来所有有关甄鸾数学思想与文化研究文献。

（4）设立"珠算文化博物馆"，从汉中民间收集各种形制的算盘，或通过考察国内已建"珠算博物馆"，复制一批各种形制的算盘，陈列布展。

（5）开辟、设立"程文茂古算研究工作室"，并让其展开相应工作及"中华图心算"教学与研究工作，培养相关专业人才。

（6）设立"中国古算十三品"模具专题陈列室，展出程文茂研制的古算具，成立相应文创产品研制团队，开发古算具文创产品。

（7）以此为依托，成立"甄鸾文化"研究会。

6. 当代功用

（1）建设和打造主题性博物馆，为当代文化建设的重要举措。

（2）甄鸾纪念馆，为一座集地域历史人物、数学文化、珠算文化及文创等于一体的主题性、综合性的汉中社会基础文化设施，对于弘扬中国传统科技文化，在汉中提倡、强化科技意识，尤其是数学文化意识影响深远。

（3）甄氏家族在中国历史上名人辈出，颇具历史文化影响，另据《人民日报》（海外版）2016年8月18日的消息报道，甄氏文化源远流长，甄氏家族如今在海内外有40余万人，遍布全国各地以及美国、加拿大、菲律宾、马来西亚、新加坡、委内瑞拉、墨西哥、英国、哥斯达黎加、澳大利亚等国家，该族群还在海内外建立了多个甄氏宗亲会、甄氏文化研究会、甄氏宗亲联谊会等民间组织，故在汉中建设"甄鸾纪念馆"，将其打造为甄氏族群的宗族性文化圣地，培育汉中地域与甄氏族群、河北无极县的文化亲缘性，将有助于开发汉中旅游的特殊客源群体，助力特色旅游群体与特色旅游市场的形成、发育，同时，这将促进汉中对外开放，加强与国内其他文化区域及海外的文化联系。

（4）构筑汉中地域科技文化新高地，可作为汉中青少年感知中国古典数学文化的社会性教育基地加以充分利用，建成后还可作为一个具有深厚地域文化底蕴与科学文化特色的"爱国主义教育基地",并将其嵌入汉中全域旅游的体系与格局中,提升汉中城市内在文化品质,丰富全域旅游的多元性体系与格局。

城固南乐堡复建文化创意方案

1. 文化缘由

明清以降,至民国中期,白莲教起义及其他社会原因,导致秦巴山地及汉中盆地匪患连连,汉中人民深受其害,基于此,百姓为自保或在地方官府的组织下于山头修寨,平川筑堡,若遇匪患,百姓则入寨、堡避难,故这一时期的寨堡建筑在汉中遍布全境,由此形成了一种特殊历史时期的寨堡文化和与之相应的民间与官方相融的社会组织形态与农村聚落形态,到目前,在秦巴山地都还可以发现不少寨堡遗址。这一历史现象的相关文献材料散见于中华人民共和国成立之前的汉中各种方志文献中,当代学人张建民在《明清长江中游农村社会经济研究》《历史时期长江中下游地区人类活动与环境变迁专题研究》等学术研究著作中做了深入之研究。

位于城固县境内的上元观古镇原名南乐堡,为明末天启年间城固进士张凤翮组织修筑,距今四百余年。民国时期,著名地理学家王德基先生带领"汉中盆地地理考察小组",曾前往南乐堡进行科学考察,在《汉中盆地地理考察报告》这一珍贵区域地理科学文献中,对南乐堡的形态布局、走向、防御设施、细部尺幅、规模及壕沟等建筑形态进行了科学考察,"西关稍有残缺,余均完整"[①],还测绘绘制了"南乐堡地理位置图",故在民国中期,南乐堡建筑形态完整,为秦巴山地"寨堡文化"的一个精致的"标本",弥足珍贵,它不仅承载了汉中之地域历史文化,还是汉中人文精神的遗址性重要物证。

颇为遗憾的是,南乐堡原有城堡建筑于20世纪50年代中期被拆除。

2. 文献依据

严如熤编著《三省山内风土杂识》《三省边防备览》,黎锦熙著《方志今议》,王德基等著《汉中盆地地理考察报告》,张建民著《明清长江中游农村社会经济研究》,张建民、鲁西奇主编《历史时期长江中下游地区人类活动与环境变迁专题研究》,刘伟著《城固县上元观古镇聚落形态演变初探》(西安建筑科技大学2006年硕士学位论文),以及各个时期《城固县志》与汉中方志文献等。

---

① 王德基、陈恩凤、薛贻源等:《汉中盆地地理考察报告》,《地理专刊》(第三号),1946年,第95页。

3. 文化意义

其一，寨堡文化不仅仅限于秦巴山地及汉中盆地，而是全国各地都客观存在，都是历史时期形成并留下的文化形态。

其二，张凤翮为城固历史上著名人士，明代天启五年（1625）进士，历任御史、云南巡抚、三吴学政、浙江按察使、江西巡抚等要职，为朝廷命官，政绩显著，朝廷曾旨令在其故里建石牌坊旌表其母，该石牌坊镌有明代著名书画大家董其昌手书"南国文宗"四字，足见其在朝廷中的巨大影响。

其三，《明史》为张凤翮立传，列传第一百八十二，位"忠义六"，其影响之巨，文化地位之高，在汉中本土历史人物中实属罕见。

其四，清康熙版《城固县志》卷七《贤达》及清康熙版《汉南郡志》卷十六为张凤翮立传，其"少而力学，为人倜傥不羁，尝曰'功不先梓里，何以及天下'。故得志后，开城东之新堰，筑南乐之义堡"①。其家国情怀与桑梓之情应予以弘扬。

其五，寨堡的民间军事防御价值在今天基本完全丧失，但作为历史的产物和一类文化形态，其建筑形态价值及地域文化价值将永远存在，南乐堡乃本邑名士张凤翮倡导并亲自组织修筑的寨堡，完成后的三百多年里，于当地百姓生命财产安全及保境安民方面，曾经发挥了积极的社会作用，南乐堡与张凤翮发生着密切联系并互彰，极具汉中地域人文价值与深厚历史人文底蕴。

其六，南乐堡拆毁，其本身就是地域历史文化的重大损失。近年来《国家发展改革委关于加快美丽特色小（城）镇建设的指导意见》及《中共中央国务院关于实施乡村振兴战略的意见》文件精神与国家发展战略布局和目前正在大力推进的汉中全域旅游格局的战略规划与发展态势，使复建陕南农村聚落型南乐古堡，打造上元观特色小镇，迎来了难得历史机遇。

4. 选址

考虑南乐堡原有遗址被毁，为避免原址复建造成的经济损失，可在上元观镇临近地理位置选址复建。

5. 方案

（1）按照文物保护"依旧修旧"原则，谨慎选址，进行规划设计。
（2）严格按照原有城堡布局、体量、规模与建筑风貌，进行复原性重建。

---

① （清）滕天绶主修，汉中市档案馆整理：《汉南郡志》，成都：巴蜀书社，2017年，第345页。

（3）对复建建筑进行商业或产业布局、规划，打造其与历史文化、当代旅游发展及商业布局相融的特色区域，结合本镇实际与产业发展态势，予以充分开发利用。

（4）在复建后的南乐堡建筑群落的核心区域设立"张凤翙纪念馆"及张凤翙纪念雕像，以彰显及感念其历史功绩，以兹汉中人民永远缅怀与垂范。

（5）将原建于城固县城旌表其母的石牌坊，按照历史原貌，移植复建于南乐堡建筑群落的核心区域，与"张凤翙纪念馆"及张凤翙纪念雕像协调布局，增强复建物的人文精神底蕴，打造汉中当代旅游文化的精品目的地。

6. 当代功用

（1）充分利用其临近汉江南岸、南沙河风景区、古路坝西北联大遗址的地缘优势，且紧邻西汉高速与十天高速的交通条件优势，将上元观打造为陕南特色名镇，提升其旅游文化价值与社会经济效益。

（2）复建后的南乐堡建筑群落具有承载汉中与陕南寨堡文化及其所独具的建筑文化价值的实体文化形态与地域文化价值的社会文化功效，极具开发利用价值。

（3）本案实施具有社会教育意义，与之紧密联系的张凤翙就是南乐堡人士，他生于斯，长于斯，其家国情怀与桑梓之情值得我们当代人学习与缅怀。

（4）寨堡文化是一类独具打造、开发与利用价值的文化形态，但尚未受到重视，本案实施具有当代汉中旅游格局与品牌的独特价值，可作为秦巴山地"寨堡文化"的一个精致的"标本"予以打造，具有独特的当代旅游文化价值，目前尚属空白，打造后将丰富和优化汉中现有旅游文化资源与全域旅游格局。

严如熤纪念馆文化创意方案

1. 历史缘由

严如熤，湖南溆浦人。清中期名臣，嘉庆六年（1801）自任洵阳知县后，他的后半生的宦游生涯便与陕南汉中结缘，嘉庆八年（1803）出任定远厅知事，嘉庆十四年（1809）特旨授汉中府知府，直至道光五年（1825）主政汉中长达十六年，其间他多次巡查秦巴，清缴匪患，加固城池，保境安民，兴修水利，鼓励农桑，兴文重教，续修郡志，辑《三省山内风土杂识》《三省边防备览》《山南诗选》等价值不菲之地方文献，亲撰《方太夫人八十寿序》《修杨坝堰堰堤洞口记》《修班公堰记》《汉中府修补城垣内外土城砖城段落丈尺记》《留侯庙记》《重修诸葛武侯正殿拜殿碑记》《陕西汉中镇中军游击将军何公传》《敷文书院学地碑记》《洵阳重修文庙碑记》《创修汉源书院记》《修郡城北关外山河堰大堤记》等文赋，他的《乐园诗稿》以诗记事杂识、怜农劝民、感怀咏叹，大多与同时期的汉中地域历史演进紧密相关，他的存世文献成为我们研究、考察清中期汉中历史人文的重要依据。通过这些文献，我们能够感知汉中的历史图景与诸多历史细节，他为汉中铸就了一座厚重的地域文化和学术高地，严如熤及其著作研究已经成为当代的学术热点，当代学人极为重视对其《三省山内风土杂识》与《三省边防备览》的研究，这是地方文献学术价值的重要裂变轨迹，同时这两部著述蕴含着丰富的汉中方志文化的原始材料，方志文化价值巨大。严如熤是汉中历史上的重要人物，在他的任内，剿抚并用，匪患得以平息，境内社会治安秩序渐趋稳定，兴利除弊，农业生产得以恢复，汉中社会事业获得了很大发展，其"经世致用"思想与文治武功的历史作为，在天汉大地刻下了深深的历史印记，朝廷对其也是赞誉有加，《清史稿》为其立传，"在汉中十余年不调，得成其镇抚南山之功。宣宗每论疆吏才，必首及之"。

2. 文献依据

（清）严如熤撰《三省山内风土杂识》《三省边防备览》，（清）严如熤著《乐园文钞》《乐园诗稿》，（清）严如熤主修《汉南续修郡志》，（清）钱仪吉纂《碑传集》，赵尔巽等撰《清史稿》，（清）严如熤撰、黄守红标点《严如熤集》，（台湾）清史编撰委员会编纂《清史》，蔡冠洛编著《清代七百名人传》，蓝勇著《古代交通生态研究与实地考察》，辛德勇著《旧史舆地文编》等。

3. 文化意义

其一，严如熤为清中期湖湘经世学派重要代表人物。

其二，严如熤自小聪慧好学，涉猎广泛，集百家之学，究心舆图、兵法、星卜之术，尤好研习兵事，并善于思考，注重实地踏访调查，入世之前进行了较好的知识储备。

其三，嘉庆五年（1800），他以饱学之身参加廷试，其《平定川楚陕三省方略》以"剿抚并用、化盗为民"的思想策略，获嘉庆帝赏识，"亲擢第一"，这成为他后来的"经世致用"实践的思想指导，其思想策略紧扣清中期社会实际与川陕鄂社会治安现状，并上升为国家意志，还为后来改变汉中行政区域格局埋下了重要历史伏线，即定远厅（今镇巴县）、留坝厅与佛坪厅在清中期的设置，这对区域社会政治经济文化格局产生了深远的历史影响。

其四，严如熤的廷试策论就已经与汉中这方水土建立起了某种历史性隐含，汉中最终也成为严如熤一生中最重要的人生舞台，在这里他的经略思想得到了很好的呈现，他从政治、军事、经济、文化等各个方面实现了对汉中全方位的有效治理，功效卓著。

其五，"人亡政息"既是历史现象，也是历史规律，但文化则悠久绵长，严如熤的政治功效只能够影响汉中较短的历史，但他为汉中创造与积累下的基于传世文献而遗留下的地域文化则历久弥新，其《三省山内风土杂识》与《三省边防备览》为汉中地方文献之精品，具有多元学术与文化价值和丰富的地域方志文化形态与价值，这是汉中人文历史的一笔丰厚的文化资产，在这个意义上严如熤及其著述为汉中铸就了一座高耸的学术丰碑。

其六，不可否认，严如熤是一位封建时代的官宦，他也并非完人，也存在一些人格瑕疵，这需要我们本着历史唯物主义的态度，来客观分析、研究和对待他，我们尤其要重视他一生的主流和为汉中社会事业发展所做出的历史性贡献。

其七，长达两千多年的封建统治，在中国历史上形成了成熟的封建职官制度，这一制度对地域历史文化发展与国家大一统统治杂糅互动，产生了深远影响，纵观汉中人文历史，具有严如熤这种治理能力与文化影响力，尤其注重地域文化累积与文献固化地域历史文化及地域人文精神的官吏并不多见，无疑，严如熤为其中翘楚，乃治世能臣，是一位值得汉中人民永远纪念的重要历史人物。

4. 选址

汉台区主城区内适宜地理位置。

5. 方案

（1）规划、设计一座体量适宜的清代建筑，作为严如熤纪念馆的建筑主体。

（2）纪念馆前设计一座严如熤人像雕塑。

（3）纪念馆内设立严如熤文献室，购置、收集、整理、收藏与严如熤相关的相关文献，成立"严如熤及其研究的专题文献库"，若有可能，由当地政府与地方高校联合组建"严如熤汉中地域文化研究所"，开展与之相关的地域文化研究工作。

（4）设置严如熤个人生平展室，全面介绍严如熤的一生，重点突出他在汉中主政期间，在政治、军事、经济、文化、教育等各方面所做出的重大业绩与贡献。

（5）通过深入研究《三省边防备览》，设计一份严如熤边防巡检路线图，用于严如熤纪念馆大厅主题墙上，进行浮雕制作。

（6）在馆内的过道或回廊制作"三省边防备览舆图"，分别为川陕湖边境总图、边境交界相连险要图、宁陕南褒西乡定远图、安康平利紫阳洵阳白河图、兴山房县竹山竹溪图、郧西郧县图、广元通江南江巴州图、太平城口图、奉节巫山大宁云阳开县图、华阳厚畛子图、黑河图、商州商洛山镇蓝田图、眉县岐山宝鸡凤县图、孝义宁陕鄠县盩厔图，总计十四幅，宜石刻后嵌入建筑墙体，或刻于木板悬于墙体。

（7）馆内设立严如熤诗词碑林，从《乐园诗稿》《山南诗选》中精选若干首诗词，由汉中当代书法家书写，勒石刊列陈设。

6. 当代功用

（1）打造富有汉中地域文化特色、以人物纪念为重点的纪念馆舍，使之成为汉中地域人文历史并极富厚重文化底蕴的综合性纪念馆，呈现出清中期汉中历史人文图景，具有地域社会历史文化教育价值与意义。

（2）纪念严如熤经略汉中之历史功绩，构筑并呈现具有有形文化载体的陕南学术与地域历史文化丰碑。

（3）可列为爱国主义与乡土文化教育基地，发挥纪念馆的社会文化教育功能，弘扬经世致用、积极进取之中国传统文化精神。

（4）推动汉中与湖南溆浦等地域文化交流与互动，助力汉中对外开放。

（5）通过打造极富地域文化特色与承载丰厚历史文化底蕴的专题性纪念馆，有助于汉中多元化全域旅游格局与体系的构建。

汉中舆图景观文创方案

1. 文化缘由

舆图乃地方图景，是地域内辨土别物的工具性思维的图示化成果，体现了人类抽象思维的形式美感，具有集抽象提炼与感性体验于一体且一目了然的视觉品鉴之地域文化价值，其工具价值在于反映文字不易表达清楚或无法表达的地域文化空间意向与知识内容，是地域方志文化的重要有机组成之一，不仅具有丰富的史料价值，更富含地域历史文化之审美价值。舆图能够呈现特定历史时期某一县治之疆域全貌，各乡镇、村落的地理空间组织关系，清晰反映县域政权管辖的疆域与地理边界，暗示着地方性政治意识、权力边界与文化形态之间的陈述契约，以及县域内的自然山川地理概貌与重要人文胜迹（如关津、城池、寺祠、道路等）。舆图，乃有形之志，按志观图，形意合一，历史文化信息一目了然，按图以考志，则较若列眉。追溯各个历史时期，汉中均有地记、图经文献，但大多散佚无存，现存汉中境内之各类舆图，则蕴藏于清中、后期形成的方志文献以及民国时期的部分地方文献中。

汉中舆图，是一类宝贵而独特的历史文化资源，应该予以系统挖掘、开发和利用。

2. 文献依据

清中期严如熤主修之《汉南续修郡志》与他编辑的《三省边防备览》，清代汉中各厅、县方志文献，以及民国文献《汉中盆地地理考察报告》《陕西城固县教育概况》等。

3. 文化意义

其一，空间客观存在，它是构成客观物质世界的重要属性。空间连同时间一起共同地把基于生理与心理感知信息的构架秩序系统楔入人类思想的方方面面，确立为人的一种思维模式。人的空间感知能力是与生俱来的，具有显著的自然属性特征，但人的空间感知能力有着较大的局限性，往往受限于目所能及的范围。人对目所能及之外的大尺度空间的感知与体验，往往就需要其他材料来学习训练、获取及提高，舆图（或地图）文献就是绝好的材料。从人类文明发生的学术视角来看，图早于文字出现；中国方志文化的早期，"图"为方志文化的主体，"图经"为早期地方志书，"图"即地图，"经"乃地图之说明文字，为图文合一的著述。图经在中国最早出现于东汉时期，隋唐至北宋最为盛行，南宋后方志文献发生转型，即文字容量大幅增加，方志文献体例、结构逐渐定型。

其二，舆图（或地图）在中国历史上发挥了重要作用，有着悠久的制图历史，广泛应用于军事、土地管理、矿藏分布、农业生产、封建政权组织建设、城市规划建设等领域，也是中华民族智慧的文献证据，并形成了独具中国文化特色的制图思想和技法，尤其是魏晋时期的裴秀总结提出的"制图六体"将我国制图理论与方法提升到了准科学的技术方法层面，之后我国方志舆图编绘深受其影响。

其三，明清时期，中国舆图编绘技术方法相较于同期西方地图测绘科学性、精准度虽显不足，但承载的历史人文信息非常丰富，其绘法与幅面类似山水画，其审美价值巨大，还不影响作为地图的价值功能，此乃中国舆图的文化特色。各行政区域历史上形成的舆图资源，各独具特色，其幅面形制具有唯一性。据清末学者叶昌炽《语石》载："唐时图经皆刻石，而今亡矣。"[①]刻于南宋绍熙年间的《禹迹图》《华夷图》是中国现存最早的石刻地图，刊石勒图，以志不朽，亦是中华文化传统之一。汉中舆图也具有上述特征及功效，汉中应挖掘和利用包括方志舆图在内的历史文化资源，用以打造汉中范围内市县（区）结合的体系化布局的舆图景观主题文化广场。

4. 选址

①各县县城建设本县（区）舆图景观主题文化广场；②汉台区城区建设汇集汉中市所有县区舆图文化资源的舆图主题景观文化广场。

5. 方案

（1）各县城舆图文化主题广场建设，除县域舆图外，宜将本县方志文献中的城

---

① （清）叶昌炽：《语石》（影印本），上海：上海书店出版，1986年，第94页。

池、衙署、考院、隍庙、文庙等图以及民国时期地方文献中的涉及本县的地图进行系统挖掘和有序组合，进行整体性规划、设计与建设。

（2）汉中市舆图主题景观文化广场宜选址于汉台城区。以严如熤主修之《汉南续修郡志》与他编辑的《三省边防备览》以及"栈道图"等舆图为主体，并配合使用各县（区）方志文本中的舆图及民国时期形成的本市地图资源，进行系统性整体性规划、设计与建设。

（3）打造舆图景观主题文化广场，须尽可能采用方志文献中的原始舆图资料（包括文字）进行设计，使用材料宜为大理石或汉白玉石材，呈现方式可采用平面铺陈或立体墙面。

6. 当代功用

（1）据了解，目前我国国内尚无舆图景观主题文化广场建设实案，在此方面，汉中可率先而行，形成一类具有创新性的文化广场建设与呈现方式，如果做好，将在全国具有示范功效。

（2）以此传承、弘扬中国传统文化中"制图六体""计里画方"的制图思想与文化精神。

（3）将舆图从文献中抽取出来，以主题文化广场的方式进行呈现，使之成为面向大众的地域历史文化的社会"教科书"，具有地域文化的社会教育功能，以此弘扬中国方志文化与本土地域文化。

（4）培育汉中人民的乡土情怀与家园意识，并利用舆图独特的文化价值，进一步培育本土人民空间意识、历史意识与审美观念。

（5）打造富有地域历史文化底蕴的大体量汉中城市文化景观，有机嵌入汉中主城区社会文化基础设施体系中，丰富城市人文文化景观品类。

何日章石门历险纪念

1. 人物事件

何日章（1893—1979），河南商城人，中国近代图书馆学家、图书馆事业社会活动家、知名学者，中国图书馆协会创建发起人之一，西北联大及国立西北师范学院图书馆馆长。1917年毕业于北京高等师范学校英语专业，创建了河南省图书馆与河南省博物馆，历任河南省图书馆馆长、河南省博物馆馆长及北京师范大学、西安临时大学、西北联大、国立西北师范学院、国立兰州大学、台湾政治大学图书馆馆长。1938年3月随国立西安临时大学迁至汉中城固，西北联大组建后任该校图书馆馆长。1938年8月，他随李云亭校长、康叔仁、张旭齐等在南郑县（现汉台区）开展西北联大的招生工作，21日，他们利用休息日游历石门摩崖石刻，时值暴雨过后，褒河水势澎湃，返程渡河途中因"悬筏之绳遽断"落水，在洪流中漂流了1千米的河程，后在岸阔水缓之处，"阻大石遇救出水"，幸免于难，不幸的是他的同事山东莱阳人张旭齐跳水救他惨遭溺亡。

2. 文献依据

何日章口述、长山杨芦坡笔记之《石门历险记》，载于《西北联大校刊》1939年2月第11期。该文献颇具现场感与画面感，其一，记录了石门摩崖石刻及周边环境在民国时期的遗存情况，具有重要史料价值；其二，记录了何日章先生历险过程以及他在水中挣扎"肝肠冷透，胆落魂飞，发肤为潯"的亲历真实感受。

3. 纪念意义

何日章先生为中国近代著名图书馆学家，曾参加过安阳殷墟甲骨、钟鼎考古发掘工作，有相应研究成果，著名金石学家罗振玉予以了较高评价；他的学术涵养与石门摩崖石刻有着天然的文化缘分，其石门历险书写了汉中石门名胜的文化传奇，不应被历史淹没，宜设物纪念。何日章先生自1938年3月迁至汉中至1944年秋迁至兰州，在汉中工作生活了八年时间，其间，他在条件极其艰苦的条件下，积极办馆，作为一位具有战略意识的图书馆学家，为西北联大图书馆事业做了大量的资源建设与组织管理工作，西北联大图书馆及国立西北师范学院图书馆，是在汉中建立起来的标准化程度很高的大学图书馆，于汉中图书馆事业予以了极大的推动；同时西北联大图书馆由于西北联大的分立发展而在汉中衍生出多所大学图书馆，这些大学及图书馆迁出汉中后，大多扎根大西北，最终形成了我国西北地区大学图书馆的体系化布局，在这个意义上，何日章先生厥功至伟，且结缘汉中，具有较高的文化纪念价值。

4. 选址

现褒河石门旅游风景区内，须考察当年石门摩崖石刻游览渡河悬索确切位置，置于附近。

5. 方案

其一，立一巨石，上刻著名书法家书"何日章石门历险处"，底座以简要文字述其事。

其二，何日章石雕塑像，底座以简要文字述其事。

其三，建"何日章石门历险处"纪念亭一座。

最终建设方案，可三选其一。

6. 当代功用

为石门旅游景区添一文化旅游景点，纪念西北联大汉中办学，弘扬大学图书馆文化。

西北联大汉中办学纪念园文创方案

1. 历史缘由

汉中地域由于受到秦岭、大巴山的阻隔，历史时期这里是一个较为封闭的区域，三国时期魏王曹操将此地喻为"天狱"之境，虽有栈道与外界联系与沟通，但其承受的人流及其文化传播的容量十分有限，更由于汉中与国家文化教育中心受到地理条件的隔绝限制，本邑教育文化观念与教育制度长期处于严重落后之状态，教育机构极其匮乏，这种局面一直持续到了民国中期。1937年卢沟桥事变爆发，日本侵华战争全面爆发，置身沦陷区的北平大学、北京师范大学、北洋工学院、焦作私立工学院等著名大学西迁至陕西西安，合并组建为国立西安临时大学。1938年年初，日军兵逼潼关并不时轰炸西安城区，是年三月初，国立西安临时大学再次迁移至汉中，除医学部设于南郑县汉中城区外，其办学主体全部分设于城固县境内；四月，依照国民政府教育部命令更名为国立西北联合大学；1939年8月，接教育部通知，西北联大拆分为国立西北大学、国立西北师范学院、国立西北工学院和国立西北医学院。西北联大及其分离发展的四所高校在汉中办学长达八年，其间西北师范学院从1942年起陆续迁至甘肃兰州，于1944年10月才结束搬迁工作，其在汉中办学的历史也不算短。西北联大在汉中组建，于汉中教育文化事业而言可谓是开天辟地的大事件。汉中位于神州腹地，远离沦陷区，更由于独特的地理环境，这里成为抗日战争期间的"乱世之桃源"，为平津学人与学子赓续办学及赢得发展提供了难得的庇护，更为我国西部地区在后来的高等教育体系性布局与开创性发展奠定了坚实的基础，更是为西部大开发奠定了人才基础，其影响与历史价值远远超越了汉中地域，就是从国家层面分析，西北联大汉中办学历史的影响与价值也是可圈可点的。

西北联大在汉中组建，于汉中教育文化事业而言可谓是开天辟地的大事件。"惟是大学莅止，风气聿开，平章世事，则谠论出于鸿儒；讲诵道艺，则名言绎于硕学。谈宇宙之玄秘，则极深而研几；论文辞之奥窔，则发微而抉隐。他如搜奇考古，则西北文物灿然备陈；格物致知，则陕南花木纷焉入览。"①西北联大拥有多位当年在国内外颇具影响的著名学者与教授，如黎锦熙、张伯声、黄国璋、李建勋、徐诵明、陆懋德、黄文弼、周传儒、许重远、马师儒、罗章龙、张贻惠、殷祖英、袁敦礼、刘拓等，他们分布于文、理、法、商等多个学科与专业领域；西北联大是一所学科门类齐全、制度化建设规范、人才培养要求及规格高的中国近代大学联合体与命运共同体，集中了当时中国师范教育与理工工程教育的精华，以及颇具国内外影响、国内最优的专业学科优势，分立发展后的各院校很好地继承了西北联大的办学传统与教育教学理念。西北联大在汉中办学的八年历程中，以汉中自然环境、人文历史为研究对象和"大课堂"，黎锦熙先生领衔主纂《城固续修县志》并撰写了中国近代方志学重要著作《方志今议》；张伯声教授"实地勘察，北抵马家河，南登跑马岭"，撰述《城固地质志》，提出了"汉南地块"这一著名地质理论；黄国璋先生离开西北联大在重庆北碚创建了"中国地理研究所"，积极筹划和布局了汉中盆地及嘉陵江流域等科学考察活动，且参与汉中盆地地理考察的四位科学家其中的两位，即薛贻源、刘培桐就是西北联大培养出来的科学人才，也是黄国璋先生的得意弟子，此次科考活动形成了揭示汉中自然环境变迁与人文历史演变的重要研究成果《汉中盆地地理考察报告》，为民国时期我国区域地理研究的经典著述，当时就在国内外产生了巨大反响；西北联大分离发展后的国立西北工学院赖琎、李荣梦、张伯声、辜庆鼎和国立西北大学的曹国卿、沈筱宋六位教授还参与并指导了《陕西省第六区（汉中）经济建设五年计划》的编制工作；西北联大相关院校与专业组织学生利用假期调查汉中县域经济发展现状，进行地质地理野外考察，积极参加抗日战争宣传以及民众社会教育活动、童军教育、小学教育师资培训等；尤其是极大地促进了城固县教育事业的发展，其间，在城固县构建起了从幼稚园教育到大学本科教育以及硕士教育的完整教育体系，"无怪乎各级学校蓬蓬勃勃，为西北各县冠也"②，等等。不仅如此，文教溥被，迥迈寻常，这八年里，西北联大师生还对汉中社会大众的民风、思想观念、生活卫生习惯、体育锻炼、服饰行为等方方面面都产生了不可估量的深远影响。

西北联大汉中办学，于汉中社会经济及文化教育事业发展而言是一项重大历史事件。

2. 文献依据

《西北联大校刊》等校刊资料、黎锦熙著《方志今议》、城固县教育局编《陕西城固县教育概况》、魏席儒编《陕西省第六区（汉中）经济建设五年计划》、王觉

---

① 沈春生：《〈国立西北大学侨寓城固记〉纪念碑》，《城固文史》（合订本），内部资料，2013年，第599页。
② 城固县教育局：《陕西城固县教育概况》，城固：前驱印刷厂，1940年，第2页。

源编《战时全国各大学鸟瞰》、宋如海编著《抗战中的学生》、王德基等著《汉中盆地地理考察报告》等，中华人民共和国成立后之《城固县志》《南郑县志》《汉中地区志》，以及第一届至第七届《西北联大与中国高等教育发展论坛论文集》、姚远著《衔命东来：话说西北联大》、西北大学西北联大研究所编《西北联大史料汇编》、张在军著《西北联大：抗战烽火中的一段传奇》、陕西省档案局（馆）编《"国立"西北联合大学档案史料选编》等。

3. 纪念缘由

其一，自1945年前后，西北联大各分离院校相继迁出汉中，多年以后，这段历史被蒙上了历史的尘埃，许多当地人都忘却了或不知道这一重大历史性事件，更无人进行相关研究；这种局面一直持续到2012年前后，与西北联大有着血肉联系的西北大学开始关注和高度重视这段历史，2012年西北大学组织召开了"首届西北联大与中国高等教育发展论坛"学术研讨会，西北大学姚远教授擎旗呐喊，亲力亲为，并构筑了西北大学"西北联大研究所"学术研究的文化平台，至此"西北联大与中国高等教育发展论坛"学术研讨会每年举办一次，汇集了与西北联大有着学缘与血脉关系的二十多所高等院校共襄盛举，吸引并汇集了国内众多知名专家学者，至今不辍，2017年11月，在西北联大建校八十周年的重大事件节点，正式组建起了"西北联大联盟"组织，并以章程规范之。由此，近年来，研究成果频出，西北联大汉中办学所蒙历史尘土渐被拂去，其历史场景渐渐清晰且鲜活地呈现在了我们面前。不仅如此，这段历史及其相关研究工作还成为我国当代学术研究的热点领域。这在客观上，是在帮助汉中深入挖掘地域历史文化资源，汉中，尤其是城固县应予以高度关注，利用这些资源与研究成果，打造独具地域特色与深厚历史文化底蕴的地域科学与教育文化基础设施，促进汉中地域文化建设与事业发展。

其二，西北联大汉中办学的历史遗存多被毁损，诸如城固县城文庙、尊经阁及古路坝修女院房舍在2008年"汶川大地震"中坍塌，该校在城固、汉台城区修建的临时校舍更是难觅踪影；自西北联大研究热潮掀起后，这些遗址已经成为西北联大院校师生、西北联大后人"寻根"必到之处，目前的遗址现状不免让这些游客伤感与遗憾；客观上这类游客为发展汉中及城固旅游最具市场开发潜质的类群，他们的"寻根"是具有很强情感体验的社会文化意义与文化价值之旅，这类游客具有较高文化素养与经济条件，且广泛分布于国内外，他们将会成为传播汉中地域文化、"汉人老家"家园意识、大学文化精神的优质载体与义务宣传员。

其三，西北联大在汉中八年办学期间，多位在国内外声望颇高的专家学者汇集与汉中，其中大部分在汉中生活、工作了整整八年，散居于城固县城与古路坝、南郑（今汉台）城区或郊外，他们的故居遗址保护与宣传等十分薄弱，目前尚未引起当地地方政府的关注与重视，充分挖掘这一类宝贵的历史文化资源，打造这一主题性社会文化基础设施，让西北联大类游客实现深度文化体验式旅游，将他们"留下来"，以为促为进汉中及城固旅游发展提供可能。

其四，西北联大被历史湮没尘封的历史教训，我们应该汲取，这在客观上需要一个承载物予以综合性整体化的艺术呈现，让西北联大后人感到温暖、汉中人民感受地域历史荣光、西北联大联盟院校汲取大学精神与发展动能，并以此纪念西北联大先贤在汉中传播近代教育科学文化、开启民智、挖掘汉中地域历史文化资源、科学研究汉中自然地质地理及资源、延续高等教育文脉、奠基西部大开发、推动汉中地域社会事业发展等所做出的独特贡献，以及当年在极其艰难困苦的物质条件下刻苦学习、生龙活虎与极富青春气息、以学报国的莘莘学子；以此培育汉中人民与西北联大后人、西北联大联盟院校的人文亲情和具有独特人文价值的地域性文化旅游市场。

其五，西北联大联盟院校中的北京师范大学、天津大学、西北大学、西安交通大学、西北工业大学、中国矿业大学、西安建筑科技大学、西北师范大学、陕西科技大学等在中国当代高等教育体系中具有自身的学科专业优势，在国内外具有很大的影响力，汉中通过打造与之相关地域文化基础设施，加强与这些著名大学的联系，将有助于累积助力汉中整体社会事业可持续发展的智力资源与科技支撑能力。

其六，2020年9月1日颁布的《国务院关于公布第三批国家级抗战纪念设施、遗址名录的通知》中，国立西北联合大学旧址（位于陕西省汉中市城固县）赫然在列。

4. 选址

城固县城东南侧江滨公园及附近位置。

5. 方案

第一，资源分类。

（1）人物——西北联大校常委徐诵明、李蒸、李书田、陈剑翛，国立西北大学校长胡庶华、刘季洪，国立西北师范学院院长李蒸，国立西北工学院院长李书田、赖琎，国立西北医学院院长徐诵明、侯宗濂；著名学者黎锦熙、黄国璋、张伯声、李建勋、陆懋德、黄文弼、何士骥、殷祖英、刘北茂、唐祖培等。

（2）地图——绘制西北联大汉中办学总图与自西安至汉中城固南迁线路图，搜集《陕西城固县教育概况》与《汉中盆地地理考察报告》文献中绘制的城固县城地图、古路坝西北工学院分布图等地图资料，并进行相应整理与技术处理。

（3）碑刻——《西北联大校歌》《国立西北大学侨遇城固记》与"公诚勤朴"西北联大校训；

（4）书法——整理《陕西城固县教育概况》中文化大家、社会名流及西北联大学者的书法题词。

（5）其他——设计西北联大其他知名教授人像群组浮雕墙，设计反映西北联大学生校园生活的群像浮雕清样图，设计城固钟楼、文庙、尊经阁、古路坝教堂及修女院、临时搭建校舍等在西北联大时期文化建筑清样图稿。

（6）征集赋文——其一，纪念园"前言或序文"，其二，"感恩铭"。

第二，用材。

汉白玉或花岗岩等石材。

第三，纪念园布局。

总体布局方式——自南向北，阶梯式平面广场与平面式广场设计。

第四，打造方式。

（1）纪念园入口，置"国立西北联合大学"校名影壁，影壁背面镌刻纪念园"前言或序文"。

（2）《西北联大校歌》歌词，镌刻竖碑，宜选用汉白玉石料。

（3）"公诚勤朴"这一西北联大校训硕体原石镌刻。

（4）西北联大校常委徐诵明、李蒸、李书田、陈剑翛，设计为一组合体人物雕塑。

（5）国立西北大学校长胡庶华、刘季洪，国立西北师范学院院长李蒸，国立西北工学院院长李书田、赖琏，国立西北医学院院长徐诵明、侯宗濂，设计为单体雕塑，按序分置。

（6）黎锦熙、黄国璋、张伯声、李建勋、陆懋德、黄文弼、何士骥、殷祖英、刘北茂、唐祖培等著名学者，设计为单体雕塑，按序分置。

（7）西北联大汉中办学总图、西安至汉中城固南迁线路图、城固县城地图、古路坝西北工学院分布图等地图有序组配，大理石雕刻，平面铺陈或立面墙体呈现，有待设计论证阶段最终确定。

（8）民国文化大家、社会名流及联大学者题词《陕西城固县教育概况》的书法作品，大理石勒碑镌刻，立体呈现。

（9）知名教授群组人像浮雕墙、反映西北联大学生校园生活的群像浮雕、城固钟楼、文庙、尊经阁、古路坝教堂及修女院、临时搭建校舍等可依照历史资料照片进行设计与当代艺术化创作设计，创作多幅立体浮雕墙。

（10）高明教授所撰《国立西北大学侨寓城固记》勒碑刊刻，碑阴镌刻"感恩铭"赋文。

6. 另案：城固县城西北联大著名学者故居遗址旅游文创方案

依据《国立西北大学职教员录》（1939）及其他文献材料调查并确定西北联大知名教授在城固县城的寓居地址，在故居遗址勒石纪念，重要名人如黎锦熙、胡庶华、李蒸、李建勋、唐祖培等可塑像，其他则勒石镌名，以此规划西北联大"寻根"旅游线路，今后应该在城市规划、建设中，尽可能重点考虑对这些名人故居的保护与"修旧如旧"的保护性开发工作，以此打造城固县城能将西北联大"寻根"游客"留下来"的特色旅游资源。

7. 当代功用

（1）西北联大与西南联大为民国时期两个特殊的大学联合体与命运共同体，为抗日战争时期特殊历史条件下中国高等教育事业最耀眼的"双子星"，历史性贡献与教育文化价值巨大，具有很强的教育文化纪念价值。

（2）西北联大在汉中办学八年，不仅延续了原组成院校办学历程，还有功于保存中国高等教育文脉，这八年间，虽然办学条件极其艰苦，但其学科专业获得了长足发展，西北联大在教育教学、人才培养、科学研究以及促进汉中社会事业整体发展、开发大西北等方面成效斐然，为我国西部地区高等院校体系化布局奠定了坚实的基础，其功甚巨，影响深远。

（3）汉中及城固人民应该永远铭记西北联大办学历史，充分尊重西北联大在汉中播撒近代教育科学文化甘露的这段珍贵历史，用感恩之心面对这段历史。这段历史所累积下的独特而丰富的文化资源对汉中及城固人民具有永恒的教育价值、文化滋养与人文精神启迪。

（4）西北联大原有遗址损毁严重，有的已经消失不存，更由于分布分散，客观上需要打造一个集成度较高、聚焦浓缩性很强的西北联大汉中办学综合性体系化的纪念物，这就是"西北联大汉中办学纪念园"，即在原有遗址基础上，打造一座具有深厚历史文化底蕴、让西北联大后人感到欣慰的全新人文景观。

（5）本案的实施具有较高的地域性"研学"价值，对于挖掘特色性优质文化旅游群体，培育城固及汉中人民与西北联大后人、西北联大联盟的人文亲情，累积西北联大联盟院校智力资源赢得发展机遇，都具有巨大潜力与可行性。

（6）本案为充分尊重历史客观且面向未来发展的综合性、体系化大型文创方案，如果得以顺利实施，将打造出一座具有独特历史文化底蕴、颇具文化张力的大体量主题性当代文化景观，这将是当代城固人民的一大文化创举，如果再配以西北联大名人故居遗址城内体验式"寻根"文化旅游线路及人文景观的实施，对于打造特色品牌旅游基础文化设施，提升城固县域乃至汉中市人文旅游环境与格局，具有不可估量的当代价值。

"山高水长"雕塑小品文化创意方案——黎锦熙与陈迪光纪念

1. 历史缘由

陈迪光先生在北平师范大学及西北联大时期师从黎锦熙，终身感怀与敬仰他的恩师。他于1939年8月从西北联大毕业，先后在河南淅川上集国立一中、国立城固一中、国立西北大学出版组、西安师范学院（现陕西师范大学）图书馆供职，1958年汉中大学（现陕西理工大学）筹建期间，他来到汉中大学，担任了汉中大学图书馆首任主任（馆长），他是陕西理工大学图书馆事业的重要奠基者与开创者，在"文化大革命"前短短几年间，他根据在西安师范学院（现陕西师范大学）图书馆积累下的工作经验，为陕西理工大学图书馆积累下了三万余册古籍善本图书和一万多册民国文献，为陕西理工大学留下了一笔丰厚的文化资产，文献资源建设成效显著，弥足珍贵，奠定了陕西理工大学图书馆古籍文献藏量在陕西省高校图书馆系统中的重要地位与影响。在汉中师范学院工作期间，他编纂了《中国丛书综录》与《汉中师范学院图书馆中文古籍书目》，对馆藏古籍予以系统整理。2014年10月，国家文化部授予陕西理工大学图书馆"全国古籍保护工作先进单位"称号。他一生严谨，人品高洁，工作一丝不苟，于1988年12月以73岁高龄才退休安享晚年。退休后，他时常追忆自己的老师，留下《回忆黎锦熙老师》《回忆劭西师二三事》等小文手稿，我们于近年来才从他的亲属获取这些珍贵手稿。名师出高徒，陈迪光先生在文字学、训诂学、目录学、版本学等领域颇有造诣，这与他师承黎锦熙、许寿裳等名家不无关系。中华人民共和国成立初，黎锦熙还给陈迪光亲撰了一幅书法作品，内容为："精炼潜修后，弥穷实验初；定须守岗位，救国赖师儒！"此珍贵墨宝曾刊发于《汉中师范学院学报》。1960年9月，陈迪光先生因公到北京出差，他登门拜访了黎锦熙先生，其细节就蕴藏于《回忆黎锦熙老师》一文中。黎锦熙先生与汉中地域文化及教育事业之联系其他部分已有相关研究，在此不再赘述。

2. 文献依据

《回忆黎锦熙老师》（陈迪光先生手稿）、《回忆劭西师二三事》（陈迪光先生手稿）、《我在西安师范学院图书馆初建时的片段回忆》（陈迪光先生手稿）、《自传》（陈迪光先生手稿）、《业务工作总结》（陈迪光先生手稿）及《秦巴之光：陕西理工大学艰苦创业之路》等。

3. 文化意义

陕西理工大学为汉中本土唯一一所综合性普通高等院校，该院校源头之一为1958年创建的汉中大学，建校初期就以培养地方师资教育人才为目标，1978年更名为汉中师范学院后，师范教育为其办学主体，为汉中及陕西省培养了大批中等教育师资，社会反响良好。目前的陕西理工大学各学科师范教育依然占据办学主体的半壁江山。黎锦熙与陈迪光的师承关系堪称典范，集师承关系、专业教育、人格培养、师生情感等于一体。陕西理工大学与民国时期的西北联大虽然没有清晰而明显的办学传承，但黎锦熙与陈迪光的师承关系可视为这种关系的珍贵文化标本，且因地利之便，陕西理工大学目前成为西北联大文化的守望者。以黎锦熙与陈迪光的师承关系为聚焦点，用以打造汉中地域文化及陕西理工大学校园文化，不仅具有纪念意义，更蕴含着丰富的当代教育价值与意义。

4. 选址

陕西理工大学南校区图书馆大楼南广场或北广场。

5. 方案

（1）以1960年9月陈迪光拜访黎锦熙后在院中拱手作别的一瞬间进行雕塑构思设计，在《回忆劭西师二三事》有这样的记载："约谈半小时后辞出，老师亲送至中门。"

（2）除身形设计外，辞行之瞬间彼此对视眼神更为其设计精要。

（3）人物雕塑旁立一原石，镌刻黎锦熙赠予陈迪光的书法作品："精炼潜修后，弥穷实验初；定须守岗位，救国赖师儒！"

6. 当代功用

（1）纪念黎锦熙先生在西北联大期间对汉中地域文化所做出的卓越文化贡献。

（2）纪念陕西理工大学创业者及陕西理工大学图书馆重要奠基人陈迪光先生及其在图书馆文献资源建设工作中做出的显著业绩，弘扬汉中本土大学图书馆文化。

（3）弘扬师德品格与扎根秦巴、艰苦办学精神，丰富与提升陕西理工大学校园文化内涵与精神品质。

汉中盆地地理考察纪念文化创意方案

1. 历史缘由

"西学东渐"是一个漫长的历史过程，为中国由被迫转向主动接受西方近代科学技术的历史过程，这一历史过程为中国进入现代社会和现代化埋下了深厚的历史伏笔，这得益于清末民初，经过几代学人的奋斗、努力，中国逐步建立起了自主性的科学技术体系与具有中国特色的学科范式，相应的专业教育与教育制度在民国中期基本得以确立，我国的地理科学及其相关科学研究以中国地理研究所的成立为标志，逐步走向了成熟。这一历史进程，长期影响着汉中，为汉中地域注入了现代科学文化的宝贵养分，丰富了汉中地域文化的形态类型。1940年8月由中英庚款董事会创建的中国地理研究所在重庆北碚正式成立，西北联大黄国璋教授赴任所长，该所创建初期，因受客观条件限制，"最近工作方针系以实地考察及测绘为主，而以室内研究为辅"[1]，汉中盆地被列为最早的区域地理科学考察活动之一。

汉中盆地地理考察工作小组由留德博士王德基先生担任组长，陈恩凤、薛贻源、刘培桐担任组员，于1940年11月上旬，地理组的王德基、薛贻源等率先出发，徒步行至汉中；土壤组陈恩凤、刘培桐于同年12月中旬才从北碚出发；地理组于11月下旬抵达城固后，先行前往洋县、西乡一带进行初步考察，野外工作三周，赶回城固与土壤组会合，该组已于12月24日赶到城固，两组会合后，遂决定以城固为工作站。经过近一周时间的休整后，1941年1月初，两组分组工作，同时出发，先赴城固北部，次及南郑、褒城、沔县北部，再至沔县、褒城、南郑、城固南部，然后东至洋县展开野外科考。土壤组于1941年3月20日重返城固，野外调查工作大致完毕，随由城固西南行至西乡，略事调查，于4月初沿汉渝公路经镇巴、万源徒步翻越大巴山，至宣汉、达县，沿渠江干流流域，经渠县广安抵合川，于29日返抵北碚。地理组于1941年4月中旬再次返回城固，23日赴西乡，留此县工作三周，在西乡的考查范围较广，西至柳树店、贯子山、钟家沟、骆家坝、龙池场一带，东达白河峡、茶镇、木竹坝、高川诸地，两次深入巴山，考察完竣后，至5月12日从西乡县城出发，沿着土壤组返回线路步越巴山入川，6月10日抵达北碚。汉中盆地科学考察活动，自1940年11月上旬始，到1941年6月10日地理组返回北碚为止，为时长达七月余。考察活动结束返回北碚后，研究工作随即展开，《汉中盆地地理考察报告地形篇》与《汉中盆地地理考察报告气候篇》分别成稿，最初于1943年12月在《地理专刊》第一号、第二号刊行（油印），被定为

---

[1] 孙照海、孙彦选：《民国史地期刊汇编》（第三册），北京：国家图书馆出版社，2010年，第570页。

暂行本，署名作者为王德基、薛贻源。之后，相关研究工作并未止步，而是进行了深入研究与资料补充，最终完成的《汉中盆地地理考察报告》，于1946年11月再次刊发于《地理专刊》第三号（铅字本），文字篇幅增加，与此同时，将手绘地图单另结集成册，增加各类绘图多幅，《汉中盆地地理考察报告》文本结构及科学文献内容最终定型。

《汉中盆地地理考察报告》刊发后，著名地理学家徐近之先生在《抗战期间我国之重要地理工作》一文中将其评价"为国内区域地理之空前伟著耳……吾国完全区域地理学之第一种"，是一部不可多得的区域地理著作，并把它作为抗日战争时期我国地理研究的重要学术成就之一，向国内外学术界进行大力推介和宣传。中国当代地学史知名学者张九辰对其也给予了高度评价，赞誉为"优秀的专区地理研究论著"[①]。作为一次重要的科学考察研究成果，在其后的学术界以及有关汉中盆地、秦巴山地的相关研究进程中，具有着重大科学价值和深远影响，诸如"汉江河谷的地貌及其发育史"之研究，《汉中地区地理志》《城固县志》等地方志编修，《秦岭水文地理》之研究等大多汲取了《汉中盆地地理考察报告》研究成果和科学养分。

2. 文献依据

王德基、陈恩凤、薛贻源、刘培桐著《汉中盆地地理考察报告》（《地理专刊》第三号），陈恩凤、刘培桐著《汉渝公路中段暨渠江流域之土壤与土地利用》（载《地理集刊》第一号），徐近之著《抗战期间我国之重要地理工作》（载《地理学报》第14卷）等。

3. 文化意义

其一，汉中盆地地理科学考察活动规模之大、考察之细、历时之长、考察之全面、综合性之强、成果之丰，在汉中地域历史上难出其右，其科学与地域人文文化价值巨大，科学文化意义则更深远。

其二，《汉中盆地地理考察报告》于学界为区域地理学研究之经典，于汉中则为地域科学文化之黄钟大吕，该著开篇就以科学视野及方法，勾勒了汉中地质形成的演化脉络与岩体类型，区域地形类别，以及地文、水文、气候等特征，时间跨度达上亿年，还对汉中境内土壤进行了系统的科学分类与科学测定，尤其在"文化方景"部分，从历史沿革的角度，依据各类历史文献，对汉中之人口、聚落、农业、交通等进行了系统的综合性梳理，地域人文文化价值巨大，以及对秦巴山地与汉中盆地的地理区域进行

---

① 张九辰：《本世纪上半叶中国近代区域地理学的特色及地位》，《自然科学史研究》1997年第2期。

了科学划分，故这是一部自然科学与人文科学相融合的区域地理学经典文献。

其三，《汉中盆地地理考察报告》作为一部区域地理学专著，紧紧围绕汉中境内展开实地考察，既有宏观的科学视野，更具探微赜奥之精彩，如从地形的角度对本区域内的微观地形与地名进行了自然地理意义上的阐发，如湾、沟、漕、坝、岭、梁、垭、坡、坪、塝、门子等，还对聚落名称进行了人文地理意义上的科学与历史人文的解读，如村、庄、堰渠、池塘、井、滩、坎、台、店、屋、街、巷、桥、庙、庵、寺、殿、窑、驿、铺、堡、寨、营、关等；他们实地考察了秦巴山地各地域人口聚落，除考察区域内各县城外，还对十八里铺、武乡、东西原公、马畅、新集、南乐堡、河东店等各类人文聚落进行了观察、测绘、总结与科学阐发；更为重要的是，该考察组在实地考察过程中，对重要地理景观、汉中盆地与秦巴山地相交汇之边界、县城城市结构与形制、聚落地理位置及结构等都进行了科学测绘并成图，这些材料不仅具有科学人文价值，更具有地域方志文化价值，该著也是汉中方志学研究和方志文化建设的资源宝库。

其四，《汉中盆地地理考察报告》对民国中期的汉中社会文化图景进行了还原与呈现，诸如汉江上的帆影、永兴桥渡上的行人、升仙村的橘槽与姜片晒架、沙河营酒坊飘溢的醇香、汉惠褒惠湑惠三渠的建设场景、古路坝的弦歌、山匪袁刚的狰狞、商旅道上的驼铃声、运送钨砂的过境军车等。

其五，《汉中盆地地理考察报告》还是西北联大汉中办学的证据性文献材料，如古路坝建筑形制、西北工学院校区布局及古路坝百日场的形成，国立西北师范学院、国立西北大学在城固县城办学地理位置等；与此同时，《汉中盆地地理考察报告》还汲取了西北联大汉中办学的学术积淀与养分，该著的参考文献大部分为西北联大教授研究成果及学生学位论文，这让我们感悟到大学教育与区域科学研究互动的内在联系。

其六，"从哪里来？到哪里去？"这是人类共同面临的哲学式究问，如果站在七十年前的时间节点上，《汉中盆地地理考察报告》给予了汉中人民科学的回答，在这个意义上，该次科学考察活动及《汉中盆地地理考察报告》应被列为汉中地域历史上的重大科技事件，有必要予以纪念。

4. 选址

汉台主城区广场或天汉湿地公园适宜位置。

5. 方案

认真研究《汉中盆地地理考察报告》，收集王德基、陈恩凤、薛贻源、刘培桐在民国中期的照片，以此为基础设计这四位科学家的大型人物群体雕塑一座。

6. 当代功用

（1）用以纪念汉中盆地地理科学考察活动及其所取得的重大科学研究成果，弘扬地域科学文化，提高本邑人民当代科技意识，培养现代科学观念。

（2）充分挖掘《汉中盆地地理考察报告》中所蕴含的地域历史、科学文化、方志文化资源，并进一步将之发扬光大。

（3）在构建汉中全域旅游等社会事业的历史进程中，打造科技文化展示主题旅游观光景点，以此展示汉中重视科技文化的地域文化形象，丰富汉中地域文化形态及类型，营造尊重科学的地域文化氛围，对内具有社会科学文化教育价值，对外则能够有效地树立崇尚科学文化的地域人文风貌。

汉中市城区引水入城文化创意方案

1. 历史缘由

城市是人类历史与社会文明的自组织系统与文明形态，占据一定空间，具有自身的结构，选址一般紧邻并高于江、河、湖等水源地附近，是一定区域内的政治、经济、军事、文化、教育等的中心，城市的形成与发展是一个漫长的历史过程。据《史记·六国年表》载，汉中府城兴建于秦厉公二十六年（前451），《史记》载："左庶长城南郑。"距今2500余年。自此以后，汉中城就逐步成为陕南最重要的政治、经济、军事、文化、教育等的中心与重镇。

20世纪80年代后，城区内的考古工作中陆续发现了汉代的陶制井圈、排水管道、汲水陶罐等水文化遗址遗物，文物考古专家鉴定为汉代遗存，由此推断，汉中城在汉代已经具备了成熟的城市文化形态，这也证实了《水经注·沔水》文献中对汉中城的记载，即"大城周四十二里，城内有小城，南凭津流，北结环雉，金墉漆井，皆汉所修筑"。城濠应该是古代城市的重要组成部分，明代以前，汉中城是否建有城濠，现难以获取确凿的文献证据，汉中府城城濠存在的明确记载是在乾隆版《南郑县志》："正德五年甃以砖，万历三十年凿池环之。"民国《续修南郑县志》对开挖城池的原因予以了进一步的说明："万历三十年，知府崔应科禁耕城畔，以固城根，凿池环之。"这里的"池"应该就是城濠，人们习惯称之为"护城河"，如果此文献记载属实，就说明万历三十年前的汉中府城有城无"池"，这种判断在嘉靖版《汉中府志》的"府城图"上得到了证实。

"池"于城极为重要，不仅具有军事防御价值，而且它是城市水系统重要构件和核心，综合起来分析，城濠需要城市外部的供水系统，并保持平衡的输水量，保证市民日常生活用水，在雨季它还具备排水防洪功能。汉中府城有护城河之事应该是在明万历年间以后，通过开挖护城河，引山河堰之水经燕儿窝渠入城注入，还建有南北向的东西各一的排水系统，逐步完善了城市水环境系统，这样的城市水环境格局一直保持到中华人民共和国成立初，中华人民共和国成立初还发动群众对护城河及城内输水、排水进行了大规模的疏浚与整修，"到1959年底，共新建和改建明渠7.62公里，暗沟2.76公里"①。汉中府城，在明末以前有城无"池"的历史，应该与其所处地理位置及地貌相关，汉中盆地为冲击性平原，汉水东流不断下切河床，盆地北侧为典型的波状地形，汉江北岸与波状地形之间为典型的多级台地地貌，《汉江流域地理调查报告》将其划分为了四级台地，逐级地势升高，北高南低，故历史时期有"汉江不田"或"汉不灌田"之谚，即无法直接引汉江水灌溉农田。汉江北岸的输水系统虽然传说中始于汉代之山河堰，但目前拿不出确凿的考古证据，根据鲁西奇《汉中三堰》的研究，汉中府城周边大规模的水利设施建设应在五代以后，引褒河水灌溉农田是农业生产的需要，但同时也为改善汉中府城及周边水环境奠定了基础，为城市居民生活及护城河提供了充足的用水保障，府城东西侧及城内的灌溉渠道又客观上成为府城中相对完善的排水系统。

结合文献资料梳理与近现代汉中城市周边的各种地图，发现汉中城周边各水道多以"渠"命名，地名学意义上的水道名称则不多，这与汉中府城周边发达的农业灌溉支渠系统不无关系。历史时期，汉中府城及周边蕴含着丰沛的地下水资源，如城内西北角附近的太白泉有着较大的水域面积，既是供水系统，也兼具洪涝期的蓄水功用；城内生活用水多为井水，汉代时期就"漆井"遍布，城内还有多条明渠暗道，用以排水，五郎庙沟应该为城内重要的排水水道，自护城河开挖与投入使用后，府城之水环境系统得以优化，输水与排水系统更趋完善；明末瑞王府兴建，城墙北移，原有城北护城河就成了城内水道，东西走向并与城外水系相连，即南福沟，南福沟与王府后花园（1982年改建莲花池公园）水域相连，也具有一定的水量调蓄功能。

中华人民共和国成立后，尤其是改革开放四十年来，随着汉中城市建设的快速发展，汉中城历史时期的水环境系统遭到了不可挽回的破坏，护城河及原有明渠要么被封填，要么被建筑物人为覆盖，尤其是城市内的水环境遗址所剩无几，遗踪难觅。

2. 文献依据

（汉）司马迁撰《史记》，（北魏）郦道元撰《水经注》，（明）张良知纂修《汉中府志》，（清）滕天绶主修《汉南郡志》，（清）严如熤主修《汉南续修郡志》，（清）工行检创修《南郑县志》，郭凤洲、柴守愚总纂《续修南郑县志》，王

---

① 汉中地方志编纂委员会：《汉中市志》，北京：中共中央党校出版社，1994年，第156页。

德基、陈恩凤、薛贻源、刘培桐著《汉中盆地地理考察报告》(《地理专刊》第三号)，中国科学院地理研究所、水利部长江水利委员会汉江工作队著《汉江流域地理考察报告》，汉中市地方志编纂委员会编《汉中市志》，鲁西奇著《汉中三堰：明清时期汉中地区的堰渠水利与社会变迁》，陈涛著《汉中城市形态与空间结构变迁探究（1370—1949）》（上海师范大学2014年硕士论文），王琳著《汉中城市历史空间形态特征研究》（西安建筑科技大学2017年硕士论文）等。

3. 文化意义

其一，汉中城选址筑造距今约2500年，这是汉中作为我国历史文化名城的重要依据，历史上虽"两筑三迁"，但现有城址利用时间最长。

其二，汉中城选址具有历史文化、地理位置、周边环境等方面的科学性，《管子·度地篇》云："故圣人之处国者，必于不倾之地，而择地形之肥饶者，乡山，左右经水若泽。内为落渠之写，因大川而注焉，乃以其天材利地之所生，利养其人，以育六畜……内为之城，城外为之郭，郭外为之土阆，地高则沟之，下则堤之，命之曰'金城'。"汉中城选址完全符合管子的城郭营造思想，因而郦道元称之为"金墉"是颇有道理的。

其三，历史时期，汉中城作为郡、府、道、路、县等政治中心，肩负着国家重要政治、军事、经济等功能，一直是陕南最繁盛和最重要的城池之一，也是汉中区域内的政治经济文化教育及军事等的中心。

其四，汉中城北靠秦岭、南眺巴山、紧邻汉江，更由于汉中盆地优越的地理环境，具有难得的大山水地理空间格局与优越的生态环境优势，除径流水量略逊于广元、安康，其他多要素条件与发展空间都优于相邻的宝鸡、商洛、安康、天水及广元，这使得汉中进一步合理布局与科学规划、在新的历史条件下进行城市建设与发展奠定了自己的条件优势。

其五，山河堰的开凿及后来历次整修，不仅扩大了府城周边的水利灌溉，促进了农业生产的发展，也为府城及其周边的水环境系统与格局埋下了历史性伏笔，随着护城河的开挖，汉中府城水环境格局得到了前所未有的优化，趋于成熟；但近几十年来，城市的发展与建设面积的扩大，在客观上对历史时期的汉中府城原有的水环境系统造成了难以挽回的破坏，这种局面应该引起我们的重视，并予以纠正。

其六，在农业时代，水利灌溉设施直接服务于农业生产，随着城市化的发展，我们应该积极思考如何利用原有灌溉设施应用于城市建设，科学挖掘"水"的资源属性、生态属性与文化属性，在生态学、环境学、水文化等科学理论的科学指导下，把"水"作为城市营造的战略性资源要素，充分挖掘其文化价值，利用当代科学技术，重新构造汉中城市水环境系统，冀以改变和提升城市生态与水环境品质，以此全面提升城市风貌与整体格局。充分利用汉江的岸线自然资源条件，精心打造的"汉江湿地公园"与"天汉长街"就是汉中市近年来城市营造的最好实践和精品成果。

其七，引水入城古已有之，如宁波、上海旧城、青浦、奉化、定海等，当代随着社会经济的发展，诸如陕西西安、四川遂宁、浙江杭州、山东泰安、辽宁朝阳等，在城市建设发展中，因地制宜，注重水资源的利用，引水入城，合理布局，以水置景，充分利用，不仅改变了城市风貌与品质，还使原有污染水体与河道获得了有效治理，优化了城市水环境格局与宜居生态格局。

其八，随着当代科学技术的进步，各类水工工程技术、水体净化技术、综合性生态技术以及园林设计、水景观营造技术等日臻成熟，引水入城具备了多门类的工程技术支撑。

其九，汉中现有城区无水网布局，水环境系统极为落后，少数居民小区与事业单位也有水景打造，但供水为自来水系统，互不联通，用水成本高昂，又因单体水域无法自流自净，水体极易变质腐臭，造成污染；如果通过工程措施引水入城，合理布局给排，相互连通，形成活水，不仅能够降低用水成本，还可以避免水体二次污染，在沿街理水，沿水植绿，打造各类水景观，如此汉中城区的生态系统与水环境系统才会得以质的改观，惬意怡情的宜居城市格局才能形成。

其十，汉中城市北高南低的台地地貌与褒惠渠（原山河堰）灌溉系统为引水入城奠定了基础，但还需要通过工程措施引汉江上游、褒河下游之水进入汉中城北的宗营至铺镇东北侧的洪沟河并与之相连，按供水需要分段向南排水，利用地势形成自流明渠，分片导入城内；以兴汉胜境水域的大体量库容进行城市供水调蓄，城区内规划道路、街道、各单位、居民小区等市内暗管供水、明渠利用的输水管网，并全部联通，在城市南侧分片集中直排汉江，此法具有可行性。

其十一，2017年10月18日，习近平总书记在党的十九大报告中向世界宣告，中国特色社会主义进入新时代，中国社会主要矛盾已经转化为"人民日益增长的美好生活需要和不平衡不充分的发展之间的矛盾"[1]。在这样的历史条件下，结合本地资源优势，附之以汉中地域文化特色，以新的战略引导汉中城市建设可持续发展，正逢其时，且汉中市在"汉江湿地公园"建设中积累了丰富的治水、理水等实践经验，这也是水文化在汉中社会历史发展进程中的文化彰显与实践积淀。

4. 选址

汉台区城区及周边。

---

[1] 习近平：《决胜全面建成小康社会 夺取新时代中国特色社会主义伟大胜利》，《习近平谈治国理政》（第三卷），北京：外文出版社，2020年，第9页。

5. 方案

（1）对历史时期汉中府城的水环境形态，需要进行认真、科学的调查研究，对其演进脉络予以系统梳理。

（2）结合褒河及汉台区以上汉江水文展开系统研究。

（3）对汉台区地质、地貌与地形展开系统研究，以及多点位海拔高程进行密集的技术勘测，形成汉中城区与周边地理高程的完整数据资料，尤其以道路、街区为重点。

（4）在孤山以上汉江段适宜位置建设拦水坝，至宗营再依据地形设计输水线路，引汉江水沿第三级台地与铺镇东北部的洪沟河贯通，拓宽交汇处以下河道，进行必要的水利设施工程建设。

（5）在宗营至洪沟河段，依照汉中城区各街区、道路实际需要用水量，部分经兴汉胜境水域调蓄，分别自北向南引水入城。

（6）南北纵向水道贯通，供排一体，城区东西横向道路、街区输水水网因地制宜布局。

（7）以科学研究为基础，设计规划城区水网，并使之连通，确保大小水道自然流动，供排自如。

（8）交通干道两侧利用活水设计制作水景观，并附之以人文或植物景观，在重要路口或区域设计制作适宜的大体量水景观。

（9）彻底实施城市生活用水、景观用水及污水的封闭式管网运行。

（10）在城市沿汉江一线设计科学的排水系统，利用水工工程，分段将城市景观用水直排汉江，尽可能避免洪涝期在城市边缘沿汉江一线形成内涝。

（11）于汉江、褒河交汇处建设拦水坝，设计建设水量调蓄的控制性设施，用于季节性调蓄、输水量调蓄，以保障城市景观用水科学合理，趋利避害，尽可能地预防和杜绝极端天气条件下的生态环境与灾害风险。

（12）方案须进行严格的科学调研论证基础上的总体环境风险评估，科学规划，因地制宜，合理布局。

（13）地方政府加快水资源保护立法，并通过立法保护历史时期汉中城区及周边的水文化遗址，严禁以覆盖、填埋等方式破坏自然水道。

（14）今后汉中城市在扩容的进程中，遵循"理水、道路、绿化、建筑"的建设路径，按序实施，将水资源合理利用作为城市规划建设的"龙头"，按此理念同时实施旧城改造。

（15）在方案实施过程中，还应嵌入"园林城市""海绵城市""智慧城市"的建设理念及相应配套工程。

（16）汉中盆地具有得天独厚的自然气候条件、自然地理空间与环境承载力，人口集聚效应在近二十年来已经显现，这一趋势还将加强，充分开发与利用汉江水资源，改善城市、聚落等人居环境也是大势所趋，为保障城市引水工程发挥良好效益，应该打破县级行政区划，进行汉中盆地段汉江水资源开发利用进行总体规划、梯级开发、综合利用，尤其是褒河与汉江交汇之上游江段更是如此。

（17）汉中地处汉江上游，水资源径流量相对充足，但季节性差异较大，故还应该考虑与推进"引嘉济汉"工程实施，这一工程是早在中华人民共和国成立之初，由中国科学院地理研究所与水利部长江水利委员会联合组织的汉江工作队，在地理考察与相关研究后提出的水利工程方案，《汉江流域地理调查报告》中还对"引嘉济汉"工程线路进行了成熟的科学论证，结合"南水北调"国家战略和目前的工程技术能力，这项工程完全具备实施的可行性与必要性。另有学术研究成果表明，现在嘉陵江之源头就是"古汉水"之源头，"引嘉济汉"工程具备历史依据的支撑。故这一工程的实施，必将增大汉江上游的径流量，为方案实施提供充足的补充水源与有效供水水量保障。

6. 当代功用

（1）历史时期的汉中由于秦岭与大巴山的阻隔，每在国家战乱、动荡不安的时期，会因独特的区位优势获得较大的发展，当国家趋于稳定后，其发展步伐则放缓，这一汉中发展的历史规律在面向未来发展的进程中应该被打破；当代，汉中的交通瓶颈已经渐次被打破，但要预防核心城市圈的"虹吸现象"，以发展促发展则是当代汉中人民的必要选择。

（2）以汉江水资源的综合性开发、利用为战略先导，充分挖掘与彰显水的资源属性、环境属性及文化属性，统领汉中城市规划，此为汉中城市建设的战略之举，也是因地制宜的创新性现代城市经营理念，方案如果得以科学实施，将彻底改变和优化现有汉中城市水环境系统与格局，打造生态宜居的城市环境品质，让"西北小江南"的城市面貌得以真正呈现。

（3）在方案实施过程中，还应该实施历史时期汉中城市水环境研究与水文化资源挖掘工作，对水文化遗址实施有效保护与宣传，这一工作也具有重要的地域历史人文价值。

（4）"引水入城"改变现有城市格局与面貌，优化与提升城市品质，这是吸引并把游客"留下来"以及构建汉中全域旅游与规避旅游资源"虹吸现象"的需要和重要发展举措。

（5）随着汉江综合治理工程的顺利推进，以及"天汉湿地公园"的成功打造，以汉江为轴心的城市带发展趋势已经显现，要知道汉江在汉中盆地流经里程长达百余千米，加之汉中独特的自然地理与物候条件，资源禀赋与条件优越，具有较强的人口环境承载力，引水入城，再造汉中城市新格局，还将引领汉中盆地以汉江为轴心城市带的形成。

第三节 社会文化基础设施建设与汉中全域旅游

一、资源禀赋与汉中全域旅游

沧海桑田，陷落成盆，地景宏阔，蟠冢开先河，生命发祥！
二南滥觞，南音绝尘，入汇《诗经》，滋养天府地，民性倘佯！
秦巴拱卫，汉水中流，山川秀美，大山水格局，神佑在兹！
秦筑郡城，汉家发祥，栈道勾连，大一统文脉，力鼎华夏！

昔日"天狱"之地，如今高速交会、高铁驰骋、多条航空线路通航，区域性交通枢纽与立体化交通网络格局初步构建，制约汉中发展的交通瓶颈已被彻底打破；"汉江综合整治工程"持续实施，一江两岸映带，汉江安澜频岁，四季景致如画。雄浑秦岭，苍茫巴山，为汉中提供了优越的绿色屏障与生态保障，动植物资源丰富，生物多样性资源条件优越，享有"天然植物基因库"与"天然药库"之美誉。独特的自然地理环境与区位优势，使其成为绿色资源富集区，生态环境禀赋凸显，为地球同纬度生态环境最好的区域。汉中服从国家战略需要，为保护"南水北调"水源地，在经济发展方面做出了不少牺牲。随着国家生态经济的崛起，汉中迎来了发展的重大战略机遇。构建汉中全域旅游格局与体系已逐步成为汉中地域社会经济发展的战略方向，并持续发力。在这一战略框架下，社会文化基础设施建设不容缺位，这是构建全域旅游格局与体系的内在要求，即自然生态资源与地域人文文化资源为此战略的两翼。汉中在绿色生态资源禀赋方面尤为突出，颇具自身特点，在地域社会文化基础设施建设方面，虽已取得不少成就，但与经济文化发达地区相比较依然落后，差距不小。

我们以汉中地方文献为主体展开研究，发现本土地域文化资源积淀深厚，绵延数千年，与中华文化血脉相连，水乳交融，更具备自身独特的人文资源特色与禀赋。如前，我们创制的十多个汉中社会基础设施建设的文创方案，本书仅介绍了其中的一部分，利用汉中历史文化资源，古为今用，实施创造性转换，还有大量的文章可做，还将会有不少极具价值的新发现与新创造。实施社会文化基础设施建设，是在新的历史条件下的地域文化再造，既是地域文脉的延续，也是地域文化的有效积淀，更是社会群体历史记忆的固化和地域人文精神价值的萃取与提升，作为一项持续实施的文化工程，其价值无异于"编纂社会教科书"，这是当代社会教育与建立地域文化自信所需要的！这不仅对于汉中人民具有社会文化教育意义，提升本土人民的文化精神素养，而且可展示汉中独特的历史文化底蕴，提升汉中地域文化价值"黏性"，促进汉中对外旅游市场的培育，这是因为旅游经济为当代绿色生态经济的核心构成。

兴汉胜境成功打造，雄阔汉城拔地而起，"汉人老家"温馨典雅，"天汉传奇"时时演绎，《汉颂》绝伦震撼；天汉文化湿地公园"鸢飞戾天，鱼跃于渊"，这里是汉中最美会客厅，还是汉中域外游客牵肠挂肚的打卡地！社会文化基础设施需要精品打造，汉中已有多个成功案例实践。随着时间打磨，历史变迁，现在建设与打造的社会文化基础设施，必将融入汉中地域历史文化，幻化为具有地域文化特色、不可复制的神性纪念物与地域文化地标。

二、汉中历史名人塑像

人类社会历史乃人类创造，社会历史文化与人的文化行为和精神积淀、累积、延续、传承密不可分。地域历史也遵从此规律，即地域历史发展暗示着地域人类族群的发展，绝大多数生命泯灭，只有刻下历史印痕的历史人物，既是他所处时代的缩影和窥探这一历史时代历史文化图景的重要"时空隧道"，也是各个历史时期文化精神坐标的重要参照。这些地域重要历史人物，按照其业绩与影响范围，或为地域本土或为国家或二者均分别做出过重要历史贡献，被国史或地域史所载录而形成记忆，他们不应该仅仅"躺在"历史文献中，应该让他们以地域重要历史人物纪念物的方式立于天地之间，让当代人了解、触摸、感悟他们的精神灵魂性存在，形成代代相传的社会群体的集体记忆载体。

在地域文化打造及社会文化基础设施建设中，以地方文献为基础，挖掘历史人物，尤其是那些重要却被历史湮没且失去当代地域社会群体集体记忆的历史人物，以当代艺术方式呈现与文化创意为路径，作为当代社会基础设施建设的一个重要领域，也是一项重要工作。

在这方面，汉中已经奠定了很好的人文环境基础，如拜将坛的韩信雕塑、城固县城的张骞雕塑、汉江南岸的周公雕塑、汉江湿地公园的汉水女神雕塑、勉县县城的诸葛亮雕塑、何挺颖故居的何挺颖半身塑像、华阳徐海东大将雕塑等，这些彪炳汉中地域的历史人物的雕塑，大多体量硕大、刻画传神、品质上乘，不仅具有地域历史文化纪念价值，更具备当代艺术审美价值。但其中也是有着明显问题的，如汉山广场最适宜放置周公塑像，且遗漏《诗经·大雅·旱麓》经典文本呈现，此源于早期策划与文创的失误，即人物塑像应与特定历史人物与特定地理空间场景相联系，与其文化意蕴相吻合；刘邦塑像应置于汉江北岸某处或汉台博物馆内最宜。但这些不能反映汉中历史文化全貌，还有不少与汉中人文历史相关或为汉中社会文化事业做出了特殊贡献的历史人物，依然"躺在"历史文献中。

我们原本计划对这些被汉中地域历史湮没的人物，在本章第二节的"文创方案"中逐一以方案的形式进行梳理与呈现，但限于篇幅，文创方案中涉及的汉中历史人物亦不重复胪列，其他重要历史人物仅如下予以简要指引与提示。

任鄙，战国时秦国人，举国皆知的大力士，秦人有谚："力则任鄙，智则樗里。"[①]他勇武善战，以死效力，与孟贲、乌获齐名，为秦统一六国，常年征战，立下了不世之功。秦昭襄王十三年，由穰侯举为汉中郡守，十九年卒于官，治理汉中约六年，这是有着明确文献记载的汉中第一位行政首长，载于《史记》之《秦本纪》《六国年表》《白起列传》，以及《吕氏春秋》《战国策》等文献。这标志着汉中方国时代的终结和地域社会封建治理的开始。该人物塑像宜置于今汉台城区适宜位置。

祝龟，字元灵，生卒年无考，东汉南郑人。所撰《汉中耆旧传》为目前可考的汉中首部方志文献，开辟了汉中地域文化的方志文化之源流，该文献虽散佚，但为《华阳国志》《水经注》等经典文献勾勒汉中人文历史文脉提供了不可替代的地域文献材料。此人人文气质独特，曾长葭萌，具有较强的社会治理能力，且"通博荡达"，乃"海内名士"，无人企及。该人物塑像宜置于今汉台城区或南郑县城或大河坎镇适宜位置。

常璩，字道将，生卒年不详，东晋时期蜀郡江原（今四川崇庆）人。常璩著《华阳国志》，其中《汉中志》及《汉中士女》为我们今天所见到的较为完整而系统地反映汉中历史文化早期发展阶段的首部方志文献，该文献引征《汉中耆旧传》的相关材料，第一，证明《汉中耆旧传》的历史存在；第二，并在《华阳国志》之《汉中志》与《汉中士女》中通过引征，保留了《汉中耆旧传》少量弥足珍贵的文献材料；第三，以文献记录的方式，开启了汉中人文历史文化代际传播与文脉延续之先河。常璩于汉中地域历史文化具有绝世之功。常璩雕塑应置放于"天汉楼"北面之广场。

郦道元（？—527），字善长，范阳涿州（今河北涿州市）人，中国北魏时期伟大的地理学家。郦道元曾亲临汉水上游汉中境内踏勘，其《水经注》之《沔水》虽在中、下部分错讹较多，但对汉中境内人文地理与地域历史文化的文献记载较为准确，该文献采信了多部汉中地方文献，于汉中历史文脉提供了难得之地方文献重要佐证与丰富的地域历史文化信息，社会文化意义巨大。郦道元雕塑应置放于"天汉楼"北面之广场，与常璩雕塑可进行有机配置，相互呼应。

文同（1018—1079），字与可，号笑笑先生（居士），北宋四川梓州永泰（今盐亭县）人。文同精书法，尤工画竹，"胸有成竹"成语源于他，诗篇清奇，著《丹渊集》。熙宁八年（1075）任汉中洋州（今洋县）太守，知洋州三载，调任湖州未到任

---

① 马非百：《秦集史》（全二册），北京：中华书局，1982年，第368页。

而卒。文同知洋州期间，整修城池，修葺"郡圃"，倡建园林；兴茶马贸易之市，惠及民众；且有闲暇，喜游筼筜谷，品赏竹海，吟诗作赋，徜徉情怀。文同雕塑宜置于洋县筼筜谷遗址内。

杨从仪（1092—1170），字子和，凤翔（今陕西凤翔县）人。南宋抗金名将，常年在陕甘的秦岭一线作战，镇守仙人关长达二十余年，"以功升为和州防御使，赐爵安康郡开国侯"①，乾道二年（1166）退役定居汉中城固，组织当地百姓于湑水河筑坝引水，修浚杨填等堰数条，"灌田五千余顷"，极大地促进了洋县灌溉农业的发展与繁荣，《杨从仪墓志》云："堰杨填以惠梁洋之名，复散关以壮川蜀之势。"②泽被后世千余年，辞世后，葬于城固湑水河畔，县民为其立祠永祀，以彰其功。《续修陕西通志稿》《陕西省志·人物志》《汉中碑石》等文献有载。杨从仪雕塑可置于城固湑水河畔及洋县县城适宜位置。

陆游（1125—1210），字务观，号放翁，南宋中期浙江山阴（今绍兴）人，中国伟大的爱国主义诗人之一。乾道八年（1172）三月，陆游抵南郑王炎幕府，来到抗金前线的汉中，在汉中工作生活八月有余，其间创作反映汉中风貌民情的诗歌百余首，辑为《山南杂咏》，因舟行过望云滩，书稿坠水失传，"以为恨"。他在汉中写下的诗篇中有三十余篇传世，辑于《剑南诗稿》卷三，记录了他在汉中的行踪、思想情感轨迹和赤诚的爱国主义情怀，以诗篇熔铸于汉中地域文化。2011年4月，汉中成立"陆游研究学会"。陆游雕塑宜置于"天汉楼"附近。

阎尔梅（1603—1679），字用卿，号古古，又号白耷山人、蹈东和尚，江苏沛县人。明末爱国诗人，曾参加反清复明活动。阎尔梅生而耳大，白过于面，面容奇异，自幼聪慧，饱览诗书，博学多才，善诗文，工于画；加入复社，立志反清复明，散尽家财，结交豪杰，游历楚、秦、晋、蜀等九省。1659、1660年云游蜀地，两次途经汉中，有短暂停留与游历，留下汉中诗篇三十余首。阎尔梅雕塑宜置于天汉湿地公园某处。

岳震川（1755—1814），字中干，号一山，汉中洋县东韩村人，为清中期乾嘉时期的陕南硕儒、教育家。出生寒微，贫素质朴，耕读传家，青年时期求学关中书院，深受戴祖启学术思想之熏染，精研《春秋》《尚书》等典籍。嘉庆五年（1800）冬，从故土赴京赶考，中进士，官内阁中书，居京数载，以母老乞终养归里。后主讲关中书院，"化雨关中次第施"，潜心经义务正学，善文工诗，勤于著文，自成一家，《赐葛堂文集》始成于其间，成就了他一生的学术辉煌，俨然清中期儒宗关学的传承者。嘉庆十三年（1808），应陕南兴安府（今安康市）知府叶健庵之邀，出任汉南书院山长，继续研习儒学，培植人才，其间亦多有建树。嘉庆十九年（1814）夏六月，

---

① 陈元方主编：《陕西省志·人物志》，西安：三秦出版社，1998年，第436页。
② 陈显远：《汉中碑石》，西安：三秦出版社，1996年，第129页。

岳震川辞世，享年六十春秋，乡人无限感怀其绩，盛赞其曰："孝行可风也，友恭足式也，品行端洁也，学有本源也，成就人才也，阐扬义节也，矜恤孤寒也，利益地方也，德深思慕也。"①其完人风范，足以感世铭史。岳震川雕塑宜设置于洋县县城及"天汉楼"广场附近。

童颜舒（1813—1862），字霁山，号灞源，祖籍安徽桐城，后迁居陕南洋县铁冶河乡，汉中本土著名经学大家。自小聪异，沉醉典籍，钻研诸子百家，具经世抱负。青年时期师从名士苟汤明、李鸿润等，历乡试、府试，后受陕南硕儒岳震川等的悉心指导与影响，在经史领域奠定扎实基础，性喜自然山水，诗文古今独造，自成风雅，尤好地理，成为清后期一位饱学博才的经学大家。后屡次科举受挫难第，道光二十八年（1848），出任同官县训导，咸丰十年（1860）后出任长安县教谕，兴办教育，还不时返回桑梓洋县定淳书院讲学，传道授业。同治二年（1863）病逝，葬西安李家村北。童颜舒终身致力于学术，严谨治学，主要著述为《禹贡通释》与《灞源堂诗集》。童颜舒雕塑宜置放于洋县县城。

陈庆怡，生卒年月不详，浙江会稽人。道光年间，先后为留坝厅司狱、定远厅巡检。道光九年（1829）撰《留坝厅志略》（七卷），汤金钊为之序，散佚；道光十二年（1832），转任定远厅黎坝巡检，其间撰《定远厅志稿》。留坝、定远两厅，行政建制均于清中期所设，文化基础薄弱，陈庆怡官位不高，凭一己之力，广采博收，草创二志，奠基两厅方志文化，为清末官府修撰《留坝厅志》与《定远厅志》打下良好文化基础。陈庆怡工诗文，善吟咏，在清末《留坝厅志》与《定远厅志》中辑录了他的多首诗词，并撰有《晴日新馆诗草》。陈庆怡雕塑应分置于留坝、镇巴县城适宜位置。

王槩（1835—1908），字文佩，号屏山，名槩，又称褒城王槩，陕西褒城县（今勉县）人。清咸丰拔贡，授户部司员外郎，工书法，尤喜藏书，晚年回到汉中府城定居，任汉南书院山长，将收藏精品文献过半捐赠书院，清末该汉南书院为汉中联立中学堂，他虽承旧学，但思想开明，亲自为学堂制定章程，开设新课程，选聘师资，扩大办学规模，培植人才无数，民国初年之汉中才俊大多毕业于陕西省联合县立汉中中学，于汉中教育事业转型发展贡献颇大。王槩雕塑宜放于汉中中学校门外广场或汉南书院遗址附近。

罗秀书，生卒年月不详，字西屏，陕西长安县人，科举举人。清同治年间任陕南褒城县训导道，因获地利之便，职余闲暇，时与友人王方田、徐廷钰等乘舟涉水，渡褒河，登石门，"观汉魏古碣"，遍览石门各处摩崖，逐一会心品鉴、讨论、考证，撰《褒谷古籍辑略》，此乃石门摩崖石刻及书法研究之重要著述。罗秀书雕塑宜置于褒谷口适宜位置。

---

① （清）张鹏翼：《洋县志·卷八·先贤传》，民国二十六年重修，石印本。

康耀辰（1879—1953），字乐山，陕西城固县人。曾受户部员外郎褒城王榘（字屏山）赏识与教诲，还结成了翁婿之谊，并受其资助考入三原宏道高等学堂就读，后留学日本研习地质博物馆专业，经于右任引荐加入中国同盟会。学成归国，先后担任陕西省第一中学、第三中学校长和陕西省视学，以及陕西联合县立汉中中学校长，亲自讲授矿物、生物、历史与地理等课程，西北联大在城固组建后，受聘主讲生物学课程。1942年任陕西省图书馆馆长，1944年任陕西省博物馆馆长，建立起了涵盖文物考古、地质、动植物、农业、工业、工艺等完整的博物馆工作管理体系。作为学者，著述甚丰，基于实地调查与考察，撰述《日本教育考察记》《梁山煤矿调查记》《梁山化石考察记》《汉山池水考察记》《天台山地质矿产考察记》《汉水水源嶓冢山调查记》等科学研究成果，还主修《陕西省联合县立汉中中学校志》、编著《褒城王屏山先生言行要略》等。康耀辰被誉为"汉中睁眼看世界的第一人"，于汉中教育事业、科学文化及地域历史文化研究贡献较大，培植人才无数。康耀辰雕塑宜放于汉中中学校门外广场。

王世镗（1868—1933），字鲁生，自号积铁子，天津人。清光绪二十四年（1898），"因新学被黜……入关隐于陕南，以书法自娱，垂三十年不倦。汉中两汉文物甚多，鲁生日夕摩挲，书法大进"①，先赴陕南安康寓居，之后，他专攻书法，多次踏访石门，"方窥得汉魏嬗变之源"，继而悉心研习摩崖石刻。1912年6月，前往定远厅赴任，厅改县制，为镇巴县首任县长，后转任西乡、褒城，每有闲暇，醉心书法研习，撰《增改草字诀》，刻石并拓20余册。1918年退出宦海，隐居汉中府城之莲花池畔，1924年完成《稿诀集字》，于章草书法艺术创新具振衰继绝之功，1928年在汉中道尹阮贞豫支持下，刊刻勒石。其书法作品与理论建树，于右任为之惊愕，至为推崇，遂接其到南京，予以极高礼遇，1933年11月，王世镗先生因病辞世，于右任先生亲自礼葬，评价其为"古之张芝，今之索靖，三百年来，世无以并"，并辑《王世镗先生遗墨》刊印行世，以兹纪念。王世镗雕塑宜放于汉台区莲花池、褒河谷口及镇巴县城。

李维植（1889—1947），字自立，陕西镇巴简池人。生而颖异，胸有大志，背父兄赴省城考入陆军小学，后入农林学堂，经宋元恺介绍加入同盟会，投身辛亥革命，1911年奉派赴日本学习军事，在上海被黄兴挽留，入大同学校补习。宋教仁遇刺，他参加抓捕刺客武士英，失败后流亡日本，入士官学校，第二次流亡日本时，加入中华革命党，后在广州任大元帅府军事特派员，陆军中将，受孙中山秘密委派，作为特使潜入陕西，策动陕西辛亥革命运动。1926年在云南参加北伐战争；"九·一八"事变后，潜入东北组织义勇军，参加长城抗战，腿部受重伤留疾，被戏称为"李铁拐"；

---

① 王家葵：《近代书林品藻录》，济南：山东画报出版社，2009年，第72页。

后任甘肃天水行营高级参谋,抗日战争时期征战于中原、太行地区。1947年4月病逝于辽宁沈阳。李维植投身革命,功勋卓著,在1949年出版的《西北革命史征稿》为其立传,陕南汉中仅此一人,足见其革命影响,《镇巴史话》以专文予以介绍其历史功绩。李维植雕塑宜置放于汉台城区、镇巴县城及简池镇等处。

李仪祉(1882—1938),原名协,字宜之,陕西省蒲城县人。曾留学德国皇家工程大学,专攻水利,学成归国。他协助张謇创办了我国第一所水利工程高等学府——南京河海工程专门学校(今河海大学),为我国著名灌溉水利学家和教育家,中国现代水利灌溉事业之先驱。1922年,李仪祉任陕西省水利局局长兼渭北水利局总工程师,1924年主持西北大学校务并创设工科,1928年任华北水利委员会主席,1934年兼任黄河水利委员会委员长。他还亲赴陕南、陕北及关中进行实地考察,筹划了陕西全省水利灌溉事业,在杨虎城的大力支持下,他制订了《陕西水利工程十年计划纲要》,筹划了关中八惠,即泾惠、渭惠、洛惠、梅惠、黑惠、涝惠、沣惠、泔惠,以及汉中之汉惠、褒惠与湑惠等大型水利灌溉设施的建设与整修工程。他于1932年随陕西实业考察团(南线)来到汉中,实地考察了汉江、湑水、褒河等水系,撰述《汉江上游之概况及希望》《汉水上游之水运》等文,对汉中盆地水利灌溉设施建设提出了科学设想与规划,直接推动了民国时期"汉中三堰"水利灌溉工程整修的建设热潮,促进了汉中水利事业的发展。李仪祉雕塑宜放置于天汉湿地公园适宜位置。

赵亚曾(1898—1929),字予仁,河北蠡县(今河北高阳)人,1923年毕业于北京大学地质系,1928年任农矿部地质调查所技师兼古生物研究室主任,长期进行野外科学考察活动,足迹遍及华北、东北、华东、中南、西北、西南,从事我国地层与古生物研究,发现并科学阐发重大地层构造问题,其系统分类与研究方法均达到同时代的国际领先水平。1929年,他与黄汲清来到汉中,考察秦岭、梁山及汉中区域地质,其足迹远涉镇巴、略阳县等境内腹地,其考察成果为《秦岭山与四川地质之研究》,此为中国科学家独立完成的科学考察研究的科学著作,为中国地学科学研究事业奠定了坚实的基础。赵亚曾雕塑宜放于梁山山脚下龙岗寺附近,以及镇巴、略阳等县城适宜位置。

黄汲清(1904—1995),曾用名黄德淦,四川省仁寿县人。1921年考取天津北洋大学,后转入北京大学地质系学习,1928年毕业进入北平地质调查所任调查员,1929年协助赵亚曾从事秦岭山与四川地质科学考察工作,在汉中境内其足迹远涉佛坪等县,赵亚曾在云南昭通遇害后,他独立完成了《秦岭山与四川地质之研究》的撰述与付梓出版工作,使这一重要科学研究成果得以固化与面世。后来,黄汲清成为我国重要的地质学专家,在构造地质学、地层古生物学、中国地质图测绘与绘制、矿产资源普查以及大庆油田发现等领域做出了独特之贡献。1948年当选为中央研究院院士,1955年被选聘为中国科学院学部委员,1988年当选苏联科学院外籍院士。黄汲清雕塑宜放于梁山山脚下龙岗寺附近，以及洋县华阳等县城适宜位置。

陈靖（1904—1989），字颖波，陕西泾阳县人。1923年秋考入李仪祉先生倡办的西北大学水利工程班，学习水利专业。1925年加入中国共产党，1926年担任泾阳县教育委员会主席，后流落南京，李仪祉先生派他参加黄河水利委员会工作，从事水利测绘技术工作，主持"泾惠渠"定线与测绘工作[①]。1933年，奉李仪祉之命，担任首任汉南水利局局长，辖汉中各县水利；上任伊始，即刻赴西乡、洋县、城固、南郑、褒城、沔县等各流域河渠视察，编制各流域水利事业整理方案，并对山河堰、板凳堰、五门堰、高堰等形成详细治理计划，对汉江上游黄金峡及以上各江段整修以利交通等方案，呈陕西省水利厅，撰述《汉南水利谈》，刊发于1934年的《水利月刊》与《陕西水利季报》上，此乃民国时期汉中水利事业的奠基性研究成果，对其后实施的"汉中三堰"水利设施整修工程的展开，具有重要之指导意义，《汉南水利谈》一文中刊发的一组"堰渠灌溉图"，为陈靖组织或亲自测绘，这一重要成果为《汉中盆地地理考察报告》所吸收，即"图五六"组图，共八幅。陈靖于汉中水利事业有大功。陈靖塑像宜置于褒河镇或石门风景管理区广场。

薛祥绥（1894—1940），字伯安，又字博盦，陕西西乡县人。1919年毕业于北京大学文学科，曾任国民政府统计局秘书长，在南京政法学校任教期间，著有《修辞学》《中国文学史》《中国文学概论》等学术专著，分别由开明书局、启智书局出版。1931年陕南发生重大灾情，国民政府监察院长于右任委派薛祥绥与城固张叔亮为查灾委员，是年秋，他回到汉中实地勘查各县灾情，积极为家乡人民请命、呼吁。1936年他受陕南旅京同乡会之托，起草《陕南旅京同乡会与邵主席论续修陕西省通志稿书》，直陈《续修陕西通志稿》之重大纰漏，一一胪列批驳。他还受西乡同乡之托，独立修纂《西乡县志》，于1939年完稿告竣，1948年付梓刊印，家乡人亲切地称之为"薛志"。抗日战争爆发后，他就职于西北联大，还参与了城固县志续修工作，负责《乐城艺文志·文征》部分的征集、考证与编纂工作。薛祥绥的一生始终与桑梓相联系，为汉中社会文化事业做出了独特之贡献。薛祥绥雕塑宜放于西乡、城固等县城及汉台城区适宜位置。

黎锦熙（1890—1978），字劭西，湖南湘潭人，早年加入中国同盟会。中国近现代最重要的语言文字学家、方志学家，中国科学院哲学社会科学学部委员。他与中华人民共和国开国领袖毛泽东有着师生之谊，终生交往。1938年春随西安临时大学来到汉中城固，在其后的八年，他大部分时间在城固，为西北联大、国立西北师范学院及国立西北大学教授，首倡编修《城固续修县志》，草拟《城固县志续修工作方案》（1938），此方案经过严谨修订，定名《方志今议》，由商务印书馆出版，为中国方

---

① 王兴林：《泾阳史话》，陕咸新出批（1994年）字第17号，第253—257页。

志学领域经典著述，以此为标志，中国方志学理论与实践从传统导入现代，后又总纂中部（今黄陵县）、宜川、洛川与同官四县县志，有力地推动了陕西及汉中方志文化事业的发展，奠定了他作为中国方志学大家的崇高学术地位。黎锦熙雕塑宜放于汉台城区及城固县城适宜位置。

黄国璋（1896—1966），字海平，湖南湘乡人。他与中华人民共和国开国领袖毛泽东有同窗之谊。曾赴美国学习地理学专业，归国后担任中央大学、北平师范大学、西北联大、国立西北师范学院、陕西师范大学等多所大学的地理学系主任，创办《地理教学》期刊，1940年8月，赴重庆北培筹办中国地理研究所，担任所长，其间擘画了汉中盆地、嘉陵江流域、大巴山等区域地理科学考察活动，不仅让汉中地域受益极大，还有力地促进了中国地理科学的长足发展。中华人民共和国成立后，他在陕西师范大学工作期间，多次带领学生来汉中进行地理考察与研究。黄国璋雕塑宜放于汉台城区及城固县城适宜位置。

武志平（1901—1991），北京人。1933年3月加入中国共产党，同年随孙蔚如38军入住汉中，任少校参谋。就在此时，红四方面军在川陕一带创建革命根据地，孙蔚如受党组织委派，利用其在38军的特殊身份，代表杨虎城、孙蔚如与红四方面军总部进行秘密协商谈判，达成"停止内战，一致抗日"的秘密协定，即"汉中密约"，从而为红四方面军减轻了来自汉中及大巴山一线的军事压力。在这一过程中，武志平冒着生命危险，多次往返于大巴山区，开辟了多条红色交通线，并向陕南苏区输送了多批军用物资，他用了两年多时间成功完成了党组织交给他的特殊使命，有力地支持了川陕苏区的革命斗争，他撰写的《秦蜀日记》详细了记录自己在这一斗争过程的亲历。武志平雕塑应放于汉台区城区及镇巴、西乡、南郑等区县县城文化广场。

黎琴南（1902—1972），字晴岚、琴南，名光霁，陕西宁羌（今宁强）人。就读于复旦大学，五四运动期间，组织"中华学社"，投身新文化运动，1924年加入中国社会主义青年团，次年在西安参加革命活动，1926年经雷晋笙、吕佑乾介绍，加入中国共产党。后赴河南组织领导工人、学生运动，先后担任中共开封市委书记、河南省委常委、河南临时省委书记，其父曾让他将5000大洋上缴河南省财政厅，他挪用该款作为革命经费使用。1929年被党组织派往莫斯科共产主义者劳动大学学习。1931年回国，在西安创办西安高中，为"左翼作家联盟"陕西负责人，"西安事变"后曾供职于重庆经济政治设计院。1940年返回宁羌，参与宁羌县经济调查活动，完成《全县经济调查报告书》的编撰，之后兴办宁强中学、嶓冢制革厂、裕南造纸厂等，1945年任宁强县临时参议会议长。1946年遭受迫害，赴香港在达德、拔萃学院担任教授。中华人民共和国成立后，曾在西北农学院担任教授，1954年因"托派"问题被逮捕，1972年病逝。1987年获得平反、恢复名誉。黎琴南雕塑应放于宁强县城。

张伯声（1903—1994），又名遹骏，河南荥阳人。1926年毕业于清华学校，赴美留学，学习化学与地质专业，1930年因家事辍学归国，长期从事地质、矿业等专业教学与研究工作，先后被焦作私立工学院、唐山工学院、河南大学、北洋工学院、西北联大、国立西北工学院、西北大学等聘为教授。中国著名地质学家、教育家，"地壳波浪状镶嵌构造学说"的创始人，1980年当选中国科学院院士。1938年3月，他随西安临时大学来到汉中，为西北联大、国立西北大学、国立西北工学院教授，他作为《城固县志》续修工作地质、地形与水文三分志的撰稿人，为做好这项工作，亲自带领学生"实地勘察，北抵马家河，南登跑马岭，计程三百五十里，推断本邑地层"[①]，1939年完成《城固地质志》撰写；1945年撰述《陕西汉中地区之前震旦纪地质》，对前人把汉中南部出露的大片花岗岩定为"中生代花岗岩"质疑，将其形成年代更改为前震旦纪，提出"汉南地块"之概念与地质理论，沿用至今。张伯声先生为汉中方志文化及地质科学教育事业做出了独特之贡献。张伯声雕塑宜放于城固县城、古路坝西北工学院遗址及天汉湿地公园适宜位置。

李承三（1899—1967），号继五，河北涉县人。1928年毕业于河南大学后，任两广调查所与北洋大学助教，1931—1936年赴德国柏林大学地质系学习，师从施蒂勒教授研究大地构造学，获博士学位，归国后任中央大学教授和地质调查所特约研究员，后担任中国地理研究所自然地理组主任及继黄国璋后的第二任所长。1940年11月至1941年6月，他领导并参加了嘉陵江流域地理自然地理组科学考察，徒步四千余千米，涉及流域内17个县域，其中包括汉中所辖之宁强与略阳二县，考察途中，他以素描方式绘制了多幅自然地貌地景图，提出"离堆山"概念与地形地质理论，即《离堆及离堆山考》，对嘉陵江流域河谷特殊地貌予以科学揭示。主持研究并撰述《嘉陵江流域地理考察报告》（上卷）。中华人民共和国成立任重庆大学地质系教授、系主任，1956年后任成都地质学院教授、教务长。李承三雕塑宜放于宁强、略阳县城及天汉湿地公园适宜位置。

林超（1909—1991），字伯超，广东揭阳人。17岁考入岭南大学文科，后转入中山大学哲学专业，还师从瑞士汉姆教授学习地质学，师从德国克勒脱纳研习自然地理学，1930年毕业，被聘为中山大学地理系助教。1934年赴英国利物浦大学地理系学习，1938年获博士学位，1939年任西南联大教授，次年参与筹建中国地理研究所，继黄国璋、李承三之后担任所长，中华人民共和国成立后为清华大学、北京大学教授。中国著名地理学家、教育家。1940年11月至1941年6月，他领导并参加了嘉陵江流域地理人文地理组科学考察，徒步四千余千米，涉及流域内17个县域，其中包括汉中所辖之宁强与略阳二县，现场测绘各类图件100多幅，领衔撰述《嘉陵江流域地理考察报告》（下卷），对该区域人口、聚落、政治、经济等人文地理予以科学揭示与总结，

---

① 黎锦熙：《方志今议》，北京：商务印书馆，1940年，第16页。

促进了中国区域人文地理的发展。他还利用此次考察对蜀道予以重点关注与考察，撰述研究论文《蜀道考》。林超雕塑宜放于宁强、略阳县城及天汉湿地公园适宜位置。

沈玉昌（1916—1996），浙江吴兴（今湖州）人。1940年毕业于浙江大学史地系，后师从叶良辅先生攻读硕士学位，将河流地貌学作为自己的研究方向，1942年毕业后在中央资源委员会任助理研究员，1944年在四川三台受聘为流亡东北大学教授，1950年应竺可桢之邀前往北京，在中国科学院地理研究所工作。1952—1954年参加由中国科学院地理研究所与长江水利委员会组建的汉江工作队，他担任副队长，组织并亲自参与了汉江流域全流域的地理科学调查工作，他与他的团队经过调查与科学研究，将丹江口选为大型水库坝址，还提出了"引嘉济汉""引汉济黄"工程构想与引水线路设计的可行性方案，为后来的"南水北调"国家战略实施奠定了坚实的基础，还对汉中盆地汉江两岸台地地貌进行了系统研究，他的"汉水河谷地貌及其发育史"系统论述了汉江全流域的河谷地貌及其成因。为我国南水北调等重大工程的决策做出了重要贡献。林超雕塑宜放于天汉湿地公园适宜位置。

陈光尧（1906—1972），字启明，陕西城固人。承家学渊源熏染，年少时，苦读十三经，打下了坚实的国学基础，并富维新之思想。1926年后，从事汉字简化研究工作，1928年5月发表《发起简字运动临时宣言》，先后出版《简字论集》《简字论集续集》《中国民众文艺论》《拗口语选录》《拗口语研究》《中国的技巧文艺》《歇后语选录》《三十言志诗》《常用简字表》等著述，还在各大报刊发表文章多篇，积极推动我国简化字运动，被誉为"提倡简字运动最勇敢，且成绩又最惊人的一位急先锋。"[①]为推动简化字运动和简化字研究，他交游甚广，与章太炎、蔡元培、钱玄同、黎锦熙、鲁迅、林语堂、吴稚辉、冯玉祥、黄警顽等民国时期学术大家及社会名流建立起了广泛的学术联系。20世纪40年代，他从外地返回汉中城固，创办《正气月刊》，继续从事汉字简化研究和抗战宣传工作。建国后的1950年，受周恩来总理安排，吴玉章先生邀请他赴京参加"中国文字改革委员会"的筹建工作，并为该委员会研究人员之一。20世纪50年代中期，先后出版《简化汉字》《简化汉字字体说明》《常用简化字谱》等，参与起草了1956年版《第一批汉字简化方案》。陈光尧先生为中国汉字简化事业做出了不可磨灭的独特贡献，但建国后第一轮编修的《城固县志》《汉中地区志》均无载。陈光尧先生雕塑宜置于城固县城丰乐桥其故居适宜位置。

李星（1943—2015），又名李福星，陕西省汉中市人，毕业于北京师范大学历史系，师从陈垣、白寿彝、杨钊及赵文焘等名师，汉中师范学院（现陕西理工大学）教授。1980年，他调入汉中师范学院（现陕西理工大学）中文系，从事古典文学等课程教学工作，后历任《汉中师范学院学报》主编、艺术系主任等职。自20世纪80年代

---

① 陈光尧：《三十言志诗　黄警顽序》，上海：作者书店，1936年，第11页。

初，李星先生开始从事汉水文化领域的研究工作，在结合历史文献典籍阅读的基础上，身体力行，带领学生对汉水流域进行实地考察，十分关注汉水流域地质、地貌、气候、古人类遗址、出土文物，并广泛搜集民俗文化资料，以此为基础，形成的科研成果《诗踪别证》于1985年由汉中师范学院内部刊印，开当代汉水流域文化研究之先河；此后，李星先生一直关注汉中、陕南及汉水流域等地域文化研究工作，20世纪90年代初，李星先生参与了汉中市为"国家历史文化名城"的申报工作，并亲自撰写相关论证报告，1994年，经国务院公布，汉中市入列第三批"国家历史文化名城"。李星雕塑宜放于陕西理工大学南校区及天汉湿地公园适宜位置。

以上所列汉中历史文化名人，为我们在汉中地方文献整理与研究过程中——发现、梳理、甄别及整理所得，这些历史名人是其各自所经历时代的缩影，他们都为汉中地域文化与社会事业发展做出了显著贡献，既有本土才俊，也有外方俊杰，他们的生命、业绩及精神与天汉大地血脉相连，他们是汉中地域人文精神的创造与承载者，值得我们回望、纪念和传承。在汉中历史人物方面，以上所列非为全部，还有一些历史人物及其人文价值待于我们通过地方文献进一步去发现。作为系统的历史文化人物系列，应该作为构建汉中全域旅游框架体系下的社会文化基础设施建设的重要有机构成，这项工作不仅具有重大社会现实意义，更具深远之历史文化意义与地域人文精神品质，对于营造汉中社会历史文化氛围，建立地域文化自信，加强与汉中域外历史名人故土县市的社会经济文化交流与联系，优化汉中对外开放格局，有着不可替代的独特文化价值。

三、汉中市全域旅游问题探讨

自秦实施"郡县制"以来长达两千多年的汉中历史，有着明显的发展规律性，即"乱世兴，太平衰"！这似乎可视为汉中社会历史发展并与中国大历史进程相维系的"历史周期律"。这主要是缘于汉中在中国地缘区位及相对封闭的地理地貌环境，长此以往，加之教育文化落后，"盆地意识"成为汉中本土社会群体的社会意识逐渐形成并不断加以固化，缺乏敢为天下先之进取精神，因而本区域社会事业发展的内生动力严重不足。历史时期，汉中仅在秦代、两汉三国、唐代末年、宋末、元初及抗战时期，社会事业发展较快，这更多源于外部力量的助力及推动，且发展时间较为短暂，持续性较弱。中华人民共和国成立后，汉中社会事业有了长足发展，但又受到国家战略发展的政策性约束，其社会经济发展亦严重落后于经济发达地区。如何跳出汉中地域历史发展的"历史周期律"，走上可持续发展之路，汉中需要充分利用自身资源优势与禀赋，客观上需要与国家重大发展战略相融的区域性全新发展战略引领。

近年来，构建汉中全域旅游格局与体系已达成社会共识。2016年2月，汉中市第四届人民代表大会第七次会议通过《汉中市国民经济和社会发展第十三个五年规划纲要》，该规划纲要明确提出"突出特色，强力推进全域旅游"的全新发展理念。汉中市人民政府于2017年2月正式对外发布《汉中市全域旅游发展总体规划》，该规划由北京大学旅游研究与规划中心和北京大地风景旅游景观规划设计有限公司联合编制。2018年9月，汉中市人民政府还出台了《高铁时代汉中全域旅游交通解决方案》。毫无疑问，以上这些发展理念与发展战略及其相关配套措施，是以汉中地域自然及人文资源条件禀赋的实际为依托，也很好地契合了当代生态文明建设、"南水北调"、"乡村振兴计划"等国家重大发展战略，具有很高的融合度；同时这还是汉中地域面向未来可持续发展的内生原动力的现实体现。

《汉中市全域旅游发展总体规划》是由汉中市文物旅游局委托，北京大地风景旅游景观规划设计有限公司在经过前期大量调研基础上进行编制的，2015年10月，陕西省旅游局组织专家专题评审会，并在吸收各专家意见与建议的基础上予以完善，汉中市人民政府于2017年2月正式对外发布。仅就文本来讲，《汉中市全域旅游发展总体规划》是汉中面向未来发展并具有战略引领性的一份科学规划文本，更由于规划编制单位资质高，规划理念先进，专业性强，视野开阔，且具有丰富的旅游资源规划实践经验，该文本的科学理论价值与可操作的应用价值是不容置疑的。但这并不能说明该规划就尽善尽美了，相反它还存在着一定程度的问题与缺陷，尤其是其对汉中历史人文文化资源、科学文化资源等方面挖掘不深，甚至遗漏，直接影响了该文本的科学理论价值、战略引领作用与规划实施的实践指导成效。

以下，我们将结合《汉中市全域旅游发展总体规划》文本内容及本课题研究的部分成果，仅就我们发现的问题，提出汉中构建全域旅游体系与格局的意见与建议，以期在一定程度上弥补、丰富和完善该规划。

其一，汉中全域旅游，须充分挖掘汉中本土的自然生态资源与地域历史文化资源，《汉中市全域旅游发展总体规划》对汉中自然生态资源梳理、挖掘及规划较为扎实，但2016年后新发现的大巴山宁强至南郑至西乡至镇巴的带状"天坑"旅游文化资源没有规划进去，这一资源类型具有多元开发与利用价值，极具旅游开发价值属性，其科学价值、地质景观、地质遗址、科学考察、教育文化、研学基地、旅游景观等多元价值集于一体，更具有原始性、稀有性、典型性、完整性、大体量等资源禀赋特质，应予以重点规划并纳入其中，相应规划与其体量相匹配的局部旅游交通线路，诸如山地骑行线路、自驾游线路、轻轨线路以及相串联的近程旅游步道等，融入"全域旅游交通体系规划"中。再如汉中梁山，这是一座能够代表汉中地域地质生命的山体，并具有临近汉中城区的良好位置，山体虽小，但它是汉中地质生命的"活化石"，自民国时期以来，赵亚曾、黄汲清、何士骥、黄文弼、王德基、薛贻源、郁士元、霍世诚等科学家先后来梁山考察，其神秘面纱被陆续揭开；中华人民共和国成立后，龙岗石器文化遗址得到科学确认；尤其是2019年南郑疥疙洞古人类洞穴遗址的发现，足以证明汉中是人类生命重要发祥地之一，故梁山的自然与科学人文文化资源应该作为汉中全域旅游的重点纳入规划中，并对梁山通过地方立法加以保护，建立梁山地质文化公园与"汉中：人类发祥地"地质博物馆；梁山应作为汉中地域宝贵的自然与人文双遗产资源予以保护、开发与利用；与此同时，西乡李家村、何家湾、城固宝山、南郑龙岗等人类早期文明遗址亦应该加强保护并开发利用，即"人类发祥地"这张文化名片在总体规划中应予以重点突出。

其二，对汉中历史文化资源挖掘不够深入，直接导致《汉中市全域旅游发展总体规划》中人文文化底蕴的严重削弱，如前所述的"梁山人文文化"，以及汉中历史人物文化资源、以"汉中三堰"为代表的水利人文文化资源及农业水利灌溉文化、汉中方志文化、西北联大汉中办学历史文化资源、"三线"建设工业遗产历史文化资源等，在《汉中市全域旅游发展总体规划》中几乎未曾涉及，出现地域人文文化规划的严重缺失，而这些资源不仅仅为汉中所独有，而且它们与中国大历史相衔接，文化意义重大，如西北联大汉中办学既为特殊历史时期的产物，也是当时"西部开发"国家战略意志的使然，体现为中国高等教育孕育汉中、奠基西北的重要历史进程；西北联大还给汉中留下了难以估量的地域历史文化资源，为抗战时期西北高等教育文化的核心与中心，同时，直接促进了汉中完整教育体系的构建、社会文化事业与地域科学事业等的迅速发展，助力汉中社会事业迈入现代化的门槛。这些资源通过规划、设计与建设，可直接转化为优质旅游资源，弥补、丰富和完善《汉中市全域旅游发展总体规划》，还有助于对旅游潜在客源市场的深度开发，这在我们本章上一节内容中创制的"甄鸾纪念馆文化创意方案""西北联大汉中办学纪念园文创方案"等文创方案中有所讨论与论述。

其三，汉中盆地及其各区县域，无疑是构成汉中全域旅游的核心区域，目前的交通通达性较为优越，但将民国时期系统整修的"汉中三堰"水利灌溉设施的干渠与支渠道路加以合理化改造，还可以密织、优化盆地内的旅游交通线路，一则作为汉中农业水利灌溉文化主题设计旅游参观线路；二则配合每年一度的"油菜花节"，提供自由行旅游线路，增加观花线路密度，提升自由骑行的旅游品质；三则，这些道路还可以作为日常居民健身道路使用。在旅游规划过程中，我们应注重已有工程的外溢效应，这在《汉中盆地地理考察报告》中有着明确的指引，并加以综合有效利用，"汉中三堰"水利灌溉工程基础设施在这方面表现得尤为明显，且"汉中三堰"已经成为汉中地域的一张金质名片，2017年10月，"汉中三堰"被授予世界灌溉工程遗产。

其四，对汉中历史人物文化资源的梳理，可以构成一条纵向展示汉中地域历史进程的重要脉线，列入《汉中市全域旅游发展总体规划》中，这在本节内容中已有基础性梳理与简要指引，在此不再赘述。

其五，全域旅游规划是当代一种地域社会事业建设与发展的全新理念，这种理念与汉中地域社会实际及资源禀赋高度契合。此类规划应注重"表"与"里"，"表"表现在自然景观规划方面，只要周密调研论证、科学规划，一般难度都不是太大；而"里"则侧重体现为地域历史文化的研究与深度挖掘，提炼其文脉，淬炼地域文化精神品质。自然景观之"表"可以养眼，但独特的地域文化的"里"则可养心。只有二者有机融合，才能有效促进全域旅游体系与格局的构建，最大限度地发挥其战略引领作用。同时，汉中全域旅游规划还应该在全域旅游良性循环生态与软环境构建方面着力。

《汉中市全域旅游总体规划》尽管存在一些问题，但其价值毋庸置疑，这是一个跳出汉中社会历史发展的固有"周期律"，引领汉中地域可持续性发展，寻求汉中社会事业发展突破的重大战略性选择。

四、汉中社会事业发展的其他战略问题

汉中构建全域旅游格局与体系，只是汉中社会事业面向未来发展的一个重要方面。随着当代科学技术的迅猛发展，国家及地域的时空格局都在发生质的变化，即因交通格局的变化导致空间距离大幅缩短，技术进步在提高社会生产力的同时促使社会经济加速度发展。在这样的历史条件下，作为区域性的汉中应有着清醒的认识，如何结合自身的资源禀赋与社会实际，在西安、成都、武汉与重庆城市圈发展以及"南水北调""扶贫攻坚"等国家战略层面中找准自身的发展定位，彻底跳出"乱世兴，太平衰"的汉中社会历史发展的固有周期律，应该具备宏观战略预判与布局规划。

其一，规划汉中盆地"一江两岸"城市带。汉江在汉中盆地流经长达百余千米，一江两岸的岸线资源具有景观性、生态性、文化性等综合的资源禀赋，这为打造"一江两岸"城市带提供了独特的空间资源及优越的地理条件，现阶段汉台城区与铺镇相衔接的态势已经十分明显。为避免资源浪费及发展带来的消极因素影响，汉中应在科学调研和保护基本农田的基础上，结合"汉江综合整治工程"，对自勉县武侯镇至洋县龙亭镇的长达百余千米的"一江两岸"城市带实施战略规划，明确功能分区。

其二，对汉中盆地内的汉江进行梯级开发战略规划。在打造滨江"水景观"的同时，于下游江段可考虑进行水产品生产养殖布局与开发。

其三，积极推进建设"引嘉济汉"水利工程。这一工程设想在中华人民共和国成立之初，由中国科学院地理研究所、中华人民共和国水利部长江水利委员会汉江工作队在科学考察的基础上提出，并进行了科学论证。2017年7月，陕西省引汉济渭办公室在西安组织召开了《引嘉入汉工程规划》重大问题研究项目成果验收会，2018年8月，陕西省水利厅副厅长管黎宏带队赴长江水利委员会，专题汇报"引嘉入汉"工程规划

情况。此项工程的实施终于提上议事日程。这项工程的实施,对于补充汉江上游径流量,配合"南水北调"及"引汉济渭"等国家战略,以及优化汉江水资源现状及生态环境,具有重大社会价值及社会经济意义。

其四,规划与实施汉中"人口增殖"工程。社会经济发展与人口规模有着内在关联。汉中自然条件较好,具有较高的人口承载力,具有良好而独特的人居大环境,宜居、宜康、宜养,如何吸纳人口增殖,汉中应结合"西部大开发""移民搬迁""城乡统筹"与高科技环保型产业布局等国家政策与战略,予以重点考量。

其五,深入挖掘地域历史文化资源,打造体系性的"汉中人文文化工程"。我们从《汉中市全域旅游总体规划》中发现,汉中在地域人文历史文化研究及资源"萃取"方面还较为薄弱,许多资源潜力尚未完全得到充分挖掘、利用与发挥。充分利用汉中地方文献、历史遗存及非物质文化遗产等资源,尤其在"人类发祥地"、石器文化、青铜文化、中国古典数学文化、移民文化、寨堡文化、方志文化、地域地理地质考察文化、西北联大文化、水文化、农业灌溉水利文化等方面,还有大量的工作需要我们认真去做。"汉中人文工程"对于涵养汉中本土民性、培养积极进取精神及建立地域文化自信,将具有深远的历史意义。

第四节 构建地域文化自信

一、文化自信,新时代的国家战略

中国共产党提出并确立文化自信,不仅是当代发展的需要,还有着一脉相承的历史渊源。中国共产党在领导中国革命事业的历史进程中,十分重视文化资源在革命斗争中的运用,并形成了高度的文化自觉与自信。毛泽东在《中国革命和中国共产党》中指出,在中国,"从很早的古代起,我们中华民族的祖先就劳动、生息、繁殖在这块广大的土地之上"[①]。"在中华民族的开化史上,有素称发达的农业和手工业,有许多伟大的思想家、科学家、发明家、政治家、军事家、文学家和艺术家,有丰富的文化典籍。"[②]1940年,毛泽东《新民主主义论》用很大的篇幅论述了中国共产党领导的新民主主义文化革命斗争及其性质,将出了这样的结论:"民族的科学的大众的文化,就是

---

① 毛泽东:《中国革命和中国共产党》,《毛泽东选集》(卷2),北京:人民出版社,1991年,第621页。
② 毛泽东:《中国革命和中国共产党》,《毛泽东选集》(卷2),北京:人民出版社,1991年,第622页。

人民大众反帝反封建的文化，就是新民主主义的文化，就是中华民族的新文化。"①

胡锦涛同志在中国共产党第十八次全国代表大会作了题为《坚定不移沿着中国特色社会主义道路前进　为全面建成小康社会而奋斗》的报告，首次提出全党要坚定"三个自信"，即"道路自信、理论自信、制度自信"②。"三个自信"源于中国特色社会主义的伟大实践，源于中国特色社会主义理论的科学指导，源于人民群众对中国特色社会主义制度的衷心拥护。对于任何一个国家与民族，只有自信才能凝心聚力、振奋精神和编织梦想。

党的十八大后，习近平在多个场合提到文化自信，在2014年2月24日的中央政治局第十三次集体学习中，习近平提出要"增强文化自信和价值观自信"③。2016年11月，习近平同志在中国文学艺术界联合会第十次全国代表大会上提出："文化自信，是更基础、更广泛、更深厚的自信，是更基本、更深沉、更持久的力量。坚定文化自信，是事关国运兴衰、事关文化安全、事关民族精神独立性的大问题。"④习近平总书记在庆祝中国共产党成立95周年大会上提出："全党要坚定道路自信、理论自信、制度自信、文化自信……文化自信，是更基础、更广泛、更深厚的自信。在5000多年文明发展中孕育的中华优秀传统文化，在党和人民伟大斗争中孕育的革命文化和社会主义先进文化，积淀着中华民族最深层的精神追求，代表着中华民族独特的精神标识。"⑤这是习近平同志对党的十八大提出的中国特色社会主义"三个自信"理论的开拓性完善，即从国家发展的战略层面正式确立"文化自信"。无疑，"文化自信"为"道路自信、理论自信、制度自信"提供并奠定了坚实的基础。习近平同志在十九大报告中进一步强调："没有高度的文化自信，没有文化的繁荣兴盛，就没有中华民族伟大复兴。"⑥

"文化自信"被确立为国家战略，必将在新的历史时期引领中国当代社会文化建设事业建设产生深远影响。

---

① 毛泽东：《新民主主义论》，《毛泽东选集》（卷2），北京：人民出版社，1991年，第708～709页。

② 胡锦涛：《坚定不移沿着中国特色社会主义道路前进　为全面建成小康社会而奋斗》，《胡锦涛文选》（卷3），北京：人民出版社，2016年，第625页。

③ 习近平：《培育和弘扬社会主义核心价值观》，《习近平谈治国理政》（第一卷），北京：外文出版社，2018年，第164页。

④ 习近平：《要有高度的文化自信》，《习近平谈治国理政》（卷2），北京：外文出版社，2017年，第349页。

⑤ 习近平：《不忘初心，继续前进》，《习近平谈治国理政》（卷2），北京：外文出版社，2017年，第36页。

⑥ 习近平：《决胜全面建成小康社会　夺取新时代中国特色社会主义伟大胜利》，《习近平谈治国理政》（第三卷），北京：外文出版社，2020年，第32页。

二、文化自信与地域文化自信

当代著名学者张维为基于"中国模式"的构建，最早提出"文明型国家"概念及其相关理论："今天的中国已经是一个把'民族国家'和'文明国家'融为一体的'文明型国家'，是一个把'民族国家'和'文明国家'的长处结合起来的国家。中国崛起代表了一种不同性质国家的崛起，其崛起的主要原因是坚持了自己的发展道路，既学习了别人之长，也发挥了自己的优势，实现了一种对西方模式的超越，也实现了一个五千年文明与现代国家重叠的'文明型国家'的崛起。"[①]这是对我们国家性质与民族文化特质的理论概括。基于该理论的思考，张维为先生陆续出版了《中国震撼：一个"文明型国家"的崛起》《中国触动：百国视野下的观察与思考》《中国超越：一个"文明型国家"的光荣与梦想》三部著作，在当代中国社会及学术界有着较大反响，其中《中国震撼：一个"文明型国家"的崛起》一书，曾于2011年9月被时任国家副主席的习近平推荐给来华访问的世界银行行长的佐利克先生。张维为先生的理论建树，可视为我们国家在当代迅速崛起的基于文化自信的理论构建。

就是在民族危亡、国家灾难的特殊历史时期，文化自信之理念也存在于中国国民的精神血脉中，抗日战争时期西南联大教授钱穆先生就是典型的人物例证，"他认为在抗战中重建国家，必先复兴文化，要唤起民众，必先认识历史"[②]。在此内在精神力量的涌动下，钱穆先生利用课余时间，重新梳理《国史纲要》讲稿，1939年6月，《国史大纲》最终完稿。钱穆先生在《国史大纲》前面所写之"凡读本书请先具下列诸信念"不啻为导读性的文化精神引领，尤其是"尤必附随一种对其本国以往历史之温情与敬意"，既体现了一位历史学家的历史情怀与文化自信，也是对读者的重要思想观念之启迪。"我民族国家之前途，仍将于我先民文化所贻自身内部获得其生机。"[③]该著经商务印书馆出版后，引起了较大的社会反响，极大地鼓舞了全民族抗战到底的决心与必胜信念。与钱穆先生同时代的中国学人冯友兰、闻一多、梅贻琦、黎锦熙、梁漱溟、张伯声、胡庶华、李蒸等，都迸发出了文化自信的精神力量。

我们的文化自信源于悠久的历史与先人们所创造的灿烂文明。中华民族版图硕阔，地质地貌复杂多样，民族众多，基于特定地理空间的自然与文化地域分布类型多样，各具特质，伴随着漫长的历史进程与地域文化层累，各地域文化在交流、碰撞与融合的过程中，创造出了汇聚各地域文化精华于一体的中华民族灿烂文化，地域文化

---

① 张维为：《"文明型国家"视角下的中国模式》，《社会观察》2010年第12期。
② 张志哲：《钱穆和〈国史大纲〉》，《文史哲》1986年第2期。
③ 钱穆、张荫麟：《国史大纲·引论》，《国史大纲·中国史纲（上古篇）》，"民国丛书第一编75 历史地·理类"，上海：上海书店，1989年，第28页。

乃国家文化之不竭源泉。半殖民地半封建的屈辱近代史，让我们在今天更加珍惜我们的中华传统文化，这是我们构建文化自信的不竭源泉和面向未来发展的宝贵战略资源。

构建地域文化自信是国家文化自信战略的现实需求，习近平同志所讲"文化自信，是更基础、更广泛、更深厚的自信"[①]就揭示了地域文化的重要性，其中"更基础、更广泛、更深厚"就蕴含着对地域文化发展的高度重视。在中国广阔的国土空间内，各地域文化衍生、发展了几千年，许多地域文化可上溯至人类文明的起源时期，各个不同历史时期的文化形态广泛分布并形成于各地域，诸如中原文化、燕赵文化、荆楚文化、湖湘文化、岭南文化、八桂文化、齐鲁文化、吴越文化、两淮文化、西域文化、三秦文化、陇右文化、巴蜀文化、汉水文化等，在几千年的演进中，他们形成了各具特色的地域文化知识体系与精神价值谱系；同时，我们的民族文化、红色文化、商业文化、教育文化、交通文化、水文化等，也都广泛分布于我国各个地域，即相应文化因子、文化遗存等在各地域都已经形成了文化存在，并融入和丰富了我国各地域文化的精神内涵。以上，它们共同构成了中华文化之不竭源泉。

地域文化乃中华文化汇聚的组成单元，多个地域文化相互影响、相互交织、相互杂糅、相互融合，形成了中华文化赓续、衍生的有机组织结构与生态构成。"在中国传统文化发展的过程中，地域文化扮演了符号性的角色，各地世世代代形成和积累的地域文化展现出独有的精神魅力。正是地域文化的熠熠生辉汇聚形成了中国传统文化的璀璨光芒，共同构筑了中华民族的精神命脉。深入挖掘地域文化的鲜活内涵和个性魅力，实质上是推进中华优秀传统文化创造性转化、创新性发展的重要引擎，为夯实文化自信的根基提供强大动力。"[②]因而，在国家"文化自信"战略的引领下，如何构建地域文化自信，已经现实地摆在了我们面前。

构建地域文化自信既是一个现实的理论问题，也是我们国家和民族面向未来发展需要展开的广泛实践，更是各地域在新的历史条件与社会主义文化价值观引领下，充分挖掘、萃取、活化地域优质文化资源，尊重地域历史文化客观，通过创造性转化与创新性发展，凸显地域文化神韵与精神，运用当代艺术手段，适度打造地域文化基础设施及其他方式，汇聚地域历史文化精华，并促进地域文化交流，构建起地域文化自信的文化资源体系、理论构建体系与可行的实施路径，同时，以社会教育的方式加大地域文化传播力度，强化本土文化教育，弘扬地域文化精神，提振当地人民群众的文化自信心与精神风貌。只有通过地域文化自信的构建，才能服务于国家文化自信战略，汇聚起当代中华文化伟大复兴的磅礴力量，夯实"更基础、更广泛、更深厚"的地域文化基础。

[①] 习近平：《要有高度的文化自信》，《习近平谈治国理政》（卷2），北京：外文出版社，2017年，第349页。

[②] 王婷：《地域文化在坚定文化自信中的重要功能》，《红旗文稿》2019年第22期。

三、构建地域文化自信

1. 基础

构建地域文化自信的基础，最重要者莫过于地方文献的系统性调查、收集、整理、研究、挖掘，其次为本土非遗文化的有序传承与弘扬，最后为地域考古材料及其新发现。自然，非遗文化与考古发掘可以通过文献化的方式融入地方文献体系中，以此构建起地域文化自信的地方文献及其地域知识系统的完备历史文化资源体系。

在整理地方文献的同时，还应该注重对国家文献中涉及的本地域人物、历史事件记载资料的梳理工作，运用这些资料，不仅可以寻找地域文化与国家文化互动的线索与文化痕迹，还可用来弥补地方文献因散佚而产生的缺憾，以此构建地方文献有价值的外部文化资源系统。

2. 路径

构建地域文化自信，最重要的实现路径，就是要以包括地方文献在内的地域文化遗产资源保护与深度挖掘为基础，综合充分运用现代技术、文化理念、艺术审美等手段，对地域文化遗产进行文化创意设计与研发，其一，打造地域社会文化基础设施；其二，挖掘地域影视文化资源，包括电影、电视剧、文化纪录片等；其三，运用新媒体技术，制作形式多样的传播地域文化遗产的新媒体产品；其四，开发凝结地域文化的文创产品；其五，实施文旅融合战略，打造全域旅游格局与体系，培育全域旅游市场等。

3. 方法

（1）发现。地域历史，悠远千年。我们现在掌握的地方文献材料与历史事实，仅仅是其中的一部分，许多文献与文化资源大多散佚或被历史湮没，但经过我们的努力，总会有一些有价值的新发现，如我们对北周汉中郡守甄鸾的发现与确认；再如西北联大汉中办学的历史随着这一领域研究的展开，这段历史的宏阔图景与历史细节渐渐浮现，并愈发清晰；我们在地方文献调研过程中发现了《陕西城固县教育概况》，该县域教育志书不仅仅是对城固县教育历史的梳理，还承载了国家教育文化的特殊历史与价值；汉中市检察院熊黎明先生，作为地域文化的爱好者，一贯较为注重收集汉中地方文献，近来他于一旧书肆获取了两份清代褒城进士王絫在京候补期间的家书，具有重要的历史文献价值，实属难得，非常珍贵；陕西理工大学汉水文化研究中心研究员冯岁平先生与凤县袁永冰先生合作的《中国蜀道文献集成》编撰工作，他们虽有

"竭泽而渔"之志，通过不同方式收集资料，却不断有未曾发现的新资料（地方文献）的发现；再如近来广西师范大学韩小荣先生为我们提供的明抄本《陕西汉中府有关捕解资料》、嘉庆十九年刻本《公余课草》、道光八年刻本《赐葛堂时文稿》、民国文献《陕南商业调查录》，皆为我们以前所未掌握的珍稀汉中地方文献，以及道光刻本《二谢集》、光绪初年刻本《游秦存稿》亦为近期所发现并获取；2018年9月，陕西理工大学汉水文化研究中心研究员冯岁平先生与留坝县政协杨斧祺先生在留坝栈道考察过程中发现清代凤县县衙文书档案多达三百多份，时间跨度为清康熙年间至光绪年间，内容涉及了驻藏大臣、廓尔喀（今尼泊尔）葛箕、川饷运送、栈道修理、官员过境登记、宪牌文书、诉讼文牍等，这应该是近年来汉中地域最重要的文献资料发现；进入2021年，我们又在不经意间发现自民国初期开展并推行汉字简化运动中，生于汉中城固的陈光尧先生就是这一社会运动的重要推手，而本土地方志中阙如；等等。这些发现不仅能够深化、汇集地方文献及其地域文化知识体系，对于历史图景复原、揭示地域文化精神及其当代价值阐发大有裨益。

（2）萃取。对地方文献展开系统研究，深度揭示基于地方文献所蕴含的地域文化思想精神价值及其当代价值，是一个地域文化独有价值的提炼与萃取过程。例如，清中期留坝、定远两厅小吏陈庆怡，凭一己之力为新设厅创修志书，其文化自觉及其使命感，不仅具有本土历史文化价值，而且对当代汉中文化自觉意识弘扬不无启示；我们通过对清末及民国时期汉中方志文化从理论创建与实践的系统研究，获得了该时期汉中方志文化走在了全国前列的研究性结论，抗日战争时期的城固不仅是西北地区的文化教育中心，也是同时期中国最为重要的方志文化重镇；陕西理工大学汉水文化研究中心研究员冯岁平先生，自2014年后，连续对留坝境内的栈道遗址进行了持续六年的田野考察，他认为要解决栈道最基本的理论问题，必须重视和依托留坝县域的栈道遗存，他还提出"天下栈道，唯汉中（留坝）为要"的重要观点，无疑为汉中（留坝）打造了一张文化底蕴深厚的地域文化名片；甄鸾的发现，让我们认识到在千年前，曾有瑰丽的中国古典数学文化在汉中开花结果；通过系列文献分析，我们重新认识了汉中独特的地理地貌及区位优势与中国"大一统"文化独特的权重价值；等等。

（3）活化。珍稀或难得的地方文献也是文化遗产的重要组成部分，在某种意义上，文献及地方文献是"死"的，如果我们视而不见、熟视无睹，不去发现、整理与研究，这些地方文献便只能皮藏于馆所，默默蒙尘。2014年3月，习近平总书记在联合国教科文组织总部发表的演讲中提出："让收藏在博物馆里的文物、陈列在广阔大地上的遗产、书写在古籍里的文字都活起来。"[①] "活"，即活化，就是从当代精神资源视野对传统文化遗产进行挖掘、解构、阐发和创造性转化，释放文化遗产蕴藏的物质

---

① 习近平：习近平在联合国教科文组织总部的演讲，http://jhsjk.people.cn/article/24759342.

形态、精神神韵和制度规范的价值潜能，让文化遗产从典籍、考古、历史遗存、博物馆藏品中走出来，注入新的文化生命，使其焕发生机，续写传统文化复兴的新篇章。基于地方文献的地域文化活化，须充分萃取其历史文化价值，并建立起与当代地域文化价值相融的内在文脉联系，进行创造性转换与创新性再造，重新赋予其全新的文化生命与意涵，再造地域文化场景，即加快地域文化基础设施建设，我们创编的十余个文创方案，就是基于这种文化理念，在此不再赘述。另一活化方式，就是通过影视艺术及相应传播手段进行地域文化的弘扬，我们发现汉中具有颇多的影视艺术创作内容与题材，包括拍摄人物故事、历史事件的文化作品、电影或电视剧，如褒姒、陆游在汉中、汉王刘邦，尤其是西北联大汉中办学更是可作为具有史诗性的创作价值的影视题材，但目前还仅仅停留于学术研究的层面上，其多元文化呈现方式尚在期待中；再如赵亚曾、黄汲清进行秦岭地质考察，王德基等的汉中盆地地理考察，李承三、林超等的嘉陵江流域地理考察，张伯声对秦巴山地质考察等，可作为汉中弘扬科学教育文化文献纪录片的绝佳创作题材予以策划、创作。汉中还是"三线"建设的重要地理区域，在1964—1975年共十年间，留下了那一特殊历史时期的不少工业文化遗存，对其实施保护、开发与利用已迫在眉睫，但愿即将播出的电视剧《中国制造》能够促进汉中市各级政府将"三线"建设工业遗址尽快纳入保护、开发计划，《中国制造》创作团队在拍摄过程中于其中的"汉江铸锻件厂"和陕西理工大学北校区进行取景拍摄。在历史文化遗产资源"活化"领域，中国文物界已经取得了不少创作经验与社会影响力，如故宫系列文创产品，以及央视近年来推出的《考古公开课》《国家宝藏》《典籍里的中国》等对我们如何运用媒体活化地域文化遗产的方式方法不无借鉴与启示。

  以上是我们结合如何构建汉中地域文化自信所进行的探索性研究及其思考，各地域虽文化特质不同，地域文化资源禀赋有别，资源状况各异，但地域文化构建的路径与方式则具有方法论意义上的共性或大同小异，关键在于因地制宜，实事求是。新时代，如果各个地域都重视并实施构建地域文化自信，不仅可以促进各地域社会经济文化的可持续发展，而且可使我国文化自信战略得以逐步实现。

参考书目

一、古典文献

[1] （北魏）郦道元注，王国维校，袁英光、刘寅生整理标点：《水经注校》，上海：上海人民出版社，1984年。

[2] （汉）司马迁：《史记》，北京：中华书局，1959年。

[3] （汉）班固撰，（唐）颜师古注：《汉书》，北京：中华书局，1962年。

[4] （汉）刘安撰，杨有礼注说：《淮南子·本经训》，开封：河南大学出版社，2010年。

[5] （晋）陈寿撰，（刘宋）裴松之注：《三国志》，北京：中华书局，1959年。

[6] （唐）房玄龄：《晋书》，北京：中华书局，1974年。

[7] 赵尔巽等：《清史稿》，长春：吉林人民出版社，1995年。

[8] （唐）姚思廉：《梁书》，北京：中华书局，1973年。

[9] （清）顾祖禹：《读史方舆纪要》，北京：中华书局，1955年。

[10] （宋）王明清：《挥麈录》，北京：中华书局，1961年。

[11] （清）钱大昕：《十驾斋养新录》，上海：上海书店出版社，1983年。

[12] （明）宋濂等：《元史》，北京：中华书局，1976年。

[13] （清）张廷玉：《明史》，北京：中华书局，1974年。

[14] （汉）毛亨传，（汉）郑玄笺，（唐）孔颖达疏，梁运华整理：《毛诗正义》，济南：山东画报出版社，2004年。

[15] （清）马瑞辰撰，陈金生点校：《毛诗传笺通释》，北京：中华书局，1989年。

[16] （清）陈奂：《诗毛氏传疏》，清道光二十七年陈氏扫叶山庄刻本。

[17] （晋）常璩撰，任乃强校注：《华阳国志校补图志》，上海：上海古籍出版社，1987年。

[18] （清）侯康：《补后汉书艺文志》，北京：中华书局，1985年。

[19] （宋）王应麟：《玉海》，上海：江苏古籍出版社、上海书店联合出版，1987年。

[20]　（宋）王象之：《舆地碑记目》，北京：中华书局，1985年。

[21]　（元）脱脱：《宋史》，北京：中华书局，1977年。

[22]　（宋）杨万里：《诚斋集》（四部丛刊集部），上海涵芬楼藏本。

[23]　（宋）朱熹：《诗集传》，上海：上海古籍出版社，1958年。

[24]　（晋）常璩撰，刘琳校注：《华阳国志校注》，成都：巴蜀书社，1984年。

[25]　（北齐）魏收：《魏书》，北京：中华书局，1974年。

[26]　（北魏）郦道元：《水经注》，北京：商务印书馆，1933年。

[27]　（唐）李隆基撰，（唐）李林甫注，〔日〕广池千九郎校注、内田智雄补订：《大唐六典》，西安：三秦出版社，1991年。

[28]　（清）阮元：《畴人传汇编》，彭卫国、王原华点校，扬州：广陵书社，2008年。

[29]　（战国）荀况：《荀子》，北京：中华书局（2版），2015年。

二、方志文献

[1]　郭鹏：《汉中地区志》，西安：三秦出版社，2005年。

[2]　杨起超：《陕西省汉中地区地理志》，西安：陕西人民出版社，1993年。

[3]　汉中市地方志办公室编：《汉中年鉴·2018》，西安：陕西人民出版社，2018年。

[4]　穆育人等：《城固县志》，北京：中国大百科全书出版社，1994年。

[5]　（清）史左：《康熙版西乡县志》，清康熙二十二年刻本。

[6]　《南郑县志》编纂委员会：《南郑县志》，北京：中国人民公安大学出版社，1990年。

[7]　刘纬毅：《汉唐方志辑佚》，北京：北京图书馆出版社，1997年。

[8]　（汉）王褒等撰，陈晓捷辑注：《关中佚志辑注》，西安：三秦出版社，2006年。

[9]　刘纬毅、王朝华、郑梅玲等：《宋辽金元方志辑佚》，上海：上海古籍出版社，2011年。

[10]　（清）张松孙：《乾隆蓬溪县志》，乾隆五十一年刻本。

[11]　陕西省留坝县地方志编纂委员会：《留坝县志》，西安：陕西人民出版社，2002年。

[12]　（清）贺仲瑊、蒋湘南撰，唐婧主编，郭鹏总校注：《留坝厅志校注》，内部资料，2009年。

[13]　（清）余修凤：《定远厅志》，光绪五年刻本。

[14]　郭凤洲、柴守宇：《续修南郑县志》，民国十年刻本。

［15］ 陕西省地方志编纂委员会：《陕西省志·测绘志》，西安：西安地图出版社，1992年。

［16］ 金恩辉、胡述兆：《中国地方志总目提要》，台北：汉美图书有限公司，1996年。

［17］ （清）余修凤撰，贺培芬增补：《定远厅志》，光绪十八年刻本。

［18］ 洪焕椿：《浙江地方志考录》，北京：科学出版社，1958年。

［19］ 郭凤洲、柴守愚，朱林枫等校注：《续修南郑县志》，北京：中国人民公安大学出版社，1993年。

［20］ 陕南旅京同乡会：《陕南旅京同乡会与邵主席论续修陕西省通志稿书》，刊印本，1936年。

［21］ （明）杨守正、邑举人胡琏撰，穆育人校注：《嘉靖城固县志校注》，西安：西北大学出版社，1995年。

［22］ 《中国新编地方志总目提要》编纂委员会：《中国新编地方志总目提要》（1），北京：方志出版社，2006年。

［23］ （清）滕天绶主修，汉中市档案馆整理：《汉南郡志》，成都：巴蜀书社，2017年。

［24］ （清）张鹏翼：《洋县志》，民国二十六年重修石印本。

［25］ （清）罗秀书：《褒谷古籍辑略》，清同治甲戌汉南书院刻本。

［26］ 汉中地方志编纂委员会：《汉中市志》，北京：中共中央党校出版社，1994年。

［27］ 余正东：《黄陵县志·邵力子序》，《中国地方志集成·陕西府县志辑》（第49册），南京：凤凰出版社，2007年。

［28］ 陈元方：《陕西省志·人物志》，西安：三秦出版社，1998年。

［29］ 李正德：《陕西著述志》，西安：三秦出版社，1996年。

三、研究专著

［1］ 贾三强：《陕西古代文献研究》，北京：商务印书馆，2016年。

［2］ 〔英〕卡尔·波普尔著，舒炜光等译：《客观的知识：一个进化论的研究》，上海：上海译文出版社，1987年。

［3］ 〔美〕吉尔兹著，王海龙、张家瑄译：《地方性知识：阐释人类学论文集》，北京：中央编译出版社，2001年。

［4］ 郭沫若、闻一多、许维遹：《管子集校》，北京：科学出版社，1956年。

［5］ 中国科学院地理研究所、中华人民共和国水利部长江水利委员会汉江工作队：《汉江流域地理调查报告》，北京：科学出版社，1957年。

[6] 武善树：《陕西金石志》，西安：三秦出版社，2016年。

[7] 黎锦熙：《方志今议》，北京：商务印书馆，1940年。

[8] 中共陕西省委宣传部、陕西电视台、陕西省人民政府新闻办公室：《大秦岭》，西安：陕西人民出版社，2010年。

[9] 蒙本曼：《知识地方性与地方性知识》，北京：中国社会科学出版社，2016年。

[10] 余忠平：《龙岗流韵：南郑文化遗产研究》，西安：西北大学出版社，2010年。

[11] 李慧：《陕西石刻文献目录集存》，西安：三秦出版社，1990年。

[12] 陈良学：《明清大移民与川陕开发》，西安：陕西人民出版社，2015年。

[13] 何玉红：《南宋川陕边防行政运行体制研究》，上海：上海古籍出版社，2012年。

[14] 许吟雪、许孟青：《宋代蜀诗辑存》，成都：四川大学出版社，2000年。

[15] 刘清河：《汉水文化史》，西安：陕西人民出版社，2013年。

[16] 周振鹤：《中华文化通志·地方行政制度志》，上海：上海人民出版社，1998年。

[17] 李治安：《元代行省制度》，北京：中华书局，2011年。

[18] 李星：《诗踪别证》，内部资料，汉中师范学院印，1985年。

[19] 镇巴县文化馆：《镇巴民歌总汇》，西安：陕西人民出版社，2007年。

[20] 梁启超：《要籍题解及其读法》，长沙：岳麓书社，2010年。

[21] 黄苇：《方志学》，上海：复旦大学出版社，1993年。

[22] 顾宏义：《宋朝方志考》，上海：上海古籍出版社，2010年。

[23] 彭静中：《中国方志简史》，成都：四川大学出版社，1990年。

[24] 高峰：《陕西方志考》，吉林省地方志编纂委员会编、吉林省图书馆学会印，1985年。

[25] 黎锦熙、甘云鹏：《方志学两种》，长沙：岳麓书社，1984年。

[26] 王雪玲：《清代学者名儒与陕西地方志的修纂》，北京：科学出版社，2016年。

[27] 陈非：《我有南山君未识：陕南民歌之旅》，西安：陕西师范大学出版总社，2015年。

[28] 段木干：《中外地名大辞典》，台北：人文出版社有限公司，1981年。

[29] 复旦大学历史地理研究所：《中国历史地名辞典》，南昌：江西教育出版社，1986年。

[30] 钱宏：《鸦片战争以前中国若干手工业部门中的资本主义萌芽》，上海：上海人民出版社，1955年。

[31] 章嶔：《中华通史》，北京：东方出版社，2014年。

[32] 〔德〕柏石曼（Boerschmann）著，沈弘译：《寻访1906～1909：西人眼中的晚晴建筑》，天津：百花文艺出版社，2005年。

[33] （清）阮元撰，彭卫国、王原华点校：《畴人传汇编》，扬州：广陵书社，2008年。

[34] 〔英〕李约瑟著，《中国科学技术史》翻译小组译：《中国科学技术史·卷三·数学》，北京：科学出版社，1978年。

[35] 中国陆游研究会、汉中市陆游学会：《陆游与汉中》，上海：上海古籍出版社，2013年。

[36] （明）阎尔梅撰，王汝涛、蔡生印编注：《白耷山人诗集编年注》，北京：中国文联出版社，2002年。

[37] 〔法〕LEOP GAIN S.J.著，袁承斌、丁汝成译：《方德望神父小传》，上海：上海土山湾印书馆印（上海徐汇圣教杂志丛刊），1935年。

[38] 袁明仁：《三秦历史文化辞典》，西安：陕西人民教育出版社，1992年。

[39] 〔英〕李约瑟著，《中国科学技术史》翻译小组译：《中国科学技术史·卷五·地学》，北京：科学出版社，1976年。

[40] 刘咸炘：《大家论学·刘咸炘论史学》，上海：上海科学技术文献出版社，2016年。

[41] 黄苇：《中国地方志辞典》，合肥：黄山书社，1986年。

[42] 孙启祥等著：《文化汉中》，西安：三秦出版社，2014年。

[43] 城固县教育局：《陕西城固县教育概况》，城固：前驱印刷厂刊印，1940年。

[44] 梁启超著，夏晓虹、陆胤校：《中国近三百年学术史》，北京：商务印书馆，2011年。

[45] 傅增湘原辑，吴洪泽补辑：《宋代蜀文辑存校补》，重庆：重庆大学出版社，2014年。

[46] 郭黎安：《宋史地理志汇释》，合肥：安徽教育出版社，2003年。

[47] 冯尔康：《清史史料学初稿》，天津：南开大学出版社，1986年。

[48] 梁启超：《清代学术概论》，上海：中华书局，1954年。

[49] 〔美〕余定国著，姜道章译：《中国地图学史》，北京：北京大学出版社，2006年。

[50] 凌善金：《地图美学》，芜湖：安徽师范大学出版社，2010年。

[51] 郭亮：《十七世纪欧洲与晚明地图交流》，北京：商务印书馆，2015年。

[52] 成一农：《"非科学"的中国传统舆图：中国传统舆图绘制研究》，北京：中国社会科学出版社，2016年。

[53] （清）陆桂星、陈德熔：《测绘浅说》，清光绪十六年陕西省舆图馆刻本。

[54] 陈成国：《尚书》（校注本），长沙：岳麓书社，2004年。

[55] 郑德坤、吴天任：《水经注研究史料汇编》，台北：艺文印书馆，1984年。

[56] 王寿春：《郦道元与〈水经注〉新解》，深圳：海天出版社，2013年。

[57] 吴文俊：《中国数学史论文集》（二），济南：山东教育出版社，1986年。

[58] （清）岳震川撰，冯岁平、张西虎校注：《赐葛堂文集》，西安：三秦出版社，2014年。

[59] （清）严如熤：《乐园文钞》，道光二十四年刻本。

[60] 徐世昌：《晚晴簃诗汇》（卷一百二十二），退耕堂刊本。

[61] 孙殿起录：《贩书偶记》，上海：上海古籍出版社，1987年。

[62] 蔡冠洛：《清代七百名人传》，北京：中国书店，1984年。

[63] 来新夏：《且去填词》，天津：天津古籍出版社，2001年。

[64] 林则徐全集编辑委员会：《林则徐全集》，福州：海峡文艺出版社，2002年。

[65] 冯岁平：《西北小江南：汉中》，西安：三秦出版社，2003年。

[66] （清）严如熤著，冯岁平、张西虎整理：《乐园文钞》，西安：三秦出版社，2015年。

[67] 周焱：《褒城周氏族谱》，民国八年秋刊本。

[68] 安汉：《西北垦殖论》，南京：国华印书馆，1932年。

[69] 周有光：《百岁新稿》，北京：生活·读书·新知三联书店，2005年。

[70] 中央教育科学研究所图书资料室：《解放前出版的教育图书目录》，内部资料，1982年。

[71] 黎琴南著，宋文富校注：《全县经济调查报告书校注》，北京：华夏出版社，2006年。

[72] 孙鸿烈：《20世纪中国知名科学家学术成就概览·地学卷·地质学分册（一）》，北京：科学出版社，2013年。

[73] 李星：《诗踪别证》，汉中师范学院刊印，内部资料，1985年。

[74] 陈显远：《汉中碑石》，西安：三秦出版社，1996年。

[75] 刘静海：《泰岱文心》，济南：山东友谊出版社，2013年。

[76] 郭荣章：《石门石刻大全》，西安：三秦出版社，2001年。

[77] 郭荣章：《中国早期秦蜀古道考述》，北京：文物出版社，2018年。

[78] 郭鹏：《鸿爪集》，西安：三秦出版社，2007年。

[79] 孙家祥：《现代主义绘画解读》，上海：上海教育出版社，2010年。

[80] 汉中市博物馆：《石门：汉中历史文化遗产研究（2005）》，西安：三秦出版社，2006年。

[81] 〔美〕凯尔（Kyle G. A.）著，张远航译：《绝版长江：1910年代的铁路营造与沿途风物》，桂林：广西师范大学出版社，2007年。

[82] 〔意大利〕南怀谦（Leone Nani）：《世纪回眸：意大利神父南怀谦清末民初

中国写真》，澳门：临时澳门市政局澳门艺术博物馆制作，2001年。
[83] 刘昌安：《〈诗经〉"二南"研究》，北京：中国社会科学出版社，2018年。
[84] 冯岁平：《发现汉中》，北京：华夏出版社，2008年。
[85] 鲁西奇、林昌丈：《汉中三堰：明清时期汉中地区的堰渠水利与社会变迁》，北京：中华书局，2011年。
[86] 孙启祥：《汉中历史文化论集》，西安：陕西人民出版社，2011年。
[87] 孙启祥：《蜀道三国史研究》，成都：巴蜀书社，2017年。
[88] 谭平：《镇巴史话》，北京：文物出版社，2015年。
[89] 〔德〕马克思、恩格斯著，中共中央马克思恩格斯列宁斯大林著作编译局译：《马克思恩格斯选集》（第1卷），北京：人民出版社，1995年。
[90] 刘钊等：《新甲骨文编（增订本）》，福州：福建人民出版社，2014年。
[91] （宋）郭允涛：《蜀鉴》（影印本），成都：巴蜀书社，1984年。
[92] （清）叶昌炽：《语石》（影印本），上海：上海书店，1986年。
[93] 孙照海、孙彦：《民国史地期刊汇编》（第3册），北京：国家图书馆出版社，2010年。
[94] 马非百：《秦集史》（全2册），北京：中华书局，1982年。
[95] 王兴林：《泾阳史话》，内部资料，1994年。
[96] 戴吾三：《考工记图说》，济南：山东画报出版社，2003年。
[97] 王家葵：《近代书林品藻录》，济南：山东画报出版社，2009年。
[98] 毛泽东：《毛泽东选集》（卷2），北京：人民出版社，1991年。
[99] 胡锦涛：《胡锦涛文选》（卷3），北京：人民出版社，2016年。
[100] 习近平：《习近平谈治国理政》（卷2），北京：外文出版社，2017年。
[101] 钱穆、张荫麟：《国史大纲》，《国史大纲·中国史纲（上古篇）》，"民国丛书 第一编075历史、地理类"，上海：上海书店，1989年。

四、学 术 论 文

[1] 王德基、陈恩凤、薛贻源等：《汉中盆地地理考察报告》，《地理专刊》（第三号），1946年。
[2] 李承三、周廷儒、郭令智等：《嘉陵江流域地理考察报告·上卷·地形》，《地理专刊》（第一号），1946年。
[3] 赵亚曾、黄汲清：《秦岭山及四川之地质研究》，《地质专报》甲种第九号，实业部直辖地质调查所、国立北平研究院地质研究所印行，1931年。
[4] 刘雪平：《地方性知识视野下的图书馆地方文献研究》，《河南图书馆学

刊》2015年第8期。
- [5] 刘国钧：《国立西北图书馆筹备计划书》，《社会教育季刊》1943年第3期。
- [6] 莎日娜、张利：《西部民族地区自然科学文献资源特征》，《云南民族大学学报（哲学社会科学版）》2008年第2期。
- [7] 邬卫华：《自然科学地方文献论析》，《图书情报工作》2009年第13期。
- [8] 霍世诚、郁士元、张耀麟等：《汉中梁山地质》，《西北大学学报（自然科学版）》1957年第1期。
- [9] 沈玉昌：《汉水河谷的地貌及其发育史》，《地理学报》1956年第4期。
- [10] 吕翕声：《汉水源于太白山》，《地理教育》1937年第5期。
- [11] 周宏伟：《汉初武都大地震与汉水上游的水系变迁》，《历史研究》2010年第04期。
- [12] 王社江、鹿化煜：《秦岭南麓汉水上游旧石器考古研究现状与契机》，《人类学报》2014年第8期。
- [13] 陕西省考古研究院、中国科学院古脊椎动物与古人类研究所、南京大学地理与海洋科学学院等：《陕西南郑疥疙洞旧石器洞穴遗址发掘获重要成果》，《中国文物报》2019年12月6日。
- [14] 赵丛苍：《城固洋县铜器群综合研究》，《文博》1996年第4期。
- [15] 李伯谦：《城洋铜器群与早期蜀文化》，《考古与文物》1983年第2期。
- [16] 蔡副全：《新发现武兴国主杨文弘与姜太妃夫妇墓志考》，《考古与文物》2014年第2期。
- [17] 李盈悦：《雪村友梅及其〈岷峨集〉研究》，四川师范大学硕士论文，2018年。
- [18] 肖希明：《"国史"与"图书馆史"融合的历史分期：现当代中国图书馆史分期探讨》，《中国图书馆学报》2015年第3期。
- [19] 宋自玉、刘朝汉：《"五四"运动和中共建党初期的汉中》，《汉中师院学报（哲学社会科学版）》1990年第2期。
- [20] 张帆帆：《庾仲雍生平补正及其地记数种考论与辑补》，《中国地方志》2018年第2期。
- [21] 郭鹏：《汉中地区历代志乘述略》，《汉中师院学报（哲学社会科学版）》1994年第1期。
- [22] 钟振振：《〈全宋词〉阎苍舒小传补正》，《江海学刊》2010年第3期。
- [23] 《陕西通志馆组织规程》，《新陕西月刊》1931年第2期。
- [24] 国民政府内政部：《修志事例概要》，《内政部内政公报》1930年第12期。
- [25] 《国民政府指令》（第2907号）：《国民政府公报》1929年第344期。
- [26] 《洵县呈赍遵令采编新志材料》，《陕西省政府公报》1929年第640期。

[27] 《宁羌县呈赍遵令采编新志材料》,《陕西省政府公报》1929年第740期。
[28] 《略阳县呈赍遵令采编新志材料》,《陕西省政府公报》1929年第804期。
[29] 《洋县呈赍遵令采编新志材料》,《陕西省政府公报》1930年第891期。
[30] 巴兆祥、何沛东:《中国地方志发展规律述略》,《中国地方志》2016年第8期。
[31] 竺可桢:《中国近五千年来气候变迁的初步研究》,《考古学报》1972年第1期。
[32] 徐飞、江增辉:《中华传统学术资源的现代价值:从〈中国近五千年来气候变迁的初步研究〉谈起》,《学术界》2012年第10期。
[33] 张九辰:《本世纪上半叶中国近代区域地理学的特色及地位》,《自然科学史研究》1997年第2期。
[34] 扈晓冰:《史念海对新方志学的贡献》,《中国地方志》2019年第6期。
[35] 蓝勇:《严如熤及其经世文献的价值》,《清史研究》1996年第4期。
[36] 翁文灏:《赵亚曾先生为学牺牲五年纪念》,《中国地质学会志》1934年第4期。
[37] 徐近之:《抗战期间我国之重要地理工作》,《地理学报》(第14卷)1947年合刊本。
[38] 杨建民:《"蜀道"通今"三国"演春秋:读〈蜀道三国史研究〉》,《团结报》2018年1月11日。
[39] 张维为:《"文明型国家"视野下的中国模式》,《社会观察》2010年第12期。
[40] 张志哲:《钱穆和〈国史大纲〉》,《文史哲》1986年第2期。
[41] 王婷:《地域文化在坚定文化自信中的重要功能》,《红旗文稿》2019年第22期。

附录一 调研手记

说 明

本"调研手记",为张显锋同志在汉中地方文献调研工作中所记,从其"工作日志"中选辑,整理时,基本保持原始记载,仅就个别文字与措辞略做修改。

特此说明。

编 者
2020年8月

一、镇巴县地方文献调研手记

2013年9月22日 星期日 阴

上午,在馆办公室开介绍信,准备前往镇巴各相关单位进行地方文献的调研和采访工作,并参加支部会议。

下午,乘车前往镇巴。

2013年9月23日 星期一 晴

上午到镇巴县图书馆,但郝明华馆长在外出席会议,便离去。

午休后,前往图书馆,见到了郝馆长,说明来意,他倒很热情,我们聊了近三个小时,聊得很开,包括地方文献以及他们的地方文献馆藏情况、他的收藏标准及他的文学创作等,他将镇巴县图书馆地方文献馆藏目录给我复印了一份,收藏量很小。

下午五点,我离开。

2013年9月24日 星期二 阴

早上八点半左右,按约定,准时前往镇巴县史志办,在老同学唐久玲的带领下,见到史志办副主任代世文,递交介绍信,在办公室约谈,后与史志办主任邹春蕊见面，说明来意，对方大力支持，很热情，毕竟是家乡人。

县史志办收罗了不少珍贵文献，一些尚未进入我的视野，接地气必有收获，我对此感触太深。将搜得地方文献资料打包存放代主任办公室，走时再取。

下午，到县文化馆，馆长下乡，只好联系县文管会主任向成忠，在办公室交流了半小时左右，因他参会，我只有告辞，他送我《陕西第三次全国文物普查丛书·汉中卷9·镇巴文物》（陕西省文物局编，陕西旅游出版社，2012年4月），该书为正规出版物，印制精美。

2013年9月25日　星期三　阴

上午8：30，按照约定，准时到了镇巴县档案馆，在薛远华哥的安排和刘科长的引领下，进了档案库，在资料类部分翻阅资料，发现以下地方文献线索。

（1）冯寿生主编《陕川冯氏家谱》，2010年9月编辑印刷（陕新出内［2010］06号），总页码343页。

（2）刘光朗主编《刘氏家谱》，2009年8月，内部印刷，总页码340页。

（3）刘光朗编《酒礼词吉利歌》，陕内资图批字（2002）JH17号。

（4）江成云著《流年弦音清浅》，香港：中国图书出版社，2011年1月。

（5）刘光朗主编《巴山顶上修堰塘》，中国文化出版社，2008年10月。

（6）石清华著《深山铁佛》，西安地图出版社，2002年4月。

（7）石清华著《过街楼》，内蒙古人民出版社，2010年5月。

（8）郝明森著《光棍山》，中国文史出版社，2006年1月。

（9）陕西省文化厅编《第二届陕西省农民文化节获奖作品选》，陕西人民出版社，2011年9月。

（10）镇巴县文化广电局、镇巴县文工团演艺有限公司、镇巴县非遗保护中心编《镇巴民歌——"民歌进机关"学习资料（国家级非物质文化遗产保护项目）》，2012年4月（内部印刷资料）。

（11）汉中市档案局编《汉中旧影》，三秦出版社，2013年4月。

（12）陕西省镇巴县委员会文史资料研究委员会编《开拓者的足迹——镇巴政协十四年》，（陕出批）字第04768号，1995年9月印刷。

（13）镇巴县委党史研究室、档案局编《中共陕西省镇巴县组织史资料（1937年5月—1987年1月）》，陕西人民出版社，1993年10月。

上午十左右，接到冬盛电话，让我尽快赶往县政协，只好改变计划前往，李安平主任在汉中开会，冬盛电话联系上后，李主任安排马骁耘同志接待了我，将《镇巴文史资料》（2—8辑）交到了我的手上，太珍贵了。

下午，上班时间，继续在档案库中翻阅资料，发现如下。

（1）《孔氏家谱》（档案局收集整理、系复制品）。

（2）《安定程氏家谱》（档案局收集整理、系复制品）。

（3）《王家坪王氏家谱》（档案局收集整理、系复制品，于右任题写谱名）。

（4）《王氏宗谱》（档案局收集整理、系复制品，三槐堂记）。

（5）《王世铿草书贴》（档案局收集整理、系复制品，残破严重）。

（6）《张氏历代世系略考（附条规碑记）》（档案局收集整理、系复制品）。

（7）《重刻汉中府志》（1983年6月汉中地委宣传部翻印，全套，版本价值不大，但品相很好）。

（8）部分清末石印版《陕西官报》《外交报》《学部官报》，版本价值较大，可列为珍贵的古籍资料，在县史志办，听代世文（原档案局副局长）介绍，《陕西官报》是档案馆唯一称得上珍贵的资料。

本想将上述资料复制带回，现场与馆长联系请示，他定不下来，虽有遗憾，我也就只好作罢，我就将上述资料拍了资料图片，回单位后让馆长参考评判后，再看是否决定复制。辞别档案馆后，顺道打探拜访了多年未曾谋面的大学同班同学何天成老大哥，跟我一样，胖了，精神气质不错，聊得开心。

2013年9月26日　星期四　阴

早上前往县文教体育局，代表学校邀请陈小华局长、王科玉局长出席我校的校友会成立大会，都不在，只好电话邀请。

前往文化馆，刘馆长不在，见到了郝明森副馆长，但他马上下乡，去兴隆平安出差，相约明天下午见面相叙。我便起身前往教师进修学校休息。

下午，朱广录老师领我拜访镇巴民歌大王刘光朗老先生，老人家近来感冒，早上还在县医院输液，精神状态不是很好，但没有影响接待我们的热情，与他聊天时，我瞅住机会请求他将多年来收藏的民间资料（多为民间唱词）取出，年代较远，品相不好，但资料价值较大，如下。

（1）《养蛇记》，癸亥年六月初八日抄写，胡学平（低档草宣纸，毛笔缮写，书迹上乘，有残破）。

（2）《婴歌记》（深蓝钢笔誊抄）。

（3）《八仙图》（深蓝钢笔誊抄，老本转接、手抄本）。

（4）《劝士歌》（低档草宣纸，毛笔体字迹，书迹上乘，有残破，为封建时代蒙学教材，具版本价值，品相不错）。

（5）《说歌头》（无封面，毛笔誊写）。

（6）《张孝打风》（现代红色通行纸张抄写，钢笔体，书写字迹差）。

（7）《曹安杀子、三孝记》，胡先成（癸亥年四月初一日，低档草宣纸，毛笔体字迹，书迹一般）。

（8）《孝歌》（低档草宣纸，毛笔小楷字迹，书迹一般，残破但不严重）。

（9）《古体诗（手抄残本）》（刘老先生整理后复印稿，2008年6月）。

（10）《诸斋坛前》（目连卷二，刘老先生整理手抄残本复印件，2007年7月12日）。

（11）《醒人心歌》（刘老先生整理水印残本复印件，2007年7月12日）。

（12）《杨家将说唱本》（刘老先生整理手抄残本，2007年7月12日）。

（13）《梦醒晨钟·同道坛（残本）》（刘老先生整理水印残本复印件，字迹工整，2008年6月）。

（14）《幽冥传》（刘老先生整理水印残本复印件，刊刻字迹工整，2007年6月12日）。

（15）《十里亭（小调唱本）》（刘老先生整理打印稿）。

（16）《二十四孝·大舜耕田》（刘老先生整理打印稿）。

（17）《张孝打风（孝歌记本之五）》（刘老先生整理打印稿）。

（18）《上茶山》（刘老先生整理打印稿）。

（19）温中禄主编《温氏族谱》。

上述资料是刘老先生多年收集所得，一些虽品相不好，但资料价值珍贵，遗憾的是时间短，无法细品、测量尺幅、清点页码，能允许我拍摄资料图片，就已经很不错了，我很知足。回老家进行地方文献采访，接地气，与刘老先生相见，还有了一种接仙气的感觉。拍完资料图片后，我们又小叙了一阵，他提到，一直对背老二号子和风箱号子很有感情，也在进行整理。背老二是中华人民共和国成立前进行运输的脚夫，这是大巴山特殊的地理环境造就的一种苦力职业，背老二号子当年流行于陕南和川北一带；风箱号子，我是第一次听说，可见当年在这一代冶铁业较为发达；他还说了我小时听说过的一个称谓——"毛窟窿"，这是指对背老二群体中最低档次的一类人，即麻片裹身，衣不蔽体，体有臭味，就连普通客栈都不收留，时常在路边山洞中休息过夜的人的带有人格蔑视的称谓，此词汇我早就忘记了。乡土气息萦绕心间，我有一种幸福的感觉，对"毛窟窿"这一阶层人的同情和尊敬的情感也油然而生。由于刘老先生身体不适，已经打扰他近两个小时了，便起身与广录兄弟一道与刘老先生辞行。

2013年9月27日　星期五　晴

上午在宾馆整理资料，补写昨天的工作日志。

下午前往县文化馆，找到郝明森副馆长，从他那得到一些地方文献资料，数量不大，但一套精美的《镇巴名歌总汇》让我异常欣喜。回宾馆小憩，下午5点多步行至县教师进修学校与冬盛等兄弟们会合，相聚并晚餐。

2013年9月28日　星期六　晴

昨夜洗漱后，躺在床上浏览《山之魂》杂志，感觉不错，两点才入眠。

早上起床很早，决定返回汉中。

八点多去冬盛家，一同外出早餐，联系代世文取东西后，回宾馆整理书籍，两个不大不小的纸箱全部装满，县中李初发老师开车送我至汽车站，购票上车，十点五十准时出发，中午一点半左右在丰辉广场旁下车，打出租至校内父母家。

午休后，整理地方文献数目。

2013年9月29日　星期日　晴

早上将征集的地方文献资料从父母家搬至办公室。

给馆长打电话，约他见面，准备向他当面汇报工作和此次镇巴之行的详细情况，他却去了北校区图书馆。将资料拆包、上架，经清点，近70册。后翻阅浏览了县志、军事志等。将从郝明华馆长处带的书送至教务处交温勤能老师。

二、佛坪县地方文献调研手记

2013年10月25日　星期五　晴

与佛坪广电局马局长几次均未联系上，只好托谭斌弟代为联系，很快回复，应该问题不大。原准备本周周三或周四前往，但意识到周六、周日无法开展工作，待着也无聊，故决定周日出发，下周一就可以开展工作，如此安排应该是合理的。此次前往佛坪，很难想象效果会咋样，但须有勇气去做才行。另外，从在镇巴的工作经验看，还可以扩大调研范围。

2013年10月26日　星期六　阴、小雨

今天孩子不上学，早上多睡了一会儿。

来单位，去办公室开介绍信、盖章，借500.00元用于地方文献征集备用。

2013年10月27日　星期日　多云

早上八点多，前往汽车站购买车票，但下午一点四十的高速大巴未报班，无法售票，只得委托柳超代为购买车票。骑车赶往3201医院，看望舅舅，早上突然出现异常情况，我到时正在抢救室，病情加重、有反复，我待了一会就离开了。赶回家做饭，饭后匆忙赶车。

到佛坪的客车在佛坪大河坝下高速，因进县城的高速引道正在施工而无法通行，沿河的左岸蜿蜒、颠簸上行，沿途因引汉济渭工程施工，河谷山势陡峭，多处路段有泥石流的痕迹，颇感提心吊胆。看来工程量巨大。沿途山景指示着晚秋的季节，山色斑斓。下午四点半左右下车，入住娇子宾馆401单间，房价较高。

安顿后与文广局马正平局长联系，他刚好就在此宾馆。见面后我们拜访了他的几个朋友，并在椒溪河对岸的农家乐就餐，马局专门回家取了一瓶1986年出厂的"茅酱窖"，味道甘醇，桌上的一盘野生小鱼鲜美无比，在此有缘结识了宁强羌族博物馆的设计者潘磊，年少有才气，上个月我参观过宁强羌族博物馆，印象深刻；席间当他听说我是镇巴人时，问我是否认识彭光琴，他讲述了与彭光琴一道参加山东济南艺术节时的一些细节场面。

2013年10月28日　星期一　多云

原准备上午前往佛坪县图书馆，因马馆长有会无法成行，只好在宾馆等候消息。

下午在图书馆见到了马馆长，她原为教师，两年前调任县图书馆馆长，此人干练、精明，有女强人的气质。我直奔主题，她将我带到一书库，我浏览了一下地方文献专架，量不大，品种也不齐全；但在此库中，我发现了几部古籍，全部为中医古文献，还发现了几部民国文献，版本价值较大。征得同意后我拍了资料图片。在这个过程中，发现多本书的扉页上盖有"庞帮俊"的个人印章，钤印品相不差，我询问原因，马馆长说此人原为草药先生，一直在县城摆草药摊，以卖草药为生，三年前辞世。我感觉到此人有了解的价值，我的判断是馆藏古籍可能为他所捐献，起码这位草药先生也是一位爱书之人。库内还藏有20世纪50年代中华书局出版的二十四史的部分藏书。就地方文献，发现了《陕南道情》、多卷本《秦腔》和郭沫若先生的《蜀道奇》等，多少有点激动，致电王馆长汇报。

晚饭后与马局及家人、大学同学黄朝霞、政协何主任等一道散步，参观了新落成的新体育场和东山公园旁的"秦岭四宝"大型灯饰。

2013年10月29日　星期二　小雨

在我的影响下，佛坪图书馆马馆长对地方文献也产生了较大的兴趣，相约一道采访。早上我与马馆长一道先去了佛坪县政协，获得了"佛坪文史资料"一套三册。

在史志办获取了如下资料。

（1）《佛坪县志》（1993年版）。

（2）《佛坪60年大事记》。

（3）《辉煌的二十年》。

（4）《烈火丰碑》。

在文化旅游局获取了如下资料。

（1）《佛坪等你来》。

（2）《佛坪文物》。

（3）《森林与人类》杂志二册（秦岭专辑）。

（4）《2012中国佛坪秦岭大熊猫旅游节暨音乐节开幕式光盘》。

（5）《2013中国佛坪秦岭大熊猫旅游节暨音乐节开幕式光盘》。

前往佛坪县人武部，采集《佛坪军事志》，但政工科谭科长以军事保密原则为借口拒绝，无奈，只能另想办法了。

下午，与马馆长一道前往档案馆，见到了陈馆长，很热情地接待了我们；获取了《佛坪档案馆馆藏资料登记册》，初步浏览，获得了不少很有价值的地方文献资料线索，有些均为第一次获知；后提出并获准进入档案库，原打算拍点资料，相机电池耗尽，无奈只得出库辞行，但收获也是很大的。

2013年10月30日　星期三　小雨

上午前往佛坪县文化馆，见到了张旭东馆长、宋小明副馆长，获取了如下资料。

（1）《可爱的佛坪》。

（2）《佛坪县歌谣集成》。

（3）文化馆办《绿野》小报多份。

张馆长还取出了一册《陕西省佛坪县非物质文化遗产普查表》，我一见便感觉资料珍贵，经同意后在外复制了一套。

下午朋友聚餐，见到了佛坪县中学、佛坪县文化名人黄文庆老师，此人率真、儒雅、语言风趣，一聊他与哥们老梅相识，更拉近了我们的感情距离，很是投缘；还结识了佛坪县史志办阎小明主任。黄朝霞同学兴致很高，舍命陪酒，让我感动，这是一份作为老同学的情分，弥足珍贵，此次开展调研活动，除马局外，朝霞老同学也为我搭建了非常好的工作平台，多次陪着我前往相关单位调研。

原准备明天打道回府，但《佛坪县地名志》还未获取，这是地方文献的核心资料，阎主任答应协助我寻求，加之也想与黄文庆老师聊聊，明天就再待一天吧。

2013年10月31日　星期四　晴转小雨

很早就起床了，拉开窗帘，早晨的东山公园映入眼帘，薄雾渺渺，山色斑斓，沿山的观景楼阁与风雨回廊时隐时现，清洁的空气宜人身心。

上午九时赶往史志办，找到阎主任，他们的资料都是单册，阎主任亲自带我在县委组织部获取《中国共产党陕西省佛坪县组织史资料》（一、二卷），后联系车辆，一道驱车前往佛坪县民政局，见民政局张局长，与之相聊过程中，他向我们讲述了多年前洋县与佛坪老百姓移动界碑以争地界的一些有趣往事。在此获取了《佛坪县地名志》，以上都是非常好的文献资料。

下午两点，与图书馆马馆长一道前往佛坪县中学，黄文庆老师在外迎候，在黄老师办公室相聊甚欢，他多年来一直喜欢鲁迅、郁达夫的作品，自己也笔耕不辍，除教学外，许多时间都用在了对佛坪文史、人文、风土、习俗的采写、挖掘与整理工作中，成果甚丰；在教学工作中，他热爱学生，非常注重对学生行为习惯的养成教育，他讲到在给某一届学生上最后一次语文课时，黑板未擦干净，就此事，他循循善诱地向同学们谈了他的看法与启示，并亲自将黑板擦净，还向他的学生们传授了擦黑板的方法与技巧，这是言传身教的一堂课。

在黄老师的带领下，我与马馆长一道参观了校园，在校园里用自然石描画的"秦岭四宝"是一道亮丽的风景，也是佛坪县中学校园文化最具特质的展示；我们还去了校荣誉室、校史展览、素质教育基地展室和作品展室，见到了美术老师陈老师（马馆长的妹夫），此人相貌平平，朴实异常，但他的作品与他学生的绘画作品让我对他肃然起敬，我再次感受到了干事业人才的重要作用。离开时，黄老师将一册校报《迎春花》合订本送给了我，同时获取了一册《佛坪县中学校志》（2000年编写），本子很珍贵，内文全为毛笔小楷撰写复制后装订成册；还获取了《佛坪县中学创建省标纪念册》一份，文字内容系黄文庆老师亲自撰写，文字精当了得！在校内本应与张彩云同学联系一下，但考虑到她忙于教学工作，未敢搅扰，此行离开。

出了佛坪中学后，我们顺道去了佛坪县初级中学，见到了鲁从文校长，马馆长的中学老师，在此处获取了《家乡神韵》（佛坪初级中学乡土教材），此材料乡土气息扑鼻。

2013年11月1日　星期五　晴

早早起床，在客运公司购返程票。盘点此行，虽收获地方文献数量不多，但重要地方文献大多获取，更有重要资料线索获取（特别在档案馆），再次领略了接地气的良好感觉。

八点多在县图书馆收获了叶广芩的《秦岭无闲草》（长春出版社出版，2011年），此书被誉为"叶广芩秦岭巨献、国内首部植物人文创作"。这又是一个意外收获，让我爱不释手。

时间充裕，临时决定上东山公园一游，天放晴，空气质优。自南侧的东山公园入口处进入，沿着一条无名沟向上攀登，除水泥制登山步道台阶和护栏外，其他风景皆为原生态，最初一段坡度较大，爬行吃力，上至中途一小潭后，步行道呈"之"字形，稍稍平缓，沿途见到了多株大小不一的"红豆杉"。登上观景阁，正准备俯瞰县城，忽听有人招呼，一见才发现是黄文庆老师与夫人登山至此，他们自北面上山，准备从南面下山,我只好改变计划,陪着他们边走边聊一道下山。

与搅扰了一圈的朋友们电话辞别,乘车安全返回汉中。

2013年11月2日　星期六　晴

上午上班,向王馆长汇报佛坪之行,他查看了我从佛坪带回来的文献资料,感觉不错。

三、西乡县地方文献调研手记

2013年11月23日　星期六　阴、小雨

与西乡县组织组张部长联系,他很热情,表示愿意对于我的地方文献调研工作予以大力协助,虽说平时不大联系,但毕竟同学情分还在,此刻就起了作用,西乡之行我终于放心了。接着联系大学同学孙国安,让他给我联系宾馆,他欣然答应。

2013年11月24日　星期日　晴

下午三点多,在丰辉广场候车并赶往西乡,走的是以前的老路,十天高速公路开通后,这条路多年未途经了。两个小时后抵达,大学同学孙国安开车在汽车站接我,安排在火车站附近的鑫隆商务大酒店入住,接着一道前往樱桃沟一农家乐就餐。

晚上,前往国安家,就在酒店旁边。

2013年11月25日　星期一　晴

很早起床,做好外出的准备工作。与国安一道在酒店附近早餐。

国安开车送我至西乡县委组织部办公室,办公室的小吕是我校审计处朱智宏的大学同班同学,我校校友。经她联系,面见张部长,说明来意和调研计划后,张部长安排王晓辉副部长领我前往史志办、档案馆接洽。随后在县委宣传部联系上了中学同学董传斌,他给了一本《西乡非物质文化遗产保护名录集》(西乡县文化馆编,陕内资图字【2012】JH23号)。

按照调研计划,与董传斌一道前往图书馆、文化馆。但因周末未开放,今天休假,无法开展工作,我俩只得返回宾馆叙旧,其间联系上王应超同学,他原先在县审计局工作,几个月前调到了县纪委,我向他询问了《西乡审计志》的编纂情况,他答应联系。很快回话,《西乡审计志》已经成书了,让我下午去审计局找李局长。

下午前往审计局拜访了李成忠局长,收获了《西乡审计志》(1983~2013)。回宾馆放下书后,徒步前往孙国安办公室,在他办公室书架上居然发现了《中国共产党陕西省西乡县组织史资料（1932.6—1987.10）》上下两册的铅字打印稿，更让我想象不到的是，还发现了《西乡县志征求意见稿》（7~17期），太珍贵了，它记录了1991年版《西乡县志》的编辑与成书过程，颇具资料价值。

2013年11月26日　星期二　阴

十点左右赶到县图书馆，拜访馆长，说明来意，他很热情，聊了不多一会儿，便浏览了该馆地方文献，收藏量不大，但也见到了一些较为珍贵的地方文献资料，多部当代谱牒及《西乡儿女传》《碧落黄泉》等，一一进行拍照。

下午，身体不太舒适，在宾馆休息。

2013年11月27日　星期三　阴

上午，赶往史志办，与李主任接洽，但他一句"我可以认为你的介绍信是假的"，让我颇为尴尬，聊了一会儿，我将《汉中盆地地理考察报告》有关西乡的文献信息告诉他，气氛才慢慢缓和。史志办收藏资料很少，他最后取了一册《西乡县志》及几本《西乡年鉴》给我，总算有点收获。

下午，去了档案馆，见到了在图书馆浏览的几部当代谱牒资料，以及薛祥绥撰《西乡县志》（民国二十二年，林森题名）、李春和编《西乡地理志》（1949年版）、《西乡县广播电视志》（1986年铅印本）、《汉中市档案志》（1989年铅印本）、秦德印编《陕西地方志书目（初稿）》、《今县释名》及《陕西省西乡县1990年人口普查资料》等，均拍照。下楼后，去董庆寿副馆长办公室准备向他辞行，他告诉我，有一套书我还可以瞅瞅，他从里间取出一个木匣子，木匣顶部正中镌刻"家乘"二字，四周有雕刻纹饰，色泽较暗。他从中取出一套《董氏宗谱》（缺卷五），品相上乘，约修于光绪十五年，征得同意后，我拍摄了几张资料图片，这是我近年来见到的品相与资料价值最好的家谱，真乃缘分。我可谓是乘兴而归！

2013年11月28日　星期四　晴

上午，前往文化馆，见到李华馆长，在他办公室书架上见到了十余册地方文献，分别拍照，留存资料；他还购买了台湾成文出版社的几部汉中各县方志，书价较高，不难看出他对地方文化的热爱。我向他打探《西乡胜迹录》，他言文化馆原有收藏，几年前调拨到了博物馆，但博物馆尚未开放，暂时无法查阅，并表示想想办法。

下午，再次前往文化馆，找到李华馆长，他让我抽时间去堰口见一人，此人手头上有《西乡胜迹录》，他已经联系好了，并将对方的联系电话给了我。与张树岗老师相遇，他是我校中文系毕业，是电视剧《午子风云》的编剧，西乡有名的文化人，我们聊得不错。

2013年11月29日　星期五　晴

今天依然晴得好。早早起床，做好出发准备，想赶在上班时到文旅局找李锋局长，八点刚过，直奔他办公室，递上介绍信，说明来意，他委托文旅局纪检组长李文毓接待了我，此人在文史方面有一定积累，聊到了九五普查时对当地古建筑破坏之事，看来他是一个有心人，他也认识我孩子干爸。但最终未提供有价值的资料，也是客观原因所限，失望离开。

与宣传部董传斌同学辞别。转道前往新华书店找包装纸，差点被拒，但一员工听说我是理工学院的，聊了两句，他的丫头在我校文学院上学，后他很热情地为我找了四张包装纸和塑料绳。

此刻已快到中午十二点，顺便午餐，回宾馆将采集资料打包，整理物件，在大堂退了房，将东西暂时寄存，国安百忙中挤出时间亲自驾车送我至堰口。他因下午需接待国家劳动部的调研组，匆匆返回。我很顺利地在"松风堂"见到了老秦，他经营书画、奇石等，名叫秦有财，貌不出众，但仔细观察此人，很有精明之处。他将自己收藏的《西乡胜迹录》取出，此时我还发现了一个古本书，潭阳魏明远先生纂辑的《新增象吉备要通书》，康熙六十年的刻印本，应属珍贵古籍，我欣喜异常，将这两部书拍了资料图，真是不虚此行啊！冥冥中我感到与老秦是有缘人，提出与他拍照留念，他欣然应允，就在"松风堂"门前拍了照。坐公交车返回县城。

从宾馆取出东西后，赶往汽车站，上车后，打电话与组织部王部长和众兄弟们告别。下午不到四点在高客站下车，打车回单位办公室。

四、洋县地方文献调研手记

2013年12月22日　星期日　晴

午饭后我乘公交去洋县，与大学同学席永波、袁文健联系上了。三点多下车，沿着小街前往洋县宾馆，小街有点破败，但古朴，这是古洋州的历史记忆，现在看来也显珍贵。

洋县宾馆正在装修，无法入住，就在附近的天伦商务酒店登记入住（420）。与余靖宏联系上了，他在槐树关中学，因本周值班，相约周末见面。不一会儿，永波、文健先后来到房间，聊了一阵，找地方晚餐。晚餐后，袁文健赶往学校上课，永波则带我夜游牛头坡的朱鹮梨园景区，该景区在县城北面，沿大道步行，沿途两边都在开发，车来车往，扬尘很大，泥腥味重，空气质量较差。牛头坡不高，山势和缓，有盘旋式机动车道可上山，我们则沿着上山步道徐徐攀爬，山顶有一方颇有特点的石料刻有"中华朱鹮梨园",旁边就是刻石壁画,诸如金线诊脉、文同画竹等,但由于光线很暗,看不清楚。此处还有陕南独此一家的水幕电影,但今晚这里静悄悄的。眺望县城,华灯初上,灯火阑珊,县城面积很大。我们从西侧下山,见到一尊大型雕塑"拓福牛",听永波讲此为黄铜材质,铸造于香港,估计花销不小。现将《拓福牛铭》录于下:

不恋斗牛宫中仙丹,不恋银河岸边神草,唯钟情古朴之热土,唯执着福祉之拓耕,此牛头山拓福牛也。纳天汉浩气,聚洋州精神。拓辟奋进,福佑生灵。已拓千年古城春如画,又辟万亩梨园花如潮。圣地钟灵毓秀,古州人文荟萃。朱鹮倩影,嘤鸣求友;黑米芳芬,和乐天人;纸圣蔡伦,载誉四海;傥骆佺傥,通达修远;唐塔伟岸,风铃铮琮;篔筜氤氲,成竹在胸;改革开放,日新月异。嗟呼,举一幅美好愿景,奏一曲澎湃春韵。俯首耕耘,沉犁不懈。移步换景,蹄生春风。天地与立,神化攸同。

我们在此拍了照片,以存留念。经我提议,我们从一城中村折返,各自返回。

2013年12月23日 星期一 阴

早上,不到六点就醒过来了。刚好我的房间后面就是洋县中学的教学楼,六点半左右,校园传来古朴的钟声而非电铃声,校园就这样苏醒了。不一会儿,有学生陆续进了教室,我想起了我的中学时代。

在房间等永波电话通知。快九点时,他来电话,已经联系了广电局和文化旅游局,让我直接前往图书馆。途中我顺便拍摄了洋县中学正门,此为古洋州的文庙,挑梁门牌,古朴有味,接着又拍了古洋州门楼牌匾。

几分钟就到了洋县图书馆,与馆长联系上,他让焦老师配合我的工作,先打开了地方文献专柜,我选了一些书,拍摄资料图片,没想到的是两部相机电池都没电,无法进行拍摄,犯了一个严重的低级错误,只好返回宾馆充电。只能是下午再去了。因房间计算机无法正常使用,维修人员言要晚上才能修好,便联系换房,换至430房间。

下午,准时前往洋县图书馆,先浏览了地方文献,量不大,但有些本子很难见,特别是20世纪的一些铅字油印本资料,多为专志,如《洋县中学校志》《政协志》《工商志》等;接下来看了一些古籍本子,如《洋县县志》(康熙三十四年、民国时期两个版本)、《绘图山海经》(大成堂藏版)、《御批通鉴辑览》、《初拓张猛龙碑》、《书经》(残破严重)、《就正斋试帖诗》等,让我大呼过瘾,开了眼界,真是不虚此行。

晚上在宾馆整理资料,但宾馆电脑太破,无法拷贝转存图片,折腾了我好几个小时未果,只能等到明天再想他途了。站了一天,累得是腰酸背疼,但心情不错。

图书馆获取资料整理如下。

(1)《洋县政协志(送审稿)》,政协洋县委员会秘书处编印,1987年12月,内部印刷(铅字油印本)。

(2)《洋县科技成果汇编(1980—1990)》,洋县科学技术委员会编,1991年,内部印刷。

(3)《洋县工商行政管理志》,洋县工商行政管理局编印,1991年内部印刷,铅字油印本。

(4)《陕西省洋县农业区划报告集》,洋县农业区划办公室编,1986年1月,内部印刷。

(5)《洋县戏剧志》,《洋县戏剧志》编写小组编,1988年1月,刻写油印本。

(6)《洋县青年团志》,共青团洋县委员会编,1988年7月,铅字油印本。

(7)《洋县民歌集资料汇编(第一卷)》,洋县文化馆编,1981年冬,刻写油印本。

(8)《洋县桄桄志》,赵剑波主编,中国文史出版社,2010年10月。

(9)《张志成快板集萃》,张志成搜集整理与创作、洋县文化馆编印,《洋县文艺》,2005年第2期,刻写油印本。

(10)《赵剑波歌曲集萃》,赵剑波原创版、洋县文化馆编印,《洋县文艺》,2005年第4期,刻写油印本。

(11)《赵剑波歌曲集萃》,赵剑波原创版、洋县文化馆编印,《洋县文艺》,2005年第4、12期,2007年第4期,刻写油印本。

(12)《张厉文曲艺小品集萃》,张厉文著,《洋县文艺》,2005年第3期,刻写油印本。

(13)《洋县财政志(送审稿)》,洋县财政局编,1988年8月,铅字油印本。

(14)《可爱的洋县》,尚继英主编,陕西人民出版社,1994年12月。

(15)《陕西教育志资料选编(第二辑)》,陕西省教育厅《陕西教育志》编纂办公室编,陕西人民出版社,1988年5月。

(16)《陕西省图书馆馆史(1909—1988)》,陕西省图书馆《馆史》组编著,陕西人民教育出版社,1989年4月。

(17)《陕西教育志资料选编》(下卷),陕西省教育厅《陕西教育志》编纂办公室编,陕西人民出版社,1988年5月。

(18)《通鉴辑要》(刻本)。

(19)《洋县中学校志》,洋县中学编,1988年2月,铅字油印本。

(20)《洋县志》(四册),(清)邹溶编撰,康熙三十四年刻本。

（21）《洋县县志备考》（全二册），（民国）刘元吉编撰，1931年石印本。

（22）《洋县志》（1—8卷），（民国）江苏吴相融编撰，中华民国二十六年（1937）洋县福信永号印刷部代印。

2013年12月24日　星期二　阴

早上快六点就醒来，打开电视，观看电视剧《大河风歌》，以山西某地域为环境背景，以一批深爱着原生态民歌的人物命运为故事线索，以非物质文化遗产的陕北民歌保护传承为主题展开，虽有太过理想化的叙述，但还算对我的胃口，因为我一直喜欢着陕北民歌。

早餐过后，我去洋县文化馆拜访赵馆长，因他早上有会，便离开前往隔壁的洋县文博馆，见到了陈馆长，我将电子版《三省边防备览》考给了他。他因为有下乡任务，便安排翟群涛老师接待了我，翟老师将洋县文博馆的几百部善本古籍的资料图片与古籍名录全部拷给了我，意想不到，大有斩获。他还将光绪版李嘉绩编撰的《洋县志》（1—7卷）拿出，为光绪二十四年青门寓庐刻本的复印本，我拍了资料图片。

返回宾馆途中，我在文明西路南侧拍了几张老街的照片。刚才与翟老师聊天过程中，聊到了洋县古街保护，所见略同，实际上就在原有老街基础上实施保护，应该是最为恰当的。由于没有时间逐条街查看，但感觉洋县县城古街的规模应该还是可以的，有了规模，就更应在原址上实施保护。

下午两点刚过我前往文化馆，不巧馆长还在开会，便到楼下宣传栏浏览，其中一幅就是介绍洋县地方文献（多为文学作品）的专版，我将有价值的展板拍了一组照片，又等候了一会儿才见到赵剑波馆长，将他办公室收藏的地方文献一一拍了资料图片，又到馆档案库房补拍了一些地方文献资料线索图片，也算是有收获的。五点多结束了文化馆的调研工作。

舟樯已经回到了汉中，致电问候在洋县405厂的高中同学胡老四。联系袁文建借用笔记本电脑，转存照相机上的资料图片。

文化馆调研地方文献资料线索整理如下。

（1）《中国戏曲音乐集成：陕西卷·洋县灯影腔分卷》，中国戏曲音乐集成陕西卷编委会编，1989年9月，刻板油印本。

（2）《洋县皮影戏灯影腔音乐》，冯树永编著，中国文化出版社，2009年10月。

（3）《陕西省非物质文化遗产保护高峰论坛论文集》，陕西省文化厅、陕西省非物质文化遗产保护中心编，三秦出版社，2008年12月，ISBN：978-7-80736-494-8。

（4）《陕西风俗歌》，李世斌、李恩魁编著，陕西旅游出版社，2003年6月。

（5）《三宗祠》，周中柱著，太白文艺出版社，2005年6月。

（6）《此生何求》，李金钟著，作家出版社，2011年9月。

（7）《流光溢彩》，史志元编著，陕内资图批字（2007）JH020号。

（8）《昨夜青鸟》，段纪刚著，中国文联出版社，2003年4月。

（9）《静庐夜稿》，李廉英著，人民文学出版社，2009年5月。

（10）《话说谢村黄酒》，段纪刚、郭新成著，中国文联出版社，2009年11月。

（11）《龙亭蔡伦造纸传说》，段纪刚著，人民文学出版社，2009年11月。

（12）《从黑暗中抽出幸福的嫩芽》，肖建新著，中国文联出版社，2012年11月。

（13）《华阳名胜与传说》，杨石珊著，中国旅游出版社，2010年9月。

（14）《华阳民歌民谣》，杨石珊著，作家出版社，2011年6月。

（15）《山溪弯弯》，杨石珊著，人民文学出版社，2009年5月。

（16）《秦岭四大国宝》，杨石珊著，中国文联出版社，2011年5月。

（17）《双河情》，张大成、马维民著，人民文学出版社，2011年12月。

（18）《旅游洋县》，任桂香、郭新成主编，中新出版社，2007年12月。

（19）《思想火花》，史志元编著，陕内资图批字（2007）JH020号。

（20）《情洒洋州》，史志元编著，陕内资图批字（2007）JH020号。

（21）《汉水走笔：贾连友新闻作品选》，陕内资图批字（99）JH020号。

（22）《广电之歌》，雒胜利主编，人民日报出版社，2007年6月。

（23）《引酉魂（大型电视剧解说词）》，叶平撰稿、陕西省洋县引酉工程灌溉管理局编，陕内资图批字（2011）JH020号。

（24）《陕西音乐家》，雷无声主编，中国当代文艺出版社，2013年8月。

（25）《洋县工业志》，郭新成主编，1991年8月，内部印刷。

（26）《守望天平：深圳律师风采录（叶平作品选：报告文学集）》，叶平著，中国文联出版社，2006年6月。

（27）《绝情的手势（叶平作品自选集：纪实文学卷）》，叶平著，作家出版社，2005年4月。

（28）《沧浪心语》，李廉英著，陕内资图批字（2004）JH006号。

（29）《犁韵》，张厉文著，中国文联出版社，2010年1月。

（30）《汉水长歌》，王学智著，大众文艺出版社，2007年12月。

（31）《古镇华阳》，李杰著，三秦出版社，2008年9月。

2013年12月25日　星期三　阴

上午，在洋县档案馆进行调研工作，先与焦雷局长联系后，他让陈宏配合我的工作。小陈南郑人，西北大学中文系毕业，参加工作时间不长。她领我进了档案库资料室，查了不少资料，拍了许多资料图片。离开时，我提出将馆藏资料目录复制一份，分为"洋县编研类""统计年报类""史志类""民国图书类"四套，量虽不大，可目录的资料性很强。

下午,在洋县县委、县政府门前与席永波见面,他领着我去了县史志办,张主任不在,我校政教03届的一位小师妹和另外两位同志热情地接待了我,还有幸进了史志办资料库,在资料库中,我将一些有价值的资料拍了资料图片,还见到了难以见到的《禹贡通释》(民国十二年刻本)、《归善县志》(乾隆四十八年刻本)、《武功县志》(乾隆二十六年刻本)、《重修鄠县县志》(民国、于右任题款书名)、《赐葛堂文集》(光绪年刻本)、《纲鉴易知录》(民国版)等,还见到了《汉中盆地地理考察报告》的手写体摘抄本(蓝色墨水字迹,1985年9月洋县史志办工作人员抄写),很遗憾未见到原本,感觉在城固应该有机会获取,这是我梦寐以求的书。

洋县史志办提供资料如下。

(1)《洋县志》,洋县地方志编纂委员会编,三秦出版社,1996年6月。

(2)《中共洋县县委78年大事记(1929.8—2004.12)》,中共洋县县委党史研究室编,2005年,内部印刷。

(3)《党和国家领导人在洋县》,中共洋县县委党史研究室编、陕西省洋县地方志办公室编,陕内资图批字(2007)JH11号。

(4)《洋县苏区的革命斗争》,中共洋县县委党史研究室、洋县老区建设促进会编,陕西人民出版社,2010年10月。

(5)《洋县年鉴(2008—2009)》,中共洋县县委、洋县人民政府编,陕内资图批字(2010)JH13号。

(6)《洋县年鉴(2010—2011)》,中共洋县县委、洋县人民政府编,陕内资图批字(2012)JH16号。

2013年12月26日　星期四　阴

早上,经永波联系,我前往洋县县委组织部,见到王部长,但《洋县组织史资料》组织部没有存留,只有作罢。转身打车赶往民政局,见到了索局长,寻访《洋县地名志》,他还不知此书,后询问办公室,但管库人员休假,他立即打电话联系相关人员,终于获取此书,1988年9月内部印刷,此书品相不错,能够获得此书,很高兴。打车去民政局的途中,发现县民政局就在县政协的附近,从民政局折返时,我徒步去了政协,在办公室见到了李主任,但文史委刘春艳主任今天上午在县委党校考试,李主任给了我刘主任的电话,只有下午再联系了,打车回宾馆休息。

下午,永波陪同我前往洋县政协,在文史委刘主任处获取了《洋县文史资料》(4—7辑),1—3辑缺,有点小遗憾。随后前往永波办公室,在洋县人武部院内,让永波索取《洋县军事志》,但因开会,无时间在库房查找,暂时无法获得,但有希望。刚回宾馆,舟樯驱车来洋县接我。晚上,与除余靖宏之外的大学同学在洋县物资交流会场内一家店喝黄酒叙旧,有席永波、袁文建、宋淑红,很晚后,张善文从汉江南岸的小江学校赶过来相聚。

2013年12月27日　星期五　晴

早早起床,整理行装并退房。与舟樯一道早餐后,驱车前往洋县人武部,永波将《洋县军事志》提供给了我。辞别永波,便去蔡伦墓,原以为可以访问到有关"蔡伦研究"的专题资料,此处没有,但李所长向我推荐了这方面的专家段纪纲老先生,可惜此次没有机会拜访了。

我们从龙亭上高速,在途中拍了一些风景照片,上午十一点左右返回学校,将征集到的地方文献资料运到办公室。

下午在办公室整理调研图片资料。馆长来办公室,向他汇报洋县地方文献调研情况,他浏览了拍摄的资料图片,较为满意。

五、城固县地方文献调研手记

2014年3月2日　星期日　小雨

早上雨很大,前往3201医院,为住院的岳父送早餐。后返回办公室准备出差材料,拷贝了台湾成文版《城固县志》、黎锦熙《方志今议》、严如熤《三省边防备览》等文献电子版,作为此次考察工作的交流文献材料使用。

午休后,乘公交车赶往城固县城,登记入住该县招待所。后与大学同学黎建军取得联系,他现在是城固县常务副县长,有他关照,此次调研定会有大的收获,但他在汉中出差,让我后天上午去他办公室。

下午,宋红晓同学来宾馆相叙,他现在在城固一所普通中学任教。

晚上,王长安馆长将城固县图书馆黄馆长的电话发给了我,我打电话给黄馆长,黄馆长答复,他最近很忙,周三前无法安排时间与我见面。

2014年3月3日　星期一　阴

因建军同学不在,工作暂时无法开展,我再次联系他,准备明天前往档案馆调研,请他协助联系,他同意。

全天待在宾馆,无所事事。

2014年3月4日　星期二　多云

天放晴。

早餐后，前往县政府，拜访老同学建军副县长，他叫来县史志办张主任，让他协助我在城固期间的调研工作，随后我与张主任去了史志办，在他办公室聊了一阵，我将调研计划及需要调研的部门与他进行了沟通，并将携带的电子文献拷给了他。张主任于年前才从乡镇调来史志办工作。

随后来到县档案馆，位置就在黎副县长办公楼后的一小院里。档案馆熊科长及薛老师接待了我，薛老师打开了图书资料室，室内面积不大，书架上积满灰尘，看来平时少有人进来查阅资料，我一边浏览，一边对重要图书资料的重要信息内容与页面进行拍照，见到了四种近年来新编撰的家谱文献，未见到1949年以前的家谱。时近中午，工作尚未完成，便向薛老师等道别，提出下午继续，但该馆下午有集体活动，让我另抽时间再来。

午休后，张主任派车送我去了县文化馆，见到柴福林老师等，但库房暂时打不开，我们便就地方文献及城固地域文化等聊了很久，我将电子文献拷给了柴老师，他很高兴，这些资料他们是难以收集到的。柴老师建议我去博物馆调研，那里有不少文物和珍贵文献资料，这给我提供了重要信息。

调研工作总算有了开端，心情大好。

2014年3月5日　星期三　阴转小雨

早餐后，前往政府大院，先与黎副县长打了个招呼后，便去了档案馆，顺着昨天浏览的书架顺序继续我的工作，见到了清代《城固县志》的古籍原本，品相不错。后发现了一册民国二十九年编写的《陕西城固县教育概况》，该书形制接近于正方形，今天看来属异型版式，封面为时任教育部部长陈立夫题写的书名，打开书，共计八幅书法题词与胡庶华、李建勋的"序文"，着实让我震惊，粗略浏览了一下，顿时感到此文献价值不菲，版本价值也很高；之后，又发现了民国版《南郑县财政汇集》，这也是非常珍贵的地方文献资料。将本室资料浏览结束后，我找到熊科长提出能否复印一份《陕西城固县教育概况》，但被婉拒，我只好悻悻道别离开。

前往史志办，张主任去党校学习，不在办公室，我便将准备的电子文献拷给了办公室的田主任，并用她的电脑将相机中的资料图片导入U盘。因史志办资料室工作人员未上班，原准备浏览史志办资料室藏书的计划落空了。

下午，史志办张灵芝副主任通过县旅游局与博物馆打了招呼，让我直接去。多次走错路，好不容易才找到，就在吉灵小学东面的一条小巷子里，但大门紧锁，颇为无奈。便返回宾馆休息。

自见到《陕西城固县教育概况》后,该文献的几幅题词的画面老是在我的头脑中闪现。

2014年3月6日　星期四　阴

近些天来,不时下雨,对人的情绪多少有些影响,起床后,发现雨已停。

上班时间刚过,前往县史志办,原准备在资料室泡一个上午,但资料室管理员未上班。便前往图书馆,在黄馆长的协助下,浏览了该馆地方文献,大多为近年来的文献,有价值的文献难以寻见,拍摄了一些地方文献资料图片。后前往文化馆,资料不多,有价值的资料多集中于传说、曲艺等,也有收获。

中午,与博物馆馆长联系,他让我下午去博物馆。

下午两点半,我准时赶到博物馆,与苟馆长相见,他五十来岁,人很精神,也很热情,颇具亲和力。我将所带有价值的地方文献电子版先拷给了他,他很是高兴,随后安排工作人员打开了文物库房,尽管我对青铜器也感兴趣,但时间紧张,我仅查看了文献资料库房,在一间不到20平方米的资料库,四面墙放满了书架,书籍资料满架存放,但保藏条件实在太差,我很心痛!我细心翻阅了全套《重刻汉中府志》(民国版),拍摄了该文献中的所有水利堰渠图;后又查看了清同治原版《褒谷古迹辑略》,颇为珍贵,以及《续修南郑县志》(民国版)、《方志今议》(版本无考,内容与商务、岳麓等版本有较大差异),以及其他一些文献资料,长时间工作,腰酸背痛,实在支撑不住,便停手。回到苟馆长办公室,他给我拷贝了《陕西实业考察报告》电子版,该文献我早就梦寐以求。苟馆长给我提供了馆藏图书资料登记表册,我在一工作人员的协助下,全部拍了下来。

苟馆长给我留下了深刻印象,很开明热情,以诚待人,相嘱可随时找他。

晚上,建军副县长约请便餐,聊了一些大学时代的有趣之事。

2014年3月7日　星期五　小雨

上午八点刚过,前往史志办,资料员来了,在办公室将照相机上的图片数据导入U盘,随后进入资料室浏览翻阅资料,没有预想的好,有价值的文献资料不多,有些书柜打不开,只好这样了。在方志办索要了《城固县志》(1994版)与几本不同年份的《城固年鉴》,以及其他书刊资料。

下午,前往民政局地名志办公室索取《城固县地名志》,对方推说他们仅有一册在手,也就只好作罢了。在前往政协途中,遇见史志办张主任,委托他帮忙索取《城固县地名志》,他表示尽力而为。

在县政协很顺利,与文史委的两位老师相聊甚欢,他们赠送了一册《城固文史资料》1—15辑的合订本,刚印出来的。

傍晚，天岳兄开车来接我回汉中。此次调研还是有收获的，尤其是档案馆的《陕西城固县教育概况》的发现，似有天缘之感，如若获取，应该是一本很重要的地方文献资料。

六、安康方志馆调研

2014年5月6日　星期二　晴

上午十一点半返家，与侄女来阳一道匆匆午餐后，赶往高客站，乘坐十二点半的高速大巴前往安康，天晴得很好，沿途的山峦植被已经有了夏天的视觉感受，一片葱郁，十天高速基本在汉水河谷的沿大巴山一侧，西乡过堰口至石泉路段为隧道群，其他地方隧道很少，车外景致较好，养眼舒心。下午三点半在安康高客站下车，打车进入老城区的安康学院北门，在天天假日酒店入住，稍事小憩片刻，洗漱后，便前往图书馆，见到了何道利馆长。

与何馆长交流了一会，他与办公室主任李小平（我校2002届中文专业毕业生，曾在我馆电子阅览室干过）领我上了六楼，进入"安康方志馆"区域。映入眼帘的环境布置与简中式装饰，就给人一种方志馆的环境气场，方志馆的公共空间布局严整，在一侧有《安康方志馆建馆小记》，文字简洁洗练；方志馆左侧有简中式六边形装饰，中间书有"传承、化育"，右侧书有"存史、资治"，门厅两侧布有展柜，听何馆长讲，这些展柜均为旧物利用，但一点也看不出来，展物均为安康地方文献。"文史资料①"主要收藏了原各系资料室的大型工具书，以文史类为主。过学术报告厅，进入方志馆的展览厅，安康各县均有文字简介并设一方志类以及地方文献展柜，展览厅北侧为方志馆库房，收有全省多地的县志、年鉴等藏书，我大致浏览了一下，接下来进了方志馆工作室，见到了安康市方志办柯晓明主任、谢宗刚老师，这里有一台长得像复印机的印刷机，他们用这台机器翻录制作了不少古本方志，在案几上有展品，制作精良。与柯主任交流了一会儿，后邀请在方志馆门口合影。

返回何馆长办公室，我们一块交流，他讲到方志馆是多个部门有效合作的结果，2013年6月动议，当年10月就建成，效率之高，令人咋舌，这主要得益于当地政府及市方志办、汉滨区方志档案局的大力支持，且柯主任、张主任等这一班子人积极性高，配合默契。这不仅构建了安康市以方志为收藏主体的地方文献聚集平台与相配合的工作机制，也为安康学院图书馆打造了一个极富内涵的特色馆藏，在刚刚结束的"本科教学合格评估"工作中得到了评估专家的一致肯定，各方均受益，安康学院图书馆无疑是最大的赢家。在我刚投出的参会论文中，曾认为陕南没有地方文献收藏中心，在活生生的事实面前，此乃谬误，源于自己孤陋寡闻，为井底之蛙，深有贻笑大方之感。

带来阳晚餐，正点菜时，王克刚给我打招呼，哪有这种巧事，我还未来得及与他联系，便与他们一家人合并就餐。晚餐后，克刚执意带我去江边游览，打车至"水西门"，沿江边散步，过大桥至安澜阁，华灯初上，霓虹灯影映江面，一江绿水，浩浩荡荡向东流。晚上十点多各自返回安歇。

2014年5月7日　星期三　晴

上午八点十分左右，赶到何馆长办公室。我将自己搜腾的十多种电子书籍拷给了李小平老师，他们很高兴。后去了方志馆，将十余种电子图书拷给了谢宗刚老师，随后他陪同我进入方志库拍摄地方文献资料，让我吃惊的是，他们不仅自己翻制地方文献，而且许多书籍函套多为自己制作，且制作精良，函套正面书脊还制作了篆刻章，颇具文化品位。回到方志馆工作室，我仔细查看了该馆翻制的《安康县志》《乾隆兴安府志》《旬阳县志》等，皆品相良好。仔细查看了他们的文献复制机器，为"RICOH 理光Aficio MP7500"及数码复合机，集扫描、复印、打印于一体，须专人操作。后又与方志馆张主任聊了一阵。从工作室出来后，我在过厅又补拍了一些资料图片，现将《安康方志馆建馆小记》录于下：

百年沧桑巨变，喜看锦绣中华。国泰兴文，盛世修史，古今通识。自上世纪八十年代以来，寻根之文化思潮，资治之功用取向，使地域文化研究方兴未艾，修史修志蔚然大观。惜安康旧志史料多有散失，新地情资料散漫无归。有鉴于此，安康学院图书馆、安康市地方志办公室、陕南民间文化研究中心、汉滨区档案史志局不谋而合，二〇一三年六月拟定于安康学院共建安康方志馆，整合各方资源，汇集全市文史资料展示安康舆地风貌。十月，馆成。

"治郡国者，以志为鉴。"斯馆之建，旨在传承人文，弘扬学术，资政育人，建设美好安康。期盼各界支持，化美好愿望为美好现实。

二〇一三年六月

结束工作十一点多，下楼与何馆长打招呼，他在开会，便不辞而别，短信汇报。由于颈椎病导致眩晕感，颇感不适，中午在宾馆休息。晚上与何馆长、刘馆长、李主任、采编部段主任聚。

晚上试着与大学同学游君联系，召之即来，在宾馆见面后，便去汉江边码头喝酒聊天，至晚上十一点多才回宾馆后发现忘带的手机，有汪德兴、周瑞明多个未接电话，与周瑞明回电话，他言明天早上见我。

2014年5月8日　星期四　晴

早上六点刚过，就被周瑞明的电话叫醒，他赶了过来，让我十分感动，见面后，他还拎了不少东西，真是个实诚人，一同早餐后，他返校上班。八点多，前往图书馆与何馆长等辞行，打车至高客站，在车上电话与克刚及老同学辞行，中午十二点半到家。

下午在办公室整理考察资料图片，向馆长汇报考察情况。

七、留坝县地方文献调研手记

2015年9月10日　星期四　雨

下午一点多，在图书馆大厅与段锐超博士汇合，冒雨从南门打车至汉运司汽车站，购得一点五十汉中至留坝的客车票。

大雨一直下着。进入褒河水库后，路面不时有山上落石，虽然不多，但也有悬心之感。悬泉飞瀑，直泄而下。山腰云雾缭绕，幻化无穷，这是山谷下雨时必然景致。

我们行进的山谷道路是原褒斜栈道的黄金路段，也是茫茫秦岭大山中通行利用与战略价值最高的一条栈道。多年未曾来过了，在现在的褒河河谷里的河中，矗立着粗壮的水泥柱，宝南公路正在施工，少量路段已经开始铺设路面，一条双向六车道的高速公路将全面取代原有的316国道。栈道虽然早已废弃，但其文化内涵与历史价值却进入了各个历史时期人们的思想与精神境界中，当代人们以更大的热情，试图探寻、触摸、感知古栈道的魂魄。

山路难行，车速不高。我们于下午四点左右抵达留坝县城，这里雨小，不用雨具尚可。原准备入住汉王城大酒店，但因接待会议，条件好点的酒店大多客满，我与段老师寻觅到城南的紫园宾馆，条件基本满足住宿，便登记入住302客房。

晚饭后，我与汉中市委党校的黄中利同学通报行程。他很关心我们的工作，已经联系上了留坝县党校朱汉德校长，我随即与朱校长通话，联系明天上午去党校拜访他。

晚上收看央视六套播映的《古路坝灯火》，它以西北工学院（现西北工业大学）在城固办学的史实，艺术再现了抗日战争时期，西北联大艰难的办学历程，我校许多教授作为群众演员上了镜头，他们是蔡秉衡、王学成、宫臻祥等，此电影的首映式就是在我校举行的。该片叙事结构尚可，情节矛盾与演绎脉络精要，历史背景勾勒巧妙，虽无大腕、名角儿助阵，但表演尚可，民国时期教授与学生的精神风貌得到了呈现，另余专员的演绎较为独到、有味，画面较为精致，很好地展示了陕南的自然风貌，汉江、山野、溪流及植被风貌等。

2015年9月11日　星期五　晴

早上五点多就醒来了，起床，此时拉开窗栏，发现天已放晴。

早餐后，我们徒步前往县党校，深山中小县城没有喧嚣之感，加之天晴，早上凉意甚浓，步行也是一件很惬意的事，距离较远，在县城的北面，走了半个多小时，抵党校，朱校长在院中等候我们。

我们向朱校长说明来意及要开展工作的大致情况，他表示将全力配合。随后我们展开话题聊到了家庭、孩子和留坝县的社会经济现状，他介绍到，留坝主要以旅游业带动，农业经济在萎缩，基本不种植小麦，稻田面积也在减少，大面积种植的只有玉米与土豆，特色农业以猪苓、白芨等种植为主，西洋参只有留侯镇才种，因为只有海拔2000米左右的山地才适合种植，种植区域难以扩展等。我将提前准备的汉中各县旧方志与《华阳国志》《三省边防备览》等古籍数字化文本给他拷了一套，提出下周一前往史志办开展调研工作，他同意。后与朱校长辞行。

时间尚早，我们便沿着西环路漫步，发现至"花谷"的路牌指示仅1.5千米，便由右侧进入水泥便道，发现其可供中型车辆通行。没有走到尽头，我们便折返。进入紫柏广场北端，沿紫柏河西岸步行，河床经过治理，顺流呈叠瀑状，流量不大，但水声入耳。

继续顺西侧河堤漫步，查看汉白玉栏杆上的诗词歌赋，大多反映留坝的历史文化，尤以张良庙与栈道诗篇为多，在广场南侧，从南至北刻有自西周后各个历史时期留坝历史的简要文字介绍，看得出大多出自对文献的考证凝练而成，直到中华人民共和国成立，这里俨然成为留坝社会历史的教科书，其设计、制作都是值得称道的。

午休后，我们前往县图书馆，到后发现，该县将图书馆与文化馆合并。联系上余红馆长，她刚从县委宣传部调任，正在熟悉情况。说明来意后，进入书库，发现设有"地方文献"专架，但种册极少，不到十来种，我们一一拍照，作为资料留存；在书库内大致浏览了一下，藏书量不大，但收藏有"二十四史"点校本（中华书局）及《中国大百科全书》，尤其发现《石渠宝笈》，也感兴味。与余馆长闲聊，询问文化馆地方文献（县域民歌民谣、诗词歌赋、文学作品等）编撰情况，但她不太清楚，后她送了两册《作家眼中的留坝》，虽为内部印刷，其品相与正规图书无异；道别时，余馆长特意推荐我们去老街走走，尤其是老街上的"留坝书房"值得一品。

出馆门，穿过316国道向东，直行斜上，便到了该县政府机关办公区，东侧山下，有一壁雕"留坝厅城揽胜图"，上方为天宇与秦岭群山相融，中幅为太平山构图，均为大写意设计，下方为厅城图，紫柏河、衙署、街道、大树（柏树、垂柳、铁树）、水池、城墙等建筑，刻画栩栩如生，建筑上的窗棂图案的不同样式都有精细刻画，尤其让我们惊讶的是，整幅壁雕非巨石上的石雕，而是依就山势，水泥塑形，深灰色的画面感也显古朴、典雅，用水泥制作雕塑，我倒第一次见，估计成本降低不少。右行顺着一段泥路便道，准备查访县城北端的古城墙，在原城墙遗址的外侧进行了新的翻建，继续沿便道上行，穿过一片青冈树林缓缓盘旋至山顶的一侧，我们发现了另一段城墙遗址，呈原貌状，南北走向；顺小道下行，询问路人，才知此山为太平山，山顶至"留坝厅城揽胜图"处的垂直高度也就不到五十米。

进入老街，位置在城东山麓下，这里是留坝县近年来精心打造的清末民国初期式样的文化旅游街道，街内小铺林立，面积都不大，小饭馆至多也就三四张小餐桌，青砖墙面错落挂有绿植花卉小品点缀，店铺门前也有微型花圃，绿植花卉小巧精致。我们最先进入了"留坝书房"，沿街为书店铺面，屋内为实木梁椽架构，屋顶设有斜面玻璃天窗，东西墙面为木质框架，中嵌大幅面玻璃，自然采光较好，木质建材均用清漆涂刷，色泽清雅、新亮，后院有几株毛竹点缀，更显清雅，庭院东侧有一排两层楼的宾馆式客房，询价不菲。原来现在开书店赚不了几个钱，该店将盈利点放在了客房经营上，也不失为一个好的经营策略。我与段博士各购图书一册。出"留坝书房"，进入"重庆桃园麻辣粉"小店就餐，我点了一碗豌炸面，麻辣可口，询问房租，女老板答曰：免房租。我一下明白了，政府买单，引进特色商铺于此，一来打造特色文化古街，成为旅游点，二则留住游客在此消费，延展其他旅游活动，可谓费尽心思，倒也可圈可点。此街道为条石铺就，自北向南向下缓行，两旁商铺招牌有点特色，除中规中矩的牌匾外，更有竹质簸箕、原木制作式样的特色招牌；街道两旁的建筑有未经整修翻建的老房，也有适度翻建者，更有新建木质构架的清漆涂刷墙面的新宅，一层、二层相间，错落有致，宁静、耐品、有味是这条小街道给我留下的印象，街道全长700余米。一路下来，不断拍照，把此时眼中的人与物、建筑与花卉小品等一一定格，待后细品。

2015年9月12日　星期六　晴

很早醒来，起床写东西。

早餐后，我与段博士趁难得的闲暇，沿着老街道的316国道向南徒步，一来锻炼身体，其二走走看看。县城南面有一大片格桑花海，少量花开，大多花败，可观性差，我们一直行至与西环路交汇处，为拍点芦花照片，又向南走了几十米，将溪流淙淙、河岸芦花等自然野趣拍了下来，折返顺着西环路向北行进；中途，询问道旁劳作的农夫县城东西山脉的名称，答曰：东面为老鸭山，西面为坚角山。两面山势和缓，山峰错落排列有序，蓝天白云，养眼沁心；后过桥再次沿着紫柏河的东岸，观赏格桑花圃，后行至紫柏南广场，在汉白玉栏杆上又发现了刻有留坝民歌、古迹名人题字等文化小品，这是昨天没有发现的。

午休后，打开电脑，发现早上写的东西找不见了，崩溃。原来，客房电脑装有自动还原系统，断电后重新开机，所存内容全部消失。

心情极差，无心及时重写，前往吧台询问情况，服务员不懂，便打电话联系老板，他说晚上来房间处理。

下午，我与段博士再次去紫柏广场留心察看文化刻石，将重要内容拍照。在316国道旁发现了实施保护的老城墙，墙基大型条石很容易识别，城墙夯土也易判断，保护橱窗正在搭建，还在施工。北侧与上方东面连体仿古式回廊也在建设中，我们再次来到"留坝厅城揽胜图"处，查看壁雕细部，愈看愈觉精细，可叹！又入老街，入口处有公厕，入内，整洁无味，水龙头可正常使用，洗手液也未掺假，除湿用的暖风机也可使用，足以证明管理得当，也能体会到留坝县为打造县域旅游所下的功夫，见微知著也！

2015年9月13日　星期日　晴

早上待在宾馆重新写调研手记，一直忙到中午。

午休后我们在西环路城边散步，有一大片农田，看来城市建设用地还很宽裕。后进入漆树沟，泥土路面，徒步舒适，我们沿沟上行，不时有农家村舍出现，大多独立成院，间距较大，溪水潺潺流淌，呈野生自然状态，山间温度适宜，简直是难得的享受。入沟较远，估计不低于两千米的路程，后折返回城，在老街晚餐。

2015年9月14日　星期一　晴

早上八点半，朱校长领我们去了县史志办，拜访了王主任，当我们提出采集县志时，王主任面有难色，后当我给他拷了一套资料后，他态度明显转变。获取2002版《留坝县志》、《留坝厅志校注》、年鉴1—3卷、《中国共产党留坝县党史》。

下午，我们前往县政协调研，见到办公室文主任、文史委张主任，尤其与张主任聊的时间较长，他从县招商局调来不久。他给我们介绍了一位名叫"陈丰"的奇人，文化程度不高，大约汉中人，原准备在留坝开一博物馆，手上有老爷车、中华人民共和国成立前军械枪支遗物、将军服、各式奖章、各式契约票据等，本人与徐海东的大女儿徐文慧有联系，计划在陕南建一座纪念徐海东将军的纪念馆，但至今未落实。我们还聊到了县域经济，获悉，留坝老百姓挖的第一桶金就是大鲵养殖，尤其在留坝境内，其繁殖率较高，价高时，一尾大鲵苗可卖到700多元，通常也是500元左右，但现在一尾就20—30元，也还有人养殖，只是没有暴利了；目前，猪苓种植在留坝面积较大，每斤市场价在70—80元，经济收益可观，且猪苓种植简单，种下后就不用管了，成熟后随需随挖，不像西洋参那样娇贵难养。这两样种养殖，让许多老百姓大发其财，而政府从中获利甚微。我们从政协获取了《留坝文史资料》（1—5辑），第6辑为栈道考察、研究专辑，可惜印数较少，没有找到，非常遗憾。

2015年9月15日　星期二　阴

早上山上有雾。

今天，省巡视组进驻留坝县，各部门领导集中开会，朱校长也在开会。

我们自己找活干。便去了教育局，赖局长正领着几个人编撰《留坝县教育志》，初稿基本完成，目前已经进入了统稿阶段，我将所带资料给他拷了一套，他自然高兴；其间，副局长、留坝中学校长陈军出现，我们提出去县中拜访他，他满口答应。后我们前往县中，但陈校长正在陪同大河坎中学参访人员参观校园，等了很长时间，过了中午十二点，他才抽出时间接待我们，为我们提供了校本教材、教师论文集等资料。

下午，我们去了档案馆，先座谈了一下，后进入库房，见到了《留坝厅志》线装本，但一查看不是最早的刻本，粗略判断，像是民国时期石印版，字体与原刻本差别较大。展览台另一部复制品为第一版复制品。我们还查看了《紫柏山图志》的原本，内文字体出现漫散。另拍摄了一些档案物件的资料图片，包括民国时期的教育培训证、周恩来总理签发的奖状等，也算不虚此行，尤其是见到《留坝厅志》未曾知晓的版本，也算幸运。档案局送我们了几本《留坝老街》和一套馆藏图书资料清单，尤其是《留坝老街》介绍了留坝民国人物党松年先生、县城建筑格局的变迁等，此资料相当不错。将索取资料放回宾馆后，我们又去了民政局，采集《留坝县地名志》与《留坝县民政志》，《留坝县民政志》没有编写，一位工人员找了大半天也未找出《留坝县地名志》，原来信心满满，可也有磕碰与不顺，但对方的确态度不错，愿意继续查找，还是有希望的。

2015年9月16日　星期三　中雨

早上前往县委组织部采访《中国共产党留坝县组织史料》，原以为是一个简单的事情，但工作人员以"内部资料"及记载了不少官员为由，进行了柔性拒绝，我跟段博士很是郁闷，总结经验，看来还是需要联络人的协调。

原准备去旅游局调研，但害怕遇到此类事情，改变计划前往文化（图书）馆，再次拜访余馆长，提出想见见苏茂华先生，余馆长立刻联系，等了不一会儿，苏茂华先生来到了馆里。只见他身材高挑，面容清瘦，一聊起来颇为健谈，不难看出，他是乐意见我们的。苏先生刚从韩国旅游归来，昨天刚回留坝，此乃天意也。

苏老师于1974—1976年在西安音乐学院进行专业学习，为工农兵大学生，毕业后有留校任教机会，但还是回了陕南，原准备派往佛坪工作，经本人提出申请，回到了家乡留坝县工作，先后在留坝中学等多所学校任教。他热衷于群众文化事业，深入乡村，汲取民间文化艺术养分，组织开展群众文化活动，风生水起；他更注重对音乐人才的教育与培植，他自豪地说道，培养了1500名学生，高足40，包括北京师范大学音乐系主任、陕西省群众艺术馆副馆长、汉中职业技术学院艺术系主任等，真可谓桃李满天下，喜乐之情，溢于言表；他在多年的实践与探索的过程中，积极思考，勤动笔墨，目前已经公开出版了五部专著：《音乐教育论文集》《陕南采莲船表演技法》《陕南留坝民歌集》《陕南留坝民歌集（续）》《耍狮子、摆阵、破阵》，在如此环境，真是不易，让人肃然起敬。我们还聊到了文化馆今后宜开展的工作的思路、项目等，这对于刚刚上任还不太熟悉情况的余馆长来说，收获应该最大，我们建议将耍狮子摆阵破阵打造成为留坝旅游的一张名片。相聊甚欢，最后我提出合影，便在民俗文化展厅拍照留念。

随后，我们一道陪同苏先生返回他租住的房子，苏先生给余馆长、段博士与我将他赠送的书一一签名，我顺势拍了房间的几幅书法作品，大多为文化名人撰写的条幅，从条幅上灰尘与色泽观之，时间不短了。他还积攒大量的手稿，我借机拍了几张资料图片。后我们一道在老街便餐。

附与苏茂华先生谈话内容笔录如下（相聊过程随记）。

留坝文化名人，留坝三杰之一。刚从韩国日本旅游回来。旅游看门道。旅游时给同游的18个人每人编写了歇后语。存了8国货币。台湾保存中国文化最好。越南最稳定，跟经济发展程度有关。

经常旅游、开会、各乡各镇转。每天记日记，晚上9点后把照相机翻开，赶紧把要点记下来。

70岁。土生土长马道人。西安音乐学院毕业，工农兵学员，大部分是混子，只有百分之五可以。改革开放后我担任第一任留坝县文化馆馆长，专业技术职称为副研究馆员。

专门研究非物质文化遗产。

写有5本书，包括《苏茂华音乐教育论文集》《汉中彩船》等。需要懂音乐、文学、舞台艺术、导演等，通过实践才能写出来。自己多次饰演船姑娘、艄公等。曾去西安、汉中、安康等地看怎么耍彩船。写有7个剧本。自己导演、作曲《寒溪夜涨》《萧何月下追韩信》等。还有2本待出。笔耕不辍。创作歌曲近百首。研究论文103篇，其中公开发表70余篇。获奖证书两大摞。收集800首民歌，60年代就开始收集。100个村走了80个，调查60岁以上会唱民歌等老人，现在健在的只有5人了。以前本县民歌发达。

培养了1500名学生，40个高才生弟子。最大者68岁，最小者5岁。儿子苏卫东，汉中职业技术学院艺术系主任。一个学生毕业于中国音乐学院，现任北师大艺术系主任。精钢琴、二胡、扬琴、民间艺术等。没有人能完全继承自己的技能。创作和民间艺术等没人能够传承。

现在主要搞创作和培训。

名利官位淡如水。生活简单。不重视物质生活，重视精神生活。心态好，境界高。

资料非常珍贵。应保藏五百年。咸阳图书馆有。发挥更大作用。让汉中人知道，让陕西人知道，让中国人知道。必须看碟子，动态的。写书，为了把耍狮子、彩船办成非物质文化遗产项目。无价之宝，失传太可惜。项目化运作，专业人员摄像，拍成专题片，电视台播放。有经费，有人。

群众文化是文化馆等主体。打造成表演项目、文化旅游项目、文化名片。跟游客互动。培训文化馆人员。请懂文化的老人做顾问。正月银杏树黄叶、二拜观众、不符合政治标准不是正能量等。

留坝非物质文化遗产，张良庙拐杖、罐罐肉等。民歌未被列入。镇巴列入（段锐超博士记录、整理）。

下午，雨大，在余馆长的联系下，我们前往旅游局，王大伟副局长接待了我们，此人热情爽朗，一见如故，他给我们一套"汉中旅游丛书"，刚出版，以及《紫柏论道》论文集。并给我们开具了前往张良庙博物馆调研的介绍信。

返回宾馆放下资料后，前往国税局拜见朱长青，乃吾师弟，他去汉中开会了，没有见着。

傍晚，电话联系长青，他很是热情，晚上执意招待我们，并认识了市国税局的郭鹏。

2015年9月17日　星期四　阴转多云

上午八点半，县国税局朱长青派车将我们送往张良庙博物馆，沿途景色宜人，开车的袁师傅无意间说，张良庙附近山上的紫柏树因虫害，枯死不少，真不敢相信。县城至张良庙约15千米，不一会儿就到了。

我们拿着县旅游局开具的介绍信，联系上了杨虎山副馆长，他从库房给我们取了两种资料，我们提出想查看一下《紫柏山图志》的原始雕版，他和颜悦色地解释，文物库房的钥匙是三位馆领导掌握，馆长与另一位副馆长西安出差去了，便只好作罢。

我是1987年秋季刚上大学时第一次来此地游览，中途也来过几次，但段博士第一次来，我便向杨馆长提出带段博士游览，他态度热情地允许了。我们一道查看了碑刻、楹联，少部分碑刻在"文化大革命"时期遭到了严重破坏，且破坏"认真"，让人好不心疼。后院面貌依旧，柏树虬曲，生命苍苍，时值小雨初歇，无须撑伞，这极大方便了游览与拍照。

沿小道上授书楼，山顶小亭间歇，雨后润朗，山野幽静，好景致。授书楼上，极目四望，山顶云雾飘仙，袅绕无依，左右两侧山谷清晰可视，山下名刹的古建筑群苍绿掩映，错落有致，此乃观景最佳高位。远望右侧山峦，发现几块没有紫柏树的地块，明白，可能是枯死的紫柏树砍伐后的结果，几年前那一片郁郁苍苍，浑然一体，现在成了此地一块块"耀眼"的伤疤。下山，赏歪竹，这也是此地神奇的地方，此竹在一米以下呈虬曲状，上方则笔直与他竹无异，早已听闻只有这片竹是这样的，为后人附会张良提供了神仙般的大自然素材。

游览结束，我们在一农家午餐，后沿316国道走了几百米，在一牌楼前止步，后去了通往闸口石方向的旅游道路散步。后联系袁师傅接我们返回。

返回县城后，我们前往新华书店买了一册《张良庙：紫柏山风景区志》，索要了几张牛皮防潮包装纸及塑料绳，再去"留坝书房"购了两册书，叶广芩的《老县城》与宗鸣安的《秦商入川记》，都是质量上乘的地方文献，返回宾馆后，我们将书打包，为明天返程做好了一切准备。

回顾此次调研与采集工作，收获算丰，最大的遗憾是没有采集到《留坝县地名志》与《中国共产党留坝县组织史料》，而收获最大的是见到了苏茂华老师，有苦有乐，尽力但且须随缘，这就是我们地方文献调研工作必须面对的，但总体情况与收获还是值得欣慰。

2015年9月21日　星期一　阴

周末两天来办公室处理调研资料与照片。

今天早上上班后与段博士去馆长办公室汇报留坝调研情况。将《留坝老街》《作家眼中的留坝》以及苏茂华老师的系列著作送汉水文化研究中心一套。去西北联大研究所陈海儒老师办公室，聊了一阵，他给了一册《西北联大与中国高等教育：纪念西北联大汉中办学75周年》（何宁主编，世界图书出版公司，2014年8月）。

八、略阳县调研手记

2015年10月8日　星期四　多云

早上，向馆长、书记请示准备明天赴略阳进行地方文献调研，获准，随即安排段博士准备介绍信。

下午，准备出差的数字化地方文献资料，作为开展调研工作的敲门砖。谭林哥通过略阳县委书记，已给略阳县相关单位打了招呼。

2015年10月9日　星期五　晴

出南校门，打车至汉运司长途汽车站，购票时发现此站不发开往略阳的高速大巴，随即打车赶往高客站，购票后上车即发车，几乎无一点空闲时间。乘坐大巴，先东行至铺镇附近，经环岛行驶至北环线，在武乡附近驶入十天高速，我们是第一次走这条线路。十天高速从武乡至勉县为沿着汉中盆地北沿，进入勉县后多为丘陵地貌，在这条线上行进，加之大巴车较高的车身，视野很好，景致一览无余，为汉中盆地另一较好的观察、体验观光带，田野、平畴、村舍以及南面大巴山清秀的天际线尽收眼底，在勉县县城一段，全城尽收眼底，一览无余。

进入山区后，地貌立即改变，两侧视野迅速收窄，进入山间，时令初秋，山野景致可观性与夏天无异，霜叶尚未生长出来，秋天的视觉效果尚未出现。中午十一时，到站。

一路打探，询问县委县政府所在地，距离不算远，顺便寻找宾馆。略阳县城比佛坪、留坝阔气多了，大多为超过三十层的高层建筑，拔地而起，直插天空，多为近几年所建；走着，见河的对面有一城楼，门额题写"兴州城"，为唐代建筑，略阳县的历史底蕴它为第一指示；找了几家宾馆均不合适，过桥，见一广场，在一排住宅楼的下方的广场边沿有一组反映略阳县历史文化与抗震救灾的群雕，大气磅礴，刻画细腻精美，长约百米。因时间关系，我们只是粗略浏览而过，今后有的是时间品鉴。穿过一条街道，发现象山宾馆，适合我们住宿，便办理入住手续，323房间。进入房间后，发现网络出现故障，午休后发现电视也无法正常收视，忍无可忍，提出换房，入421房间，故障如故，第一判断宾馆管理有问题。

下午两点多，我们前往县委县政府机关所在地，经询问，门房值班警察告诉了我们史志办的办公地点，又步行了一会儿，顺利找到略阳县史志办。赵飞主任去了汉中，报送有关申报本县为革命老区的材料，接待我们的是任彩英副主任，因为杨瑞良书记通过政府办打过招呼，接洽十分顺利，他当场给我们取出了《略阳县志》（1992年版）、《略阳年鉴》一至三卷和内部刊物《略阳春秋》，我们聊得很愉快，没有想到的是，他们居然为我们准备了一份书面汇报材料，我将精心准备的一套数字化文献资料拷给了他们。

晚上，史志办任副主任以及小黎、小马等在太平洋大酒店请我们吃了便饭，快结束时赵主任从汉中赶回，我们在一块聊得很愉快。

略阳县城的夜景是很美的，我们与段博士健步了一大圈。回房后发现网络、电视可以正常使用了。

2015年10月10日　星期六　晴

　　早餐在八渡河岸小摊上点了核桃馍与罐罐茶。罐罐茶乃羌民的饮食文化，别具风味，但感觉今天的不正宗。

　　边走边问好不容易找到略阳县图书馆，见到了梁慧馆长。该馆员工15人，由于新馆正在建设中，现有馆舍为临时租借，地方狭小，许多藏书均封藏了，由于许多工作暂时无法开展，部分职工临时性抽调到其他单位工作，预计明年上半年新馆投入使用，新馆建筑总面积2800余平方米，七层。该馆在1981年的洪水灾害中所藏图书几乎全部损毁，损失惨重，2008年馆藏图书仅2.5万余册。该馆较注重地方文献收藏，也有地方文献专架，但打不开，我们无法获取相关调研资料；但该馆办有《郙阁报》，为发刊刊名，从总第二期后更名为《兴州风》，现由县图书馆主办，县郙阁文学社、"书香略阳"读书学会承办，梁馆长为我们提供了一整套。我们将携带的数字化资料拷贝了一套留馆；我试探性提出我们两馆今后在地方文献方面共建共享的设想，梁馆长颇感兴趣，有合作意向。由于不具备深入调研条件，我们便先行离开。

　　由于时间较早，我们结束了图书馆的调研工作，经过狮凤路南行，进入"兴州珍园"游览，但里面珍稀植物几乎没有，实质上就是一个供市民休闲的公园而已，面积不大。在园中与锻炼身体的一位老职工聊天，询问四周山名，才知道八渡河东面分别为狮子山、凤凰山，嘉陵江两岸的山名更为有趣，江北岸为"女山"，嘉陵江东岸名曰"男山"，他还说"女山"有一山洞，颇像女性生殖器官，我们算是明白了山名的由来。远远遥望两山，山顶已有红叶，此刻我们感到了秋天的到来。

　　我们走出公园，下面为东面玉带河与北面八渡河的交汇处，合流后不足百米汇入嘉陵江，我们便临时动议登南山，观南山塔。于灵崖路走了一段，我们便登山，此路为盘山便道，水泥路面，可行车，边走边拍照，身体微微出汗，有累并舒服的感觉，行至一牌坊处，有一立石，丹书"南山"。行至一农家乐处的右侧为登山步道，塔高高在上，近在眼前，几分钟后登上了南山塔。此山古称"翠屏山"，此塔建于道光十七年，砖石结构，六边形塔身，七层，高约20米，应该叫"镇水塔""风水塔"，因略阳城是嘉陵江、八渡河、玉带河三江交汇之地，古时候县城地势低很容易遭水灾，为了避免江水泛滥，清略阳知县张志湜"修塔于玉文山，建奎楼于新城，以补风水"，祈求县城平安。在塔基南面有一巨幅"寿"字文化墙，很明显迎合"寿比南山"之意，此附会倒也妥帖。站在南山塔遥望县城，历历在目，全貌可览。这是塔与城交相辉映的文化互动，对于现在的略阳县城而言，南山塔已经融入了这座城市须臾不离的活体生命。向东有一平缓的游览步道，我们顺道而行，途中见一当地人，攀谈询问南山与"男山"的疑惑，他说：南山也，对面应该叫"雨山"而非"女山"。不同人的不同解释，更为有趣。我与段博士商讨，认为"男、女山"可能也对，应该是当地人带有潜意识的性文化意识的群体心理的显现。在平缓的便道观城，可谓一步一景，加之秋高气爽，天气晴朗，可视性极佳。

午休后，我们前往县文化馆调研，但杨馆长休假，余书记因母亲身体不佳，在家照顾老母，我们无法工作，只得返回宾馆。无事可干，再次临时动议登象山，出宾馆沿街道行不足百米，在右侧街道一隐秘处上山，此山陡峻，呈70°的陡坡，步行便道盘旋向上，刚上山时为条石铺就，水泥栏杆，行至一半，步道改为砖砌，此山多枣树，貌似酸枣树，让段博士有了家乡的感觉，此山东面山坡多柏树，行至山顶，出现通车便道，我们沿路向北漫步，经过"略阳国家基准气候站"，继续向前北行，山道平缓易行，行至略阳体育场正对处沿着乡间小道下山。

通过今天的深度游览，不仅锻炼了身体，步行总计达2万余步，更摸清了此地的方道，不再像昨夜那样迷糊了。略阳山城的地貌颇像山城重庆，两江（河）夹一洲山水大格局。

2015年10月11日　星期日　晴

早上九点，中学同学周志宏准时在宾馆门前等我们，乘车先到他家附近接上他夫人小杨（县政协工作），便直奔五龙洞国家森林公园游览。从县城至景区登山处有50多千米，景区标志性广场则在40余千米处，建筑具有羌族风格，迎门硕大，广场也不小。我们在此地小憩了十来分钟。沿途车行驶在山涧，到处都有养眼的风光，加之天气晴朗，清爽宜人，感觉很好！

公园入口处石壁耸立，如天门状，大自然鬼斧神工，气势非凡，石壁上方山上，红叶点缀，柔弱地覆盖着巍巍山体，整体刚柔并济，摇摇晃晃地走过吊桥，入山口，更精致的景观出现在了眼前。

下午四点多返回，老同学宴请我们，郝俊出席，胡雪花关机联系不上，席间喝酒稍稍过量，但还能承受。

2015年10月12日　星期一　晴

早上八点二十与史志办任彩英主任联系，询问档案馆联系情况，她回复档案馆今天有重大活动，建议明天去，我们便临时改变计划，去了县政协，由于周志宏同学夫人杨国蓉就在县政协办公室工作，一切顺风顺水。由于早上例会，在办公室等了较长时间，后杨国蓉领着我们见了周主任与侯老师，他们给我们提供了全套文史资料与政协志，并一一登记，盖了赠阅章，经过粗略翻看，近几期的文史资料内容更为丰富，彩页排版，制作精良。无意中见到了初主席，此领导为人和善，没有一点架子，他对我们的工作很支持，零散地聊了一些话题，非常融洽。周主任与侯老师正在校对、审阅新一期的文史资料，并表示今后有了新的内部资料，可以随时寄给我们。他们还将资料库打开让我们自由浏览，资料库整洁干净，大多为外省与外县文史类交流资料，不难看出，县政协十分注重对外文化交流。我们在资料库中拍摄了十多个品种的资料图片，一则回馆后让采编购置，二则也便于丰富地方文献资料线索。

午休后，我们前往教育局，在办公室接洽后，侯主任解释，局领导均不在，需要请示，让我们留下联系电话（包括我馆办公室电话），让我们等候电话通知。离开教育局后，我们乘公交车去了略阳天津中学，此校舍为地震后天津援建，建筑布局十分规整，开阔大气，新校名为著名书法大家欧阳中石题写，实属难得。门房老头对我们很热情，在走廊等了好一会儿，终于见上了王飞副校长，经询问，该校没有校本教材，他将我们带到了校教研室，见到了一位年长者，他给我们提供了一些校内教研资料，王飞校长提供了一本《感恩：略阳县天津高级中学落成纪念册》画册。随后我们辞别离开。

出校门，我们沿着公路步行了一千米左右乘车返回县城，下车后，前往江神庙参观，此建筑为明末所建，为我国长江流域保存最完整的带有氐羌民族文化特色的古建筑群，为古代船帮聚会与祭祀的会馆。在庙内，段博士发现了"姜太妃墓志"，作为研究魏晋南北朝历史文化的博士，为他第一次在陕南发现这一历史时期的具有重大历史文化研究价值的重要石刻原碑欣喜若狂，无疑这为他今后的科研工作开展提供了一次难得的机会。

晚上，与初中同学胡雪花、周志宏聚，雪花有胃病，象征性喝了点啤酒，我与二宏则干了一瓶白酒。在我们的记忆中，对雪花的记忆停留在三十二年前，还是在中学同学微信群中才获知她在略阳县工作。就连一直在略阳钢铁厂工作了二十多年的周志宏也是半年前才联系上，没有联系的距离是这个世界上最远的距离。

2015年10月13日　星期二　晴

早餐后，我们去了档案馆，但馆领导陪同外地客人参观灵岩寺，我们只得改变计划去了文化馆，杨馆长不在，见了余书记，聊了一阵，几乎没有收获，也没有获得有价值的信息。我们离开文化馆后就去了县人大，在打字室小李的引荐下，见到了县人大常委会办公室副主任刘德兴，刘主任是一个很和善的人，他给我们提供了一册《略阳县人大志》，为全市首部人大专志，也是自地方文献调研工作以来所见新的专志品种。刘主任还给我们介绍了两河口镇以北的自然风光，更胜于五龙洞的风景，其一，山涧水流量大，其二，有一条古栈道以及古墓地（存在碑刻），他曾建议将此区域与五龙洞现有景区进行连片规划、开发，很有构思，颇具价值。

昨天晚上老同学周志宏给了我们一册《武兴国志》与《文化略阳》，段博士尤其对《武兴国志》感兴趣，此本书为略阳县档案局局长周吉灵著，我们真想见见周局长。下午，塞明娟领我们见了陈清副局长，她给我们提供了八种资料，当我们提出想进资料室查看文献时，她解释道，因一栋库房建筑拆除，许多资料进行了密集堆放，无法查看，看着她满脸真诚，我们很理解，她表示等搬迁至新馆后欢迎我们再来调研。

　　从档案馆回到宾馆后，时间尚早，便参观紫云宫，这是人大办公室刘副主任给我们的建议。昨天虽去了江神庙，但游览时间极短，同时也想拍拍《姜太妃墓志》，我们便先进了江神庙，见该碑刻由于加了玻璃罩防护，无法拍摄，我们与保安闲聊，此刻从大殿走出一人，估计是这里的工作人员，我们与他慢慢攀谈起来，原来他就是这块价值连城的碑刻的发现者，我向他介绍了段博士，他博士阶段研修魏晋南北朝史，他们便渐渐深入地交谈起来，随后领我们进了售票室旁边的一个房间，让我们拍摄了另一墓志的原石残片，为《杨文弘墓志》残存部分。此人名叫廖群幸，多年从事文物保护工作，谈起此碑的发现经过，他几次欲言又止，估计此番经历异常曲折，他有隐痛。没有想到，他居然主动拿出一份《姜太妃墓志》拓片相赠，让我们十分感动。我们提出小聚一下，他多次推脱，后同意，并叫来了夫人，其为汉台区人，家住莲湖路，离我校距离不远。我将所带交流资料给他拷贝了一份，他大悦，彼此有了相见恨晚的感觉。我们在附近一小店点了"一鸡三吃"，另加几个素菜。他不饮酒，便要了几罐"王老吉"代酒。这时他才将此碑刻的发现经过，以及他的隐痛娓娓道来，2007年在碑刻发现处准备建厂房，因基建挖掘，姜太后墓迎来了重见天日的历史机缘。2009年阴历八月十四日，廖群幸老师与文物管理人员一道进了考古现场，经过几个小时的发掘，打开了墓道，显露出了墓室壁画，他现场拍了几张资料图片，天晚收工，准备第二天接着干。第二天，他给主管领导打电话，要求紧急发掘，但主管领导以"中秋节"让职工休息为名置之不理，他又联系了一些人，但都不愿意出工。从此这一具有珍贵历史文化价值的墓葬被遗弃了。几天后，等到他赶到此地时，原有发掘工地面目全非，荡然无存！被施工队粗暴毁坏！他欲哭无泪。又过了一段时间，他获取信息，在一曾姓农家有碑，他赶紧前往交涉，此刻，农家主人准备将一碑石作为牛圈门的垫脚石，在其他人的协助下，掀开查看另外一面，发现碑板上有一层厚厚的水锈，水溶钙化，只有几个字依稀可辨，他现场判断此碑应该是唐代以前的碑刻，颇具收藏研究价值。

　　当廖群幸提出收购此碑时曾姓人家死活不同意，他上镇里商店给孩子买了一大包零食，对方不接受，但他放下就回了；又过了几天，他买了孩子零食、小孩衣服和两条"芙蓉王"香烟，再次拜访曾姓人家；第三次拜访后，曾姓人家很是感动，主动提出让他将此碑运走，几天后他开上车，在曾姓人家的帮助下将碑抬上车，运回了江神庙，他花了两个月的时间，将碑石上面的水锈清理干净，《姜太妃墓志》没有一丝的损坏，清晰地出现了他的面前，这是北魏时期略阳境内武兴国的唯一物证！对于研究武兴国以及北魏时期的政治、氏族社会文化以及书法艺术具有重大的科学学术价值！但遗憾的是墓葬被毁，可以说是略阳县的难以估量的巨大损失！假若此墓得到很好的规范性保护，在原址上完全可以建起一座博物馆，其学术研究价值难以估量。此损失不仅是地域层面的，在国家层面也是不可估量的重大损失！

廖群幸的一位学生时常与他探讨"墓志"，后其人将此消息与资料图片发布在了网上，惊动了国家文物局。后《杨文弘墓志》也被他获取。

在席间，他还透露在略阳县城附近曾经发现一通两米高的铜筑碑，但他没有机缘目睹，后因施工再次被埋！

不知不觉，他又转到另外一话题，两年前，他颈椎病发作，同时伴有三高，尤其是颈椎病，让他疼痛难忍，曾到汉中市中心医院治疗，妻子陪着住院一月，花了一万多元，也曾用针灸配合治疗，导致颈部局部皮肤严重钙化，中心医院专家组会商也解决不了问题，出院后，颈椎依然疼痛如初。后经朋友介绍，在安康火车站有一位姓章的针灸高手，推荐他前往试试，他去了，没想到居然是位烧锅炉的职工，也无诊所，家里条件也让他心生疑惑，但"病急乱投医"，他开始接受针灸治疗。章姓针灸师使用的工具为针刀，形状如同关云长的偃月刀，只是接近针形的最小化，但有近一尺长。首次治疗，针刀无法刺入钙化的皮层，用刀切割后，才能将针刀扎入皮肤针灸。通过间歇性的七次针灸，他的颈椎、腰椎得到了很好的恢复，三高症状也消失了。此针灸师乃三世家传，他姐学的是按摩，他则从小迷恋针灸，因此耽误了学习，文化程度不高，难以获取从医资格，大隐于民间，但在圈内颇有口碑与声望。我建议他通过持续探访，将其神奇技艺整理出来，以惠社会，这也是对他"恩人"的最好回报。

就餐结束时，他还提到，他收藏了一册民国版的《仇池国志》（民国版、刻本），他夫人说内文纸如同黄表纸的色泽，并同意提供给我们拍摄资料图片的机会，让我们明天联系他，我预感这将是我们此次地方文献调研的大收获。

2015年10月14日　星期三　晴

早餐后，回访略阳县史志办，见到了赵飞主任，向他汇报了近几天的调研与地方文献采集情况，也介绍了我馆地方志收藏情况，同时让他帮助我们协调教育局、民政局、交通局等单位，以利于我们的后期工作，聊得很融洽。出赵主任办公室，附近就是组织部，敲开一扇门，说明来意后，一位工作人员让我们去玉带河对岸的县检察院五楼的组织部秘书科联系，见到了郑科长，她问明我们的情况后，立即联系好相关人员，让我们去县党校找马主任。在党校，我们见到了正在校对《中国共产党陕西省略阳县组织史资料》（第四卷）书稿的马凤德，他取出了本书的第三卷相赠我们，但一、二卷难以找到。他自称文化程度不高，高中毕业，曾教过十多年书，我已经从他的言谈举止中感受到了他身上的教师气质，他还介绍了第四卷的编撰工作，以及他在体系结构方面的新做法，颇有见地与编撰实践经验，第四卷中他花费了很大的心思，制作了四幅略阳县自20世纪50年代至2002年的行政区划图，多为他自己制作；去年，由于常年用眼过度，导致眼疾，一年来做过多次手术，因为工作失去了最佳治疗的"窗口期"，右眼几乎失明，其精神可嘉，为我们所目睹，实在感佩。出于对他的敬重，我主动提出相赠一套数字化地方文化资料，他很高兴，令我们想不到的是，他主动提出将《中国共产党陕西省略阳县组织史资料》的第四卷样稿提供给我们，还让我拷贝了他精心制作的四幅"略阳县行政区划图"的电子版，经现场察看，放大后清晰度很高，我们大为感动。他提出请我们便餐，我们委婉谢辞后返回宾馆。

午休后，接到廖群幸老师的电话后，我们立即赶往江神庙，他给我们提供了《杨文弘墓志》拓片，此物件极为珍贵。在聊天中，他还述说了一座建于清早期的具有羌族文化意蕴的吊脚楼，在五年前被粗暴拆除，看来他经历的事太多了，心中满是忧愤、无助、遗憾与无可奈何相交织的复杂情感，地方文物保护工作往往遭受短期经济利益的冲击，损失太大，让人唏嘘痛心；他还对陈显远老先生对"郙阁颂"研究的观点质疑，简要讲述了原来"郙阁颂"没有毁于宝成铁路的修建工程中，而是在"农业学大寨"时期，因为开挖一条便道而被炸毁，现在虽放置于灵岩寺，但那是一块一块拼接修复而成的！唯一遗憾的是，民国版《仇池国志》他未找到，但表示找到后拍照后传给我们。

辞别廖老师后，我们出江神庙，徒步赶往略阳县荣程中学（原略阳县第二中学），拜访教育局"教志办"宋主任，他等了我们许久，因有会在我们赶到前去开会了。在等候宋主任时，进来一位面熟者，他首先认出并称呼我，说我曾给他上过"文献检索"课，对我非常热情、礼貌，原来他的夫人周荣就是他的大学同班同学，就在"教志办"工作，他则在略阳县委宣传部工作，他的名字叫柯锋；当我提出想联系县文联时，他痛快表示明天领着我工作。后与此办公室的翟老师了解教育志、校志的编撰情况，他解释道，有几部已进入报批程序，但没有接到批复，估计明年能够印刷出版。

在财政局大院，我们找到了民政局的"基政科"，最终没有让我们失望，获取了《略阳县地名志》。

2015年10月15日　星期四　多云

早上，我们先去了文联办公地点，无人，后决定赶去交通局采集《略阳县交通志》，顺利获得。

段博士很想拜访周吉灵局长，探讨有关《姜太妃墓志》的问题，我电话联系周局长，他未接听；我编辑了一则短信经段博士反复修改后，发给了他，如下：

> 尊敬的周局长：我是陕西理工学院图书馆的张显锋，前来贵县开展地方文献调研，承蒙您的关照与支持，在贵局获取了多套宝贵资料，尤其是您的

大作《武兴国志》，让与我随行的段锐超博士非常感兴趣，他的博士阶段，研习魏晋南北朝断代史，很关注陕南碑刻，从您的大作中，我们见到了《姜太妃墓志》，我们多次研读该墓志，一些字的识读、用典、渊源、出现多处疑惑，想当面向您就教，以敬仰慕。

过了很长时间后，他回复了短信。

下午，我们前往档案局，见到了周局长，办公室到处堆放着资料，显得很凌乱，加之空间小，有局促感。我们询问《姜太妃墓志》的发现过程，明显与廖的叙述有着很大的出入，但在他的谈话中，明确指出该墓室有壁画，与廖的叙述吻合；他说道，本有机会到蓝田作为交流干部，挂职副县长。但他没有去，多年来一直进行文学创作，现已是中国作协会员；来档案局工作后，开始涉猎地域文化研究领域，探访大秦岭，做了不少工作。当《姜太妃墓志》发现后，他开始探访、研究、写作《武兴国志》，在2012年曾结集成册，让西安一些高校的教授提出过修改意见，就在我们在县政协调研的当天，组织了本书的首发式与座谈会。我们聊得很投机，尤其是我们主动给他拷了资料后，他大为惊讶与感动，随后联系史志办赵主任等小聚，继续闲聊，不便拒绝。

晚上，在"江神庙"旁边的"一亩田风味鸡"聚，同时见到了略阳县博物馆馆长徐馆长、组织部唐仲宏、司法局杨春等，餐后，再次去江神庙察看《姜太妃墓志》的原刻石，徐馆长可以打开，一睹真容，也算难得！在接待室喝了一会儿茶，我们便分头离开。

2015年10月16日　星期五　多云

早上起床后，深感疲惫，早餐时碰上了县人大常委会办公室的刘副主任，又聊了一会儿，他言道有一位名叫洪伯夫的文物工作者，为保护"郙阁颂"摩崖石刻，也成为这一文物的破坏者，实属好心办坏事，留在原址将会得到更好的保护；其人在保护紫云宫方面也是有功的。我让段博士单独去"县文联"采集资料，我则回宾馆休息。他回来后叙述了整个过程，文联因搞活动办公室找不到人，碰上组织部的小陈，此人很和善，配合积极联系文联，等了一个多小时后，他见到了文联裴副主席，一道聊了略阳县的历史文化与文学创作情况，以及《郙阁》文学刊物创办情况，并建议我们拜会王建中老师；同时推荐《略阳审计志》，值得我们采集，后赠送《郙阁》文学刊物全套资料及其他等。

午休后，我们去了略阳县审计局，在综合办公室见到了廖副科长，此人热情接待了我们，经请示汇报后，取了两册《略阳县审计志》与我们，非常顺利。回宾馆放下东西，我们去了紫云宫，近一段时间一直抽不出时间去。此建筑在羌文化广场南侧，有一道简易门可进入。建筑时间略晚于江神庙，从北进入，为原建筑群的内院，北面一空址基地表明应该还有一座重要建筑。我陆续在不同角度拍摄了资料图片，正南面二层为戏楼，木雕装饰，雕梁画栋，东西两侧厢房也为两层，整体为三面连体，厢房北段对称，东西分别为鼓楼与钟楼，与厢房合体。后见到了该管理处的唐主任，此人较为年轻，虽高中毕业，但通过谈话不难看出，他尤其喜欢这项工作，详细讲述了《修治城江神庙碑记》的寻找开挖过程，领着我们查看已毁大殿原址及"碑记"，一一介绍；其间，我经过他的同意登上戏楼拍摄了一些照片。

离开紫云宫后，见时间尚早，我提出去嘉陵江畔的火车站看看，先经过一座钢架构大桥，进入火车站附近的街区，道路狭窄且脏乱差，建筑多为20世纪七八十年代的，完全缺乏建筑的美感，此地在西汉高速通车前，为乘火车出差西安的必经站点。我们沿着街道先向南走了一段，折回向北漫步，后经一铁路桥返回对岸，回到宾馆。

接组织部小唐电话，邀请去茶楼坐坐，下楼在宾馆门前还见到了马爱平和另一文学爱好者，一道去了狮凤路的"东裕茶楼"。有一场书法、绘画笔会在这里进行，多为文化人聚集于此，场面有点喧嚣，我们在一半开放式的雅间落座。马爱平趁机收获了一幅写意画（小品），很有雅趣，还获得一幅书法作品，内容为他创作的一首《七律 杜少陵祠感怀 步韵冀之先生并寄》诗，该诗也较为大气，但我感到用墨偏淡。诗文内容如下：

彩凤无声蜀地空，飞龙有浪汉关重。
凌云翠柏环紫雾，掩日朱旗号金风。
华宇丹墀荣诗主，廷栋玉版慰杜公。
三朝莫道千年老，一曲万吟万岭红。
（乙未秋月于陋室感念成州贤达而诗）

马爱平还给我们讲述了一段怪异轶事，就在三天前，他在拍摄有关略阳民俗专题片时，有一60多岁的夫妇俩向他讲述了于2001年阴历五月二十五日，在嘉陵江中目睹黑龙的经历，颇为神怪。我当场对他讲，当今学术界、科学界认定龙是不存在的，但可以作为口述材料整理出来。其间，段博士与组织部的小唐探讨读书等话题，我主要与马爱平交流，他是一位建筑商，也是略阳县的文史委员与民俗协会委员，爱好文化，对学术动态也很关注。

晚上临近十一点，我们离开茶楼，他们将我们送至象山宾馆楼下才道别离开。

2015年10月17日　星期六　晴

早餐后退房，在汽车站乘高速大巴返回汉中。县城四周山上红叶愈来愈浓，但高速两旁则难以见到，依然是初秋的景致，段博士讲，红叶与树种可能有关系，有道理。进入视线后的勉县县城烟雾笼罩，看上去就有不想呼吸的感觉。继续前行，发现整个汉中盆地也是沉浸在雾霾之中，影响人的情绪，我们也不得不进入其中。

中午十一点到站，打车将书包运回图书馆。

2015年10月19日　星期一　晴

今天早上，一上班就联系段博士一同前往馆长办公室汇报赴略阳地方文献调研工作情况。填写"干部情况登记表"。打开书包，将有多份的资料给汉水文化研究中心整理出了一套，送给了该中心，同时从中心取回了《汉中抗战纪实（1931—1945）》（王文礼主编，西南交通大学出版社，2015年8月）和《宁强县大鱼洞墨书题记》（冯岁平、张西虎著，三秦出版社，2015年8月），也取回了与该中心联合制作的《蜀道驿程记》《云栈纪程》《蜀輶日记》《入蜀记注释》《华阳国志》。何高峰老师来访，赠送《笔友》内刊资料2014年合订本一册及今年的单册三期两套，与他有20来年未曾谋面了，他正在撰写《安汉传》《何挺颖传》《左明传》等，他很赞赏我们开展的地方文献工作，并愿意推荐我与原汉中市委副书记、现在在陕西省文史馆的何振基先生建立联系，但这得看机缘了。

九、宁强县调研手记

2017年6月19日　星期一　多云

昨天下午四点半赶往宁强县城，入住永惠酒店，紧靠玉带河西侧，对岸就是县委与政府机关，该酒店临街斜对面就是汽车站，甚为方便。

早上，临出发前，在手机高德地图中查找图书馆，无信息，下楼问了许多路人，均不知。我走进老县城问了许多人，也不知道，最后打车，没想到折返酒店附近，出租司机大体交代了位置，沿着羌北路向北靠左前行，此区翻修道路，一片狼藉。在一路口向西，缓坡上行，见到一读书活动广告宣传牌，应该是图书馆了。原来该县将文化馆、图书馆、博物馆三馆合一，人们只知文化馆，而不知图书馆，看来图书馆在县城老百姓中的影响太小。

到了图书馆，建筑装饰颇有羌族文化味道，共四层。走近后，各室尚未开门，等了一会儿，才见到一工作人员，领着我见到了刘馆长，他随即安排工作人员领着我进入地方文献阅览室，面积为10平方米左右，左侧墙壁立了几节铁皮书柜，有阅览桌椅，我将感兴趣的地方文献一一拍照，尤其是宋文富老师校注的《宁羌州志校注集》（共五册，华夏出版社，2006年5月版）引起了我的注意，但愿能够获取。后经刘馆长联系，拜访了陈华春老师，也是我校原政教专业毕业，高我两届。他擅砖雕、书法及绘画，拙朴意趣，其作品颇有禅味，我们聊了近一小时，他将自己的作品集送了我一套，以及他的近期作品一幅。

下午，前往文广新局拜访黄晓华副局长。

2017年6月20日　星期二　多云

前往县史志办（党史办），通过办公室，见到了刘主任，他立即安排相关工人员为我收集整理了一套资料，包括全套年鉴等，尤其是《宁羌州志校注集》终于如愿以偿，但遗憾的是，中华人民共和国成立后第一轮县志早已告罄，仅存两册，无法提供，但他们正在翻印此版本，印刷成册后可以提供我们。一大堆资料，让我颇为费劲，只好打车回宾馆。

下午，前往政协调研，时逢他们因调整办公室正在搬家，我见到了文史委邓伟主任，很热情，互留电话后，他让我等候他的电话再来。随后，我去了县人大，采集了一册《宁强人大三十年》。回宾馆后，电话联系市档案局孙启祥局长，拜请他帮忙联系宁强县档案局，他爽快答应。

2017年6月21日　星期三　多云

上午，前往教育局调研，通过联系局办公室，让我前往教育志办公室，敲门无应答，在走廊公示牌上有郑洪烈主任的电话，我便打了电话，郑主任因扶贫下乡，让我另寻时间找他。我在院内的县教研室偶遇一老师，聊的过程中，他说他与我校的学工部副部长刘志侃是高中同班同学，名黄在喜，不再陌生了，聊了很久，我才告辞返回宾馆。

下午，因黄局长联系单位未果，便在宾馆休息，实在无聊，便经过永惠廊桥，过永惠门（明代修建）及街道直行，距离不远，便到了玉带河边，下方是新建的标准化公共体育馆，放眼望去，河对岸东山观南头就是羌族民俗博物馆，前几年与大学同学曾去参观过。我在羌族民俗博物馆外围转了一下，其东侧的槽型洼地是一片工地，即"宁强县羌族文化产业园"，从广告宣传牌获知，总投资达八个亿。又在南面不远处的碉楼转了一下。随后，便打听到上山步道，其沿着山脊打造，水泥方砖铺设路面，快到山脊时，见到了两个水泥打造的圆形亭阁，向北行进几百米有一回廊，估计主体为钢筋水泥，立柱立面为蓝灰色石材嵌就。沿途树木葱茏，光影斜照，空气清新，沿山脊前行。没有走完，便沿一便道下山，返回宾馆。此行大汗淋漓，通体舒畅。

2017年6月22日　星期四　多云

上午，前往县档案局调研。由于孙局长出面联系，县档案局很热情地接待了我，我先参观了该局设置的几个展室，即宁强历史文化与"五·一二"抗震救灾的展室。局长安排张老师将少量珍贵文献取出，有《道光续修宁羌州志》（复印本），尤以《全县经济调查报告书》（民国三十二年出版，原始文献）最为珍贵，内页用纸为宣纸，比我接触到的《汉中盆地地理考察报告》的《地理集刊》原刊用纸好多了，作为地方文献，此书具有较高的版本与县域文化价值，存世量极少，这是我来宁强后除获取了宋文富先生点校的《宁羌州志校注集》之外最大的收获。我将这些文献一一拍照，并查看了该馆的藏书目录，将相关地方文献部分的藏书目录也拍了照片，作为资料留存。由于另一位副局长出差在外，其他旧方志原本无法一睹真容，有点遗憾。随后张老师领我去了资料室，将馆藏的部分文献资料提供给了我。我在与局领导辞行时，将所带的一些数字化文献拷给了他们。

下午，再次前往县教育局。

2017年6月23日　星期五　多云

上午九点多，我前往县委宣传部调研，办公室主任为我提供了几册文献资料；返回宾馆后，见时间尚早，我去了县文物旅游局调研，不曾想到，该局与文化馆等就在一个大院，上次来没大注意，局机关领导与工作人员全部下乡扶贫，办公室仅留下一位姓何的工作人员，她看过我的介绍信后，在另一间办公室给我取了十多册各类地方文献资料，此收获足以让我欣喜。

下午，前往县民政局调研。民政局坐落在汽车站南面的一缓坡上，我通过该局办公室何主任先见到了一副局长，这位副局长让纪检书记接待我，索要《宁强县地名志》及《宁强县民政志》，20世纪80年代《宁强县地名志》已经成稿，但当年没有印刷，新的《宁强县地名志》与《宁强县民政志》正在编撰过程中，完成后可以提供给我们。

2017年6月26日　星期一　多云

周末两天，无法工作，在宾馆集中精力再次阅读《白鹿原》原著，由于近年来从事地方文献工作，阅读体会更为深刻。

今天上午原准备前往县政协调研，打电话联系，邓伟主任有事在外，让下午去。我便去了教育局，但郑主任依然不在，途中偶遇黄晓华副局长，提出想拜访宋文富老师，但黄局长认为宋老师年事已高，恐有不便。

下午，在政协调研很顺利，与邓伟主任交流较多，并愿意与我保持联系，他为我提供了全套《宁强县文史资料》。

2017年6月27日　星期二　多云

上午，礼国开车送钟静去宁强乡下进行文化扶贫公益活动，他在八点多赶到宾馆，在我的房间休息。钟静则乘坐县委宣传部的车下乡。

安顿好礼国后，我前往宁强县交通局调研，办公室主任不在，我在介绍信上面留下我的电话，等候通知再前往。随后去了教育局，真可谓"三顾茅庐"，此次见到了郑洪烈老师，我们交流了近半小时，该教育志办公室隶属于教育局，主要为县志编写收集、提供相关资料，限于人手，一直没有编撰教育志的规划，也有此想法，但难以落实到行动上；还了解到，县中也未编撰校志，看来宁强天津中学也就不用去了。

返回宾馆后，我用宾馆提供的行李车，将所有书籍运送至礼国的车上，没想到他在今天来宁强，我称之为"神来"，这样我也就不会为咋将书运回单位而伤神了，况且此次收获颇丰，获取了各类文献七十多册。

下午，我前往交通局，办公室主任黎洪漾接待了我，为我提供了一册《宁强县交通志》（1992年11月编撰）。

2017年6月28日　星期三　多云

上午九点，我准时到了宋文富老师家，对他进行拜访，走到门口，发现门是虚掩着，足以显示主人的热情。宋文富老先生今年已经八十二岁高龄，体型适中，耳聪目明，只是体质有点虚弱，行动略微迟缓。我询问了《宁强县地名志》的编写情况，老先生知道内情，他给我讲起了《宁强县地名志》核心编写人员王中达先生与陈远林先生的一些情况。王中达先生毕业于中师，曾是地下党员，其叔父乃宁强乡绅，曾做过宁强县中学校长，宁强刚解放时，他前往广元，宁强县党组织让王中达前往广元劝其叔父返回宁强。他的叔父被认为是宁强的"活档案"，20世纪60年代初，宁强县相关部门将其从新疆劳改营接回。陈远林，原为宁强县火柴厂职员，从事文职工作，此人爱好诗文，尤好地方文化，做事严谨，但在中华人民共和国成立初"反胡风"运动中，找不到本县的胡风分子，由于他喜欢翻阅胡风主编的杂志，他便成了宁强县的"胡风分子"。此二人在1979年以后才获得平反并恢复名誉。80年代初，他们受聘编写《宁强县地名志》，初稿完成，宋文富先生担任审稿，认为该地名志材料翔实，很有资料价值，建议将五分之二的庸余文字删除，即可成稿，可由于主管领导走马灯似的更换，各个领导对编纂地名志的态度不一，致使《宁强县地名志》虽成稿，但没有最终印刷。但原稿是否保存或是否还在，不得而知，对此，我深感遗憾。

我们还聊到，宁强现在打造的羌族文化，他认为是"无中生有"！2008年汶川大地震后，2009年10月，县委县政府决策打造宁强的羌族文化，他也是其中的工作人员之一，当时，上级领导让档案局查资料，让公安局通过户籍统计本县的羌族人口，他们还考察了马面山山寨，认定此寨乃羌民田九成当年起义所为，但宋文富老先生认为此处为清代的一处军事防御工事，与羌族山寨无关。

宋文富先生于1952年毕业于省立西乡师范学校，因受到所谓"美国细菌战"牵连，他从原先的政府部门调往中学当教师，1958年被下放到农村进行劳动改造。1979年后，调往县文化馆工作，才有条件安心下来从事地域文化研究，先后参与《宁强县志》《宁强地名志》等的编撰工作，其间，他梳理正史材料、研读宁强旧方志及采访民间贤达，广泛收集地域文化资料。同时参与政协的系列"文史资料"的编写与编辑工作。1994年，他前往南京市图书馆，对《明万历宁羌州志》进行手工抄录。还参与了《汉中地区志》的编修工作。从20世纪90年代中期开始，他先后校注了《明万历宁羌州志》《清道光宁羌州志》《清光绪宁羌州志》《清光绪宁羌州乡土志》及民国时期的《全县经济调查报告书》，此五种合刊为《宁羌州志校注集》（一函五种五册），于2006年由华夏出版社出版，此乃宋文富先生一生所做的重要工作。原汉中地区行署专员杨吉荣称他为"宁强通"，此三字足以概括和说明宋文富先生对于宁强历史的熟悉程度。

2008年，在汶川大地震中，宁强为陕西省重要受灾县，他向县委县政府提出编辑《宁强抗震救灾纪实》的建议，此任务落在了他的头上，由县档案局牵头，宋文富先生担任主编，很快修成。其间，他因为患肾结石住院手术，尚未拆线，他就投入紧张的审稿工作中，在病床上审稿、阅稿、改稿，其精神让人感佩。早在80年代中期，他因为摔伤住院而与我校的冯明放老师结缘，当时他正在进行《汉源揽胜》一书的审稿编辑工作，由于宋文富先生正值壮年，身形清瘦，在病房中，冯明放老师说他像一个人，即《钢铁是怎样炼成的》中的保尔·柯察金。

在我访谈宋文富先生期间，县统战部田部长（女）来到他家，了解一些老政协委员目前的情况及有关统战工作方面的事，趁此机会，我让田部长为我与宋老师拍了张合影照。上午十一点左右，我向宋老师及家人辞行。

中午乘车返回，于下午两点多返回汉中。礼国在政治学习后，将我在宁强收集的地方文献送到了图书馆。

2017年6月29日　星期四　多云

上午，分别向馆长与书记汇报宁强县地方文献调研情况。初中同学韩伟国与老乡杨凯旋来访，我们交流了汉中地方电影文化产业的相关问题，我向他们建议，"陆游在汉中"以及"汉中盆地地理考察"都可以作为电影拍摄立项进行总体策划等，看得出来，他们对我的建议较为心动，但目前资金有限，感到困难重重，但认为我的建议很好。

附录二 汉中地方文献编年

（春秋至2019年12月）

说　明

本"文献编年"是我们在从事陕西省教育厅重点科学研究计划——社科重点项目"汉中地方文献整理与研究"（项目编号：015JZ017）课题研究过程中所进行的一项基础性工作，对春秋时期至2019年12月的汉中地方文献进行编年，旨在勾勒以文献为主体所揭示与反映出来的汉中地域历史文化的脉络，对于相应历史分期与综合性研究大有裨益。谨此就编年体例做如下说明。

（1）以时序为纲予以组织和排列。

（2）纪年问题，年份不可考者，以时代或时期纪；月份不可考者，缺，或统一至于某一时期之末；有年份及月份，则如实纪；封建时代以帝王年号并附之以公元纪年；民国时代依民国纪年并附之以公元纪年；中华人民共和国成立后统一采用公历纪年。

（3）中华人民共和国成立后少量地方文献的编辑时间难考，尤以各县少量"文史资料"为显，以"辑"序判定，置于可考年月之前或之后。

（4）中华人民共和国成立后，汉中市各县、区年鉴暂未编入，待以后完善。

（5）本"文献编年"文献资料来源，分别为实地采访所获、陕西理工大学图书馆所藏、各类文献数据库以及部分文友推荐提供等。

特此说明。

编　者

2020年8月

一、上古时代

先秦,《诗经·大雅·旱麓》产生,为汉中区域内首篇地方文献。

西汉武帝时期,城固人张骞撰《出关志》和《西域异物记》,均佚。

东汉桓帝建和二年(148),《石门颂》摩崖石刻于汉中褒谷南口,史料价值与艺术价值甚巨。

东汉灵帝年间,南郑人祝龟撰《汉中耆旧传》,为汉中首部方志,已佚。

东汉时期,城固人陈述撰《益部耆旧传》,已佚。

三国时期,南郑人陈术撰《释问》,已佚。

大魏正始元年(504),汉中略阳境内武兴国遗存《姜太妃墓志》,为该诸侯国重要实物资料,2010年8月出土。

北魏宣武帝永平二年(509),《石门铭》摩崖石刻于汉中褒谷南口,史料价值与艺术价值甚巨。

魏晋时期,佚名撰《汉中记》,已佚,其部分史料为郦道元撰《水经注》所引述。

晋代,庾仲雍撰《汉水记》五卷,已佚。

晋代,常璩撰《华阳国志》,卷二专志汉中,记述汉中人文历史甚详。

南齐,刘澄之撰《梁州记》一卷,已佚。

北魏后期,郦道元撰《水经注》四十卷,其中卷二十七至卷二十九系统记载沔水(汉水)。

北周,汉中郡守甄鸾校注《数术记遗》;撰有《帝王世录》一卷、《七曜历算》二卷、《周天和年历》一卷、《五经算术》二卷、《数术记遗》一卷、《五曹算经》五卷、《历术》一卷、《七曜术算》二卷等。

二、中古时代

唐代,张勖撰并书《梁州城固县令封揆墓志》,千唐志斋拓本。

唐代编有《汉中纪》《兴元旧话》《洋州图经》,其作者均无考,俱已失传。

北宋时期,李宗谔编《兴元图经》,已佚。

南宋乾道年间(1165—1173),时任城固县令的阎苍舒编纂《兴元志》二十卷,已佚。

南宋淳熙年间(1174—1189),郑郿编纂《洋州古今志》十六卷,已佚。

宋代,洋县人燕介著《燕介诗集》,已佚。

元初,南郑人蒲道源著《闲居丛稿》。

三、明清时期

明弘治时期（1488—1505），褒城贡生龚垧创修《褒城县志》，已佚。

明嘉靖二十一年（1542），赵廷瑞等纂修《陕西通志》四十卷，刻本。

明嘉靖二十三年（1544），汉中知府张良知纂修《汉中府志》十卷，刻本。

明嘉靖二十五年（1546），举人张栋编修《褒城县志》，已佚。

明嘉靖三十一年（1552），略阳知县李遇春撰修《略阳县志》六卷，刻本。

明嘉靖三十四年（1555），郭允蹈撰《蜀鉴》十卷，刻本。

明嘉靖四十五年（1566），城固知县杨守正、邑举人胡琏创修《城固县志》六卷，刻本。

明嘉靖年间（1522—1566），宁羌州知州王齐东创修《宁羌州志》，已佚。

明隆庆五年（1571），洋县知县阎邦宇纂《洋县志》，已佚。

明万历二十五年（1597），宁羌州知州卢大漠重修《宁羌州志》。

明万历二十九年（1601），杨明盛撰《诗余类集》四卷，刻本。

明万历二十九年（1601），杨明盛撰《西汉博闻类编》九卷，刻本。

明万历三十一年（1603），汉中知府崔应科纂修《汉中府志》，未刻峻，已佚。

明万历三十一年（1603），杨明盛撰《诗余类集》四卷，刻本。

明万历三十八年（1610），（宋）文同撰，陈眉公先生订正《丹渊集》四十卷刊印。

明万历年间（1573—1620），知县万言策创修《沔县志》，已佚。

明万历年间（1573—1620），李乔岳撰《新镌中书科删订字义辨疑韵海篇》十八卷，宝善堂刻本。

明代，洋县人任刚著《汉川杂咏》，已佚。

明代，洋县人萧靖著《青草集》，刻本。

明代，不著撰者《陕西汉中府有关捕解资料》，抄本。

清顺治十三年（1856），汉中知府冯达道根据崔应科未刻竣的残版重修而成《汉中府志》六卷，刻本。

清康熙年间（1662—1722），褒城人许欲鋐修纂《褒城县志稿》。

清康熙二十二年（1863），西乡县知县史左创修《西乡县志》十卷，刻本。

清康熙二十八年（1683），汉中知府滕天授主持撰修《汉南郡志》二十四卷，刻本。

清康熙三十三年（1694），洋县知县邹溶修《洋县志》八卷，刻本。

清康熙三十九年（1700），王世祯撰《东西二汉水辩》，世揩堂刻本。

清康熙五十六年（1717），城固知县王穆修纂《城固县志》十卷，刻本。

清康熙年间，李柏撰《槲叶集》《汉南草》，刻本。

清雍正十三年（1735），刘於义等修、沈青崖等纂《敕修陕西通志》一百卷，刻本。

清雍正十三年（1735），略阳知县范昉编修《重修略阳县志》二卷，刻本。

清乾隆四十一年（1776），清代学者毕沅在陕主政期间编撰《关中胜迹图志》，卷十九至卷二十二为汉中府之地理山川、自然风貌、历史沿革、名胜古迹等。

清乾隆四十二年（1777），褒城知县肖庆会、褒城举人欧阳文学修纂《褒城县志》六卷，刻本。

清乾隆五十二年（1787），城固田种玉著《大学通》八卷，刻本。

清乾隆五十九年（1794），南郑知县王行俭创修《南郑县志》十六卷，刻本。

清乾隆年间，吴友源撰《石门碑考》，刻本。

清乾隆年间，沔县严庆云撰《澹园诗咏》，刻本。

清乾隆年间，沔县严公均撰《寸锦集》，刻本。

清嘉庆十年（1805）后，溆浦严如熤撰《三省山内风土杂识》，刻本。

清嘉庆十九年（1814），汉中知府严如熤纂修《汉南续修郡志》三十二卷，民国十三年（1924）又将旧版重新刻印，并把清道光九年（1829）汉中府知府杨名飚所辑节烈数百人事迹作为第三十三卷，刊附于后。

清嘉庆十九年（1814），徐庭钰实甫氏著《公余堂草》，刻本，定远厅衙署藏版。

清嘉庆二十年（1815），洋县岳震川撰《赐葛堂文集》六卷，叶健庵刻本。

清嘉庆年间，定远厅同知马允刚任内撰《唐诗正声》，刻本。

清嘉庆年间，汉中知府严如熤完成采辑、定稿《山南诗选》，清光绪十三年（1887）城固高万鹏于顺天府主持刊刻，刻峻。

清嘉庆年间，王森文撰《郙阁铭考》，刻本。

清乾嘉年间，南郑人王德馨撰《汉中纪闻》《崇检堂文集》《松橘堂诗集》。

清道光二年（1822），溆浦严如熤编撰的《三省边防备览》十四卷刊行，道光十年（1830）再版，刻本。

清道光六年（1826），王世琳辑《二谢集》四卷、附录一卷，刻本。

清道光七年（1827），王志沂撰《汉南游草》一卷，刻本。

清道光八年（1828），岳震川撰《赐葛堂时文稿》二卷，刻本，洋县儒学藏版。

清道光八年（1828），知县张廷槐纂修《西乡县志》六卷。

清道光年间，留坝厅司狱、定远厅巡检陈庆怡分别纂修《留坝厅志略》《定远厅志稿》，俱佚。

清道光十一年（1831），王凤生撰《汉江纪程》，刻本。

清道光十二年（1832），宁羌州知州张廷槐纂修《续修宁羌州志》四卷，已佚。

清道光十五年（1835），杨名飏撰《关中集》，刻本。

清道光十七年（1837），略阳知县谭瑀主持编修《重修略阳县志》，道光二十六年（1846）刻峻。

清道光二十二年（1842），留坝厅同知贺仲瑊修《留坝厅志》十卷，汉中友义斋刻本。

清道光二十四年（1844），溆浦严如熤著《乐园文钞》八卷，刻本。

清道光二十四年（1844）前后，溆浦严如熤著《乐园诗稿》（六卷），刻本。

清道光年间，城固陈海霖撰《放怀集》、《席门集》（十六卷，诗集）、《骈体文》、《南游草》。

清道光年间，城固赵培桂撰《强项杂技》。

清道光年间，童华撰《竹石居词草》一卷，刻本。

清道光年间，杨名飏撰《汉南拙草》，刻本。

清咸丰年间，城固何炯若撰《芙蓉剑》（又名《孟丽君》）二卷，抄本。

清同治三年（1864），《（谢村）桥西田亩花名册》，抄本。

清同治六年（1867），沔县武侯祠主持虚白道人李复心纂《忠武侯祠墓志》六卷，卷首、卷末各一卷，刻本。

清同治七年（1868），毛凤歧纂《陕西南山谷口考》，刻本。

清同治八年（1869），城固王喆撰《尔雅蒙求》二卷，家刻本。

清同治十年（1871），景邦宪编辑《紫柏山志图》，刻本。

清同治十年（1871），冷元瑞等纂修《（四川汉中）冷氏族谱》四卷，刻本。

清同治十二年（1873），万方田纂《褒谷古迹辑略》，刻本。

清同治年间，城固尚承霈撰《钢铿粹语》，刻本。

清同治年间，城固高建瓴辑《皇朝经世文选》《全唐文选》《全唐诗选》《苏陆诗选》《全史选钞》，刻本。

清同治年间，城固史兆熊撰《梦轩文集》《梦轩诗集》。

清光绪元年（1875），柳坤厚撰《游秦存稿》，刻本。

清光绪二年（1876），王笃撰《汉水发源考》，刻本。

清光绪四年（1878），王穆纂修《重刊城固县志》十卷，徐怀德重刊刻本。

清光绪四年（1878），刘辉山辑著《刘氏家训》刊刻，二卷。

清光绪五年（1879），定远厅同知余修凤创修《定远厅志》六卷。

清光绪五年（1879），岳震川撰《赐葛堂文集》（六卷），重刻本；另撰《戊午倚松寓舍杂诗》（一卷），重刻本。

清光绪八年（1882），周炳垣等著《汉南杂咏》，爱莲书屋刻本。

清光绪九年（1883），佛坪厅同知刘瑛创修《佛坪厅志》二卷。

清光绪十一年（1885），陈才芳著《思痛录》刊刻。

清光绪十三年（1887），童华撰《竹石居词草》（二卷，附川云集），刻本。

清光绪十四年（1888），宁羌州知州马毓华主修《重修宁羌州志》五卷。

清光绪十四年（1888），薛秉辰撰《唐书地理志京兆府华州同州凤翔府陇州兴元府洋州凤州兴州金州均州延州鄜州丹州宥州夏州银州麟州商州邠州坊州绥州各县沿革考》，关中书院刻本。

清光绪十六年（1890），西乡县《董氏宗谱》十卷，刻本。

清光绪二十年（1894），南郑县监税孙万春纂修《南郑县志》十六卷。

清光绪二十二年（1896），城固何廷弼撰《诗经总论》，汉南文升堂刻本，还另撰《作文笔法》。

清光绪二十二年（1896），王世琳辑《二谢集》四卷、附录一卷，重刻本。

清光绪二十三年（1897），洋县知县张鹏翼纂修《洋县志》八卷，民国二十六年（1937）重刻。

清光绪三十年（1904），略阳县知县桂超主持撰修《新续略阳县志备考》一卷。

清光绪三十年（1904），《考取汉中书同年齿录》，文德斋刻本。

清光绪三十一年（1905），王穆照修《留坝乡土志》一卷，抄本。

清光绪三十一年（1905）十一月，臧励和编纂《陕西乡土地理教科书》（第一册），陕西学务公所图书馆刊印。

清光绪三十一年（1905）十二月，臧励和编纂《陕西乡土地理教科书》（第二册），陕西学务公所图书馆刊印。

清光绪年间，西乡李文敏撰《大学衍义补辑要》，刻本。

清光绪年间，城固康秉钧撰《复园诗草》，刻本。

清光绪年间，城固徐鸿仪撰《徐逵甫诗钞》，刻本。

光绪末年，佚名纂修《洋县乡土志》一卷，抄本。

清光绪后期宁羌知州陈苣芬修《宁羌乡土志》二卷，民国二十六年（1937）燕京大学图书馆印行。

清光绪后期编纂佚名编纂《城固乡土志》一卷，民国二十六年（1937）燕京大学图书馆印行。

清光绪后期佚名纂《洋县乡土志》，抄本。

清光绪后期佚名修纂《南郑乡土志》，抄本。

清光绪后期编，阎佐尧纂《西乡乡土志》，抄本。

清代，佚名撰《汉南中梁书院刊发定章》，刻本。

清末，江朝宗撰《汉中行程纪》，稿本。

清宣统元年（1909），姚佥拟撰《南郑自治刍议》一卷，刻本。

四、民国时期

民国三年（1914），张旭斋撰《张知事宦游汉中日记》，石印本。

民国四年（1915），诸葛亮著《心书》，育文书局石印本。

民国八年（1919），《褒城周氏族谱》，刊印本。

民国十年（1921），南郑县知事郭凤洲、柴守愚编纂《续修南郑县志》七卷，刻本。

民国十一年（1922）五月，孙毓修编纂《诸葛亮》，商务印书馆出版（十二版）。

民国十一年（1922）六月，康耀辰编著《褒城王屏山先生言行要略》，西安含章书局刊印。

民国十二年（1923）秋，（清）童颜舒著《瀜源堂诗集》刊峻。

民国十二年（1923）秋，（清）童颜舒著《禹贡通释》刊峻。

民国十三年（1924），刘元吉纂修《洋县志校勘记》，抄本。

民国十四年（1925），康燿辰撰《陕西联合县立汉中中学校志》（四卷、卷首一卷），荣林堂刻本。

民国十四年（1925），南郑人蓝培原等发起募捐、汉中道尹阮贞豫主持重刻《汉南续修郡志》，更名为《重刻汉中府志》。

民国十五年（1926），马渥天编《陕西舆程考》，西安华西书局出版。

民国十五年（1926），〔法〕LEOP. GAIN. S. J. 著，袁承斌、丁汝成译《方德望神父小传》，上海徐汇圣教杂志丛刊，上海土山湾印书馆印，1935年再版。

民国十六年（1927）一月，席征庸编著《班超定西域》，中华平民教育促进会出版。

民国十六年（1927）十月，陕西省政府民政厅编《陕西民政十要》，陕西省政府民政厅刊印本。

民国十七年（1928）十一月，孙毓修著《班超》，商务印书馆出版（十三版）。

民国十七年（1928），刘安国编著《陕西交通挈要》，中华书局出版。

民国十八年（1929）七月，张机高纂修《佛坪县志》（二卷），抄本。

民国十九年（1930）一月，陈其可编著《班超生活》，世界书局出版。

民国十九年（1930）四月，《（略阳）王家坪王氏家谱》（于右任题写款名），刊印本。

民国十九年（1930）六月，陈光尧著《简字论集》，上海商务印书馆出版。

民国十九年（1930）十二月，胡蘧然著《帝国主义之研究》，启智书局出版。

民国二十年（1931）五月，薛祥绥编著、陆翔校订《中学师范教本修辞学》，世界书局出版。

民国二十年（1931）十一月，赵亚曾、黄汲清著《秦岭山及四川之地质研究》，刊载于《地质专报》甲种第九号，实业部直辖地质调查所、国立北平研究院地质研究所印行。

民国二十年（1931），洋县人刘元吉纂修《洋县志备考》（二卷），订正补充光绪《洋县志》，石印本。

民国二十一年（1932）二月，南郑县财政局编辑《南郑财政汇刊》，汉中城内新街广智石印局印，石印本。

民国二十一年（1932）五月，薛祥绥编著《修辞学》，世界书局出版。

民国二十一年（1932）七月，张世忠著《陕西煤矿述要》，陕西省建设厅刊印本。

民国二十一年（1932）十一月，安汉著《西北垦殖论》，国华印书馆出版。

民国二十一年（1932），萧梅性著《陕南商业调查录》，刊本。

民国二十二年（1933）二月，胡蘧然著《殖民政策》，启智书局出版。

民国二十二年（1933）四月，何庆云著《陕西实业考察记》，杭州新新印刷公司出版。

民国二十二年（1933）九月，陈光尧著《方言集》《独行集》《灯蛾集》，启明学社出版。

民国二十二年（1933）十月，陈光尧著《简字论集续集》，启明学社出版。

民国二十二年（1933）十月，李克家编述《张骞》，新生命书局出版。

民国二十二年（1933）十月，陕西实业考察团编著《陕西实业考察》，陇海铁路管理局出版。

民国二十三年（1933）十一月，陈光尧著《西京之现状》，西京筹备委员会出版。

民国二十三年（1934）三月，章衣萍著《班超》，儿童书局出版。

民国二十三年（1934）九月，〔日〕桑原骘藏著，杨炼译《张骞西征考》，商务印书馆出版。

民国二十三年（1934）秋，李维诚撰《陕南游记》，刊印本。

民国二十三年（1934）十二月，薛祥绥著《文学概论》，启智书局出版。

民国二十三年（1934）十二月，（清）严如熤、张鹏翂辑《川陕鄂边防记》，国民政府军事委员会委员长南昌行营刊印。

民国二十四年（1935）一月，陈光尧著《中国民众文艺论》，上海商务印书馆出版。

民国二十四年（1935）八月，胡时渊编《西北导游》，中国旅行社出版。

民国二十四年（1935）十月，韩非木编《诸葛亮》，中华书局出版。

民国二十四年（1935）十月，陕西省教育厅编《陕西乡贤事略》，西安克兴印书馆出版。

民国二十四年（1935），〔法〕LEOP. GAIN. S. J. 著，袁承斌、丁汝成译，《方德望神父小传》,《上海徐汇圣教杂志丛刊》,上海土山湾印书馆印再版。

民国二十五年(1936)一月,《陕西省第六区保学教师训练所第一期同学录》,南郑蔚文印书馆印制。

民国二十五年(1936)三月,《陕西省第六区保学教师训练所第二期同学录》,南郑蔚文印书馆印制。

民国二十五年(1936)三月,薛祥绥撰《陕南旅京同乡会与邵主席论〈续修陕西省通志稿〉书》,陕南旅京同乡会刊印。

民国二十五年(1936)三月,(汉)诸葛亮撰,(明)诸葛羲基、诸葛倬士编辑《诸葛孔明全集》,世界书局出版。

民国二十五年(1936)四月,安汉、李自发编著《西北农业考察》,正中书局、中华书局出版。

民国二十五年(1936)十月,陈光尧著《三十言志诗》《拗口语选录》,启明学社出版。

民国二十五年(1936),陈光尧著《常用简字表》,上海北新书局出版。

民国二十六年(1937)二月,燕京大学图书馆辑《乡土志丛编》,铅印本。

民国二十六年(1937)三月,汉宁公路公务所编《汉宁公路工程概况》,浙江印刷局有限公司出版。

民国二十六年(1937)六月,王云五主编,赵君卿注,甄鸾重述,李淳风释《周髀算经 周髀算经述》,商务印书馆出版。

民国二十六年(1937)八月,全国经济委员会水利处编《陕西省水利概况》,全国经济委员会刊印本。

民国二十六年(1937)十二月,王云五主编《元魏荧阳郑文公摩崖碑跋·石门碑醳·汉射阳石门画象彙考》,商务印书馆出版。

民国二十六年(1937),(清)佚名纂修《城固县乡土志》(不分卷),刊印本。

民国二十六年(1937),(清)陈苣芬修,(清)黎彩彰纂《宁羌州乡土志》(不分卷),刊印本。

民国二十七年(1938)六月,张中原主编《萧何月下追韩信》,国粹出版社出版。

民国二十七年(1938)九月,安汉撰《黎坪垦区陕境部分初步调查报告》,手稿。

民国二十七年(1938)九月,《汉中各界为"九一八"八周年纪念暨讨汪大会告同胞书》,本纪念大会筹备组宣传股编印。

民国二十七年(1938),黎锦熙撰《方志今议:城固县志续修工作方案》,铅印本。

民国二十七年(1938),张遹骏、魏寿昆著《凤县地质矿产初勘报告》,刊本。

民国二十八年(1939)一月,国民政府经济部编撰《汉江水道查勘报告:水道查勘报告汇编之八》（经济部刊物第二种第三类）刊印。

民国二十八年（1939）三月，南郑县政府编《南郑县征兵实验区纪实》，南郑县政府刊印。

民国二十八年（1939）十二月，胡庶华著《中国战时资源问题》，青年书店出版。

民国二十八年（1939）十二月，国立西北大学编《国立西北大学职教员录》，油印本。

民国二十八年（1939）十二月，王云五主编，甄鸾等撰注，李淳风释《孙子算经 数术记遗 五曹算经 夏侯阳算经》，商务印书馆出版。

民国二十八年（1939）十二月，王云五主编，甄鸾注经，李淳风注释，刘孝孙细草《张丘建算经 五经算经》，商务印书馆出版。

民国二十九年（1940）三月，国立西北师范学院编《国立西北师范学院学则》，油印本。

民国二十九年（1940）七月，黎锦熙撰《方志今议》，商务印书馆出版。

民国二十九年（1940）九月，陕西省民政厅视察室编《陕西民政概况》，陕西省民政厅视察室刊印本。

民国二十九年（1940）十月，城固县教育局编《陕西城固县教育概况》，陕西城固前驱印刷厂第一厂印制。

民国二十九年（1940）十月，城固县教育学会编《城固县教育会概况》，城固平民工厂代印。

民国二十九年（1940）十月，国立西北工学院编《国立西北工学院概要》，刊印本。

民国二十九年（1940）十二月，陕西省民政厅编《陕西省整理保甲总报告》，陕西省民政厅刊印本。

民国二十九年（1940）十二月，西北研究社编辑《抗战中的陕西》，西北研究社出版。

民国二十九年（1940），薛祥绥纂修《西乡县志》（二十卷），抄本。

民国二十九年（1940），张伯声著《城固地质志》，国立西北大学地质地理系油印本。

民国二十九年（1940），国立西北师范学院编《师大卅八周年纪念专刊》，刊本。

民国二十九年（1940），国立西北师范学院师范研究所编《国立西北师范学院师范研究所一览》，油印本。

民国三十年（1941）一月，魏席儒编《陕西第六区经济建设五年计划》，汉中厚丰实业社刊印（非卖品）。

民国三十年（1941）六月，国立西北师范学院编《国立西北师范学院院务概况》，刊本。

民国三十年（1941）七月，中国文化服务社陕西分社编《三年来的陕西政治》，中国文化服务社陕西分社出版。

民国三十年（1941）九月，国立西北医学院编《国立西北医学院新生入学须知》，刊本。

民国三十年（1941）十二月，熊伯蘅、王殿俊编《陕西省土地制度调查研究》，国立西北农学院农业经济系刊印。

民国三十一年（1942）三月，孙仲坚编《南郑县修筑褒惠渠报告书》，刊本。

民国三十一年（1942）五月，老舍著《剑北篇》，文艺奖助金管理委员会出版部出版。

民国三十一年（1942）六月，李建勋著《战时与战后教育》，于陕西城固刊印。

民国三十一年（1942）七月，荆三林、齐树檀编《陕西人文志》，建国编译社出版。

民国三十一年（1942）七月，张匡编《立功异域的张骞和班超》，民众书店出版。

民国三十一年（1942）八月，杨少松、金澍荣著《西北中等学校师资之改进》，陕西城固国立西北师范学院教育研究所刊印。

民国三十一年（1942）九月，金澍荣等著《初级中学英语课本之分析》，陕西城固国立西北师范学院教育研究所刊印。

民国三十一年（1942）九月，陕西省政府教育厅编《陕西省教育概况》，陕西省政府教育厅刊印本。

民国三十一年（1942）九月，王冰洋著《张骞通西域》，国民图书出版社出版。

民国三十一年（1942），孙仲坚编《南郑县修筑褒惠渠报告书》，刊印。

民国三十一年（1942），西北公路运输管理局编《陕西之公路》，西北公路运输管理局刊印。

民国三十二年（1943）一月，马精武编辑《鞠躬尽瘁的诸葛亮》，世界书局出版。

民国三十二年（1943）八月，施宏勋著《继承法新论》，国立西北大学法律系刊印。

民国三十二年（1943）十月，国立西北工学院编《国立西北工学院概要》，刊印本。

民国三十三年（1944）一月，王宝善著《陕南农业论文集》，西北文化出版社出版。

民国三十三年（1944）五月，祝秀侠编著《诸葛亮》，胜利出版社出版。

民国三十三年（1944）六月，龚骏著《张骞传》，商务印书馆出版。

民国三十三年（1944）九月，罗仲言（罗章龙）著《中国国民经济史》，商务印书馆出版。

民国三十三年（1944）九月，张恢元撰《陕南游记》，铅印本。

民国三十三年（1944）十二月，国立西北师范学院编《国立西北师范学院近况》，刊本。

民国三十三年（1944），王凤岗等著《中等学校训导与各科教学》，正中书局出版。

民国三十四年（1945）四月，黎琴南著《全县经济调查报告书》，刊印本。

民国三十四年（1945）四月，朱恕之著《文心雕龙研究》，南郑县立民生工厂刊印。

民国三十四年（1945）六月，杜呈祥编著《张骞 苏武》，青年出版社出版。

民国三十四年（1945）六月，姚化晴、张凌云编《柴关岭留侯词名胜考》，陕西留坝庙台子留侯词印制。

民国三十四年（1945）八月，王崇敬著《诸葛亮新论》，刊印本。

民国三十四年（1945）十一月，陆懋德著《史学方法大纲》，独立出版社出版。

民国三十四年（1945），许济航著《陕西省经济调查报告》，财政部直接税署经济研究室刊印本。

民国三十四年（1945），西北工学院编《国立西北工学院教职员录》，油印本。

民国三十五年（1946）三月，黄文弼、罗郁编著《班超》，胜利出版公司出版。

民国三十五年（1946）三月，杨人桐等编《兵器教练》，南郑县立民生工厂刊印。

民国三十五年（1946）五月，林超、孙承烈著《嘉陵江流域地理考察报告》，中国地理研究所《地理专刊》第一号刊发。

民国三十五年（1946）七月，廉立之著《班超年谱》，国立西北师范学院刊印。

民国三十五年（1946）八月，周佐治编著《班超》，青年出版社出版。

民国三十五年（1946）八月，周佐治编著《诸葛亮》，青年出版社出版。

民国三十五年（1946）八月，黎锦熙撰《方志今议》，商务印书馆再版。

民国三十五年（1946）十月，任苍厂主编《班超》，大方书局出版。

民国三十五年（1946）十一月，王德基、陈恩凤、薛贻源、刘培桐著《汉中盆地地理考察报告及图集》，中国地理研究所《地理专刊》第三号刊发。

民国三十五年（1946）十二月，楼桐茂等著《大巴山地理考察报告·上卷·气候与地形）》，中国地理研究所《地理专刊》第四号刊发。

民国三十六年（1947）二月，国立西北师范学院编《国立西北师范学院教职员录》，刊印本。

民国三十六年（1947）六月，国立西北大学编《国立西北大学概况》，刊印本。

民国三十六年（1947）九月，纪庸编辑《诸葛亮六出祁山》，大中国图书局出版。

民国三十六年（1947）十二月，联合勤务总司令部抚恤处纂《中华民国忠烈将士姓名录（陕西省城固县）》，联合勤务总司令部抚恤处纂订。

民国三十六年（1947）十二月，联合勤务总司令部抚恤处纂《中华民国忠烈将士姓名录（陕西省西乡县）》，联合勤务总司令部抚恤处纂订。

民国三十六年（1947）十二月，联合勤务总司令部抚恤处纂《中华民国忠烈将士姓名录（陕西省洋县）》，联合勤务总司令部抚恤处纂订。

民国三十六年（1947）十二月，联合勤务总司令部抚恤处纂《中华民国忠烈将士姓名录（陕西省镇巴县）》，联合勤务总司令部抚恤处纂订。

民国三十七年（1948）一月，彭迪先著《经济思想史》，国立四川大学经济系刊印。

民国三十七年（1948）四月，《陕西湑惠渠施工报告》，陕西省湑惠渠工程处编印。

民国三十七年（1948）五月，郑肇经总编《陕西褒惠渠模型试验报告书》，中央水利实验处刊印。

民国三十七年（1948）五月，郑肇经总编《陕西汉惠渠进水闸滚水坝及筏道模型试验报告书》，中央水利实验处刊印。

民国三十七年（1948）十二月，姚效先著《西乡圣迹录》，由西乡文化服务社发行。

民国三十七年（1948），国立西北工学院编《国立西北工学院教职员录》，刊印本。

民国三十八年（1949）六月，李春和编著《西乡地理志》，陕西西乡永吉祥石印局承印。

五、现　　代

1949年，阎佐尧等编《西乡乡土志》（不分卷），抄本。

1949年，张维、鸿汀纂《仇池国志》，甘肃省银行印刷厂承印。

1955年6月，陈光尧编著《常用简字谱》，中华书局出版。

1955年9月，陈光尧著《简化汉字》，通俗读物出版社出版。

1955年12月，钱宏著《鸦片战争以前中国若干手工业部门中的资本主义萌芽》，上海人民出版社出版。

1955年12月，也辛著《跨越秦岭》，陕西人民出版社出版。

1956年3月，田笠编《山区消灭兽害经验 略阳县打猎保田经验》，陕西人民出版社出版。

1956年3月，陕西省统计局编《1956年度汉中专区各县（市）经济计划》，内部资料。

1956年7月，陈光尧著《简化汉字字体说明》，中华书局出版。

1957年9月，陕西省博物馆编《太平军汉中战争事实节钞》，陕西人民出版社出版。

1957年9月，中国科学院地理研究所、水利部长江委员会汉江工作队著《汉江流域地理调查报告》，科学出版社出版。

1959年1月，陕西省群众艺术馆编《陕南民间歌曲选》，陕西人民出版社出版。

1959年11月，中共城固县委党史调查办公室编《中国共产党城固县革命斗争史迹（初稿）》，油印本。

1960年1月，陕西省地质局编印《陕西省地质文献节要》（第一集 区域地质部分），铅印本。

1960年7月，陕西师范大学地理系编《汉江支流——湑水河流域规划及调查报告》，内部印刷。

1961年4月，陕西省文化局编印《陕南道情》（1—5册），内部资料。

1961年8月，汉中专署水利水电局编《汉江上游水利规划报告提要》，内部资料。

1963年8月，地质部地质科学院第三室编《秦岭化石手册》，中国工业出版社出版。

1963年8月，汉中专署粮食局编《陕西省汉中专区国家粮食统计资料汇编（1953—1962）》，内部资料。

1964年11月，汉中专署工业交通局编《陕西省汉中专区县营以上公交企业统计资料》，内部资料。

1965年4月，陕西省汉中专员公署统计局编《汉中专区1961年国民经济统计资料》，内部资料。

1965年4月，陕西省汉中专员公署统计局编《汉中专区1963年国民经济统计资料》，内部资料。

1965年6月，陕西省汉中专员公署统计局编《汉中专区1962年国民经济统计资料》，内部资料。

1966年4月，陕西师范大学陕南苏区阶级斗争调查队编著《（镇巴）坪落调查》，油印本。

1966年12月，陕西省汉中专员公署统计局编《陕西省汉中专区国民经济统计资料·1965年》，内部资料。

1966年，陕西师范大学地理系编著《陕西省汉中专区地理志》，陕西省科学技术情报研究所出版。

1973年6月，镇巴县革命委员会编《镇巴县国民经济统计资料（1949—1972）》，内部资料。

1975年5月，严耕望著《唐代交通图考》，台湾"中央研究院"历史语言研究所出版。

1975年6月，汉中地区革命委员会粮食局编《汉中地区国家油脂统计资料汇编（1963—1965年度）》，内部资料。

1975年6月，汉中地区革命委员会粮食局编《汉中地区国家粮食统计资料汇编（1963—1965年度）》，内部资料。

1975年6月，李耀西、宋礼生等编著《大巴山西段早古生代地层志》，地质出版社出版。

1979年8月，汉中地区行政公署计划委员会、汉中地区行政公署农业局编印《陕西省汉中地区三十年农业统计资料（1949—1978）》，内部资料。

1979年10月，《川陕革命根据地历史长编》编写组编《川陕革命根据地历史资料选辑》，内部资料。

1980年3月，陕西省社会科学院党史研究室编《陕南军事斗争资料选辑（1932年冬—1935年春）》，内部资料。

1980年5月，陕西省南郑县文化馆编《川陕革命根据地南郑区域历史资料选》，内部资料。

1980年6月，汉中地区行政公署计划委员会、汉中地区行政公署统计局、中共汉中地委政策研究室编《陕西省汉中地区三十年国民经济综合统计资料（1949—1978）》，内部资料。

1981年5月，城固县文化馆音乐组编《城固县民歌资料集》（第一集），油印本。

1981年5月，城固县文化馆音乐组编《城固县民歌资料集》（第二集），油印本。

1981年10月，城固县文化馆音乐组编《城固县民歌资料集》（第三集），油印本。

1982年3月，城固县文化馆音乐组编《城固民歌》（1981年1~3集选编），油印本。

1982年3月，南郑县卫生局编（贺永清执笔）《南郑医案选》，陕西科学技术出版社出版。

1982年10月，汉中地区地名办公室编《陕西省汉中地区地名资料汇编》，内部资料。

1982年10月，黎锦熙撰《方志今议》，中国展望出版社出版。

1983年1月，刘胤汉编著《秦岭水文地理》，陕西人民出版社出版。

1983年2月，汉中地区文化局编、陈显远执笔《汉中地区名胜古迹》，内部印刷。

1983年2月，中国人民政治协商会议宁强县委员会文史组编《宁强县文史资料选辑》（第一辑），内部资料。

1983年5月，中国人民政治协商会议陕西省汉中市（今汉台区）委员会文史资料研究委员会编《汉中市文史资料》（第一辑），内部资料。

（编辑时间不详）中国人民政治协商会议陕西省汉中市（今汉台区）委员会文史资料研究委员会编《汉中市文史资料》（第二辑），内部资料。

1983年9月，王德、谷金燕、陈泽孝、槐荫编《汉张留侯词》，内部印刷。

1983年10月，中国人民政治协商会议陕西省西乡县委员会文史资料委员会编《西乡县文史资料》（第一辑），内部资料。

（编辑时间不详）中国人民政治协商会议陕西省略阳县委员会文史资料研究委员

会编《略阳文史资料》（第一辑），内部资料。

1983年11月，中国人民政治协商会议陕西省略阳县委员会文史资料研究委员会编《略阳文史资料》（第二辑），内部资料。

1983年12月，陈明荣著《秦岭的气候与农业》，陕西人民出版社出版。

1984年1月，陕西省城固县人口普查办公室编《陕西省城固县第三次人口普查资料汇编》，内部印刷。

1984年1月，陕西省洋县人口普查办公室编《陕西省洋县县第三次人口普查资料汇编》，内部印刷。

1984年4月，陈旭著《陕南及川北志留纪笔石并论单笔石的分类》，科学出版社出版。

1984年4月，张伯声著《张伯声地质文集》，陕西科学技术出版社出版。

1984年6月，中国人民政治协商会议陕西省西乡县委员会文史资料委员会编《西乡县文史资料》（第二辑），内部资料。

1984年6月，中国人民政协商会议陕西省城固县委员会文史资料委员会编《城固县文史资料》（第一辑），内部资料。

1984年，中国人民政协商会议陕西省城固县委员会文史资料委员会编《城固县文史资料·张骞事略》（第二辑），内部资料。

1984年7月，中国人民政治协商会议陕西省南郑县委员会文史资料研究委员会编《南郑县文史资料》（第一辑），内部资料。

1984年9月，中国人民政治协商会议陕西省略阳县委员会文史资料研究委员会编《略阳文史资料》（第三辑），内部资料。

（编辑时间不详）中国人民政治协商会议陕西省略阳县委员会文史资料研究委员会编《略阳文史资料》（第四辑），内部资料。

1984年10月，陕西省留坝县统计局编《陕西省留坝县国民经济统计资料（1981年）》，内部印刷。

1984年11月，城固县地名志办公室《陕西省城固县地名志》，内部印刷。

1984年11月，中国人民政协商会议陕西省城固县委员会文史资料委员会编《城固县文史资料》（第三辑），内部资料。

1984年11月，中国人民政协商会议陕西省城固县委员会文史资料委员会编《城固县文史资料·城固学运始末》（第四辑），内部资料。

1984年12月，（宋）郭允蹈撰《蜀鉴》（影印版），巴蜀书社出版。

1984年12月，城固县人民政府地名志办公室《陕西省城固县地名志》，内部印刷。

1985年5月，城固县统计局编《城固县一九八四年国民经济统计资料》，内部资料。

1985年5月，李星主撰《诗踪别证》，汉中师范学院校内刊印。

1985年5月，王缃著《复句·句群·篇章》，陕西人民出版社出版。

1985年5月，中国人民政治协商会议陕西省汉中市（今汉台区）委员会文史资料研究委员会编《汉中市文史资料》（第三辑），内部资料。

1985年7月，汉中市（今汉台区）地名志办公室编《汉中市地名志》，内部印刷。

1985年，中国人民政治协商会议宁强县委员会文史组编《宁强县文史资料选辑》（第三辑），内部资料。

1985年8月，中国人民政治协商会议宁强县委员会文史组编《宁强县文史资料选辑》（第四辑），内部资料。

1985年9月，洋县广播电视局编《洋县广播电视资料汇编》（第一、二集），油印本。

1985年9月，中国人民政协商会议陕西省城固县委员会文史资料委员会编《城固县文史资料》（第六辑），内部资料。

1985年9月，中国人民政协商会议陕西省勉县委员会文史资料研究委员会编《勉县文史资料》（第一辑），内部资料。

1985年9月，中国人民政治协商会议陕西省南郑县委员会文史资料研究委员会编《南郑县文史资料》（第二辑），内部资料。

1985年10月，中国人民政协商会议陕西省城固县委员会文史资料委员会编《城固县文史资料·城固县乡风民俗》（第七辑），内部资料。

（编辑时间不详）中国人民政协商会议陕西省城固县委员会文史资料委员会编《城固县文史资料》（第八辑），内部资料。

1985年10月，郭荣章著《石门摩崖刻石研究：〈石门十三品〉专辑》，陕西人民美术出版社出版。

1985年10月，南郑县地名志办公室《陕西省南郑县地名志》，陕西人民出版社出版。

1985年11月，城固县农业区划委员会编《陕西省城固县农业资源调查和农业区划报告集》，内部印刷。

1986年1月，洋县城镇房屋普查办公室编《洋县第一次全国城镇房屋普查资料汇编》，内部印刷。

1986年1月，陕西省洋县农业区划办公室编《陕西省洋县农业区划报告集》，内部资料。

1986年4月，李之勤、阎守诚、胡戟著《蜀道话古》，西北大学出版社出版。

1986年5月，城固县统计局编《城固县一九八五年国民经济统计资料》，内部资料。

1986年6月，陕西省城固县粮食局编《城固县粮食志》，油印本。

1986年6月，中国人民政治协商会议陕西省汉中市（今汉台区）委员会文史资料研究委员会编《汉中市文史资料》(第四辑),内部资料。

1986年6月,中国人民政治协商会议洋县委员会文史资料委员会编《洋县文史资料》(第一辑),内部资料。

1986年7月,中共城固县委党史资料征集研究办公室编《第二次国内革命战争时期的城固农民运动》,内部印刷。

1986年8月,(清)刘瑛纂修、佛坪县志编纂办公室编、郭鹏点校《佛坪厅志点校本》,内部印刷。

1986年8月,西乡县广播电视局编《西乡县广播电视志》,油印本。

1986年8月,中国人民政治协商会议陕西省略阳县委员会文史资料研究委员会编《略阳文史资料》(第五辑),内部资料。

1986年8月,中国人民政协商会议陕西省勉县委员会文史资料研究委员会编《勉县文史资料》(第二辑),内部资料。

1986年9月,城固县广播电视编志小组编《城固县广播电视志(初稿)》,油印本。

1986年9月,中共略阳县委党史资料征集研究办公室编《红军长征过略阳》,内部资料。

1986年9月,中国人民政治协商会议陕西省南郑县委员会文史资料研究委员会编《南郑县文史资料》(第三辑),内部资料。

1986年9月,中国人民政治协商会议陕西省西乡县委员会文史资料委员会编《西乡县文史资料》(第三辑),内部资料。

1986年10月,汉中市地名志办公室《陕西省汉中市地名志》,内部印刷。

1986年10月,汉中地区广播电视局编《汉中地区广播电视大事记(1949—1985)》,内部印刷。

1986年10月,西乡县广播电视局编《陕西省西乡县广播电视志》,内部印刷。

1986年10月,中共略阳县委党史资料征集研究办公室编《略阳地下党活动史》,内部资料。

1986年10月,中国人民政治协商会议陕西省略阳县委员会文史资料研究委员会编《略阳文史资料》(第六辑),内部资料。

1986年11月,张钫著《风雨漫漫四十年》,中国文史出版社出版。

1986年12月,城固县交通局编史办公室编《城固县交通志(修订稿)》,内部印刷。

1986年12月,城固县商业志编纂领导小组编《城固县商业志》,内部印刷。

1986年12月,汉中市广播电视局编《陕西省汉中市广播电视志(1950—1985)》,内部印刷。

1986年12月,中共陕西省委党史资料征集研究委员会编《辛亥革命在陕西》,陕西人民出版社出版。

1986年12月，西乡县地名办公室编《陕西省西乡县地名志》，内部印刷。

1986年12月，洋县广播电视局编《陕西省洋县广播电视志（1950—1985）》，内部印刷。

1987年3月，王本元编《汉中名胜录》，陕西人民美术出版社出版。

1987年3月，洋县农牧局编《洋县畜牧志》，内部印刷。

1987年4月，陕西省汉中地区农业区划委员会编《陕西省汉中地区农业区划》，内部印刷。

1987年5月，城固县统计局编《陕西省城固县国民经济统计资料（1986）》，内部资料。

1987年5月，城固县卫生局编《城固卫生志》（上、下），油印本。

1987年5月，佛坪县广播电视局编《陕西省佛坪县广播电视志（1951—1985）》，内部印刷。

1987年5月，略阳县民政局编《陕西省略阳县地名志》，内部印刷。

1987年5月，勉县人民政府地名办公室《陕西省勉县地名志》，内部印刷。

1987年5月，中共镇巴县委党史资料征集研究办公室编《红军在镇巴》，内部资料。

1987年6月，陕西省动物研究所主编《秦岭鱼类志》，科学出版社出版。

1987年7月，成都军区党史资料征集委员会办公室编《川陕革命根据地军事斗争史》，四川大学出版社出版。

1987年7月，留坝县地名志编纂办公室编《陕西省留坝县地名志》，内部印刷。

1987年7月，陕西省洋县邮电局编《洋县邮电志》，油印本。

1987年8月，《汉中地区广播电视志》编写组编《汉中地区广播电视志（1939—1985）》，内部印刷。

1987年8月，中国人民银行洋县支行、中国工商银行洋县支行、中国农业银行洋县支行编《洋县金融志》，内部印刷。

1987年8月，中国人民政协商会议陕西省勉县委员会文史资料研究委员会编《勉县文史资料》（第三辑），内部资料。

1987年9月，城固县戏曲志编辑组编《陕西省城固县戏曲志》（初稿），油印本。

1987年9月，中国人民政治协商会议陕西省南郑县委员会文史资料研究委员会编《南郑县文史资料》（第四辑），内部资料。

1987年10月，洋县人大常委会办公室编《洋县人民代表大会志》，油印本。

1987年10月，中国人民政治协商会议陕西省汉中市（今汉台区）委员会文史资料研究委员会编《汉中市文史资料》（第五辑），内部资料。

1987年11月，留坝县广播电视志编写组编《陕西省留坝县广播电视志（1951—1985）》，内部印刷。

1987年11月，宁强县广播电视志编写组编《陕西省宁强县广播电视志（1950—1985）》，内部印刷。

1987年11月，宁强县艺术学科规划领导小组编《宁强县戏曲志》，油印本。

1987年12月，佛坪县民间文学集成编辑委员会编《佛坪县歌谣集成》，陕西省内部图书准印证（陕出证）字第04851号。

1987年12月，汉中地区教育局编《汉中地区学校概况》，内部印刷。

1987年12月，《勉县广播电视志》编写组编《勉县广播电视志（1937—1985）》，内部印刷。

1987年12月，陕西省南郑县交通局编《南郑县交通志》，内部印刷。

1987年12月，洋县妇女联合会编《洋县妇联志》，油印本。

1987年12月，洋县民政局编《洋县民政志（1911—1985）》（送审稿），油印本。

1987年12月，《镇巴县广播电视局》编写组编《陕西省镇巴县广播电视志（1950—1985）》，油印本。

1987年12月，中共汉中地委党史资料征集研究办公室编《陕南苏区的回忆》，内部印刷。

1987年12月，中国人民政治协商会议陕西省略阳县委员会文史资料研究委员会编《略阳文史资料（第七辑）》，内部资料。

1988年1月，洋县商业局编《洋县商业志》，内部印刷。

1988年3月，《略阳县广播电视志》编写组编《陕西省略阳县广播电视志（1951—1985）》，内部印刷。

1988年3月，陕西省洋县工业普查领导小组办公室编《陕西省洋县全国第二次工业普查资料》，内部印刷。

1988年3月，中国人民政治协商会议陕西省城固县委员会编《城固县政协志（1955—1987）》，油印本。

1988年4月，陕西省城固县交通局编《陕西省城固县交通志》，内部印刷。

1988年4月，张国伟等著《秦岭造山带的形成及其演化》，西北大学出版社出版。

1988年5月，城固县统计局编《陕西省城固县国民经济统计资料（1987）》，内部资料。

1988年5月，《城固县广播电视志》编写组编《陕西省城固县广播电视志（1939—1985）》，内部印刷。

1988年5月，汉中市褒斜石门研究会、汉中市博物馆编《石门汉魏十三品》，陕西人民美术出版社出版。

1988年5月，《南郑县广播电视志》编写组编《陕西省南郑广播电视志（1951—1985）》，内部印刷。

1988年5月，陕西省汉中地区文化文物局编《汉中地区名胜古迹》，陕西人民出版社出版。

1988年5月，陕西省城固文物事业管理委员会编《张骞学术研讨会论文集》，内部印刷。

1988年5月，林超、温贤美主编《川陕革命根据地史》，四川省社会科学院出版社出版。

1988年5月，王世镗书，陕西省汉中地区书法学会、陕西省汉中博物馆编《王世镗先生翰墨》，陕西人民美术出版社。

1988年5月，陕西省洋县计划委员会编《洋县综合经济志》，内部印刷。

1988年6月，汉中地区计划委员会编《汉中国土资源》，西安地图出版社出版。

1988年6月，王本元、王素芬编注《历代名人吟汉中》（上），陕西人民美术出版社出版。

1988年7月，潘文石等著《秦岭大熊猫的自然庇护所》，北京大学出版社出版。

1988年7月，吴忠匡编著《韩信集》，黑龙江人民出版社出版。

1988年8月，佛坪县文教局编《佛坪县教育志（初稿）》，油印本。

1988年8月，中共镇巴县委党史办公室编《红军在镇巴》，内部资料。

1988年9月，汉中市物价局编《汉中市物价志》，油印本。

1988年9月，汤英俊、宗冠福等著《汉中盆地晚新生代底层及其哺乳类化石》，北京科学技术出版社出版。

1988年9月，洋县体育运动委员会编《洋县体育志（送审稿）》，油印本。

1988年10月，中共南郑县委组织部编《中国共产党陕西省南郑县组织史资料（1927.9—1987.12）》，内部印刷。

1988年10月，中国人民政协商会议陕西省城固县委员会文史资料委员会编《城固县文史资料·城固简介》（第九辑），内部资料。

（编辑时间不详）中国人民政协商会议陕西省城固县委员会文史资料委员会编《城固县文史资料》（第十辑），内部资料。

1988年10月，中国人民政治协商会议陕西省汉中市（今汉台区）委员会文史资料研究委员会编《汉中市文史资料》（第六辑），内部资料。

1988年10月，中国人民政治协商会议陕西省南郑县委员会文史资料研究委员会编《南郑县文史资料》（第五辑），内部资料。

1988年11月，佛坪县交通局编志组编《佛坪县交通志资料汇编》，油印本。

1988年11月，陕西省交通志编写委员会编《陕西公路史》（第一册　近代部分），人民交通出版社出版。

1988年11月，中国人民政治协商会议镇巴县委员会文史资料工作组编《镇巴文史资料》（第2辑），内部资料。

1988年12月，胡梦琪编《方孝孺年谱》，陕西人民出版社出版。

1988年12月，城固县统计局编《城固县第二次全国工业普查资料汇编》，内部印刷。

1988年12月，城固县民间文学集成编辑委员会编《城固县故事集成》，油印本。

1988年12月，中国人民政治协商会议陕西省略阳县委员会文史资料研究委员会编《略阳文史资料》（第八辑），内部资料。

1988年12月，中国人民政治协商会议宁强县委员会文史组编《宁强文史资料选辑》（第五辑），内部资料。

1989年4月，汉中市档案局编《汉中市档案志》，油印本。

1989年5月，陕西省汉中地区地方志办公室编《汉中地方志工作综览》，内部印刷。

1989年5月，李子舜等著《川北陕南二叠——三叠纪生物地层及事件地层学研究》（《中华人民共和国地质矿产部地质志报·二·地层古生物》），地质出版社出版。

1989年7月，城固县农业区划办公室编《陕西省城固县中低产田调查和改造规划报告集》，内部资料。

1989年7月，陕西省南郑县交通局编《南郑县交通志》，内部印刷。

1989年7月，陕西省汉中地区统计局编《汉中四十年》，陕出批04935。

1989年8月，留坝县档案局编《留坝县档案志》，内部资料。

1989年8月，王开主编《陕西古代道路交通史》，人民交通出版社出版。

1989年9月，陕西省城固县民政局编《城固县民政志》，内部印刷。

1989年9月，中国人民政治协商会议陕西省汉中市（今汉台区）委员会文史资料研究委员会编《汉中市文史资料·纪念汉中解放四十周年》（第七辑），内部资料。

1989年10月，陕西省勉县交通局编《勉县交通志》，内部印刷。

1989年10月，陕西省镇巴县地名志办编《陕西省镇巴县地名志》，内部印刷。

1989年10月，宗冠福、汤英俊等著《汉江中国乳齿象》，北京科学技术出版社出版。

1989年10月，中国人民政治协商会议陕西省南郑县委员会文史资料研究委员会编《南郑县文史资料·纪念南郑县解放四十周年专辑》（第六辑），内部资料。

1989年11月，汉中市粮食局编《汉中市粮食志》，内部印刷。

1989年11月，勉县志编纂委员会主编《勉县志》，地震出版社出版，为汉中市首部当代县志。

1989年11月，政协陕西省汉中市委员会文史委员会编《汉中市文史资料目录出版册》（第1—7辑），内部资料。

1989年12月，周竞主编《汉中民间故事集成》（上、下），（陕批）字04941号。

1989年12月，柳菁主编《汉中民间歌谣集成》（上、下），（陕批）字04941号。

1989年12月，柳菁主编《汉中谚语集成》，（陕批）字04941号。

1989年12月，中国人民政治协商会议陕西省略阳县委员会文史资料研究委员会编《略阳文史资料》（第九辑），内部资料。

1989年12月，中国人民政治协商会议宁强县委员会文史组编《宁强文史资料选辑》（第六辑），内部资料。

1990年4月，李慧主编《陕西石刻文献目录集存》，三秦出版社出版。

1990年4月，孟学范著《巴山民俗》，西北大学出版社出版。

1990年6月，中国人民政协商会议陕西省勉县委员会文史资料研究委员会编《勉县文史资料》（第四辑），内部资料。

1990年7月，南郑县地方志编纂委员会编《南郑县志》，中国人民公安大学出版社出版。

1990年7月，陈心锦、李培英编著《韩信与拜将台》，陕西人民美术出版社出版。

1990年8月，郭鹏、李佩今著《地方志与国情教育》，内部印刷。

1990年8月，陕西省考古研究所编著《龙岗寺：新石器时代遗址发掘报告》，文物出版社出版。

1990年8月，中国人民政治协商会议洋县委员会文史资料委员会编《洋县文史资料》（第二辑），内部资料。

1990年9月，燕京大学图书馆编《乡土志丛编》（影印版），广陵古籍刻印社出版。

1990年10月，城固县供销合作社联合社编《城固县供销合作社志》，油印本。

1990年11月，城固县人口普查领导小组办公室编《城固县第四次人口普查手工汇总资料》，内部印刷。

1990年11月，中国人民政治协商会议陕西省西乡县委员会文史资料委员会编《西乡县文史资料》（第四辑），内部资料。

1990年11月，中共洋县委组织部等编《中国共产党陕西省洋县组织史资料（1929.8—1987.10）》，陕西人民出版社出版。

1990年12月，城固县人民政府、西安工业学院编《陕西省城固县经济社会发展战略规划》，内部资料。

1990年10月，中国人民政治协商会议陕西省略阳县委员会文史资料研究委员会编《略阳文史资料·略阳县1990年抗洪救灾纪实专辑》（第十辑），内部资料。

1990年12月，中国人民政治协商会议陕西省汉中市（今汉台区）委员会文史资料研究委员会编《汉中市文史资料》（第八辑），内部资料。

1990年12月，中国人民政治协商会议陕西省汉中市（今汉台区）委员会文史资料研究委员会编《"陆游与汉中"诗词选编（〈汉中市文史资料〉专辑一）》，内部资料。

1990年12月，中国人民政治协商会议陕西省南郑县委员会文史资料研究委员会编《南郑县文史资料》（第七辑），内部资料。

1990年12月，中国人民政治协商会议陕西省镇巴县委员会文史资料研究委员会编《镇巴县文史资料》（第三辑），内部资料。

1991年1月，陕西省洋县人口普查办公室编《陕西省洋县第四次人口普查手工汇总资料汇编》，内部资料。

1991年6月，中共汉中地委党史办公室编《汉中解放四十年》，陕西人民出版社出版。

1991年11月，王本元、王素芬编《陕西省清至民国文契史料》，三秦出版社出版。

1991年12月，西乡县地方志编纂委员会编《西乡县志》，陕西人民出版社出版。

1991年6月，中共汉中地委党史办公室编《汉中解放四十年》，陕西人民出版社出版。

1991年7月，中共汉中地委党史资料征集研究办公室编《秦巴正气：汉中地区英烈传》，陕西人民出版社出版。

1991年8月，苗高生著《江隆基传》，兰州大学出版社出版。

1991年8月，陕西省勉县人民政府、西北大学经济管理学院编《1989～2000年陕西省勉县经济、科技、社会综合发展规划》，西北大学出版社出版。

1991年12月，梁增泰、陈仁、胡志辑编著《汉中名优特产的生产与开发决策》，西安地图出版社出版。

1991年12月，陕西省城固县人口普查办公室编《陕西省城固县1990年人口普查资料》，内部印刷。

1991年12月，陕西省城固县交通局编《陕西省城固县交通志》，陕出批字第04924号。

1991年12月，中国人民政治协商会议陕西省汉中市（今汉台区）委员会文史资料研究委员会编《汉中文史》（第九辑），内部资料。

1991年12月，中国人民政治协商会议陕西省南郑县委员会文史资料研究委员会编《南郑县文史资料》（第八辑），内部资料。

1991年12月，中国人民政治协商会议洋县委员会文史资料委员会编《洋县文史资料》（第三辑），内部资料。

1991年12月，朱宝泉、田耀清主编《略阳史话》，陕西人民出版社出版。

1992年1月，王本元、王素芬编注《历代名人吟汉中》（中、下），陕西人民美术出版社出版。

1992年1月，王祥玉、李生熠著《踏出丝绸彩带的使者》，陕西人民教育出版社出版。

1992年3月，西乡县人口普查办公室编《陕西省西乡县1990年人口普查资料（电子计算机汇总）》，内部资料。

1992年4月，中国人民政治协商会议陕西省略阳县委员会文史资料研究委员会编《略阳文史资料·略阳交通运输专辑》（第十一辑），内部资料。

1992年5月，中共陕西省委党史研究室、中共汉中地委党史研究室编《中共陕南特委》，陕西人民出版社出版。

1992年5月，殷鸿福等著《秦岭及邻区三叠系》，中国地质大学出版社。

1992年6月，苏建忠主编《秦巴山区土特产综合开发与利用》（上、下），科学技术文献出版社出版。

1992年8月，中国人民政协商会议陕西省勉县委员会文史资料研究委员会编《勉县文史资料》（第五辑），内部资料。

1992年9月，中国共产党汉中市委党史研究办公室编《中国共产党汉中市革命斗争简史（1926年秋—1949年12月）》，内部资料。

1992年9月，中国人民政治协商会议陕西省镇巴县委员会文史资料研究委员会编《镇巴县文史资料》（第四辑），内部资料。

1992年10月，镇巴县财政局编《镇巴县财政志》，内部印刷。

1992年11月，宁强县交通局编《宁强县交通志》，（陕出批）04932号。

1992年12月，略阳县志编纂委员会编《略阳县志》，陕西人民出版社出版。

1992年12月，中共城固县委组织部等编《中国共产党陕西省城固县组织史资料（1928.2—1987.10）》，陕西人民出版社出版。

1992年12月，中国人民政治协商会议陕西省汉中市（今汉台区）委员会文史资料研究委员会编《汉中文史》（第十辑），内部资料。

1993年2月，王缃著《篇章语言学》，陕西人民出版社出版。

1993年3月，成汉钧等主编《大巴山早古生代地层》，西北工业大学出版社出版。

1993年6月，汉中地区文化文物局选编《陕南苏区革命文化史料》，陕西人民出版社出版。

1993年6月，中共留坝县委组织部等编《中国共产党陕西省留坝县组织史资料（1949.12—1987.10）》，陕西人民出版社出版。

1993年6月，中国人民政治协商会议陕西省西乡县委员会文史资料委员会编《西乡县文史资料》（第五辑），内部资料。

1993年8月，郭荣章主编《汉三颂专辑》，陕西人民美术出版社出版。

1993年8月，汉中地区土壤普查办公室编《汉中土壤》，西安地图出版社出版。

1993年8月，南郑县知事郭凤洲、柴守愚编纂，朱林枫等校注《续修南郑县志校注》，中国人民公安大学出版社出版。

1993年8月，杨起超主编《陕西省汉中地区地理志》，陕西人民出版社出版。

1993年9月，刘国惠等著《秦岭造山带主要变质岩群及变质演化》，地震出版社出版。

1993年9月，宋文程、张维佳主编《陕西方言与普通话》，陕西人民出版社出版。

1993年9月，孙启祥选注《陆游汉中诗词选》，陕西人民出版社出版。

1993年9月，中共佛坪县委组织部、中共佛坪县委党史研究室、佛坪县档案局编《中国共产党陕西省佛坪县组织史资料（1949—1987）》，陕西人民出版社出版。

1993年9月，中共南郑县委党史研究室编《火红年代中共南郑县委大事记1912—1992》，陕西人民出版社出版。

1993年9月，中共南郑县委党史研究室编《壮丽画卷》，陕西人民出版社出版。

1993年10月，中国人民政治协商会议陕西省汉中市（今汉台区）委员会文史资料研究委员会编《汉中市文史资料》（第十一辑），内部资料。

1993年10月，中共镇巴县委组织部等编《中国共产党陕西省镇巴县组织史资料（1931.5—1987.10）》，陕西人民出版社出版。

1993年12月，李先梓等著《秦岭—大别山花岗岩》，地质出版社出版。

1993年12月，佛坪县地方志编纂委员会编《佛坪县志》，三秦出版社出版。

1993年12月，中共四川省委党校、中共四川省委党史研究室、中共志丹县委党史研究室编《龚逢春纪念文集》，内部印刷。

1993年12月，中国人民政治协商会议陕西省略阳县委员会文史资料研究委员会编《略阳文史资料》（第十二辑），内部资料。

1993年12月，中国人民政协商会议陕西省勉县委员会文史资料研究委员会编《勉县文史资料》（第六辑），内部资料。

1993年，中国人民政治协商会议陕西省城固县委员会文史资料委员会编《城固县文史资料·城固简介》（第十一辑），内部资料。

1994年1月，中共汉中地委组织部编《中国共产党陕西省汉中地区组织史料（1927年春—1987年10月）》，陕西人民出版社出版。

1994年2月，郭兴超主编《简明汉语八体字对照词典》，知识出版社出版。

1994年2月，穆育人等编《城固县志》，中国大百科全书出版社出版。

1994年2月，中共镇巴县委党史研究室编《解放镇巴》，内部资料。

1994年3月，政协南郑县文史资料委员会编《南郑县文史资料·圣水寺》（第十辑），陕汉出批（1994年）字第05号。

1994年4月，朱宝泉、郭鹏选注《兴州诗文选注》，西北大学出版社出版。

1994年5月，中国人民政治协商会议陕西省镇巴县委员会文史资料研究委员会编《镇巴县文史资料》（第五辑），内部资料。

1994年6月，陕西省考古研究所、陕西省安康水电站库区考古队编著《陕南考古报告集》，三秦出版社出版。

1994年7月，"汉中地区水利志"编纂委员会编《汉中地区水利志》，陕西人民出版社出版。

1994年7月,中共南郑县委组织部编《中国共产党陕西省南郑县组织史资料（1927.9—1987.10）》,陕西人民出版社出版。

1994年8月,汉中地区文物管理委员会编、陈显远辑《汉中地区土地资源史料拾零》,手稿。

1994年9月,中共镇巴县委政策研究室编《镇巴资源》,内部印刷。

1994年10月,黄建中、伍长述主编《可爱的汉中》,陕西人民出版社出版。

1994年10月,汉中市政协文史资料委员会编《抗战时期的汉中（〈汉中文史〉第十二辑）》,内部资料。

1994年11月,曹宣铎、胡云绪、赵江天等著《秦岭石炭纪裂陷盆地的沉积—构造深化》,陕西科学技术出版社出版。

1994年12月,汉中市地方志编纂委员会编《汉中市志》,中共中央党校出版社出版。

1994年12月,李之勤著《西北史地研究》,中州古籍出版社出版。

1995年1月,程文茂著《程氏速算法》,中国金融出版社出版。

1995年2月,宁强县志编纂委员会编《宁强县志》,陕西师范大学出版社出版。

1995年3月,郭兴超主编《现代汉语多功能字典》,知识出版社出版。

1995年3月,中共略阳县委组织部等编《中国共产党陕西省略阳县组织史资料（1947.8—1987.6）》,陕西人民出版社出版。

1995年3月,中国人民政治协商会议陕西省西乡县委员会文史资料委员会编《西乡县文史资料》（第六辑）,内部资料。

1995年4月,高勇主编《诗雄与雄诗：南郑诗词研讨会诗文集》,中央文献出版社出版。

1995年5月,霍福臣、李永军著《西秦岭造山带的建造与地质演化》,西北大学出版社出版。

1995年5月,中共西乡县委组织部等编《中国共产党陕西省西乡县组织史资料（1931.2—1987.10）》,陕西人民出版社出版。

1995年6月,王作勋等著《秦岭造山带显生宙构造迁移与陶湾群沉积变形》,地震出版社出版。

1995年7月,（明）杨守正、邑举人胡琏创修,穆育人校注《嘉靖城固县志校注》,西北大学出版社出版。

1995年7月,汉中市史志办公室编《抗战后方重镇汉中》,西北大学出版社出版。

1995年8月,《可爱的佛坪》编委会编《可爱的佛坪》,陕西人民出版社出版。

1995年8月,中共宁强县委组织部等编《中国共产党陕西省宁强县组织史资料（1927.11—1987.10）》,陕西人民出版社出版。

1995年10月,冯岁平编著《徐霞客游记通论》,西北大学出版社。

1995年10月,中共南郑县委党史研究室编《何挺颖》,内部资料。

1995年12月,中国人民政治协商会议陕西省汉中市(今汉台区)委员会文史资料研究委员会编《汉中市文史资料》(第十三辑),内部资料。

1996年2月,马建勋主编《中国汉水文化研究》,西北大学出版社出版。

1996年3月,王世镗书《章草草诀歌》,天津古籍出版社出版。

1996年4月,陈显远编著《汉中碑石》,三秦出版社出版。

1996年5月,周建民、李星、李汉平编著《古今汉中城》,西安地图出版社出版。

1996年6月,洋县地方志编纂委员会编《洋县志》,三秦出版社出版。

1996年7月,汉中市汉台区史志办公室编《古城新生》,陕汉出批(1996)字第10号。

1996年9月,牛力著《古城遗韵:陕西汉中古民居》,陕西旅游出版社出版。

1996年10月,李文正、朱立社主编《南郑迈向二十一世纪资源优势与开发》,陕西科学技术出版社出版。

1996年10月,镇巴县地方志编纂委员会编《镇巴县志》,陕西人民出版社出版。

1997年2月,王民柱主编《汉中植物名录》,陕西科学技术出版社出版。

1997年3月,郭琦、史念海、张岂之主编,石兴邦主编《陕西通史·原始社会卷》(1),陕西师范大学出版社出版。

1997年3月,郭琦、史念海、张岂之主编,斯维至著《陕西通史·西周卷》(2),陕西师范大学出版社出版。

1997年3月,郭琦、史念海、张岂之主编,黄留珠、周天游著《陕西通史·秦汉卷》(3),陕西师范大学出版社出版。

1997年3月,郭琦、史念海、张岂之主编,王大华、秦晖著《陕西通史·魏晋南北朝卷》(4),陕西师范大学出版社出版。

1997年3月,郭琦、史念海、张岂之主编,史念海主编《陕西通史·隋唐卷》(5),陕西师范大学出版社出版。

1997年3月,郭琦、史念海、张岂之主编,秦晖著《陕西通史·宋元卷》(6),陕西师范大学出版社出版。

1997年3月,郭琦、史念海、张岂之主编,秦晖、韩敏、邵宏谟著《陕西通史·西周卷》(7),陕西师范大学出版社出版。

1997年3月,郭琦、史念海、张岂之主编,李振民著《陕西通史·民国卷》(8),陕西师范大学出版社出版。

1997年3月,郭琦、史念海、张岂之主编,赵炳章、何金铭主编《陕西通史·中华人民共和国卷》(9),陕西师范大学出版社出版。

1997年3月,郭琦、史念海、张岂之主编,房成祥著《陕西通史·革命根据地卷》

(10)，陕西师范大学出版社出版。

1997年3月，郭琦、史念海、张岂之主编，田培栋著《陕西通史·经济卷》（11），陕西师范大学出版社出版。

1997年3月，郭琦、史念海、张岂之主编，史念海、萧正洪、王怀双著《陕西通史·历史地理卷》（12），陕西师范大学出版社出版。

1997年3月，郭琦、史念海、张岂之主编，周伟洲著《陕西通史·民族卷》（13），陕西师范大学出版社出版。

1997年3月，郭琦、史念海、张岂之主编，张岂之主编《陕西通史·思想卷》（14），陕西师范大学出版社出版。

1997年5月，杜远生著《秦岭造山带泥盆纪沉积地质学研究》，中国地质大学出版社出版。

1997年5月，王民柱主编《汉中植物名录》，陕西科学技术出版社出版。

1997年7月，汉中市邮电局编《汉中市邮电志》，内部印刷。

1997年9月，谢永生、张卫主编《佛坪县经济社会发展战略规划（1997—2010）》，陕西科学技术出版社出版。

1997年10月，陕西省、四川省文化厅编《川陕根据地革命文化史料选编》，三秦出版社出版。

1997年10月，中共汉中市委党史研究室编《党和国家领导人在汉中》，内部印刷。

1997年12月，史念海著《河山集·六》，本集收录《汉中历史地理》专文，山西人民出版社出版。

1997年12月，李伯勋撰《诸葛亮集笺论》，陕西人民出版社出版。

1997年12月，张傲雪主编《汉中剿匪》，陕西人民出版社出版。

1997年，政协城固县文史资料委员会编《城固县文史资料》（第十二辑），内部资料。

1997年，政协南郑县文史资料委员会编《南郑县文史资料·前进中的南郑政协》（第十一辑），陕汉书批（1997年）第21号。

1998年1月，中国人民政治协商会议陕西省西乡县委员会文史资料委员会编《西乡县文史资料》（第七辑），内部资料。

1998年3月，王平安等著《秦岭造山带区域矿床成矿系列、构造——成矿旋回与演化》，地质出版社出版。

1998年4月，黄宝生主编《陕南文化概览》，太白文艺出版社出版。

1998年6月，权海帆、孟长勇著《丝路之父》，文化艺术出版社出版。

1998年7月，杜子图、吴淦国著《西秦岭地区构造体系及金成矿构造动力学》，地震出版社出版。

1998年8月，郭兴超主编《现代文献信息检索基础》，三秦出版社出版。

1998年8月，王祥玉著《汉中风土记》，东方出版中心出版。

1998年8月，镇巴县委宣传部、镇巴县文教体育局编（翟舟樯执笔）《大巴山走出的将军：付先辉将军战斗岁月纪实》，陕汉出批（1998）字第007号。

1998年9月，任杰义主编《汉中师范学院校史》，陕西师范大学出版社出版。

1998年10月，黎锦熙撰、黎泽渝编《黎锦熙纪事诗存》，中国文史出版社出版。

1998年12月，王春南、赵映林著《宋濂 方孝孺评传》（上、下），南京大学出版社出版。

1998年12月，汉台区政协学习文史委员会编《汉台区文史资料》（第十四辑），陕汉出批（1998年）字第015号。

1999年1月，政协宁强县委员会文史资料委员会编《汉源春秋（宁强政协文史资料第八辑）》，陕汉出批（1998）字第013号。

1999年3月，薛凤飞著《褒谷摩崖校释》，湖北人民出版社出版。

1999年6月，四川省广元市人民政府、四川省绵阳市人民政府、陕西省汉中市人民政府编《三国蜀道揽胜》，四川美术出版社出版。

1999年9月，汉台区政协学习文史委员会编《汉台区文史资料·前进中的汉台区政协》（第十五辑），陕内资图批字（99）LH014号。

1999年9月，汉中市图书馆学会编《汉中市图书馆志》，陕汉出批（1998）字第018号。

1999年9月，政协略阳县委员会编《说古论今献新猷》，陕内资图批字（99）JH017号。

1999年9月，中国人民政治协商会议陕西省留坝委员会文史资料委员会编《留坝文史资料》（第一辑），内部资料。

1999年10月，王蓬主编《汉中五十年文学作品选（1949—1999）》（报告文学卷、小说卷、散文卷、诗歌卷及戏剧卷），太白文艺出版社出版。

1999年10月，中共汉中市委党史研究室编《把红旗插向汉中》，陕西人民出版社出版。

1999年11月，中共佛坪县委党史研究室编《红旗耀山城》，陕汉出批字（99）JH026号。

1999年12月，陕西省作家协会、陕西文学创作研究会编《秦巴山水竞风流：巴山壹佰人》，西安地图出版社出版。

1999年12月，中共略阳县委党史研究室编《略阳党史五十年》，陕内资图批字（99）JH032号。

2000年1月，中国人民政治协商会议汉中市委员会《汉中文史资料》委员会编《天汉回眸（汉中文史资料第二辑）》，中国文史出版社出版。

2000年1月，叶孟理著《欧洲文明的源头》，华夏出版社出版。

2000年1月，田孟礼著《陆游天汉魂》，西北大学出版社出版。

2000年2月，卢欣祥主编《秦岭花岗岩大地构造图》，西安地图出版社出版。

2000年3月，王祥玉著《南窗诗文选》，陕西旅游出版社出版。

2000年4月，鲁西奇著《区域历史地理研究：对象与方法——汉水流域的个案考察》，广西人民出版社出版。

2000年4月，中共汉中市委组织部编《中国共产党陕西省汉中地区组织史资料》（第二卷），三秦出版社出版。

2000年5月，郭鹏主编《城固五门堰》，陕内资图批字（2000）JH10号。

2000年6月，贾连友著《汉水走笔：贾连友新闻作品选》，陕内资图批字（99）JH031号。

2000年6月，政协陕西省镇巴县文史学习法制委员会编《镇巴文史》（第六辑），内部资料。

2000年10月，李锐著《中国当代文学的人文精神》，香港天马图书有限公司出版。

2000年10月，《勉县教育志》编纂委员会编《勉县教育志》，内部印刷。

2000年11月，中共汉中市委党史研究室编《汉中大地上的"中国第一"》，陕西人民出版社出版。

2000年12月，汉台区政协学习文史委员会编《汉台区文史资料》（第十六辑），陕内资图批字（2000）JH014号。

2000年12月，杨文光著《天汉轶事：一个汉中人的记述》，香港天马图书有限公司出版。

2000年12月，中共佛坪县委组织部编《中国共产党陕西省佛坪县组织史资料》（第二卷），陕西人民出版社出版。

2000年12月，何业琪主编《西乡县牛头山左侧上湾何家湾何氏家谱》，自印本。

2001年1月，周贵庭主编《西乡儿女传》，三秦出版社出版。

2001年3月，汉中市博物馆编《古汉台胜迹》，陕西人民美术出版社出版。

2001年6月，中共宁强县为党史研究室编《汉源星火》，陕内资图批字（2001）JH007号。

2001年8月，何金铭、赵炳章主编《当代陕西简史》（2版），当代中国出版社出版。

2001年9月，郭荣章编著《石门石刻大全》，三秦出版社出版。

2001年9月，刘长源著《汉中古史考论》，三秦出版社出版。

2001年9月，杨建中著《五龙洞风物传说》，陕西旅游出版社出版。

2001年10月，郭鹏编著《古籍中的汉中逸闻趣事》，陕内资图批字（2002）JH002号。

2001年10月，城固县政协文史资料委员会编《城固文史》（第十三辑），内部资料。

2001年10月，城固县政协文史资料委员会编《城固文史·前进中的城固县政协》（第十四辑），内部资料。

2001年10月，郭兴超主编《大学生导读》，陕西人民出版社出版。

2001年10月，〔意大利〕南怀谦著《世纪回眸：意大利神父南怀谦清末民初中国写真》，澳门艺术博物馆出版。

2001年11月，汉中市人大常委会编《汉中市人大志（1996.6—2001.4）》，内部印刷。

2001年12月，汉台区政协学习文史委员会编《汉台区文史资料·政协委员好风采》（第十七辑），陕内资图批字（2001）JH024号。

2001年12月，镇巴县交通局编《镇巴县交通志》，内部印刷。

2001年，王明智编著《略阳：中国西部一座古城堡发生的故事》，陕内资准印证号（2001）JH012号。

2002年1月，政协宁强县委员会编《汉源风云（宁强政协文史资料第九辑）》，陕内资图批字（2002）JH001号。

2002年1月，叶孟理著《弗洛依德传》，中国广播电视出版社出版。

2002年1月，洋县档案局（馆）编《无声的辉煌：洋县近些年档案利用效果百例》，内部资料。

2002年2月，左汤泉编著《汉中市文物古迹揽胜》，东方出版社出版。

2002年3月，刘诗峰、张坚主编《佛坪自然保护区生物多样性研究与保护》，陕西科学技术出版社出版。

2002年3月，苏建中主编《张良庙：紫柏山风景名胜区志》，西北大学出版社出版。

2002年4月，苟保平著、郭鹏审改《张骞·墓·纪念馆》，陕内资图批字（2002）JH07号。

2002年4月，留坝县地方志编纂委员会编《留坝县志》，陕西人民出版社出版。

2002年5月，王太平编著《张骞显灵》，香港天马图书有限公司出版。

2002年5月，许良能主编《陕西省道路交通管理志·汉中分志》，陕西人民出版社出版。

2002年5月，中国人民政治协商会议陕西省留坝委员会文史资料委员会编《留坝文史资料》（第二辑），内部资料。

2002年6月，中国人民政治协商会议陕西省留坝委员会文史资料委员会编《留坝文史资料·跨世纪的留坝县政协》（第三辑），内部资料。

2002年7月，叶孟礼、李锐主编《人文科学概论》，南京大学出版社出版。

2002年7月，张树岗著《碧落黄泉》，中国文联出版社出版。

2002年9月，杨建中等著《锦绣略阳》，西安地图出版社出版。

2002年10月，张宗清等著《南秦岭变质地层同位素年代学》，地质出版社出版。

2002年11月，汉中市军事志编纂委员会编《汉中市军事志》，陕西人民出版社出版。

2002年12月，西北大学文博学院编著《城固宝山：1998年发掘报告》，文物出版社出版。

2003年8月，吴宝恒编《天汉舞韵》，国际文化出版公司出版。

2003年8月，汉中市非典型肺炎防治工作领导小组办公室编《不能淹没的历史：汉中抗击非典纪实》，陕内资图批字（2003）JH011号。

2003年10月，刘诗峰、张坚主编《佛坪自然保护区生物多样性研究与保护》，陕西科学技术出版社出版。

2003年11月，冯岁平著《西北小江南：汉中》，三秦出版社出版。

2003年，中国人民政治协商会议汉中市委员会《汉中文史资料》编辑委员会编《汉中文史》（第三辑），内部资料。

2004年1月，张晓虹著《文化区域的分异与整合：陕西历史文化地理研究》，上海书店出版社出版。

2004年1月，中共汉中市委党史研究室、汉中市防汛抗旱指挥部办公室编《2002汉中抗洪救灾实录》，陕内资图批字（2003）JH027号。

2004年4月，张忠民著《秦巴山区植物保护技术》，陕西科学技术出版社出版。

2004年5月，秦川著《血战大巴山》，解放军文艺出版社出版。

2004年5月，中国人民政治协商会议陕西省留坝委员会文史资料委员会编《留坝文史资料》（第四辑），内部资料。

2004年6月，刘歌著《时代生活报告》，中国广播电视出版社出版。

2004年6月，温中禄主编《温氏族谱》，自印本。

2004年6月，政协宁强县委员会编《汉源求索（宁强政协文史资料第十辑）》，陕内资图批字（2004）022号。

2004年9月，王寿芝编著《张骞与张骞墓》，陕西人民教育出版社出版。

2004年9月，南郑县人民政府地方志办公室、南郑县梁山炉具有限公司编《梁山志》，陕内资图批字（2004）JH020号。

2004年10月，王蓬著《品读汉中》，陕西旅游出版社出版。

2004年10月，王蓬主编《衮雪文萃》，陕西旅游出版社出版。

2004年11月，唐正芒等著《中国西部抗战文化史》，中央党校出版社出版。

2004年12月，陈振峰、魏朔南主编《秦巴山区漆树资源可持续发展》，陕西科学技术出版社出版。

2004年12月，马强著《汉水上游与蜀道历史地理研究》，四川人民出版社出版。

2004年12月，王树村著《中国门神画》，天津人民出版社出版。

2004年12月，中共汉中市委组织部编《中国共产党陕西省汉中市（地区）组织史料（1993.6—1998.5）》（第三卷），陕西人民出版社出版。

2005年1月，葛剑雄著《泱泱汉风：两汉的兴衰》，长春出版社出版。

2005年3月，蒋志刚主编《陕西青木川自然保护区的生物多样性》，清华大学出版社出版。

2005年3月，杨星科主编《秦岭西段及甘南地区昆虫》，科学出版社出版。

2005年4月，胡剑明编著《麻城孝感寻"根"记（明代湖北移民迁徙汉中专辑）》，陕内资图批字（2005）017号。

2005年6月，郭鹏著《两汉三国时期的汉中》，三秦出版社出版。

2005年6月，左鹏著《汉水》，江苏教育出版社出版。

2005年6月，中共留坝县委党史研究室编《留坝撷英》，陕内资图批字（2005）JH09号。

2005年7月，〔德〕柏石曼著，沈弘译《寻访1906~1909：西人眼中的晚晴建筑》，百花文艺出版社出版。

2005年7月，郭鹏主编《汉中地区志》4卷，三秦出版社出版。

2005年7月，中国人民政治协商会议陕西省佛坪县委员会教文卫体委员会编《佛坪政协二十年》，陕内资图批字（2005）JH12号。

2005年10月，陈泽孝主编《张良胜迹诗词选》，陕西旅游出版社出版。

2005年10月，陈泽孝、陈宁著《张良史迹略》，陕西旅游出版社出版。

2005年12月，黎琴南著、宋文富校注《民国〈全县经济调查报告书〉校注》，宁强县党史县志办公室编印。

2006年1月，汉中市博物馆编《石门：汉中文化遗产研究（2005）》，三秦出版社出版。

2006年1月，（清）毛凤枝撰、李之勤校注《南山谷口考校注》，三秦出版社出版。

2006年2月，方孝文编著《旅游汉中》，华夏出版社出版。

2006年2月，姚颖、彭程著《大汉风行》，中国国际广播出版社出版。

2006年3月，《汉中市汉台区军事志》编纂委员会编《汉中市汉台区军事志》，陕西人民出版社出版。

2006年4月，张萍著《地域环境与市场空间》，商务印书馆出版。

2006年5月，国家环境保护总局编著《全国生态现状调查与评估（西北卷）》，中国环境科学出版社出版。

2006年5月，郭荣朝著《省际边缘区域城镇化研究》，中国社会科学出版社出版。

2006年5月，饶胜文编著《布局天下：中国古代军事地理大势》，解放军出版社出版。

2006年6月，李锐等著《中国西部农村"教育反贫困"战略报告》，中国社会科学出版社出版。

2006年6月，王文献著《汉中曲子》，陕西人民教育出版社出版。

2006年6月，赵德怀主编《佛坪自然保护区发展史记》，西北农林科技大学出版社出版。

2006年7月，汉中市档案局（馆）编《汉中建市十年大事记》，陕内资批字（2006）JH016号。

2006年8月，伍奕、方慧敏著《川陕苏区巴山行》，四川人民出版社出版。

2006年8月，西北大学文博学院、陕西省文物局编，赵丛苍主编《城洋青铜器》，科学出版社出版。

2006年9月，曹玮主编《汉中出土商代青铜器》（4卷），巴蜀书社出版。

2006年9月，王安国著《放歌汉江源》，华夏出版社出版。

2006年10月，汉中市博物馆编《石门：汉中文化遗产研究（2006）》，三秦出版社出版。

2006年10月，叶孟理主编《汉水文化研究集刊》，西北大学出版社出版。

2006年11月，冯天瑜主编《汉水文化研究》，中国国际广播音像出版社出版。

2006年11月，中国人民政治协商会议陕西省佛坪县委员会教文卫体学习委员会编《佛坪文史资料》（第二辑），陕内资图批字（2006）JH019号。

2006年11月，〔日〕竹添井井著，冯岁平整理点校《栈云峡雨稿》，三秦出版社出版。

2007年1月，代新、李国著《蜀道》，中国工人出版社出版。

2007年1月，王蓬著《陕西汉中》，中国旅游出版社出版。

2007年1月，朱秀海著《红四方面军征战纪实》（上），解放军文艺出版社出版。

2007年3月，严耕望著《唐代交通图考》（6卷），其中卷三为《秦岭仇池区》，上海古籍出版社出版。

2007年4月，杨建中主编《略阳三十人文学作品选》，文化艺术出版社出版。

2007年6月，王祥玉著《三余闲笔》，中国文史出版社出版。

2007年6月，中国人民政治协商会议陕西省留坝委员会文史资料委员会编《留坝文史资料·与时俱进的留坝县政协》（第五辑），内部资料。

2007年7月，林道喜著《井岗元戎何挺颖》，中国社会出版社出版。

2007年7月，苏汉平著《沔阳碑石》，中国图书出版社出版。

2007年7月，苏汉平著《诸葛亮在汉中与勉县三国史迹》，中国图书出版社出版。

2007年7月，张浩浩著《汉水絮语》，中国文联出版社出版。

2007年8月，政协陕西省镇巴县文史学习法制委员会编《镇巴文史》（第七辑），内部资料。

2007年8月，中共洋县县委党史研究室编、陕西省洋县地方志办公室编《党和国家领导人在洋县》，陕内资图批字（2007）JH11号。

2007年9月，"镇巴民歌"编委会编《镇巴民歌》，陕西人民出版社出版。

2007年9月，郭鹏著《鸿爪集》，三秦出版社出版。

2007年9月，张春文等著《三国胜地勉县之文物古迹》，太白文艺出版社出版。

2007年11月，张建民著《明清长江流域山区资源开发与环境演变：以秦岭—大巴山区为中心》，武汉大学出版社出版。

2007年11月，中共陕西省委党史研究室、中共汉中市委党史研究室编《抗日战争时期中共汉中地区组织及其活动》，陕内资图批字2007年108号。

2007年12月，黄公亮主编《汉中民歌选集》，中国文化出版社出版。

2007年12月，黄公亮主编《汉中音乐回顾》，中国戏剧出版社出版。

2007年12月，任桂香、郭新成主编《旅游洋县》，中新出版社出版。

2008年2月，冯岁平著《发现汉中》，华夏出版社出版。

2008年2月，田孟礼著《略阳》，人民文学出版社出版。

2008年3月，汉中市汉台区政协学习文史委、汉中市民间文艺家协会编著《西部图典·汉中民俗》，陕西旅游出版社出版。

2008年4月，汉中市博物馆编《石门：汉中文化遗产研究（2007）》，三秦出版社出版。

2008年5月，张春文著《漫话汉中》，三秦出版社出版。

2008年6月，姜观义编《天汉百年书画作品选》，陕西人民美术出版社出版。

2008年6月，沈茂才主编《秦岭植物园科学考察报告》，陕西科学技术出版社出版。

2008年8月，蔡民权、蔡贵福主编《陕西城固县蔡氏宗谱》，自印本。

2008年8月，汉中市博物馆等编《栈道历史研究与3S技术应用国际学术研讨会论文集》，陕西人民教育出版社出版。

2008年8月，龚民权、龚宜兴主编《城固县龚氏宗谱》，自印本。

2008年8月，《勉县军事志》编纂委员会编《勉县军事志》，内部印刷。

2008年8月，潘世东著《汉水文化论纲》，湖北人民出版社出版。

2008年9月，李杰著《古镇华阳》，三秦出版社出版。

2008年9月，王蓬著《中国蜀道》，中国旅游出版社出版。

2008年10月，方孝文编著《魅力汉中》，华夏出版社出版。

2008年10月，张尚中著《老汉中》，中国文史出版社出版。

2008年11月，连晓鸣、徐立新著《读书种子：方孝孺传》，浙江人民出版社出版。

2008年12月，政协宁强县委员会编《汉源博采（宁强政协文史资料第十二辑）》，陕内资图批字（2008）JH019号。

2009年1月，陈良学著《明清川陕大移民》，中国文联出版社出版。

2009年1月，王立新主编《汉水文化研究集刊》（二），西北大学出版社出版。

2009年1月，余龙飞编《山清水秀话汉中》，西北大学出版社出版。

2009年3月，马强著《唐宋时期中国西部地理认识研究》，人民出版社出版。

2009年3月，李广清编著《陕西省汉中一带地质构造特征》，香港银河出版社出版。

2009年3月，李培业著《曲江集》，香港天马出版有限公司出版。

2009年3月，城固县文化馆编《城固县非物质文化遗产普查图》，内部资料。

2009年3月，中共宁强县委员会、宁强县人民政府编《5·12宁强抗震救灾纪实》，陕内资图批字（2009）JH006号。

2009年4月，城固县文化馆编《陕西省城固县非物质文化遗产名录》，内部资料。

2009年4月，城固县文化馆编《陕西省城固县非物质文化遗产·孝歌》，内部资料。

2009年4月，城固县政协文史资料委员会编《城固文史》（第十五辑），内部资料。

2009年4月，中国人民政治协商会议陕西省佛坪县委员会教文卫体学习委员会编《佛坪文史资料》（第三辑），陕内资图批字（2009）JH011号。

2009年5月，汉中市博物馆编《石门：汉中文化遗产研究（2008）》，三秦出版社出版。

2009年7月，李青石著《鸿泥雪爪觅诗痕》，三秦出版社出版。

2009年7月，王祥玉著《走向世界第一人：张骞出使西域的故事》，人民文学出版社出版。

2009年8月，冯树永编著《洋县皮影戏灯影腔音乐》，中国文化出版社出版。

2009年8月，陕西省城固县五郎庙乡人民政府、城固县斗山奉真宫道教管理委员会编《城固名胜斗山》，内部印刷。

2009年8月，杨建中主编《略阳六十年文学作品选》，中国文联出版社出版。

2009年9月，城固县文化馆汇编《桔乡揽胜》，内部资料。

2009年9月，刘清河、李锐著《先秦礼乐》，北京师范大学出版社出版。

2009年9月，王继胜、王明新、王李云编著《陕南端公》，陕西科学技术出版社出版。

2009年10月，（清）贺仲瑊、蒋湘南修纂，郭鹏总校注《留坝厅志》刊印，附录《紫柏山志图》与《留坝乡土志》，陕内资图批字（2009）JH021号。

2009年10月，李旨春编著《汉中之最》，中国文联出版社出版。

2009年10月，冯树永编著《洋县皮影戏灯影腔音乐》，中国文化出版社出版。

2009年11月，段纪刚、郭新成著《话说谢村黄酒》，中国文联出版社出版。

2009年11月，段纪刚著《龙亭蔡伦造纸传说》，人民文学出版社出版。

2009年11月，中共略阳县委党史研究室、略阳县地方志办公室编《(5·12汶川大地震)略阳县抗震救灾纪实》，陕内资图批字（2009）JH019号。

2009年12月，黄公亮主编《汉中民间器乐曲集》，中国文化出版社出版。

2009年12月，黄留珠总主编，田旭东主编《从混沌初开到礼乐文明：漫话史前至西周时期的陕西·远古西周卷》，西北大学出版社出版。

2009年12月，黄留珠总主编，徐卫民著《金戈铁马吞天下：秦人五百余载的崛兴史·秦卷》，西北大学出版社出版。

2009年12月，黄留珠总主编，张铭洽、卢鹰著《汉风荡神州：发生在帝国心脏区域的往事·汉魏六朝卷》，西北大学出版社出版。

2009年12月，黄留珠总主编，陈峰主编《斜阳下的乐章：重心转移后的三秦大地·宋元明清卷》，西北大学出版社出版。

2009年12月，黄留珠总主编，田旭东主编《历史在这里转折：民国时期的陕西记忆·民国卷》，西北大学出版社出版。

2009年12月，郭清华编《定军山下论三国》，中国炎黄文化出版社出版。

2010年1月，何宝庆编著《博望侯张骞》，三秦出版社出版。

2010年1月，赖绍聪、秦江锋著《南秦岭勉略缝合带蛇绿岩与火山岩》，科学出版社出版。

2010年1月，沈茂才编著《中国秦岭生物多样性的研究和保护：秦岭国家植物园的总体规划建设》，科学出版社出版。

2010年1月，王绚著《传统寨堡聚落研究：兼以秦晋地区为例》，东南大学出版社出版。

2010年1月，中共洋县县委党史研究室编《洋县苏区的革命斗争》，陕西人民出版社出版。

2010年3月，王建林、从伊著《天宝物华：秦岭自然地理概览》，西北大学出版社出版。

2010年5月，衡智洲主编《秦巴山区中药材种植技术·略阳篇》，西北农林科技大学出版社出版。

2010年5月，袁永冰编著《栈道诗钞》，陕西人民出版社出版。

2010年6月，衡志洲主编《秦巴山区中药材种植技术·略阳篇》，西北农林科技大学出版社出版。

2010年6月，许家珠、魏焕志、赖平芳编著《秦岭巴山蝴蝶图记》，陕西科学技术出版社出版。

2010年6月，叶甲文著《叶文板话集》，陕内资图批字JH01号。

2010年8月，高从宜、王小宁著《终南幽境：秦岭人文地理与宗教》，西北大学出版社出版。

2010年8月，西安曲江经典创意文化交流有限公司编著《山水秦岭》，陕西旅游出版社出版。

2010年9月，李耕书著《耕书集》，人民文学出版社出版。

2010年9月，陕西省委宣传部、陕西电视台、陕西省人民政府新闻办公室编《大秦岭》，陕西人民出版社出版。

2010年9月，杨石珊著《华阳名胜与传说》，中国旅游出版社出版。

2010年10月，程文徽、许永明编著《汉源羌族民俗》，中国物资出版社出版。

2010年10月，高从宜、王建林、王肖芩、胡梵著《道汇长安：秦岭古道文化地理之旅》，西北大学出版社出版。

2010年10月，牛灿著《汉水诗草》，三秦出版社出版。

2010年10月，余忠平编著《龙岗流韵：南征文化遗产研究》，西北大学出版社出版。

2010年10月，赵剑波主编《洋县桄桃志》，中国文史出版社出版。

2010年10月，中共洋县县委党史研究室、洋县老区建设促进会编《洋县苏区的革命斗争》，陕西人民出版社出版。

2010年11月，冯岁平著《石门十三品》，西安地图出版社出版。

2010年11月，何宝庆编著《博望侯张骞》，三秦出版社出版。

2010年12月，白忠德、黄文庆著《佛坪等你来》，陕西音像出版社出版。

2010年12月，田孟礼著《读〈史记〉说汉中》，三秦出版社出版。

2010年12月，巫允明著《中国原生态舞蹈文化》（1、2），上海音乐出版社出版。

2011年1月，汉中市档案局、汉中市档案馆、汉中市档案学会编《十一五汉中要事录》，内部印刷。

2011年1月，鲁西奇著《城墙内外：古代汉水流域城市的形态与空间结构》，中华书局出版。

2011年1月，政协洋县委员会编《政协委员风采录（洋县文史资料选辑第七辑）》，内部资料。

2011年2月，政协宁强县委员会编《宁强县政协志（1981~2010）》，内部印刷。

2011年3月，政协汉中市委员会《汉中市文史资料》编辑委员会编《天汉回眸（汉中市文史资料 第四辑）》，陕内资图批字（2011）JH10号。

2011年4月，汉中市人大委员会编《汉中市人大志（2006.4~2011.4）》，内部印刷。

2011年4月，郝树茂、余子彤主编《陕西百县赋》，西北大学出版社出版。

2011年4月，高从宜、王小宁著《终南幽境：秦岭人文地理与宗教》（彩图版），西北大学出版社出版。

2011年4月，许勇明著《羌州纪游》，中国文联出版社出版。

2011年4月，中国人民政治协商会议略阳县委员会编《略阳印象（略阳政协文史资料丛书第十四辑）》，陕内资图批字（2010）JH16号。

2011年5月，程安东等著《汉中休闲经济研究报告》，陕西人民出版社出版。

2011年5月，张建民、鲁西奇主编《历史时期长江中游地区人类活动与环境变迁专题研究》，武汉大学出版社出版。

2011年5月，赵金铭编绘《汉中风采：赵金铭建筑风景速写集》，甘肃人民美术出版社出版。

2011年6月，窦力著《上游石韵》，陕西人民教育出版社出版。

2011年6月，汉中市博物馆编《石门：汉中文化遗产研究（2010）》，三秦出版社出版。

2011年6月，秦江锋、赖绍聪著《秦岭造山带晚三叠世花岗岩成因与深部动力学》，科学出版社出版。

2011年6月，杨民著《秦汉西晋中央与巴蜀地方关系研究》，巴蜀书社出版。

2011年6月，杨石珊著《华阳民歌民谣》，作家出版社出版。

2011年7月，李汉荣著《李汉荣散文选集》，百花文艺出版社出版。

2011年8月，城固县农业局编《城固农业六十年（1949～2009）》，陕内资图批字（2011）JH23号。

2011年8月，龚民权主编《陕西省城固县宝山镇苏村汤氏家谱》，自印本。

2011年8月，叶广芩、党高弟著《秦巴无闲草》，长春出版社出版。

2011年10月，宁强县人大常委会办公室编《宁强人大三十年（1981～2010）》，内部印刷。

2011年11月，余俊光主编《汉中历史文化专题》，陕西师范大学出版总社有限公司出版。

2011年11月，鲁西奇、林昌丈著《汉中三堰：明清时期汉中地区的堰渠水利与社会变迁》，中华书局出版。

2011年11月，张社民主编《汉水文化研究》，西北大学出版社出版。

2011年12月，南郑县龙岗文化研究课题组编《龙岗论丛》，陕内资图批字（2011）JH27号。

2011年12月，孙启祥著《汉中历史文化论集》，陕西人民出版社出版。

2012年1月，李俊生、胡理乐、舒俭民等著《秦岭林线树种太白红杉生态特征及其对气候变化的响应》，科学出版社出版。

2012年2月，孙启祥主编《陆游与汉中研究》，陕西人民出版社出版。

2012年3月，程文徽著《陕南羌族》（上、下），陕西人民出版社出版。

2012年3月，李后魂等著《秦岭小蛾类·昆虫纲·鳞翅目》，科学出版社出版。

2012年3月，政协宁强委员会编《宁强文史资料汇编》（一至六辑）（上、下），陕内资图批字（2012）JH04号。

2012年4月，陈本宏主编《陈氏宗谱》，自印本。

2012年4月，何玉红著《南宋川陕边防行政运行体制研究》，上海古籍出版社出版。

2012年4月，中共留坝县委党史研究室编《中国共产党留坝县历史（1927~1978）》（一），陕内资图批字（2011）JH36号。

2012年6月，汉台区绿化委员会、汉台区林业局编《汉台古树名木》，内部印刷。

2012年6月，何康民著《陕西铜元》，三秦出版社出版。

2012年6月，苟保平编《西北联大在城固》，陕内资图批字（2012）JH14。

2012年6月，陕西省文物局编《陕西第三次全国文普查·汉中卷1·汉台文物》，陕西旅游出版社出版。

2012年6月，陕西省文物局编《陕西第三次全国文普查·汉中卷2·南郑文物》，陕西旅游出版社出版。

2012年6月，陕西省文物局编《陕西第三次全国文普查·汉中卷3·城固文物》，陕西旅游出版社出版。

2012年6月，陕西省文物局编《陕西第三次全国文普查·汉中卷4·洋县文物》，陕西旅游出版社出版。

2012年6月，陕西省文物局编《陕西第三次全国文普查·汉中卷5·西乡文物》，陕西旅游出版社出版。

2012年6月，陕西省文物局编《陕西第三次全国文普查·汉中卷6·勉县文物》，陕西旅游出版社出版。

2012年6月，陕西省文物局编《陕西第三次全国文普查·汉中卷7·宁强文物》，陕西旅游出版社出版。

2012年6月，陕西省文物局编《陕西第三次全国文普查·汉中卷8·略阳文物》，陕西旅游出版社出版。

2012年6月，陕西省文物局编《陕西第三次全国文普查·汉中卷9·镇巴文物》，陕西旅游出版社出版。

2012年6月，陕西省文物局编《陕西第三次全国文普查·汉中卷10·留坝文物》，陕西旅游出版社出版。

2012年6月，陕西省文物局编《陕西第三次全国文普查·汉中卷11·佛坪文物》，陕西旅游出版社出版。

2012年6月，余晓平、李金钢主编《秦岭鸟类野外实习手册》，科学出版社出版。

2012年6月，周化清、周治科、周显玉主编《西乡周氏联谱》，自印本。

2012年7月，李俊清等著《大熊猫栖息地研究》，高等教育出版社出版。

2012年7月，张重光、张苗绘《张骞通西域组图》，陕西人民美术出版社出版。

2012年9月，李永正编《汉中美食大典》，陕西旅游出版社出版。

2012年9月，王庆新主编《张骞故里城固征联撷英》，中国诗联书画出版社出版。

2012年9月，赵德怀、党坤良、王慧英、王谊、麻应太等编著《陕西牛背梁国家级自然保护区生物多样性研究》，西北农林科技大学出版社。

2012年9月，张常良、田清梅著《古道名驿佛坪厅》，西安出版社出版。

2012年10月，李锐等著《平原、山地和高原地带农村教育问题的差异比较研究报告》，西北大学出版社出版。

2012年11月，潘世东、饶咬成、聂在垠主编《汉水文化研究文集》（2），上海世界图书出版公司出版。

2012年11月，秦一高、秦廷光编著《川北苏区》，电子科技大学出版社。

2012年11月，西华师范大学历史文化学院、川陕革命根据地博物馆编《川陕革命根据地历史文献资料集成》（3卷），四川大学出版社出版。

2012年12月，城固县政协民族宗教文史学习委员会编《城固文史》，陕内资图批字（2013）JH08号。

2012年12月，冯岁平著《汉李君表》，西安地图出版社出版。

2012年12月，王宏锦著《天汉耕耘》，陕内资图批字（2012）JH18号。

2012年12月，吴全民著《沔阳史话》，陕新出内印字第S0609号。

2012年12月，张尹著《上游·上墨：汉水文化考察》，陕西师范大学出版总社有限公司出版。

2013年1月，李锐、熊黎明等著《西部地区民族文化"走出去"战略研究》，云南人民出版社出版。

2013年1月，李思锋、黎斌主编《秦岭植物志增补：种子植物》，科学出版社出版。

2013年1月，中国陆游研究会、汉中市陆游研究会编《陆游与汉中》，上海古籍出版社出版。

2013年2月，李天培著《陋室杂糅》，华夏出版社出版。

2013年3月，城固县政协民族宗教文史学习委员会编《城固文史（第一至十五辑）合订本》，陕内资图批字（2013）JH08号。

2013年3月，胡理乐、李俊生、肖亮、朱仁斌主编《秦岭太白山常见植物彩色图鉴》，科学出版社出版。

2013年3月，郭沈青著《陕南客伙话语音研究》，中国社会科学出版社出版。

2013年3月，姜在民、文建雷主编《秦岭火地塘常见植物图鉴》，科学出版社出版。

2013年4月，郑宽明、张剑主编《构建区域教育信息化：生态环境的研究与实践》，西南交通大学出版社出版。

2013年4月，冯岁平主编《蜀道宝藏：中国石门摩崖石刻》，三秦出版社出版。

2013年4月，汉中市档案局编《汉中旧影》，三秦出版社出版。

2013年4月，周吉灵著《给力西部》，西安出版社出版。

2013年5月，城固县政协民族宗教文史学习委员会编《城固文史·邮苑奇葩话汉中（第十七辑）》，陕内资图批字（2013）JH08号。

2013年5月，冯金寿主编《冯氏家谱》，自印本。

2013年5月，梁澄清选编《陕西民间故事精选》，三秦出版社出版。

2013年6月，汉中市博物馆编《汉中市博物馆馆刊》（第七辑），三秦出版社出版。

2013年6月，侯文通主编《西北五省（区）重要地方畜禽品种资源调查与研究》，中国环境出版社出版。

2013年6月，杨建民著《昨日文坛的别异风景》，西安出版社出版。

2013年7月，董文军、张晓华等著《文化生态视野下的汉水流域教育发展研究》，西南交通大学出版社出版。

2013年7月，郭清华著《三国风云定军山》，中国文史出版社出版。

2013年7月，杨建中著《郙阁颂传奇》，中国文史出版社出版。

2013年8月，蔡乃武编著《雕栏玉砌今犹在：汉中古建筑石墩鉴赏》，西泠印社出版社。

2013年8月，李新生、耿敬章、党娅等著《陕西汉中食品产业现状分析与发展战略研究》，世界图书出版西安有限公司出版。

2013年9月，蔡靖、刘培亮、杜诚编著《秦岭野生植物图鉴》，科学出版社出版。

2013年9月，李玲著《1933：影响中国历史走向的汉中密约》，长征出版社出版。

2013年9月，李仲凡、费团结著《汉水流域新时期小说研究》，中国社会科学出版社。

2013年9月，政协宁强县委员会编《汉源岁月（文史资料第十三辑）》，陕内资图批字（2013）JH19号。

2013年10月，付兴林等著《唐宋时期汉水上游作家作品研究》，中国社会科学出版社出版。

2013年10月，汉中市审计志编纂委员会编《汉中市审计志（1983~2013）》，陕西科学技术出版社出版。

2013年10月，黄晓洲、吴金涛著《光影里的汉中名胜：视觉文化中的旅游凝视》，世界图书出版公司出版。

2013年10月，何龙斌著《陕南地区循环经济发展研究》，陕西科学技术出版社出版。

2013年10月，郭晓恩、徐养鹏编著《秦岭植物志 第二卷：石松类和蕨类植物》（第二版），科学出版社出版。

2013年10月，李青石著《行吟在诗意时空：唐宋诗人与汉中》，三秦出版社出版。

2013年10月，刘清河等著《汉水文化史》，陕西人民出版社出版。

2013年10月，陕西省文化厅、陕西省非物质文化遗产保护中心编《陕西剪纸（宝鸡、铜川、汉中、安康、商洛卷）》，陕西人民美术出版社出版。

2013年10月，赵纳勋主编《秦岭长青：野生生命的庇护所》，北京大学出版社。

2013年11月，林海、邵福利著《陕南生态农业发展研究》，西北农林科技大学出版社出版。

2013年11月，张义民主编《汉水文化研究集刊》（四），西北大学出版社出版。

2013年12月，梁宗锁、舒志明、高文编著《秦岭药用植物资源及利用》，西北农林科技大学出版社出版。

2013年12月，孙卫志等著《小秦岭幔枝构造与深部找矿》，科学出版社出版。

2013年12月，镇巴县审计志编纂委员会编《镇巴县审计志》，陕内资图批字（2013）JH29号。

2014年1月，王开锋、温战强、冯祁君等编著《陕西太白牛尾河自然保护区综合科学考察报告》，科学出版社出版。

2014年1月，（清）刘於义等修、（清）沈青崖等纂《敕修陕西通志》100卷，三秦出版社影印出版。

2014年3月，白红英著《秦巴山区森林植被对环境变化的响应》，科学出版社出版。

2014年3月，胡仪元著《汉水流域生态补偿研究》，人民出版社出版。

2014年3月，莫超著《西北方言文献研究》，北京大学出版社。

2014年3月，西安建筑科技大学城市规划设计研究院、汉中市城乡建设规划局编制《汉中历史文化名城保护规划》，内部印刷。

2014年4月，贾云峰、孙小荣、胡军著《大秦岭纪事》（全2册），中国旅游出版社出版。

2014年5月，郭荣章编《石门汉魏十三品合集》，陕西人民美术出版社出版。

2014年5月，侯晓丽主编《"中国梦"与汉中"三市"目标》，西南交通大学出版社出版。

2014年5月，王景元著《半耕堂文辑：汉中文物史迹丛谈》，中国文联出版社出版。

2014年5月，张萍著《区域历史商业地理学的理论与实践：明清陕西的个案考察》，三秦出版社出版。

2014年6月，《汶川特大地震汉中抗震救灾志》编纂委员会编《汶川特大地震汉中抗震救灾志》，陕西人民出版社出版。

2014年6月，邢海虹、程文徽主编《陕南羌族信仰礼俗与保护》，陕西科学技术出版社出版。

2014年6月，徐渊等著《汉中婚俗文化》，武汉大学出版社出版。

2014年6月，袁毅主编《传说中的汉中》，中国文联出版社出版。

2014年6月，巫其祥、李明富著《陕南民俗文化研究》，高等教育出版社出版。

2014年8月，白忠德著《斯世佛坪》，西安出版社出版。

2014年8月，裴正主编《略阳民歌》，中国图书出版社出版。

2014年8月，王世镗书，涛齐、冯岁平主编《中国历代经典碑帖·近现代部分·王世镗卷》，人民美术出版社。

2014年8月，冯岁平主编《中国蜀道学术研讨会论文集》，三秦出版社出版。

2014年8月，何宁主编《西北联大与中国高等教育Ⅱ：纪念西北联大汉中办学75周年》，世界图书出版西安有限公司出版。

2014年9月，《地图上的秦岭》编纂委员会编著《秦岭地质公园》，西安地图出版社出版。

2014年9月，中共南郑县委党史研究室编《中国共产党南郑县历史》（第一卷），陕西人民出版社出版。

2014年9月，汉中市博物馆编《中国蜀道学术研讨会论文集》，三秦出版社出版。

2014年10月，贾连友主编《历代名人笔下的南郑》，西安出版社出版。

2014年10月，陶明主编《真美汉中》，新华出版社出版。

2014年10月，（清）岳震川著，冯岁平、张西虎点校《赐葛堂文集》，三秦出版社出版。

2014年10月，（清）童颜舒著，冯岁平、张西虎点校《瀼源堂诗集》，三秦出版社出版。

2014年10月，中共镇巴县委、镇巴县人民政府编《美丽镇巴》，陕西人民美术出版社出版。

2014年11月，李仁义著《秦岭四宝》，四川美术出版社出版。

2014年11月，董树文著《论大巴山陆内造山带》，地质出版社出版。

2014年11月，吴敏霞等著《秦岭碑刻经眼录》，三秦出版社出版。

2015年12月，《地图上的秦岭》编纂委员会编著《秦岭全境图记》，西安地图出版社出版。

2014年12月，孙启祥等著《文化汉中》，三秦出版社出版。

2014年12月，镇巴县政协文史学习法制委员会编《镇巴文史合订本》（第一至七辑），陕内资图批字2014年第JH18号。

2014年12月，陕西省汉中市地方志办公室编《历代名人与汉中》，陕西人民出版社出版。

2015年1月，于小平、李金钢主编《秦岭鸟类野外实习手册》，科学出版社出版。

2015年1月，王得祥等著《秦岭山地森林健康经营理论与实践》，西北农林科技大学出版社出版。

2015年1月，杨再丽主编《中国梦·美丽宁强》，文汇出版社。

2015年1月，谢宁、李仁义主编《永远的文化记忆：汉中市非物质文化遗产集锦》，四川美术出版社出版。

2015年1月，政协陕西省镇巴县文史学习法制委员会编《镇巴文史》（第九辑），陕内资图批字2014年第JH19号。

2015年2月，政协汉中市委员会民族宗教文史学习委员会编《天汉回眸》（第五辑），陕内资图批字（2015）JH03号。

2015年3月，陈非著《我有南山君未识：陕南民歌之旅》，陕西师范大学出版社出版。

2015年3月，陈良学著《明清大移民与川陕开发》，陕西人民出版社出版。

2015年3月，略阳县档案局（馆）编《文化略阳》，内部资料。

2015年3月，张文辉、周建云、李景侠著《秦岭濒危植物种群生态及保育技术研究》，西北农林科技大学出版社出版。

2015年3月，周吉灵著《华夏龙脉大秦岭》，陕西旅游出版社出版。

2015年4月，《地图上的秦岭》编纂委员会编著《秦岭森林公园》，西安地图出版社出版。

2015年4月，王蓬著《陕西汉中》，中国旅游出版社出版。

2015年4月，谭平主编《镇巴史话》，文物出版社出版。

2015年5月，刘光朗、刘晓芬主编《镇巴渔鼓》，中国文联出版社出版。

2015年5月，殷淑燕等著《历史时期以来汉江上游极端性气候水文事件及其社会影响研究》，科学出版社出版。

2015年5月，伍宏贤编著《张骞张骞》，西安出版社出版。

2015年6月，（清）余修凤纂修，胡瀚、张西虎校补《光绪定远厅志》，三秦出版社出版。

2015年6月，叶广芩著《老县城》，陕西人民出版社出版。

2015年6月，宗鸣安著《秦商入川记》，陕西人民出版社出版。

2015年7月，马伯庸著《文化不苦旅》，四川人民出版社出版。

2015年7月，刘文哲主编《中国秦岭常见药用植物图鉴》（上、下），世界图书出版公司出版。

2015年7月，宁慧平著《褒姒》，中国文史出版社出版。

2015年8月，（清）严如熤著，冯岁平、张西虎点校《乐园文钞》，三秦出版社出版。

2015年8月，（清）严如熤著，冯岁平、张西虎点校《乐园诗稿》，三秦出版社出版。

2015年8月，冯岁平、张西虎著《宁强县大鱼洞墨书题记》，三秦出版社出版。

2015年8月，王文礼、张正新主编《汉中抗战纪实（1931~1945）》，西南交通大学出版社出版。

2015年8月，刘保民主编《汉水文化研究集刊》（五），西北大学出版社出版。

2015年8月，王汉山主编《陕西古籍总目：汉中分册》，陕西人民出版社出版。

2015年8月，汉中市文化旅游局主编《汉中栈道》，西安出版社出版。

2015年8月，陈正奇主编《秦岭四库全书　智库：文明春秋》，西安出版社出版。

2015年8月，杜喜春主编《秦岭四库全书　绿库：草木人间》，西安出版社出版。

2015年8月，宗静婷主编《秦岭四库全书　水库：山水清音》，西安出版社出版。

2015年9月，城固县文化馆、城固县非物质文化遗产保护中心编著《城固架花》，三秦出版社出版。

2015年9月，刘宁主编《秦岭四库全书　文库：文心观止》，西安出版社出版。

2015年9月，陈非著《在陕南发现中国》，陕西人民教育出版社出版。

2015年9月，令狐马著《刘邦开国》，中国青年出版社出版。

2015年9月，赵飞主编、郭鹏校注《明清略阳县志》，三秦出版社出版。

2015年9月，中共陕西省委党史研究室编《陕西抗战人物纪事》，陕西人民出版社出版。

2015年10月，董文军、谭娟、余婧、刘凤娟著《西部地区山区县实施教育现代化的战略研究：以陕西省为例》，西南交通大学出版社出版。

2015年10月，陕西省汉中市地方志办公室编《汉中概略》，陕西人民出版社出版。

2015年11月，梁中效、王继胜主编《张骞文化与丝绸之路》，三秦出版社出版。

2015年11月，石志刚、占绍文、石可儿编著《发现略阳》，陕西旅游出版社出版。

2015年11月，郑宽民、李天方、王东生、郭亚锋著《汉中地区茶叶产业集约化经营方法及途径研究》，西南交通大学出版社出版。

2015年11月，政协宁强县委员会编，宋文富著《汉源兵戎（宁强政协文史资料第十四辑）》，北京图书出版社出版。

2015年12月，刘庆柱、王子今主编《中国蜀道》（10卷），三秦出版社出版。

2015年12月，张国伟等著《秦岭勉略构造带与中国大陆构造》，科学出版社出版。

2016年3月，《西乡食用菌》编纂委员会编《西乡食用菌》，陕西科学技术出版社出版。

2016年3月，何得桂著《山区避灾移民搬迁政策执行研究：陕南的表述》，人民出版社出版。

2016年3月，蒋建军著《秦岭深处：2015引汉济渭影像》，中国摄影出版社出版。

2016年3月，孙启祥主编《羌州古镇青木川》，三秦出版社出版。

2016年3月，中共汉中市委宣传部、汉中电视台、汉中市艺苑房地产发展有限公司编著《汉魂汉脉》（十二集历史文化纪录片），西安出版社出版。

2016年4月，汉中市博物馆编《汉中市博物馆馆刊》（第8辑），三秦出版社出版。

2016年4月，杨乾坤选注《唐诗秦岭》，陕西人民出版社出版。

2016年4月，温艳、张西虎编《安汉资料选辑》，三秦出版社出版。

2016年6月，丁小村著《玻璃店》，北京时代华文书局出版。

2016年6月，胡仪元等著《流域生态补偿模式、核算标准与分配模型研究：以汉江水源地生态补偿为例》，人民出版社出版。

2016年6月，李锐等著《西部非物质文化遗产对外交流研究》，中国社会科学出版社出版。

2016年6月，〔德〕李希霍芬著，〔德〕蒂森选编，李岩、王彦会译，华林甫、于景涛审校《李希霍芬中国旅行日记》（全2册），商务印书馆出版。

2016年6月，李琰君著《陕南传统民居考察》，陕西师范大学出版社出版。

2016年6月，吴敏霞等著《秦岭碑刻的田野调查与价值研究》，科学出版社出版。

2016年6月，陕西省古籍整理办公室、陕西省考古研究院编，张天恩主编《陕西金文集成15：渭南、铜川、商洛、汉中、安康、延安卷》，三秦出版社出版。

2016年6月，中共佛坪县党史研究室编著《中国共产党佛坪历史》，陕西人民出版社出版。

2016年7月，何振基著《母亲河》，作家出版社出版。

2016年7月，王永红主编《汉中土地资源》，西安地图出版社出版。

2016年8月，高从宜、王肖苓、王跃琼著《道汇长安：秦岭古道文化地理之旅》，西北大学出版社。

2016年8月，宋小明著《寻梦山水》，陕西旅游出版社出版。

2016年8月，汉中市公安志编纂委员会编《汉中市公安志（1995~2010）》，陕内资图批字2016年第JH01号。

2016年8月，南郑县工会志编纂委员会编《南郑县工会志》，内部印刷。

2016年9月，涛斋、冯岁平主编《中国历代经典碑帖20近现代部分·王世镗卷》，人民美术出版社出版。

2016年9月，汉中市诗词家协会编《汉中近现代诗词选》，西安出版社出版。

2016年10月，陕西省宁强县青木川镇志编纂委员会编《青木川镇志》，方志出版社出版。

2016年10月，张慧著《溯水而上：汉水文化寻访之旅》，陕西师范大学出版社出版。

2016年11月，贾三强主编《陕西古代文献研究》（第一辑），商务印书馆出版。

2016年12月，〔德〕恩斯特·柏石曼著，徐原、赵省伟编译《一个德国建筑师眼中的中国：1906—1909》，台海出版社出版。

2016年12月，（民国）王德基、陈恩凤、薛贻源、刘培桐著，张西虎、张显锋、熊黎明编《汉中盆地地理考察报告》，三秦出版社出版。

2016年12月，于晓平，李金钢编著《秦岭鸟类原色图鉴》，西北农林科技大学出版社出版。

2016年12月，冯烽、唐光忠编著《汉中文化人》，陕西旅游出版社出版。

2016年12月，陈福寿编著《汉中史谭》，三秦出版社出版。

2017年1月，（清）严如熤辑、郭鹏整理《山南诗选》，西安出版社出版。

2017年1月，伍宏贤总主编《城固艺文志》（上、中、下三卷），西安出版社出版。

2017年1月，中共佛坪县委、佛坪县人民政府编《静美佛坪》，中国摄影出版社出版。

2017年3月，贾三强主编《陕西古代文献集成》（10辑），陕西人民出版社出版。

2017年3月，刘新玉、党坤良、马亦生编著《陕西佛坪国家级自然保护区生物多样性与大熊猫栖息地研究》，西北农林科技大学出版社出版。

2017年3月，中国汉江航运博物馆编《远去的帆影：1870~1980年的汉江》，人民交通出版社股份有限公司出版。

2017年4月，王学成、张沁文编著《秦巴之光：陕西理工大学艰苦创业之路》，西北大学出版社出版。

2017年5月，（清）滕天绥主修，汉中市档案馆整理《（康熙版）汉南郡志》（影印版），巴蜀书社出版。

2017年5月，李楠著《隽秀陕南·秦巴山地》，西安地图出版社出版。

2017年5月，许涛主编《陕南民歌：基于镇巴民歌的传承与创新》，德宏民族出版社出版。

2017年5月，周灵国主编《秦岭大熊猫：陕西省第四次大熊猫调查报告》，陕西科学技术出版社出版。

2017年6月，黄研著《陕南移民安置点人居环境使用后评价及宜居性研究：以汉中市为例》，科学出版社出版。

2017年6月，雷勇主编《三国文化研究》（第一辑），西北大学出版社出版。

2017年6月，孙启祥著《蜀道三国史研究》，巴蜀书社出版。

2017年6月，周宏伟等著《西北地区历史文化村镇保护研究与示范》，科学出版社出版。

2017年7月，李新生、张星显、秦公伟等著《陕西茶资源与产业化开发研究》，科学出版社出版。

2017年7月，孙启祥、傅兴林主编《文同与汉中》，陕西人民出版社出版。

2017年7月，孙启祥、梁中效主编《历史档案与文化传承》，陕西人民出版社出版。

2017年7月，王晓峰著《秦岭生态景区暴雨灾害风险评价研究》，科学出版社出版。

2017年8月，程琳杰主编《汉水文化研究集刊》（六），西北大学出版社出版。

2017年8月，杨建民著《翻书风清》，湖南大学出版社出版。

2017年8月，袁永冰著《栈道杂谭》，陕西人民出版社出版。

2017年9月，蔡如桂著《镇巴茶经》，新华出版社出版。

2017年9月，邵丽英、刘铨主编《现代医学之源：西北联大与现代医学事业》，西北大学出版社出版。

2017年9月，李天培主编《洋县什字村李氏宗谱》，自印。

2017年10月，原莲肖等著《陕西秦岭地区主要矿床岩矿石光薄片图册》，地质出版社出版。

2017年10月，中共汉中市委党史研究室著《中国共产党陕西省汉中市历史》，中共党史出版社出版。

2017年11月，李延风著《远山古道：秦岭行走笔记》，商务印书馆出版。

2017年11月，张西虎总主编"汉中历史文化丛书"系列之樊丽沙、陈辉编著《天汉揽胜：名胜古迹卷》，马元元、刘莉编著《星耀天汉：名人先贤卷》，杨名、王淑新编著《汉上烟云：传说故事卷》，刘清河、王吉清编著《文华汉中：文学作品卷》，陕西人民出版社出版。

2017年12月，汉中市群众艺术馆、汉中市非物质文化遗产保护中心编《汉中巴山礼仪词》，西北大学出版社出版。

2018年1月，（清）李复兴纂修，郭鹏校注《忠武侯祠墓志》，陕西人民出版社出版。

2018年1月，陕西省交通运输厅编《陕西高速公路建设实录》，人民交通出版社股份有限公司出版。

2018年1月，王兵主编《陕西省森林与湿地生态系统治污减霾功能研究》，中国林业出版社出版。

2018年1月，王继胜主编《汉中家训》，三秦出版社出版。

2018年1月，张璧田、刘振亚主编《陕西民居》，中国建筑工业出版社出版。

2018年1月，张生奇著《汉中鸟类图鉴》，科学出版社出版。

2018年2月，郭荣章主编《中国早期秦蜀古道考述》，文物出版社出版。

2018年3月，刘保民主编《川陕革命老区红色文化研究》，知识产权出版社出版。

2018年4月，吴珊编著《秦风蜀韵羌楚影：秦巴汉水民间舞蹈概览》，中国社会科学出版社出版。

2018年4月，政协洋县委员会编《苏轼文同和古洋州三十景》，陕西人民出版社出版。

2018年5月，《宁强县优秀家训注译》编委会编纂、戴承元注译《宁强县优秀家训注译》，陕西人民教育出版社出版。

2018年6月，汉中市档案局编《陕南区：图片集》，内部印刷。

2018年6月，姜在民、刘培亮主编《秦岭火地塘植物图鉴》，高等教育出版社出版。

2018年6月，张莹著《汉中文化与旅游》，吉林大学出版社出版。

2018年7月，雷宝寿编《水韵天汉：一江两岸影像》，中国摄影出版社出版。

2018年7月，刘昌安著《〈诗经〉"二南"研究》，中国社会科学出版社。

2018年7月，王继胜主编《汉中家训》，三秦出版社出版。

2018年9月，莫超编著《近代西北方言文献集成》，人民出版社出版。

2018年9月，陕西省发展与改革委员会、陕西省财政厅著《秦岭生态系统综合管理研究》，中国发展出版社出版。

2018年9月，谢泽明著《中国传统区域分析与旅游规划：以陕西省汉中市实证研究为例》，吉林大学出版社出版。

2018年10月，柯西钢著《汉江上游沿江地区方言语音研究》，北京师范大学出版社出版。

2018年11月，程华旸著《陕南会馆建筑保护与利用研究》，三秦出版社出版。

2018年11月，王建领主编，柯西钢编著《陕西方言集成：汉中卷》，商务印书馆出版。

2018年12月，《美丽西乡》编委会编著《美丽西乡》，陕西师范大学出版社出版。

2018年12月，（清）王行俭主修、郭鹏校注《乾隆南郑县志校注》，三秦出版社出版。

2019年1月，柏建新、冯甜、张汉兴编著《兰台拾零》，三秦出版社出版。

2019年1月，贾连友主编《汉中历代名家名篇精选》，西安出版社出版。

2019年1月，刘文哲主编《中国秦岭经济植物图鉴》（上、下），世界图书出版公司出版。

2019年1月，陕西省河流湿地生态与环境重点实验室编著《陕西省湿地图集》，西安地图出版社出版。

2019年2月，汉中市档案馆编《汉中档案馆图书资料辑览》，三秦出版社出版。

2019年2月，石清华主编《镇巴苗民》，中国文化出版社出版。

2019年2月，张效忠、黄心瑶、赵连厚编著《汉中科技五十年（1949~1999）》，陕西人民出版社出版。

2019年3月，汉中市档案局编《汉中旧影》（重印本，2013年版），三秦出版社出版。

2019年3月，田孟礼著《古褒国与褒姒：兼说褒姒与秦国的诞生》，文物出版社出版。

2019年3月，王兴成编著《南郑碑石校释》，三秦出版社出版。

2019年4月，张社民主编《陕南振兴发展与特色小镇建设研究》，陕西科学技术出版社出版。

2019年4月，党双忍著《秦岭简史》，陕西师范大学出版社出版。

2019年6月，白重炎、贾茜编著《陕西子午岭植物图鉴》，科学出版社出版。

2019年6月，汉中市种子管理站主编《汉中种业》，陕西科学技术出版社出版。

2019年7月，王倩、王祥玉著《张骞传》，陕西人民教育出版社出版。

2019年8月，黄建中、王大中编著《汉中墨迹》，中国文联出版社出版。

2019年8月，镇巴县第二次全国地名普查领导小组办公室编《镇巴地名故事》，中国文化发展出版社出版。

2019年10月，宝鸡市考古研究所编著《褒斜道：陈仓古道调查报告之一》，科学出版社出版。

2019年10月，宝鸡市考古研究所编著《故道：陈仓古道调查报告之二》，科学出版社出版。

2019年10月，刘峰、马德存主编《略阳药用植物名录》，西安交通大学出版社。

2019年10月，陆懋德著《史学方法大纲》，商务印书馆出版。

2019年11月，（清）冯达道修、汉中市档案馆编、王浩远校注《顺治汉中府志校注》，山西人民出版社出版。

2019年11月，李青石著《汉中文坛风景》，西安出版社出版。

2019年11月，庞桥主编《情聚"653"：北京大学汉中分校纪事》，西北大学出版社出版。

2019年11月，田天、田苹著《我的父亲原本是英雄》，湖北人民出版社出版。

2019年11月，王欣星主编《秦岭的回响：〈山祭〉〈水葬〉评论选》，西安出版社出版。

2019年12月，胡明富编著《镇巴宣纸》，中国国际文化出版社（香港）出版。

2019年12月，杨建中编著《略阳地名故事》，陕西人民美术出版社出版。

后 记

本书为陕西省教育厅重点科学研究计划—社科重点项目"汉中地方文献整理与研究"（项目编号：15JZ017）核心研究结项成果。2016年12月整理出版的《汉中盆地地理考察报告》和2020年5月整理出版的《陕西城固县教育概况》，均由三秦出版社公开出版发行，亦是这一课题研究的重要成果。《汉中盆地地理考察报告》整理出版后，2018年第5期《地理学报》予以学术报道。

大学毕业已经三十多年了，毕业后受老师们垂爱，留校进入本校图书馆工作至今。三十多年来，一直未曾也不敢忘记叶孟理老师在我留校时对我的谆谆教诲和肺腑之言，他的音容笑貌时时浮现在我的脑海中。

大学二年级时，现西南大学马强教授给我们讲授"中国古代史"课程，时常为我们提供推荐书目，其中为借阅李泽厚先生《美的历程》，我跑了六次图书馆，均未借到，于是发誓再不进图书馆借书了，之后，每天下午在政教科资料室阅读、学习。毕业后，我却进了图书馆，这就是所谓的"命"与"运"！三十多年来，也曾多次有机会离开图书馆，但我都放弃了，因为我对图书馆"端着金饭碗要饭吃"的现状有着自身的感悟，便选择了坚守。后在我校"虚拟"的信息管理系工作了几年，该系在我校2006年的学科、专业整合前，一直挂靠图书馆办学。学科专业整合后，留守图书馆，从事了几年行政工作，因种种原因，行政工作不愿干了，在馆领导的安排下，我懵懵懂懂、跌跌撞撞地进入了"汉中地方文献工作与研究"领域，从"老虎吃天，无法下爪"开始起步，到越来越痴迷，算来也有十余年了。

在我的"老虎吃天，无法下爪"开始起步阶段，只有通过大量阅读，尤其关注阅读文献"参考文献"部分，进一步扩大检索、浏览、阅读范围，不断寻觅、阅读文献，思考、体悟阅读文献与汉中地域的文化关系。2013年，我感到不能老是阅读文献，向馆领导提出在汉中各县区开展地方文献调研工作，馆领导从拮据的差旅费中予以积极支持。当年9月，我回到老家镇巴县进行调研工作，这缘于亲戚、同学、朋友较多，便于工作展开，实际情况也是如此。至2017年夏，我先后完成了对镇巴、西乡、佛坪、洋县、城固、留坝、略阳、宁强等县的调研工作，虽勉县、南郑、汉台以及市属各部局的调研有规划，但种种原因，未能实施，颇为遗憾，其中主要原因是，近年来，随着研究工作深入展开，分身乏术。

在馆领导的大力支持下，我浏览了图书馆各藏书库，挑选了一批汉中地方文献予以集中收藏、管理，2014年6月，陕西理工大学图书馆"地方文献库"完成筹建。近年来，图书馆也加大了对地方文献的采访、订购。2015年3月，图书馆与我校汉水文化研究中心达成工作协议，联合收集、整理、制作汉中珍稀地方文献，形成了"汉水流域地方文献整理"丛书整理计划，截至目前，已内部整理、制作地方文献50余种、近百册，两个单位分别收藏。

2014年春，我结合前几年的工作，与周卫妮同志合作撰写了《区域文化发展背景下的陕南地方文献工作构想与实践：以汉中市地方文献工作为例》研究论文，参与了当年中国图书馆学会年会征文活动，获征文二等奖。当年9月，汉水文化研究中心常务副主任张西虎教授来"地方文献库"考察，并与我们进行了交流，他对我们的工作给予了充分肯定，表示愿意与图书馆合作，共同开展"汉水流域地方文献"的收集与整理，并将在经费方面予以大力支持，还积极鼓励我们申报陕西省教育厅课题研究项目。在张西虎教授的鼓励和大力帮助下，我们申报了"汉中地方文献整理与研究"课题项目，该项目于2015年9月批准立项，研究工作随即展开。由于我们均未受过"文献学"专业方面的规范训练，初期的研究工作异常艰难，在阅读了冯岁平先生的《发现汉中》后，算是入了门；在西安建筑科技大学建筑学院吴国源博士的建议下，对掌握的文献材料进行编年处理，即本书"附录二"的"汉中地方文献编年"，历时五载，并不断添加。同时，开始对汉中地方文献研究所涉及的一些基本理论问题进行独立思考，2017年春，撰写的《试论地方文献生成的社会历史文化机理：以汉中地方文献整理与研究为例》一文，获中国图书馆学会2017年年会征文一等奖，该篇研究论文被《中国图书馆学会年会论文集（2018年卷）》收录，公开出版发行；2018年6月，受邀赴河北廊坊出席中国图书馆学会年会，并以获奖者身份在该年会第六分会场"加强地方文献研究 提升区域文化软实力"作学术演讲。2019年春，撰写的《基于地方文献的文化创意探索性研究：以汉中社会文化基础设施建设为例》，再次获得2019年度中国图书馆学会年会征文一等奖，收录于《中国图书馆学会年会论文集（2019年卷）》，公开出版发行。2020年春，撰写的《民国时期汉中方志文化生态研究：以"西学东渐"为视角的历史考察》，获2020年度中国图书馆学会年会征文二等奖。以上三篇获奖论文构成了本书内容的主体骨架，我们以中国图书馆学会年会征文活动为"磨刀石"，不断检验近六年来不同研究阶段的工作及其成果，我们所进行的研究工作得到了领域内研究专家的严格评审以及同行的认可，亦算是成功的。

也是在2014年，我校西北联大研究所陈海儒先生给我提供了一套电子版《西北联大校刊》资料，由此，我进入了我校西北联大研究平台，自2015年连续出席了第四届至第九届"西北联大与中国高等教育发展论坛"研讨活动,在天津大学参加完第四届"西北联大与中国高等教育发展论坛"会后不久,《博览群书》杂志社编辑与我约稿,《西北联大图书馆的品格与担当》一文刊发于该刊2016年第3期;在第七届"西北联大与中国高等教育发展论坛"上,我受邀进行了以"作为方志学家的黎锦熙"为主旨的学术演讲。在冯岁平先生的提携下,2020年9月初深入留坝县境内进行野外考察,让我着实体验了另外一种学术研究路径与方法,又收获了不少志同道合的文友,如杨斧祺先生等,10月初出席了在江苏苏州召开的第十届中国地方志学术年会。

本课题的研究是艰辛的,最近五年来,我已经没有了节假日的概念,除调研外,大部分时间将自己置身于所管辖的"地方文献库"内,如同"功夫茶"一样,泡在汉中地方文献的"温水"中,检索、阅读、思索、撰写与不断地"回头看",并不断补充新发现的文献资料于书稿中。当然,瞅准机会与朋友一道纵情秦巴山水间,也是常有的事儿。不时有好友向我发问:"不累吗?"不累是假的,将干成一件事作为自己的一种生活方式,形成规律,累的疲劳感是短暂的,稍纵即逝,更多的是发自内心的踏实感。

个人总是渺小的。做一件事,尤其是做一件难事,需要不少人的助力,汇聚众人之智,接受他们的关爱、支持和鼓励,将他们的善意、意见乃至争执注入自己的生命历程,才能获取社会文化意义上的"亲情"。在这方面,我是幸运的。20世纪80年代中期,我们面临着一生中最重要的"人生封锁线",我与谭平、梅冬盛二位仁兄结伴"穿越",挑灯夜战,相互激励,我们在苦闷中朗诵《共产党宣言》、讨论《论持久战》,不时纵情山野,眺望想象中的山外世界;后来,我们天各一方,在各自的领域里默默竭力,2015年4月出版的《镇巴史话》凝结着我们"铁三角"般的兄弟情谊和故土文化情怀。前几年的某一天,时任我馆流通部主任的宋力领着一位身体消瘦之人来到我管理的书库,其名曰张汉兴,此后,他用他的文化情怀和行为,时时感染和砥砺着我,他持续为我送来不少地方文献,提供地方文献资料线索,给我引荐汉中域内外的文化人士,2016年冬,我去北京师范大学开会,抽空前往平谷区拜访了"世纪阅报馆"馆长李润波先生,就是经他联系介绍的;他在汉中文化圈内有着不俗的口碑,不少人受惠于他,他不图回报,淡泊名利,同时,他是一位下岗工人,罹患癌症多年;我们时常见面,他让我不时记忆起清中期以一己之力编修《留坝厅志略》和《定远厅志稿》的小官陈庆怡。与张汉兴先生一样,我也在不期中结识了汉中市检察院熊黎明先生,寻访、收藏本土地方文献是他的志趣,并为之痴迷,在我的工作中,他为我提供了不少珍贵的汉中地方文献原始文本材料,张西虎教授组织我们整理出版的《汉中盆地地理考察报告》的原始底本就是他提供的。汉中市档案局原局长孙启祥先生,是我在一次会议上结识的,自此,他组织的文化活动都邀请我参加,包括编修《汉中通史》,他以学术研究"不胡搞"的严谨,一直受到汉中各领域学者的尊敬,出版著述不少,他让消失二百余年的《汉南郡志》重现天汉。我校文学院刘昌安教授,在古典文献学研究方面造诣颇深,在我的研究过程中,在文献资料提供或研究方法指导等诸多方面,他均给予了我不少帮助。2018年前我就知道冯岁平先生的大名,在我研究的早期,他的《发现汉中》就成了我研究汉中地方文献的"基础教材",尤其是"单体文献"研究方法,让我受益匪浅,虽同城却难谋面;自他正式调入我校汉水文化研究中心后,我们时常互访闲聊,一起"吞云吐雾",漫谈文史,我们每一次谋面,无论时间长短,我都有"上课"的切身感受,他时常对我说"汉中地方文献是做不完的",他每有感悟、收获,总在第一时间相告,我应该是他近年来研究成果初稿的"第一读者",我终生难忘第一次见到他收获的汉中清代档案材料的场景和受到的震撼,他领着我在留坝的山野中披荆斩棘,领悟了真正意义上的田野考察及其方法,他还将国家图书馆的账户及密码让我使用,有机会我们也会饮上几杯,聊栈道文献与汉水文献,一觞一斛间,饮者有神侃,几乎每次从他办公室离开,他总是"固执"地将我送至楼层电梯口,如果不让他送,"我也走走"便会是他的口头禅,无疑,岁平先生是我的"神仙师傅"!

镇巴县史志办副主任代世文、汉中市委党校常务副校长黄中利、时任城固县常务副县长黎建军、洋县县委办公室主任席永波、时任佛坪县文广局马正平、汉台区财政局谭斌等在我去各县调研工作中,替我联系单位、搭建工作平台等,给予了我无私的帮助,以及调研过程中,镇巴档案局薛永华、佛坪县图书馆马馆长、佛坪县党校校长黄朝霞、西乡人事局孙国安、城固档案馆副馆长杜晓春、城固博物馆馆长苟保平、留坝县党校校长朱汉德、略阳县文管所廖群幸等给予我了直接支持。在调研过程中,有意或无意拜访了镇巴刘光朗、佛坪黄文庆、留坝苏茂华、略阳周吉灵与马凤德、宁强宋文富诸先生,并有机会与他们深度畅聊,了解了不少各县域社会经济文化较为隐秘的文化意蕴,必须走出书斋才能获得。我校人文学院段锐超博士在图书馆工作期间,与我一道完成了留坝、略阳二县的地方文献调研工作,他的专业素养及默契配合给我留下了深刻印象。没有他们的帮助,我的课题研究工作难以深入。

谨此,向以上提及或未曾提及,给予我帮助的先生们深表谢忱,但愿我所做的工作及本书稿对得起他们。

1987年9月,我进入原汉中师范学院政教科学习,我从中文系梅冬盛那借到《诗踪别证》翻阅,粗略翻过,对文本内容理解甚为浅薄。工作后,与其主撰者李星教授曾有过不多的几次接触,交往不深。但我近年来进行本课题研究工作中,再次阅读该著并进行比较性研究与综合性考察后,对李星教授肃然起敬,《诗踪别证》应该是1978年以来汉水流域文化研究的开山之作,虽部头不大,也未公开出版,全书内容并非完美，甚至还有一些瑕疵，社会影响也不甚大，但其研究路径和方法与后来我国进行的"夏商周断代工程"和"中华文明探源工程"具有方法论意义上的相似性，结合该著形成的年代和当年的办学条件，我甚为震撼和感佩，这应该是汉中地域文化研究的重要著述，奠定了我校学术传统的重要基础。在我最后审阅、修改本书稿时，猛然意识到，我受《诗踪别证》之影响与文化熏染至深。

以可考的汉中地方文献对长达几千年汉中地域历史文化进行巡礼，是一项艰难的工作。明清以前，能够掌握的汉中地方文献真可谓稀疏；中华人民共和国成立后，地方文献数量呈几何级数迅猛增长。我们解决了汉中地方文献研究的一些基本理论问题，诸如探源、分期、各阶段的文献文化特点，以及地方文献生成的复杂社会文化机理，汉中地方文献及历史文化亮点、个别独特性，诸如发现了甄鸾、陈庆怡、陈光尧等，提炼和总结了民国时期汉中方志文化之繁盛程度，汉中地域于中国"大一统"之地缘价值权重分析，对《诗经·小雅·沔水》生成地域给予了地域文化学视野的假设性初步探讨，还对五十余种单体汉中地方文献展开综合性研究与多元价值钩沉等，一旦走出门，沿途有风景！文化吸收必有吐纳，在我们的后期研究工作中，对汉中地方文献价值"萃取"与当代"活化"的可能性、可行性及可操作性、可实施性展开了深入思考和探索性研究。这项工作，不仅仅只是希望直接服务于本地域社会经济文化建设，更希望在地方文献学应用研究领域做一点有价值的开拓性工作，最后我们结合"文化自信"国家战略，对于如何构建地域文化自信提供了我们的思考。

我们的工作也有很多遗憾，其一，汉中市的勉县、南郑、汉台及市属各部局的地方文献调研未进行，期待今后有机会完成；其二，因精力有限，我们的研究视野仅仅盯着汉中本土，对汉中周边各地域地方文献研究无力展开，缺少比较性研究，这也多少影响着对汉中地域文化价值的判断，以及以地方文献为视角的地域文化交流、互动、熏染的文化脉络的考察；其三，我们未接受过正规的"文献学"专业规范训练，更加之学识粗陋，基础薄弱，但我们在毛泽东同志"打仗，你打你的，我打我的"思想鼓励下，以"游击队员"之身份，展开了本课题战斗。基于以上原因，书中会存在一些疏漏与不足，尚祈阅读本书的各位专家和读者朋友们批评指正。

在本课题研究过程中，我与周卫妮同志不时展开分析、研究、讨论，她承担了本书稿"第一章"内容的编研、撰写任务。其他各章节均由本人撰述。

在联系出版的过程中，因疫情且不稳定，中国文物交流中心谭平仁兄给予了我们最大限度的支持和协助；陕西理工大学科技处及人文学院汉水文化研究中心给予了出版经费的大力支持，保障了本书的顺利出版；科学出版社郝莎莎老师在本书稿编辑出版过程中付出了不少心血，谨此，一并衷心致谢。

最后我的敬谢之意还须表达给我的家人，严父慈母时时规范着我做人做事，并给予了我生活上的悉心照顾；小女张捷菲健康成长，学业有进，几乎不需要我操什么心；夫人刘宝莉在汉中钟静女士的引领下，走上了一条书法研习与教学的人生道路，近年来书艺突飞猛进，可叹！我们一家人聚则其乐融融，分则各尽其事，我生活在无风雨的"良港"里，理应好好做点事。

张显锋识记
2021年2月9日